중국의 역사와 문화

| 개정판 |

중국의 역사와 문화

| 개정판 |

中國
歷史
文化

강길중

경상대학교출판부

개정판 저자의 말

개정판을 내면서

수년 전 중국에 대한 관심이 다방면으로 고조되는 상황에서 중국 역사와 사회문화에 대한 이해를 위한 기본지식과 향후 점차 확대되는 중국인들과의 교류와 소통을 원활하게 하는데 도움이 될 수 있기를 바라면서 이 책을 썼다. 주지하는 바와 같이 다른 사람들과 소통을 잘하려면 상대방의 전통문화와 풍속 그리고 습관에 대한 이해가 선행되어야 한다. 그리하여 초판에서는 그 목적과 방향에 맞춰 중국의 역사와 사회문화 전반에 걸쳐 많은 지식을 소개하는 것을 목적으로 서술하였다. 특히 강의에 교재로 사용하면서 학생들과 중국에 관한 다양한 주제와 관심분야에 대해 토론할 수 있는 기회를 가질 수 있었다.

그러나 이미 양국이 수교한지 27년 지나면서 중국에 대한 관심과 이해의 방향과 척도가 훨씬 깊고 광범위해 지고 있다. 이처럼 새로운 관심이 고조되고 지적 욕구가 강해지는 분위기 속에서 초판에 대해 수정 보완하려고 하였다. 그러는 가운데 지난 겨울방학 기간에 출판부에서 재판(再版)에 대한 제의가 왔다. 이에 본인은 평소 마음속에 가졌던 집필방향과 현실에 이용할 수 있는 실용적인 내용을 보충하고자 하였다. 그리고 현대 중국의 정치사회를 이해할 수 있도록 직접 관련 있는 내용을 보충하여 개정판을 출판할 수 있는 기회를 갖게 되어 크게 만족스럽지는 않지만 다행이라는 생각이 든다.

중국문화는 중국과 그의 영향을 받는 동북아시아와 동남아시아 문화의 공통적인 문화시스템이라 할 수 있다. 중국 황하(黃河) 유역에서 발흥한 중원(中原)문화는 오랜 시간의 흐름을 거치면서 고유하고 다양한 역사를 창조하고 변화하였다. 또한 다른 지역과의 문화 교류와 수용을 통해 중국문화의 전통과 특성이 형성되었다. 그 중에 한(漢)문화는 중국문화의 핵심을 이루는 것으로 동양사회 뿐만 아니라 서양사회에서도 정신문화와 사회문화에 중요한 역할을 하고 있으며 많은 관심이 고조되고 있다.

그리하여 심지어 21세기 이후는 동양문화와 사상이 정치사회와 문화의 결집요인이며 변동요인으로 작용할 것으로 지칭하고 있다.

중국역사의 변천과 발전과정에서 중국문화의 전통은 다양한 조건과 환경을 극복하며 유지되어 왔다. 그 과정 속에서 정치, 경제, 사회발전의 특징과 교훈을 오늘날 우리에게 실용적인 메시지로 전달하고 있다.

사회생활 면에서 중국문화는 풍부한 언어, 문학, 예술, 음식, 복장, 민속 등이 시간의 흐름과 사회의 발전과정에서 인간생활의 각 부분들도 함께 변화하고 있다. 방언(方言)의 종류, 문학의 작품, 예술의 형식, 요리의 기법 등 더욱 풍부해지는 것이 있고, 사라진 민족, 잊어진 문자, 버려진 기록, 개편된 관습 등 사라지고 잊혀진 것도 많다.

본 책의 초판을 비롯하여 중국문화에 관해 서술한 책이나 문장에는 중국문화는 무엇인지, 중국문화의 특징과 배경 그리고 발전과 영향 등에 대해서는 많이 언급하고 있다.

그러나 중국 문화의 구상(具象)은 무엇인지에 대한 설명이 부족하다고 생각되었다. 특히 중국인, 또는 중국에서 생활한 적이 없는 외국인들에게 중국문화를 소개하면서 추상적인 개념을 해석하고 설명하는 것보다는 일상생활을 유지하는데 필요한 실용문화를 중심으로 구체적으로 설명하고 유용한 정보나 지식을 제공하는 것에 주목해서 설명하는 것이 효율적이라고 생각된다. 그런 점에서 개정판 서술의 출발점이자 목적이 사람이 일상생활을 영위하면서 갖게 되는 현실 감정과 느낌, 소위 실감(實感)을 일으킬 수 있는 면을 서술하고자 하였다.

이상의 목적과 기대효과를 얻기 위해서 본 개정판에서는 초판(初版)의 중요 내용을 기반으로 현실사회에 적용할 수 있는 실용문화의 내용을 대대적으로 보충하였다. 보충할 내용을 선택할 때에는 외국인들의 입장을 충분히 고려해 중국에서 생활하거나 여행할 때 실제 도움을 줄 수 있는 지식이나 정보를 위주로 선택하였다. 또한 쉽게 이해할 수 있도록 소위 상세한 소개 문장 뿐만 아니라 지도와 설명도 등 다양한 시각적인 자료를 많이 활용하였다. 그리하여 특정 주제를 이해하는데 도움이 될 수 있도록 정확하고 통순(通順)한 관점을 제시하고자 하는 것이 이번 개정판 출판의 바람이다.

개정판에서 새롭게 추가한 부분은 중국의 최신 행정(정부, 공산당) 조직 및 관련 정보, 최신의 인문 지리 등 정치경제와 사회문화 또한 관광의 명소(名所), 전통음식의 종류와 특징을 비롯한 의식주 그리고 전통 민속과 새롭게 형성된 풍속 등 사회생활 면의 내용이다. 그리고 중국 대학과 대학생활에 대한 기본적인 정보를 제공하여 중국유학을 준비하는 학생들에게 도움이 되고자 하였다.

책의 부록에서는 중국 역대왕조의 간략한 연표와 황제에 대한 중요사항, 중국 인문지리와 인구통계 등 기본적 내용도 새롭게 추가하였다. 바라건대 본 개정판이 많은 사람들에게 중국 사회와 문화를 이해하는데 부족하지만 부분적으로 유용한 설명서가 될 수 있으면 한다.

끝으로 중국에 대한 관심을 넘어 구체적인 체험과 지식충족의 욕구가 심화되어가는 현실에서 중국역사와 사회문화에 대한 현실적인 내용이 서술된 서적의 필요성에서 본 개정판을 집필하게 되었다. 많은 부분이 여전히 부족하거나 소홀한 점이 있을 것으로 사료된다. 이점은 본인의 게으름 탓으로 후일 다시 보충할 것을 약속한다.

또한 짧은 시간에 개정판을 출간하기 위해 애쓰신 경상대 출판부 관계자 및 박사과정 학생, 사학과 조교 등 많은 관심을 가졌던 분들께 감사의 인사를 드린다.

2019년 2월

가좌동 연구실에서 강길중

저자의 말

역사와 문화 공부를 시작하면서

역사를 공부하는 것은 바로 우리의 현실 자체를 자리매김하는 작업이다. 과거와 현재는 단절된 것이 아니라 동일한 선상에 있는 시간의 흐름(The Flow of time)으로 파악할 수 있다. 특히 오늘날, 세계가 하나의 시공간(時空間) 속에서 움직이고 있다고 생각하면 세계의 역사와 문화 사회를 종합적으로 이해하는 것은 무엇보다 대단히 중요한 것이라 여겨진다.

역사란 현재의 자신을 이해하고자 과거로부터 현재에 이르는 과정을 탐구하고 기록하는 작업이다. 그러므로 자신을 중심으로 일어났거나 일어나고 있는 전통 관습, 문화, 생활양식, 문학, 사상 등 모든 것을 의미한다고 할 수 있다.

문화는 인간의 모든 활동을 정치, 경제, 사회, 문화 등으로 나누는 좁은 의미의 문화와, 사회라는 범주에 담긴 모든 것을 지칭하는 포괄적인 의미의 문화라는 두 가지 개념이 있다. 이 가운데 일반적으로 문화를 인간의 총체적인 삶의 양식, 즉 정치, 경제, 예술, 학문뿐만 아니라 일상생활까지도 포함하는 폭넓은 의미의 개념으로 이해하기도 한다.

동양이라는 말이 유럽에 대한 아시아를 의미하는 단어로 사용된 것은 근대 내셔널리즘(nationalism)의 출현과 함께 나타난 것으로, 동양사(東洋史)라는 범위와 의미도 이러한 배경으로 사용하고 있다. 우리나라의 동양사학은 아시아사 전체를 대상으로 하고 있다. 15·16세기 이후를 시작으로 유럽의 아시아 진출이 활발해지면서 유럽 시민사회의 지위와 자유 가치 등이 동양사회에 전래되어 사회적 동요를 가져왔다.

동양사회는 다양한 사회문화의 배경이 상호 보완적인 작용을 하면서 변천과 발전을 이루면서 각기 유지되었다. 그러므로 다양한 왕조의 사회문화가 독특한 특징을 가지고 변화·발전되었으며 통합되기도 하였다.

이러한 배경 아래 모든 지역은 각기 걸어온 경로와 사람들의 삶을 많은 기록으로 남겨 다양하고 오래된 역사를 가지게 되었다. 이러한 역사기록을 통해 각 민족의 역사인식과 그 특징을 강구하려는 노력이 이루어지게 되었고, 그 가운데 하나로 오늘날 역사연구의 주된 활동을 꼽을 수 있다.

중국의 사서(史書)는 서양이나 현대의 사서와는 상당히 다른 인상을 준다. 이는 중국인들이 활동한 총제적인 사실이 왕조를 초월하여 역사체(歷史體), 문화체(文化體)로 그들이 활동하였던 사회의 틀 속에 적절하게 자리매김하였기 때문이다. 또한 사(史)의 의미에서도 알 수 있듯이 기술을 중시함에서도 기인하기도 한다. 그러므로 중국인의 역사인식이 한국, 베트남, 일본 등지에 전래되어 그대로 답습되었으며 그 자체로 동아시아의 역사인식을 대표한다고 해도 큰 무리는 아닐 것이다.

중국의 역사 기록은 다음과 같은 몇 가지 기본적인 의도와 편찬방향을 가지고 서술되었다고 할 수 있다.

① 먼저 포폄(褒貶) 형식이다. 이는 역사 사실의 옳고 그름을 철저히 가려

놓고 명분을 바로잡는 것이 춘추필법(春秋筆法)으로 포폄의 형식을 견지하는 것이 중국 역사서의 중요한 일면이다.

중국인의 역사서술에는 역사 속에서 규범을 찾고 그것을 거울삼아 인간의 행위를 비추어 보려는 감계주의(鑑戒主義)의 경향이 나타난다. 역사는 포폄의 자료이고 윤리적 교훈을 얻을 수 있었을 뿐만 아니라 현실적, 행정지식까지 얻을 수 있었다.

② 상고주의(尙古主義)를 들 수 있다. 중국의 역사서에는 도덕적 교훈과 포폄 그리고 정치적으로 참고하는 것만이 아니고 시대의 추이에 따라 과거의 소중하고 가치 있었던 것에 대한 관심의 표현이 많다. 즉 후대에 그 소중하고 가치 있는 고대의 것으로 되돌아가야 한다는 상고주의 입장이다. 상고주의는 복고주의를 표방하게 되어 역사의 발전을 순환적이나 반복적으로 인식하게 된다.

이러한 경향의 배경에는 선진(先秦)시기에 윤리도덕, 사상과 세계관 그리고 정치사상과 제도가 후세를 압도할 정도로 거의 절정에 도달해 중국인의 역사인식에 대체로 역사의 추이를 통관(通貫)하여 국가의 발전과 사회변천의 원인이 결여되고, 오히려 옛것을 추구하는 성향이 강하게 되었다.

이러한 역사인식은 동양사회 전반에도 크게 영향을 미쳤으며, 역사를 도덕적 가치평가의 기준으로 삼고 문화적 가치의 총괄로서 이해하는 중국인의 전통적인 역사인식은 청조의 붕괴, 5·4운동 등을 거치면서 오늘날에도 크게 바뀌지 않았다고 할 수 있다.

끝으로 이 책은 중국에 대한 관심이 다방면에서 더욱 중시되고 있는 현실에서 중국의 역사와 문화 그리고 사회 전반에 걸친 내용이 개괄적으로 서술된 서적의 필요성이 제기되어 집필하게 되었다. 특히 중국 교환학생이 날로 증가하면서 본 강좌의 수강생 중 상당수가 중국 학생으로 한국어가 완벽하지 못한 가운데 수강하는 어려움을 가지고 있었다. 이 서적의 출판으로 소통의 문제를 어느 정도 해소할 수 있지 않을까 기대해 본다. 또한 시간에 쫓겨 가면서 2013년을 넘기지 않고 출판할 수 있도록 도와준 출판부 및 많은 사람들에게 감사의 인사를 드린다.

2013년 12월

강길중

목차

제15장

중국인의 관습 및 결혼식

부록

제1장

중국사회의 변천과 그 특징

中国
历史
文化

1. 중국 사회의 기본적 특성

가. 사회 경제적 특성

중국사회의 전통적 핵심 기본단위는 가정이다. 이는 사회를 구성하는 기본단위이며 조세부과의 기본단위이다.(一床, 夫婦) 또한, 토지를 중심으로 한 자연경제활동인 농업이 주로서 생산활동과 결부되는 노동력 보유의 다과가 부의 척도이며, 권력의 척도가 되었다. 그리하여 조상숭배라는 공통된 인식하에 이루어진 대가족제도가 유지되어 조상과 후손에 책임과 의무를 가지는 씨족공동체사회가 유지되었다. 그 예가 주대(周代)의 봉건(封建制度)로 혈연을 매개로 사회와 국가를 구성하고 종족법(宗法)을 근간으로 체제를 유지하였다.

나. 문화적인 특성

중국사회의 문화적인 특성은 사회를 구성하는 제 변화에 대응하여 변천하고 있음을 알 수 있다. 고대사회는 농업이 사회의 기본적인 경제활동 영역으로 생산력의 증가와 직접 결부되는 요인인 하늘을 경외(敬畏)의 대상으로 여겼다. 이는 천명(天命)사상이 사회결집요인으로 작용하게 되는 중요한 원인이 되었다. 그 후 춘추전국시대에 이르러 공자는 천(天)을 중심으로 하는 자연중심으로부터 인간중심으로 인식의 대전환을 가져오는 인치(人治)를 주장하였다. 그 결과 춘추전국시대에는 다양한 학술사상의 등장과 함께 변법 개혁사상이 제기되면서 사회의 분화가 형성되었다.

다. 변방관계-북방 유목민족과 관계의 역사

역사에서 새로운 왕조가 창건된다는 것은 단순히 영토의 확장만을 의미하지는 않는다. 그 왕조가 영토를 넓히는 과정에서 새로운 지역을 보유하게 되고, 그 새로 점유한 지역을 다스리기 위해서 자신의 문화를 이식함과 동시에 그 지역의 문화를 받아들이면서, 그 결과 새로운 문화와 언어가 형성 발전하게 되는 것이다.

중국의 역사도 여기에서 벗어나지 않는다. 중국역사의 기본적인 특징 중 하나는 바로 고대로부터 이(夷)족과 한(漢)족의 정치적 교체이다. 그리고 이러한 정치적 교체는 단순히 영토의 확장이라는 것뿐만이 아닌, 현재까지도 중화(中華)라고 하는 그들의 인식범위의 확장에 큰 영향을 미치고 있는 것이다. 그리하여 중국 역대왕조의 교체와 순환에 있어서 이민족이 중요한 요인의 하나로 등장하였다. 그리고 오늘날 중국은 55개의 소수민족들이 존재하며 중국 사회에 끼치는 영향 또한 매우 지대하다.

현재 중국인구의 90% 이상의 수를 차지하고 있는 한족들은 중원(中原)이라고 부르는 하남성 지역과 섬서성 지역 일대를 주요 활동범위로 삼았다. 이들은 주나라에서 춘추전국시대, 진나라시대를 거치며 점차 영역을 확장시켜갔고, 그에 따라 한족(漢族)이라고 하는 범위를 서서히 늘려나가게 된다. 그러다가 위진남북조시대 때 북방과 서방의 여러 민족들이 한족들의 생활권에 들어오며 그 문화가 교류, 습합되는 속도가 가속화되었고, 그 결과 중화라고 그들이 일컫는 범위는 점차 넓어져갔다.

북방의 유목민족(이민족)들이 한족의 생활권에 들어오게 된 계기는, 농업사회와 유목사회 사이의 생산력 차이였다. 이 과정에서 열세한 생산력을 가진 북방민족들은 경제 욕구충족이라는 측면에서 한족의 생활권으로 넘어오기 시작하였다. 그 과정에서 각 민족이 보유하고 있던 정치형태, 즉 부족사회(족장)과 왕조사회, 이동생활과 정착생활, 문화의 진취적이며 쌍무적인 점과 보수적이며 안정추구의 차이가 계속되는 대립의 관계를 형성하면서, 다양한 문화의 변용을 나타내게 되었다. 이러한 문화 변용에 대한 대표적인 설명이 바로 칼 어거스트 비트포겔(Karl August Wittfogel: 1896~1988)의 「정복왕조론(征服王朝論)」과 「잠입왕조론(潛入王朝論)」[1]이다.

이러한 문화교류 및 습합, 변용은 북방지역에만 해당되는 문제는 아니었다. 춘추전국시대 이후부터, 중국의 역대 왕조들은 황하와 양자강 유역을 동화시키기 위해 여러 형태의 접촉과 전개를 이루고자 하였다. 특히 삼국시대와 위진남북조시대를 거치면서 새로운 농업생산기지로서의 인식에 따라 양자강 유역에 대한 동화작업이 대대적으로 이루어졌다. 이러한 양자강 유역에 대한 동화작업은 당나라의 전성기인 약 7세기 말 8세기 초기에 이르러서야 일단락되었다. 이후 남부 연안 지역은 송나라 시대인 12세기 이후에야 완전히 동화되었고, 남서부지역에 대한 동화는 15세기까지 시작되지 않았다가 지금까지도 진행 중에 있다.

이러한 이민족들과의 관계는 전통적인 왕조시대 이후에도 계속되어서,

---

1 '잠입왕조'란 한족왕조를 복속시킨 유목민족들이 한족들의 문화에 한화(漢化)되면서 자신들의 문화를 버리고 한족의 문화에 동화하는 것을 의미하고, '정복왕조'란 한인왕조를 지배한 유목민족들이 자신들의 고유한 문화를 중심으로 놓고 한족의 문화를 수용하면서 한족을 만화(蠻化)시키고, 그 융합을 통해 새로운 문화를 창출하는 것을 의미한다.

1949년 중화인민공화국이 건국된 뒤에는 「민족식별공작(民族識別工作)」[2]을 거치며 지금과 같이 55개의 소수민족들이 분류되기에 이르렀다.

라. 국가의 통일과 왕조의 순환

중국의 역사를 내적으로 보면, 정치적 통일을 달성하고 또 그것을 순환적으로 획득하려고 시도하는 기나긴 항쟁으로 점철되어 있다.

중국의 광대한 영토와 다양한 문화와 언어의 차이는 통일정국을 안정되게 유지하는데 불리한 요인이었다. 이것은 오히려 국가를 쉽게 분열시키는 힘으로 작용하여 지역적인 군벌주의가 중국역사에서 주기적으로 형성되었다.

물론 중국의 모든 왕조가 이러한 전형에 따라 바뀌었다고 설명할 수는 없다. 또한 모든 왕조가 중국 문명의 발전과 변화에 따라 일치하여 교체된 것은 아니었다. 그러나 왕조의 순환은 전통적인 중국인의 역사관에서 보면, 아주 중요한 요소였다. 그것은 강한 힘에서 약한 힘으로, 중앙집권화에서 지방분권화로, 질서에서 혼란으로, 통일에서 분단으로 반복되는 역사의 진행이라고 여겼다.

마. 왕권강화(王權强化)와 중앙집권화–정책의 초점

왕권강화와 중앙집권화의 관계는 중국의 사회변천과정에서 가장 핵심적인 결집요인으로 작용하였다. 일반적으로 왕권강화는 황제에게 권력이 집중되는 현상을 말하며, 중앙집권화는 황권과 관계없이 권력이 중앙 권

2 1950년~54년, 38개의 소수민족을 선별한 후 1954년에서 64년 사이에는 15개의 소수민족을 추가했고, 1965년과 82년 사이 뤄바족(珞巴族)과 지눠족(基諾族)을 추가시키면서 총 55개의 소수민족이 되었다. 민족을 선별하는 방식은 공통되는 언어, 공통 주거지역, 공동의 경제생활, 공통의 문화, 마지막으로 각 민족들이 독자적인 민족단위로 존재할 수 있는가의 여부 등이다. 이 중에서 가장 중요한 기준으로 작용된 것은 바로 '언어'였다.

력의 중심에 집중되는 현상이라 할 수 있다. 그러므로 중앙집권화가 반드시 왕권강화라고는 볼 수 없다. 왜냐하면, 일반적으로 황권강화가 이루어 졌다고 여기는 송대에도 왕권보다 재상권이 강화된 예가 있기 때문이다. 즉 인종시기의 범중엄, 신종시기의 왕안석에 의해 변법개혁정책이 시도되었다는 것은 봉건국가에서 인정하기 힘든 경우라 할 수 있다.

이 문제는 중국의 전목(錢穆)선생을 필두로 제기되어 현재 많은 연구가 왕권과 재상권으로 분리되어 진행되고 있다. 그러나 이 문제에 대한 왕권과 재상권의 관계를 혼합해서 진행해야하며, 관료등용문제와 체제 및 학술사상의 관계를 복합적으로 파악하여 전개해야 하며, 경제생산관계의 문제 또한 경시해서는 안 되는 종합적인 문제로 중국 봉건사회 성격 규명의 문제라고 볼 수 있다.

이 시기의 변법은 종래의 봉건질서 하에서 각 지역 또는 공동체마다에 독자적으로 유지되어 오던 다양하고 상충적인 구전통과 가치 그리고 관습을 일소하고 그 대신 군주를 정점으로 하는 일원적 법질서를 전통적인 지역 환경에 관철시키려고 시도하였다.

2. 중국문화의 형성과 발전

가. 중국문화의 형성요인과 그 배경

문화의 개념을 규정하는 일은 매우 복잡한 문제이다. 일반적으로 문화는 인류가 창조한 물질문명[3]과 정신문명의 총화이다. 문화를 문예만

3 문화와 대비되는 개념인 문명은 사전적 의미로 '인류가 이룩한 물질적, 기술적, 사회구조적인 발전. 자연 그대로의 원시적 생활에 상대하여 발전되고 세련된 삶의 양태'를 뜻한다. 그리고 문화를 정신적·지적인 발전으로, 문명을 물질적·기술적인 발전으로 구별하기도 한다.

을 위주로 하는 협의적 개념으로 이해하면, 그 일반성은 상실되고 편파성이 제기된다. 물론 문화의 발전과정에서 보면, 인류의 정신 활동의 산물인 풍속·종교·예술 등을 포함하는 총체적인 것으로 인식된다. 이러한 견해는 관념 위주의 문화 정의에 치우친 감이 없지 않지만, 여전히 설득력을 갖는다.[4]

그러나 문화의 형성과정에 어떤 요인이 작용하였는가의 문제는 매우 흥미롭다. 일반적으로 자연환경 요인, 민족의 특성, 종교적인 요인, 정치적인 요인, 산업경제적 요인 등 다양한 요인이 작용하였다고 추론하고 있다.

문화학자 타일러(E. B. Tyler)는 문화란 하나의 복합적인 정체(整體)로, 그 안에는 지식·신앙·예술·도덕·법률·풍속 및 인간이 사회 구성원이 되어 얻은 일체의 능력과 습관을 포괄한다고 했다. 중국 철학자 양수명(梁漱溟)도 이 의견에 동의하여 "문화는 바로 우리 인간 생활이 의거하는 모든 것이다"라고 하였다. 그리고 임계유(任繼愈)는 문화를 광의적 문화와 협의적 문화로 구분하였는데 전자는 문예창작, 철학 저작, 종교 신앙, 풍속 습관, 음식 기복의 사용 등을 포괄하고, 후자는 일개 민족의 특징을 대표할 수 있는 정신적 성과를 지칭한다고 할 수있다.

역사를 공부하는 것은 바로 우리의 현실 자체를 자리매김하는 작업이라 할 수 있다. 과거와 현재는 단절이 아니라 같은 선상에 있는 시간의 흐름(The Flow of time) 즉, 현재의 자신을 이해하고자 과거로부터 현재에 이르는 과정을 탐구하고 기록하는 작업이다. 특히 오늘날 세계가 하나의 시공간(時空間)속에서 움직이고 있음을 인정하면 세계의 역사와 문화 사회를 이해하는 것은 무엇보다 대단히 중요한 것이라 여겨진다.

고대 중국에 있어 문화는 글(文)로써 다스리고 바르게 가르친다는 관념

4 문화는 인간의 모든 활동을 정치, 경제, 사회, 문화 등으로 나눌 때 그 중 하나에 해당되는 좁은 의미의 문화와 사회라는 범주에 담긴 모든 것을 지칭하는 포괄적인 의미의 문화라는 두 가지 개념이 있다. 이 가운데 우리는 일반적으로 문화를 인간의 총체적인 삶의 양식, 즉 정치, 경제, 예술 , 학문 뿐만아니라 일상생활까지도 포함하는 폭넓은 의미의 개념이다.

적 의미로 사용되었다. 이러한 견해는 중국문화에 대한 일반적인 인식을 대표한다. 문(文)은 기본적으로 수식성을 띤 문장을 뜻한다. 그 후 의미가 확대되어 사상, 도덕, 신념, 문화에서의 영향력을 말하기도 한다.

중국문화의 원류는 위로 삼황오제에까지 거슬러 올라가는 유구하며 신화적인 색채를 띠고 있다. 예를 들면, 중국 정사인 24사(史)는 사마천의 『史記』로 부터 시작한다. 『사기』는 전설시대의 「5제본기(帝本紀)」 내용은 황제(黃帝)와 염제(炎帝)가 상호 경쟁하다가 후에 1가(家)가 된다는 이야기이다. 이것이 바로 염황자손(炎黃子孫)의 유래이다. 『사기』로 말미암아 중국인은 중국의 역사는 대략 5천여 년의 유구함을 지니고 있다고 여기고 있다. 특히 현대에 이르러 고고학의 발전으로 말미암아 과학적인 방법을 통해 많은 유적들이 발굴되면서 막연히 공상 내지 추측에 불과했던 많은 것들이 사실로 증명되고있다.

중국문화에 대해 논의 할 때는, 첫째, 중국문화는 중국민족의 독창적인 소산이라 볼 수 있으며, 민족과 국가는 중국사에서는 하나의 융합체였다. 둘째, 모든 것이 전자로 인해서 신장되었기 때문에 중국문화는 바로 1민족 1국가에 의해 독창적으로 발전되었고 4~5천 년 동안 한 줄기로 이어져 전통이 끊이지 않았다는 점에 유의해야한다. 즉 확장된 것은 많아도 변화되거나 전환된 것은 적었다. 이러한 이유로 사람들은 종종 중국문화가 단순하다고 오해하며, 후자의 이유로는 보수적으로 이해하고 있으나 사실상 그것은 풍부한 내용과 진보적인 발자취를 가지고 있다.

나. 중국문화의 이해와 역사인식

오늘날 중국은 56개 민족으로 구성된 다민족 국가이다. 따라서 우리가 말하는 '중국인', 중국어는 그 중 다수인 한족(漢族)과 한어(漢語)를 지칭하며, '중국문화'는 '한족의 문화'를 의미한다고 해도 과언이 아니다. 한족은 중국문화의 형성과 발전에 주도적 역할을 감당한 민족이었고, 오늘날에도 한족은 정치·경제·사회·문화·군사 등 모든 분야에서 지도자적 지위를 영위하고 절대적 영향력을 나타내고 있다. 이들은 중원(中原)을 포함하여 대륙 내 생활하기에 적절한 지역에 분포하며 거주하고 있다. 2018년 통계에 의하면 총 인구는 13.9538억 명(홍콩, 마카오, 대만, 화교 제외)이며 그중 한족(漢族)이 12.7691억 명으로 91.51%를 차지하고 있다.(2019. 1. 23. 국가인구보고서)

중국문화는 중국민족이 형성, 발전하는 역사 과정 속에서 창조한 민족 문화의 총체이다. 각 시대의 문화는 그 시대 성격을 특정 짓고 있으며, 각 시대는 계승성과 창조성을 갖추고 진행하는 문화발전의 연속성이다.

중국인들은 다른 어떤 문화권의 민족보다도 역사를 중요시하였다. 그들은 일찍이 문자를 수단으로 하는 문화활동을 크게 경(經)·사(史)·자(子)·집(集) 네 분야로 구분지었다. 일반적으로 경은 성인의 가르침을 주된 내용으로 하는 유가 경전이고, 사는 역사서 및 역사서술의 소재가 되는 저술을 말하며, 자는 유가 경전 이외의 사상서를 가리키고, 집이란 문학 작품 분야를 말한다. 이 가운데 경과 자는 오늘날의 철학·사상 분야이므로 하나로 간주한다면, 문자로 씌어진 저작은 역사·문학·철학과 사상으로 나눌 수 있다. 그런데 사에는 정사, 편년사, 기사본말체 사서, 별사뿐만 아니라 역사 서술의 소재가 되는 제도, 전기, 지리서, 기행문, 고사, 상주문, 조칙 등도 포함된다. 이것은 중국인들이 사의 범위를 매우 넓게 잡고 있음을 알게 해준다. 중국인들이 역사적 기록 또는 역사서 저술에 적지 않은 비중을 둔 데는 나름대로의 이유가 있다. 그들은 자신들의 활동 총체를 왕조를 초월한 하나의 역사체(歷史體)·문화체(文化體)로 보고 한 왕조나 시대 또한 어떤 활동 형태를 그 역사체·문화체 안에 적절하게 자리잡게 하려는 의도 때문이다. 여기에 과거와 내력을 알고자 하는 인간 고유의 지식욕과 상고주의가 더해졌음은 두말할 필요조차 없다. 특히 중국에서는 유가가 역사 서술에 지배적 위치를 차지하면서 진보사관이나 발전사관보다는 상고적인 경향이 더욱 강해졌다. 그리고 중국문화는 상고주의에 바탕을 둔 역사의식과 유가적 가치관에 따라 춘추 필법의 역사

서술 원칙을 견지하며 발전하였고, 세계에서 가장 먼저 문명 시대로 진입하였다.

다. 유가적 가치관에 따른 춘추필법의 역사 서술원칙

춘추필법이란 중국인의 역사 서술원칙으로서 역사적 전통의 중심부에 자리잡고 있었다. 역사적 기록은 사실을 그대로를 정확하게 직서(直書)하고 일의 결과에 대해 포폄(褒貶)의 원칙을 견지하여 그것으로서 가치 판단을 나타낸다는 것이다. 절대적인 객관성은 중국의 모든 역사 서술에 있어서 하나의 기본적인 전제조건으로, 여러 왕조들의 정사에 모두 적용된다. 그러나 역사 기록자가 사관이라는 권력자의 신하이면서, 권력자의 통제 범위를 떠나서 직서해야 한다는 이율배반적인 면을 안고 있다.

중국 역사에 있어서 모든 사건들은 제(帝 혹은 王)의 관점으로 기록되고 이해되고, 정통적 유가의 세계관과 국가관이 다른 종류의 사상과 제도의 희생위에서 우위를 차지하여 왔다. 그리고 역사서술의 객관성을 제약할 수 있는 유가적 기본 원칙에는 두 가지가 있다. 첫째는 왕을 비방해서는 안 되는 관료와 신하로서의 의무이고, 둘째는 아버지의 초안을 폐기해서는 안 되는 자식으로서 효성이다.

이처럼 중국의 역사의 서술에 있어서 정통의 문제는 중요한 역할을 한다. 모든 역사가들은 어떤 통치자와 국가를 정통으로 하고 비정통으로 할 것인가를 결정해야 했다. 그런데 그 결정이 후대의 비판자들에게 인정받지 못하면, 비난을 면치 못하게 된다. 이러한 기본 원칙은 자료의 선정뿐만 아니라 사건과 행동에 대한 설명과 해석에도 적용된다. 이것이 서양인들에게는 비사실적으로 보이지만, 그 당시 중국인들에게는 논란의 여지가 없는 것으로 간주되었다.

이상에서 살펴본 것처럼 중국문화는 상고주의에 바탕을 둔 역사인식과 유가적 가치관에 따라 춘추필법의 역사 서술 원칙을 견지하며 발전했다. 중국민족은 세계에서 가장 먼저 문명시대로 진입하였으며, 기원전 수세기부터 16세기까지 경제와 문화에 있어 발전을 이룩한 민족이다. 이런 과정에서 다양한 민족의 문화와 중국문화권에 속했던 주변의 외래문화에 영향을 끼쳐, 주변국가로 하여금 끊임없이 새로운 문화를 창조하게 했다. 이는 중국문화의 역사적 유구함과 사상적 깊이를 가늠하게 만드는 것이다.

중국 전통문화가 추구하는 최고의 경지는 '화해(和諧)', '인화(人和)', 화위귀(和爲貴)' 등이다. '화해'란 중국인의 전통 관념에서 '조화'의 가치를 중시한 것과 관련된다. '인화'는 인간과 인간의 조화는 물론이고 인간과 자연의 조화까지 포함하는 것으로, 사회의 보편적 가치 관념이 되어 왔으며 사회적 행위 가치를 갖는다.

중국문화가 인간과 자연의 화해를 중시한다는 것은 천인합일(天人合一), 즉 인간은 대자연의 일부이고, 대자연은 인류가 기대는 생존의 기초라는 의미이다. 서양사상의 특징을 대립적 자연관이라고 한다면, 동양 사상의 특징은 친화적 자연관이다. 친화적 자연관은 중국의 형이상학, 인간관, 가치관 등에서 자연스럽게 나타난다.

라. 중국문화의 변천과정

은·주시기는 중국문화의 맹아기로 종교적 색채가 농후하다. 이 시기에는 먼저 천명 신권을 신봉한 종교적 세계관이 절대적 지위를 점유하였으며, 그 후 '덕으로써 천명에 짝하고(以德配天命)', '덕을 공경하고 백성을 보존한다(敬德保民)'는 사상이 출현하였다.

은대는 천신지상(天神至上)의 시대로서 생산과 자연과학의 발전이 제한되었고, 미신관념이 지배적인 지위를 차지하였다. 주대는 은대의 천명 신권사상을 계승 발전시켰으나, 천명을 완전히 신뢰하지는 않았으며, 덕의 범주를 끌어들여 왕조의 흥망과 인간사의 성쇠 등의 사회현상을 파악하였다. 중국문화에 심원한 영향을 준 음양오행 사상도 서주시기에 싹이 텄다. 이러한 시기는 사회의 생산력의 발전과 더불어 노예제에서 봉건제로 이행되어 갔으며, 사상 문화의 영역에서는 백가쟁명[5]의 국면이 나타나면서 인문 정신의 색채가 분명해졌다. 각 학파는 서로 비판하고 흡수, 융합을 거듭하면서 중국문화의 기본적인 형태를 형성하였다. 그 중에서도 유가와 도가 사상은 중국문화의 양대 줄기를 구성하였으며, 오늘날까지 그 영향력은 지속되고 있다.

중국 최초의 통일은 기원전 211년 진(秦)에 의해 이루어졌다. 진 왕조는 권력을 중앙으로 집중시킨 중앙 집권 국가로서, 도로체계를 정비하고 도량형과 화폐를 통일시켰다. 그리고 정치적, 사상적 통일을 단행하였으나 조정의 공문서와 의학, 점복, 농경에 관한 서적을 제외하고는 분서(焚書)를 단행하여 우민정책(愚民政策)을 시행하였다. 이로 인해 춘추전국시대 백가쟁명의 사상적 사유는 완전히 사라지게 되었다.

유방이 세운 한(漢)나라는 처음 국가를 통치하기 위하여 관료제도의 급속한 성장이 필요했으므로 인재를 공개 선발하고 유학을 부흥시켰다. 그리고 초기에는 통치자들이 진대의 가혹한 법을 폐지하고 인의로써 정치하려는 경향이 강하여 무위(無爲)의 정치를 주장하는 황로학(黃老學)이 일시적으로 유행하기도 했다. 그러나 어느 정도 국력이 신장되자 보다 강력한 정부를 만들기 위해 한무제는 동중서의 건의를 받아들여 백가(百家)를 몰아내고 유술(儒術)만을 높이는 정책을 시행하였다.

한편, 중국문화의 정체성 확보는 한대에 이르러 유학이 국교로 제정됨과 동시에 가능해졌다. 이것은 한대 이전의 문화 상황에 대해서는 독점적인 견지에서의 중국적이라는 표현을 쓸 수 없음을 뜻한다. 요컨대 진한시기에 형성된 관료 정치제도, 윤리 규범은 중국문화의 기초가 되었고, 사상 문화의 풍모는 후세에 준수되는 표준이 되어 문화의 제도화와 양

5 많은 학자나 문화인 등이 자기의 학설이나 주장을 자유롭게 발표하여, 논쟁하고 토론하는 일을 칭하는 것이다.

식화의 시기가 되었다.

한 말기 혼란의 시대가 계속되다가 서진(西晉)에 의해 통일되었고 얼마 지나지 않아 다시 남북으로 분열되었다가 수나라에 의해 다시 중화제국의 모습을 되찾았다. 그러나 수나라는 양제의 국내외에 걸친 실정으로 30년도 유지하지 못하고 당에게 멸망하게 되었다. 당은 문치(文治)주의를 표방하여 홍문관을 설치하고 학문을 제창하는 한편, 십팔학사(十八學士)를 두어 고금 학술을 토론하도록 함으로써 당대를 문학의 황금시대로 만들었다.

그 후 양송시대를 거치면서 중국문화의 전성기를 맞이하고 인문학에 대한 발전은 중국전통사회의 문화 전통을 유지 발전하는 계기를 마련하였다. 그 후 1279년 몽고족이 세운 원에 의해 남송이 멸망하고 이민족이 중국을 직접지배하는 새로운 정치국면을 형성하였다. 원은 한족의 전통문화와 정치, 경제, 사상 등을 파괴하고 강력한 차별정책을 진행하여 사회구성원을 4등급으로 구분하여 한인들의 사회적 신분을 낮추고 사상적 자유를 억압함으로써 몽고인 지상주의를 추구하였다.

이후 주원장에 의해 명이 중국을 다시 통일하였다. 중앙집권체제를 유지하기 위해 중서성과 승상을 폐지하였고, 인사와 문서 행정을 담당하는 승상이 폐지됨에 따라 환관이 이러한 역할을 대신하였다. 명나라의 주원장은 공신들을 벌하고 재상을 폐지하였으며, 문자옥(文字獄)[6]을 감행하는 등 전제(專制)를 행했지만, 주·한·당을 계승한 한족에 의한 정통적이고 강력한 제국으로 만들었던 것이다.

---

6 청조는 이민족(만주족)으로서 중국 한족을 지배하였기 때문에 특히 반청적(反淸的) 경향이 흐르고 있던 강남(江南) 향신층의 비판적 동향에 과민하여 사소한 이유로 필화사건을 일으켜 억압하였다. 그 시발은 1663년의 장정롱사건(莊廷鑨事件)인데 옹정제 시대에는 청조를 이적(夷狄)이라 비판한 여유량(呂留良)·증정(曾靜)의 사건이 있고, 옹정제는 『대의각미록(大義覺迷錄)』을 저작하여 청조 지배의 정통성을 주장하였다. 건륭제 시대에 들어서면 탄압은 더욱더 가혹해져 『사고전서(四庫全書)』의 수집도 그 목적의 일단은 내용의 검열에 있었다고 하며, 기휘(忌諱)에 저촉되어 금서로 전부 훼손된 것도 수천 부에 달하고 일부분을 뽑아내어 태워진 것은 헤아릴 수가 없었다.

중국은 한족에 의해 명대 왕조를 누리었으나, 또다시 여진족에 의해 청조가 탄생하게 된다. 청대로부터 5·4운동 시기까지는 중국문화의 집대성기이면서도 새로운 시대에 대한 혼돈과 적응의 과정이다. 청대에는 봉건제에 대한 비판과 대체에 대한 요구가 일어났다. 자연과학의 성과를 존중하고 흡수하여 경세치용(經世致用)을 중시하였다. 고증 및 실천을 중시하고 새로운 학풍을 개척하였다. 그래서 전통문화는 서서히 역사의 뒤안길로 사라지고 서구 사상의 영향을 받은 새로운 사상문화체계가 세워지는 서막이 열렸다. 특히 5·4 신문화운동은 중화민족이 내외적으로 곤란한 환경 아래에서 전통문화에 대한 비판적 계승을 하고 계몽을 통한 민족자구운동으로 과학과 민주의 기치를 높이 들고 구사상·구문화를 비판하였으며, 신사상·신문화를 제창했다.

3. 중국문화의 특징

중국은 일찍이 문화발전을 이룩한 국가로서 이집트, 바빌론, 인도와 함께 세계 역사상 문화발생의 중요한 위치를 차지한다. 그러나 중국은 다른 지역문화에 비해 여러 가지 요인의 영향으로 독자적인 문화의 형성과 그 특징적인 발전과정을 거쳐왔다.

중국문화가 다른 문화에 비해 고립적이고 독특했던 원인 중 하나는 지리적 배경을 들 수 있다. 앞서 언급한 이집트나 바빌론 문화는 비교적 좁은 지역에서 발생했지만 중국은 이에 비해 넓은 지역에 걸쳐 발생하였다는 것을 상이한 원인의 하나로 들 수 있다.

인류문화의 발생 이래 그들은 하천지역 관개수로가 잘되어 있는 곳에 거주하여 농작물 재배에 용이하였으며, 천연의 군사지역이 주생활 무대였다. 그 결과 인구가 집중하고 생업에 종사하기 유리하였으며, 외적의 침

황하의 경로와 주요 도시

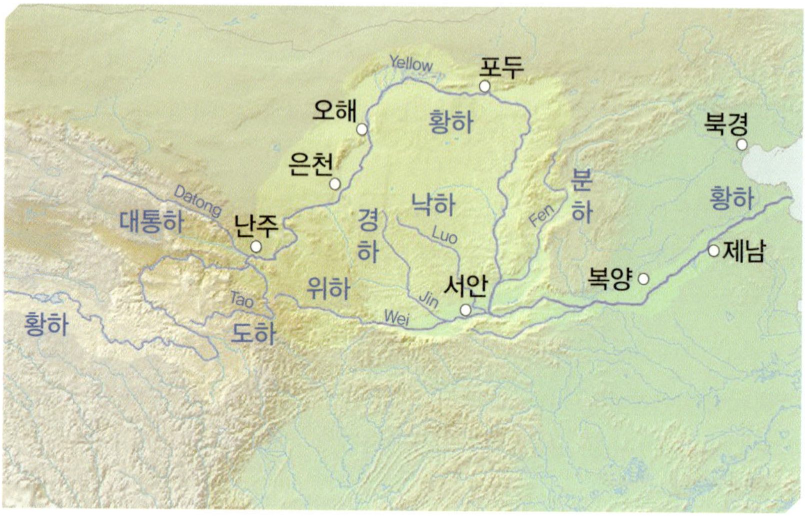

략을 쉽게 받지 않은 지역적 환경 속에서 인류문화가 싹텄다.(이집트 나일 강 유역, 바빌론 메소포타미아 평원, 인도의 갠지스 강 유역)

일반적으로 중국문화의 발상지를 황하라고 하지만 실제는 황하의 주류(主流)지역은 관개나 교통에 적합하지 않았다. 그러므로 엄밀히 말하면, 중국문화의 발생은 황하의 지류(支流)에서 이루어졌다. 중국의 민족 특성을 몇 가지로 요약하면 다음과 같다.

① 자연성: 일찍이 농경사회를 바탕으로 하였던 중국민족은 자연에 대한 순응의식으로 발전하였다. 이러한 성향은 모든 문제를 하늘에게 돌림으로써 대단히 포용력 있는 품성을 길러주었지만, 한편 생활에 대한 투쟁의식이 약화되어 소극적이고 쉽게 체념하는 부정적인 면을 갖게 하였다.

② 유한성(悠閒性): 따라서 목전의 모든 현상에 대해 만만디(慢慢地)에 늑장을 부리는 태도로 발전하였다. 이는 살벌한 삶에 대해 관조적이고 청담적인 독특한 사고방식을 낳았다. 도가사상은 이러한 일면을 잘 반영해 준다.

③ 평화성: 자연과의 관계가 대립이나 극복이 아닌 조화와 순응이었기

에, 중국민족은 대단히 외유내강적인 면모를 지니게 된다. 따라서 조급하지 않은 새옹지마적 합리화는 도망하는 것이 최고의 전술이라는 기이한 면을 발전시켰다.

④ 유약성(柔弱性): 태극권에서 느낄 수 있는 느림과 부드러움에 대한 신봉 속엔, 유약함이 강함을 이긴다는 대단한 고집을 엿보게 한다. 한편 이러한 성향으로 대교약졸(大巧若拙)이라는 식의 못나고 소박함 속에서 진정한 가치를 찾으려는 겸손의식을 낳았다.

⑤ 현실성: 위와는 상반되게 중국인은 지나친 실용주의를 추구한다. 특히 종교에 대한 중국인의 태도는 이를 극명하게 보여준다. 돈을 크게 벌 수 있다면 아침엔 교회에 가고, 낮엔 회교사원에 가며, 저녁엔 절에 갈 수도 있는 것이다.

⑥ 인내성: 우공이산(愚公移山)의 이야기처럼 몇 대를 거쳐서라도 산을 옮기려는 정신이다. 이러한 정신이 만리장성을 가능케 한 것이지만, 반면에 강제결혼, 전족 등과 같은 봉건사회의 각종 부도덕한 윤리와 풍습은 이러한 중국민족의 틈새에서 성장한 것이라 할 수 있다.

⑦ 향락성: 좋은 입는 것은 남의 이목을 즐겁게 하지만, 먹고 마시는 것은 나를 이롭게 한다. 중국인은 자신을 즐겁게 하는 각종 오락에 쉽게 빠진다. 음식, 술, 차 심지어 마약까지. 그리고 마작, 투계(닭싸움), 낮잠 등. 그래서 김성탄이란 사람은 인생의 즐거움 중에서 수도에 전념하던 중이 어느날 조정으로부터 중도 고기를 먹을 수 있다는 소식을 접하는 즐거움을 거론하기도 했다.

⑧ 개인주의: 가족중심주의와 통하는 것으로 모든 즐거움은 나에게 있고, 나로부터 말미암는 것이다. 따라서 정부나 사회의 공익을 위한 조치는 무관하다. 단 이것이 나의 이익에 관련되어 있다면 밤을 새워 달려간다.

⑨ 체면성: 중국인은 체면(面子)을 대단히 중시 여겨, 체면에 죽고 산다. 따라서 중국 사람과 교제할 때는 특히 상대의 체면을 살려주는 것이 중

요한다.

⑩ 우둔성: 총명하고 명쾌한 것은 중국인이 지향하는 바가 아니다. 오히려 못난 척 바보스러움이 존경을 받는다. 그래서 호적(胡適)선생은 이러한 면모를 꼬집어 거의 차별이 없다(差不多先生)이라 했다.

⑪ 우월성: 중국인들은 자신들의 문화적 성취에 대해 대단한 자부심을 갖고 있다. 이러한 면을 중화주의로 표현하는데 어떤 경우에는 혐오감을 주기도 한다. 이것은 주왕조부터 내려오던 존왕양이(尊王攘夷)적 사고에서 기인한 듯 싶다.

참고문헌

이재정, 『중국사람들은 어떻게 살았을까?』, 지영사, 1995.

김원중, 『중국의 풍속』, 을유문화사, 1997.

김원중, 『중국문화의 이해』, 을유문화사, 1998.

위앤커, 『중국신화전설』, 김선자 옮김, 민음사, 2002.

강길중 외 2인, 『중국역사의 이해』, 경상대학교출판부, 2004.

제2장

중국의 인문지리와 자연

1. 중국의 지리 개황

중국은 지역적으로 광활하고, 인구도 많고 오랜 역사를 가진 나라로 '중국은 이런 나라다'라고 한두 마디로 정의내리기 어렵다. 중국을 이해하기 위해서는 큰 체계적인 틀을 가져야 하는데 공간적인 이해, 즉 지리적 이해는 필수적이다. 중국의 많은 현상을 우리는 '중국의 어디에서 일어난 일인가'라는 시각에서 접근하는 습관을 가져야 할 것이다.

지리학의 영역에는 토양, 기후, 동물, 자원 등 자연지리가 큰 몫을 차지하지만, 민족, 역사, 교통, 여행 등 인문지리도 중국을 이해하는데 지극히 중요하다. 중국에 대한 많은 항목들도 지리적인 차원에서 다시 바라볼 수 있다. 예컨대 중국의 설날, 민족, 길상문화, 지방극 등은 각 지역마다 어떻게 다른지 지리적 관점에서 비교하며 살펴본다면 아주 흥미로울 것이다.

한편, 중국과 중국민족들의 명칭을 보면, 중국을 부르는 국호는 역사적으로 매우 많았다. 그 종류만 살펴보더라도 중국(中國), 중화(中華), 신주(神州), 화하(華夏), 지나(支那), 구주(九州), 우역(禹域) 등의 여러 이름이 있는데,

그 중에서도 중국이라고 하는 명칭은 『서경』에서 처음 등장하였으나, 여기서는 천자가 지배하는 정치적 영역을 의미한 것이었고, 국호가 된 때는 1912년, 손문(孫文: 1866~1925)이 국호를 중화민국(中華民國)이라 한 때부터이다.

그렇다면 중국인들이 자신들을 중국, 즉 세상의 중심에 있는 국가라고 하는 것은 무엇에 의한 것이었을까? 그것은 바로 그들의 자존감인 중화의식(中華意識)에서 비롯된다. 이러한 중화의식은 갑골문(甲骨文)에서도 나타나고 있다. 은대 사람들은 스스로를 사방의 가운데에 두고 자신들만이 중심이며, 모든 이민족들은 변두리에 속한 오랑캐라는 관념을 중시했다. 은나라 이후에도 세계의 중심에 서고자 하는 중국인들의 자부심과 기대이며, 그들이 가장 애착하는 명칭인 국호, 바로 중국을 통해 나타내고자 하였다.

한편, 외국인들은 중국을 무엇이라고 불러왔을까? 일반적으로 중국을 부르는 국호는 China이며, 또 각 나라마다 자신들의 상황에 맞게 달리 하여 Chine(독어), Cina(이탈리아어), Sina(라틴어) 등으로 불렀다. 이러한 이름의 유래에 대한 설로는 일반적으로 중국 최초의 통일왕조인 진(秦)의 음역이라는 설과, 고대중국의 월신종교(月神宗教)와 월신(月神)을 의미하는 범어(인도어)인 시나(Sina)에서 유래했다는 두이미(杜而未)의 설이 있다.

특히 두이미의 설에 의하면, 인도에서 Sina라고 부른 국호가 이후 불경에 쓰여지고, 그러한 불경들이 중국에 전래된 이후 지나(支那)라 음역되었다. 이러한 영향으로 지금도 일본에서는 이를 중국의 국명으로 표기하고 있다.

중국 사람들은 맨 처음 만나면 이름을 물어본 다음 대뜸 "라오지아짜이 날(老家在哪里?)"이라고 묻는 경우가 많다. '고향이 어디냐'는 뜻이다. 만약 고향이 절강(浙江)이라고 대답하면, 루산에 가봤다는 등, 도연명의 고향이 어디쯤이라는 등 그 지역에 관련된 이야기를 늘어놓으며 화제를 풀어나간다. 예전에는 우리나라도 이렇게 말머리를 풀어 가는 경우가 많았지만 전국이 일일 생활권이 되면서 지방색이 점점 약해져 이러한 대화는 점차 줄어들었다. 그러나 중국은 상대방의 고향과 관련하여 대화를 끌어내는 것이 여전히 유용하며, 친근감을 표시할 수 있을 뿐 아니라 상대방에 대한 정체성도 파악할 수 있는 것이다.

2. 중국의 지형적 특징

중국은 지리적으로 서쪽으로는 동해, 북쪽으로는 압록강과 두만강을 사이로 우리나라와 가장 가깝게 인접해 있는 국가이다. 현 중국의 면적은 960만 평방킬로미터이다. 경도로는 동경 73°40′에서 135°05′, 위도(緯度)로는 북위 53°31′에서 4°15′에 걸쳐 광활하게 펼쳐져 있다. 오늘날의 중국 영토는 진시황제가 중원을 통일하고 한 무제(武帝)가 주변 민족을 정벌하면서 그 판도가 정해지고 청대에 이르러 오늘날의 영토가 거의 확정되게 되었다.

960만 제곱킬로미터나 되는 광대한 중국의 지리적인 환경은, 그 면적만큼이나 매우 다양한 양상을 보이고 있다.

중국은 구소련(2240만 제곱킬로미터), 캐나다(998 제곱킬로미터)에 이어 면적만으로는 세계 3위의 국가이며, 한반도의 44배에 달하는 영토이다. 북쪽(흑룡강성)과 남쪽(해남도)으로는 남북 4300km, 동서 5200km로, 그 영역은 하바로프스크 대안(연해주 일대)와 서쪽으로는 신장 위구르족 자치구로 구분 지을 수 있는, 그야말로 러시아를 제외한 유럽 땅덩어리의 크기와도 맞먹는 엄청난 크기를 자랑한다. 해안선만 하더라도 북쪽 압록강 하구(중국-북한 경계선)에서 남쪽 베트남의 국경까지 18000km이며, 그 해안선을 따라 분포하는 섬만 해도 6000여개나 된다. 그런 만큼 자연환경과 식생의 다양함은 물론 기후조건도 매우 다채롭다.

중국대륙을 지리적으로 더 살펴보면 유라시아대륙 동남쪽에 위치하며 서·북·남 방면으로 산맥과 고원 등을 사이로 많은 국가들과 인접하고 동쪽으로는 태평양 서안을 바라보고 있다. 대륙은 서고동저의 지세를 유지하고 있다. 서쪽으로부터 동부 해안가에 이르기까지 지형은 3단계로 낮아지고 있다. 서남쪽은 세계의 지붕인 청장고원(青藏高原)으로 만년설이 쌓인 높은 산들로 이어져 있고, 서북쪽은 험준한 천산산맥(天山山脈)과 거대한 사막지대로 형성되어 있고, 북쪽은 내몽고고원(內蒙古高原)으로 초원과 사막과 삼림지대이고, 동북쪽은 삼림과 눈으로 뒤덮인 대·소흥안령(大·小興安嶺)이 자리 잡고 있고, 동남쪽은 지상의 가장 큰 바다가 놓여 있다.

이러한 지리적 자연환경은 중국을 외부세계의 위협으로부터 보호하였을 뿐만 아니라, 외래 문화의 중국 전파를 단절시키거나 최소화 하는데 작용하여 중국문화의 지속을 유지 및 보장하는데 도움이 되었다. 그러나 이는 동시에 중국을 외부세계로부터 반(半) 고립화하기도 하였다. 게다가 고대의 조악하고 간단한 교통수단은 외부와의 왕래와 교류를 어렵게 하였다. 그 결과 중국은 중국 밖의 더 넓은 외부 세계로 관심을 확대하지 못하고 자신이 속한 광활한 대륙 내부로만 관심을 집중하고 자력에 의해 자아 중심적으로 문화를 발전시키게 되었다. 이는 중국문화로 하여금 대외 개방적 동력을 개발하지 못하게 하고 보수적 성향을 띠며 수동적이게 하였다.

한편 내부적으로는 광활한 평원과 대토지를 소유하면서 외부적으로는 천연장벽으로 격리된 지리환경은 중국민족으로 하여금 일찍부터 중국을 지상의 중심에 위치하고 있다는 생각을 갖게 하였다. 이른바 "중국은 천하의 한 가운데 놓여 있다"는 이해였다. 자신은 세계의 중심, 지구의 한 복판에 위치하였다 하여서 스스로를 '중화'(中華) 혹은 '중국'이라고 자처하였던 것이다.

게다가 이른바 '지대물박'(地大物博)의 나라로 중국인들이 표현하듯이 넓은 대지와 풍부한 자원을 바탕으로 고대로부터 발달한 중국의 문화는 중국인으로 하여금 자국을 '천조상국'(天朝上國)으로 높이고, 주위에 있는 모든 민족과 국가를 미개한 오랑캐로 경시하였다. 비록 '구주관'(九州觀) 또는 '천하관'(天下觀)이 확대되고 외래문화가 중국문화에 지대한 영향을 미치지만 19세기 중엽 아편전쟁이 일어나기까지 중국은 자기중심적 사고에서 벗어나지 못하고, 중국인들은 저들의 나라를 모든 나라보다 뛰어난 나라이며 세계의 중심이자 주체로 여겼다. 이는 중국으로 하여금 자아중심, 자신을 굉장하다고 여기는 의식, 즉 민족적 자존심과 문화적 자부심을 낳고 나아가 자만한 우월의식을 갖게 하였다.

한편, 광활하게 펼쳐진 농경지대의 경작과 황하의 범람을 다스리며 관개 수리를 관장할, 즉 농업사회를 유지하는 필수적 힘의 필요성은 중앙집권적 국가권력, 통일국가로의 발전, 관료제가 발달한 봉건적 국가체제를 초래하게 된다. 농업사회의 유지를 위해 출범한 봉건적 국가체제의 발달은 근대에 이르기까지 중국을 농업사회로 고착화시키고 중국문화로 하여금 농경사회의 특징을 띠게 하였다. 즉 현세위주의 세계관, 현세에서의 현실적 안정과 안녕을 추구하는 문화, 모험적이고 진취적이기보다는 현실에 적응하고 안주하며 인간의 경험과 관계, 사람관계를 중시하는 문화를 형성하게 하였다.

그러한 중국인들의 생활에 필수적인 요건은 예나 지금이나 강(江)이다. 중국의 4대 하천을 들라면 일명 양자강이라 일컫는 장강(長江)과 황하(黃河), 그리고 흑룡강(黑龍江)과 주강(珠江)을 들 수 있을 것이다. 강은 풍요로운 토지를 적셔주는 곳으로, 중국에는 그러한 젖줄로서의 대표적인 두 강이 있다. 북쪽의 황하(黃河: 5464km)와 남쪽의 장강(長江: 6300km)이 바로 그것이다. 이러한 두 강은 중국의 문화, 지리적인 특징을 남북으로 양분하며, 문명의 젖줄을 틔우고 이후에도 사람들의 생명의 원천이 되어왔다. 그리고 중국의 강들은 서쪽에서 동쪽으로 흘러가서, 동남쪽 일대에 이르면 반드시 바다에 이르게 되어 있는 것이 특징이다.

그렇다면 중국 사방의 지리적인 위치는 어떻게 살펴볼 수 있을까? 북쪽은 유목이 가능한 사막 및 초원지대이며, 서쪽으로는 산맥들이 첩첩이

둘러싸여 있으며(파미르 고원), 서남방으로는 해발 1000~2000m의 사천분지가 있으며, 동쪽으로 가면 예부터 중원이라 불리우는 하북(河北), 하남(河南) 일대에는 해발 200m~1000m이하의 평원지대이다. 그리고 동남쪽 일대에는 바다로 이루어져 있다.

그러나 이러한 광대한 지역적 특징에도 불구하고 중국은 외부와 고립되어 있다. 북서쪽으로 향하는 통로는 실크로드밖에 없고, 서남쪽으로는 티베트로 향하는, 차마고도(茶馬古道)라 하는 험난한 길이 있으며, 동남쪽으로는 바다와 접해있고, 북쪽으로는 사막과 초원이라는 조건 때문이다. 이렇듯 광대하면서도 고립되어있는 지형적인 특징은 그들만의 다양하면서도 그들만의 고유한 문화들을 창조하는 요인도 되었지만, 반대로 폐쇄적이고 자기 우월적인 중화의식이 싹트게 되는 계기도 되었다.

3. 중국의 기후와 인문지리적 배경

중국 기후의 유형도 세계에서 가장 다양한 것으로 알려져 있다. 북쪽에서 남쪽으로 갈수록 한대, 한온대, 중온대, 아열대, 열대, 적도대가 분포되어 있는데, 국토의 대부분은 온대와 아열대에 속한다. 한대기후는 동북삼성 중 가장 북쪽인 흑룡강성(黑龍江省)은 연평균기온이 4도(겨울은 영하 30도)이며, 최남단인 해남도(海南島)는 연평균기온이 24도(겨울에는 평균기온 영상 20도)일 정도로 극과 극을 이룬다. 이는 남북의 위도가 50도, 동서의 위도가 60도씩 차이가 나는 중국의 자연, 기후조건에서 말미암은 것이다.

그 외에 자연적인 지형의 조건에 따른 기후차이도 매우 극심하다. 대표적으로 분지형 지역조건에 의한 것을 들 수 있겠다. 중국의 투르판 분지는 35도에서 40도 이상의 기후조건이 1년 중 약 140일에 달할 정도이다. 그 밖에 장강 연안의 남경, 무한, 중경 등도 분지지역인데, 이곳은 중국의 삼대 화로(火爐)라고 불리울 정도로 악명이 높은 곳이다.

그 밖에 강우량의 차이도 지역별로 극심해서, 강우량이 연간 100mm도 안되는 서북부 사막지대부터 시작하여 황하유역에는 600~800mm, 서남부 및 남부지방에는 1,000mm가 넘고, 동남 연해지역과 대만, 해남도 등은 강우량이 2,000mm를 초과할 정도이다.

결과적으로 중국의 기후는 극심한 동서남북의 위도 차이, 그리고 서고동저형과 같은 자연적 조건으로 광할한 대지에 다양한 식생물이 자생하게 되었다. 이는 중국이라는 한 나라에 여러 가지의 생산 발전 양태가 나타나는 계기가 된다.

중국의 지형지세는 산지가 33%, 고원이 26%, 분지가 19%, 평원이 12%, 구릉이 10%로 이루어져 있다. 그리고 서고동저형의 3계단을 알아보면, 첫 번째로 세계의 지붕이라고 부르는 티베트 고원(해발 4000m 이상), 두 번째로 티베트 고원 동북쪽의 곤륜산(昆侖山)과 기련산(祁連山)으로부터 동쪽으로 대흥안령(大興安領), 태행산(太行山), 무산(巫山), 무릉산(武陵山), 설봉산(雪峰山)이 하나의 선으로 연결되는 곳으로, 평균 해발은 1,000~2,000m이다. 참고로 이곳에는 중국의 4대 고원 중 세 곳(내몽골 고원, 황토고원, 운기구원)과 중국 5대 분지 중 네 곳(타림분지, 투르판분지, 준가르 분지, 사천분지)이 있으며, 신강성 남부의 타림분지에는 중국 최대의 사막인 타클라마칸 사막이 있다. 세 번째 계단은 무산산맥과 설봉산맥을 따라 해안선에 이르는 지역으로, 이곳은 북쪽에서 남쪽으로 세 곳의 평원지대(동북평원, 화북평원, 장강)가 있다. 평균적으로 해발 500~1,000m의 지역으로, 이곳을 '닭의 모이주머니'라고 비유하기도 한다.

이 지역은 지세가 광활하고 평탄하여 인구가 조밀하고 교통이 편리하여 중국 내에서 비교적 경제가 활발한 편에 속한다. 그래서 이 지역에 중국 전체 인구의 90%가 살고 있으며, 중국의 부(富)가 집중된 지역이다. 특히 상해로부터 절강성의 영파, 온주, 복건성의 복주, 하문, 광동성의 심천, 주해 등 동남 연해지역은 현재 중국에서 가장 부유한 지역으로 손꼽

히고 있다.

중국의 명산들로는 오악(五嶽)을 비롯하여 불교의 성지라고 불리우는 4대 명산들과 기타 도교의 명산들이 있다. 여기서는 오악과 불교의 성지들 네 곳을 언급하기로 한다.

우선 오악의 첫 번째는 동악(東嶽)이라 불리우는 태산(泰山)으로, 해발 1,545m이다. 산동성에 위치한 태산은 평지에서 갑자기 우뚝 솟은 탓에 실제보다 더 크게 보이는 특징이 있다. 역대 황제가 천신과 지신에게 즉위의식 및 봉선예식을 거행한 산이기도 하며, 공자님의 고향과 가까운 탓에 도교 뿐만이 아니라 유교의 성산으로도 신성시되는 곳이다.

서악(西嶽)으로 신성시되는 화산(華山)은 섬서성 동부에 있으며, 해발 1,997m이다. 진령산맥에 속하며, 산 전체가 화강암으로 이루어진 통바위 산이다. 도교의 성지이기도 한데, 오대 말 북송대의 도사였던 진단이 송 태조 조광윤과 내기 바둑을 둬서 이긴 뒤, 화산을 오로지 도교의 사원만 지을 수 있게 해 달라고 간청한 이래 도교의 성지가 되었다.

이후 중국의 도교에서 지대한 공헌을 했던, 도교문파 전진도(全眞道)의 개조 왕중양(王重陽: 1113~1170)의 일곱 제자(全眞七子) 중 한 사람이었던 태고자(太古者) 학대통(郝大通: 1149~1212)이 화산을 근거로 화산파를 만들었는데, 화산의 절벽에 만들어져 있는 72개의 동굴사원은 모두 학대통이 절벽에 동굴을 파서 만들었다는 이야기가 있을 정도로 매우 유명하다. 현재도 도교의 수행자들이 수행하는 곳으로도 유명하다.

남악(南嶽)으로 불리우는 형산(衡山)은 호남성에 있는 산으로, 해발 1,290m이다. 화강암으로 이루어진 단층 산지이며, 72개의 봉우리가 있는 곳으로 유명하다. 이곳은 중국의 선종을 대표하는 사찰로도 유명하며, 실제로 명 태조 주원장이 보낸 대장경판을 보관하는 장경전(藏經殿)과 남태사(南台寺)가 유명하다.

북악(北嶽)으로 불리우는 항산(恒山)은 산서성 동북부에 있으며, 북방민족이 사는 곳과 매우 밀접한 곳이었다. 그런 까닭에 북방민족의 침입을 막는 중요한 보루로서 역할을 많이 한 곳이다. 북쪽에 있는 탓에 주봉의 이름도 현무봉(玄武峰)이며, 해발 2,017m이다.

중악(中嶽)이라 불리우는 숭산(嵩山)은 하남성에 있으며, 서악인 화산 근처에 있다. 낙양과 가까우며, 중원의 중앙에 위치해서 중악이란 이름이 붙었다. 해발 1,440m이며, 역대로 인도의 향지국에서 건너온 달마조사가 건립한 소림사로 매우 유명한 곳이다.

그리고 오악에는 속하지 않지만 오악보다도 더욱 아름답다고 전해지는 안휘성의 황산(黃山)도 빼놓을 수 없는 절경이다. 높이는 약 1,860m이며, 해발 1,000m의 봉우리만 해도 72개에 이른다. 1990년 세계문화유산으로 지정된 곳이다.

기타 불교의 명산으로는 오대산(五臺山), 보타산(普陀山), 구화산(九華山), 아미산(峨眉山)이 있다. 우선 오대산은 산서성에 있으며, 여름 피서지로 유명한 곳이자 문수보살의 성지로 매우 유명하다. 한나라 시대 이래로 중국 불교의 중심지이자 당나라 때에는 화엄종의 본산이었다. 최고봉이 2,893m이며, 중국에서 가장 오래된 목조건물이 있다. 이곳에 흩어진 큰 절로는 현통사, 대탑원, 보살정, 진용원 등이 있다.

4. 중국의 지역구분과 행정구역

중국은 지역이 지나치게 넓기 때문에 다시 구획하는 작업이 필요하다. 그러나 중국은 지역적 차별성이 크면서도 다양해 이러한 구획이 쉽지 않다. 지리적 환경뿐만 아니라 역사와 교통 등의 요소도 뒤섞여 있기 때문이다.

중국에서 행정구역을 나누어온 역사는 오래되었지만, 엄밀한 의미에서 큰 구역을 나누는 작업은 중화민국 이후의 일이었다. 구역을 나누는 데

중화인민공화국 지도

헤이룽장성
(흑룡강성)
하얼빈시
창춘시
지린성
(길림성)
선양시
랴오닝성
우루무치시
신장 웨이우얼자치구
네이멍구 자치구
후허하오터시
허베이성
베이징시(북경)
톈진시
인촨시
산시성
스자좡시
닝샤
후이족
자치구
칭하이성
시닝시
타이위엔시
지난시
산둥성
깐수성
란저우시
싼시성
정저우시
시장자치구 – 티벳
시안시
허난성
장수성
안후이성
상하이(상해)
난징시
라싸시
쓰촨성
청두시
후베이성
허페이시
항저우(항주)
우한시
충칭시
저장성
난창시
후난성
장시성
구이저우성
창사시
푸저우시
푸첸성
쿤밍시
구이양시
타이완성(대만)
원난성
광시 좡족
자치구
광둥성
광저우시
난닝시
씨앙캉(홍콩 특별행정구)
오먼(마카오 특별행정구)
하이커우
하이난성(해남성)

에는 행정, 경제, 인구, 민족, 토양, 식물, 동물 등에 따라서 달라진다. 화북, 화남, 화서, 화동 등 지역 명칭들은 관용적으로 사용되어 오던 것이지만, 신 중국 성립 초기인 1949~1950년에 대행정구 이름으로 사용하다가 1954년에 폐지되기도 했다.

현재는 성급 행정구의 이름을 많이 사용하지만 이보다 더 큰 범위의 대구역 이름이 유용하므로 여전히 자주 쓰이고 있다.

중국의 행정구역은 성급(省級), 지구급(地區級), 현급(縣級), 향급(鄕級) 등 4단계로 나누어 구별한다.

가. 성급(省級) 행정구역

성급 행정구역은 1급 행정구역이라고도 하며 성, 자치구, 직할시, 특별행정구 등을 포함한다. 현재 중국은 성이 23개, 자치구가 5개, 직할시가 4개, 특별행정구가 2개로 모두 34개의 성급 행정구역이 있다.

23개 성은 랴오닝성, 지린성, 헤이룽장성, 헤베이성, 허난성, 산시성, 후베이성, 후난성, 장시성, 산둥성, 장쑤성, 안후이성, 저장성, 쓰촨성, 원난성, 구이저우성, 광둥성, 하이난성, 푸젠성, 산시성, 간쑤성, 칭하이성 등이며 여기에 타이완까지 넣고 있다.

5개 자치구는 티베트자치구, 신장위구르자치구, 네이멍구자치구, 닝샤후이족자치구, 광시장족자치구 등이다. 자치구는 중국의 민족적인 특성을 반영한 성급 행정단위다.

4개 직할시는 베이징시, 상하이시, 텐진시, 충칭시이다. 충칭시는 이전에 쓰촨성에 속해 있다가 1997년 3월에 직할시로 승격되었다. 장강 상류에 속한 충칭은 면적이 남한보다 약간 작은 8만 2천㎢에 인구 약 3천만 명이다. 중국의 직할시는 광역시로 도시와 함께 주위의 농촌을 모두 포함한다. 베이징시도 도시 주위의 넓은 현급 행정지역을 포함하고 있어 그 면적은 우리나라의 경상북도만 하다.

2개 특별행정구는 홍콩과 마카오이다. 홍콩은 1997년 7월 1일 영국으로부터 반환되었고, 마카오는 1999년 12월 20일 포르투칼로 부터 반환되었다. 중국에서는 사회주의와 자본주의 2개의 제도가 병존할 수 있다는 '일국양제'의 정치논리에 따른 것이다. 특별행정구는 국방과 외교 이외는 중앙정부의 통제에 따르지 않지만 최근 홍콩은 여러 가지 부분에서 중앙정부와 갈등을 일으키고 있다.

성의 행정부 소재지는 성회(省會)라 하고, 자치구의 중심지는 수부(首府)라 부르는데, 우리나라에서는 보통 성도(省都)라는 말을 많이 쓴다. 각 성급 행정구역마다 약칭이 있어 자동 번호판이나 철도노선들의 표기에 쓰인다. 면적이 가장 넓은 곳은 신장위구르자치구로 면적이 160만㎢이며, 중국 전 면적의 1/6이자 남한의 16배나 된다.

나. 지구급(地區級) 행정구역

지구급 행정구역은 2급 행정구역이라고도 한다. 헌법에서는 성급, 현급, 향급의 제3급제를 실시한다고 되어 있지만 현실적인 필요에 따라 성급과 현급 사이에 지구급이 설치되어 있다. 광대한 중국에선 1개의 성에 수십 개에서 100개이상의 현이 설치되어 있다. 현의 수가 가장 많은 쓰촨성은 현이 125개에 달한다.(2001년 현재) 이런 경우 성 정부가 직접적으로 현정부를 관리하기란 곤란하므로 중간에 지구급을 설치하여 관리하고 있다.

지구급 행정구역에는 지구(地區), 지구급 시(地級市), 자치주(自治州), 맹(盟) 등이 속한다. 지구는 규모가 큰 광역시로 보면 되는데, 도시를 포함하여 현을 거느린 행정구역이다. 지구급 시는 지구의 중심지로 보통 지역의 공업중심지이기도 하다. 자치주는 소수민족이 거주하는 지구규모의 행정단위이다. 우리에게 익숙한 지린성의 옌볜조선족자치주가 이에 해당한다. 맹은 네이멍구 자치구 내의 지구 규모의 행정단위이다. 2002년 말의 통계로는 332개의 지구급 행정단위가 있다.

다. 현급(縣級) 행정구역과 향진급(鄉鎭級) 행정구역

현급 행정구역은 3급 행정구역으로, 현, 자치현, 현급 시가 포함된다. 이 외에도 네이멍구자치구의 기(旗)와 자치기(自治旗), 구이저우성의 특구, 후베이성 선눙자(神农架)의 임구(林區) 등이 있다. 2002년 말 통계로 2,860개의 현급 행정단위가 있다.

위에서 보듯이 중국에는 3종류의 시가 있다. 직할시, 지구급 시(265개), 현급 시(393개)이다. 각기 인구 등에 있어 규모도 다르지만 현급 시는 구(區)를 설치할 수 없다는 차이가 있다. 구 아래에는 우리나라 동(洞)과 같은 단위가 없는 대신, 가도판사처(街道辦事處)가 있어 실질적인 말단 행정기능을 담당한다. 그리고 이 아래에 거민위원회(居民委員會)라는 대중적인 자치조직이 있다.

현급 행정구역 아래에는 향진급(鄉鎭級) 행정구역이 있다. 이를 4급 행정구역이라고 하는데 여기에는 향(鄉), 진(鎭), 민족향, 소목(蘇木: 네이멍구 지역의 행정단위)등이 포함된다. 이들은 농촌의 말단 행정조직이지만, 향은 농업인구가 많고 진은 비농업 인구가 많다. 향의 아래에는 대중적인 자치조직으로 '촌민위원회'가 있다.

향과 진은 예전에는 인민공사(人民公社)로 불려졌다. 1982년 인민공사를 폐지하면서 인민공사의 생산대대는 촌민위원회로, 생산대는 촌민소조(村民小組)로 바뀌었다. 개혁개방으로 향진기업이 등장하여 활발하게 활동하고 있는데, 향진기업이란 양이나 촌에서 운영하는 기업과 개인이 경영하는 기업 등 비국유 기업을 가리킨다.

제3장

중국의 사회와 국가

中国
历史
文化

1. 국가의 기원

가. 부락연맹(部落聯盟)

요, 순 우임금은 황하유역에서 출현하였던 3개 부락 연맹체의 영수로 당시는 씨족제도에서 국가로 발전해 가는 과도시기였다 부락연맹체의 영수는 주로 민간의 해로움을 제거한 영웅들로 현능함을 인재의 기준으로 선발하여 정치를 맡기고 군사(軍事) 수장의 지위를 구비하였다. 그러나 백성의 생명과 재산 그리고 자유를 처리하는 권력을 갖지 못하고 모두 중요한 행동은 반드시 각 씨족부락 영수들로 구성된 연맹회의 비준을 얻어야 했다.

전쟁은 부락연맹의 일상적인 일로 경제욕구 충족과 더불어 부락연맹체 자체에 대해서 몇 가지 영향력을 미치고자 한 것이었다.

첫째, 전쟁의 승리는 부락연맹체의 강역범위를 확대하였다. 당시 부락연맹은 황제(黃帝)와 염제(炎帝)를 시조로 하는 부락을 포함할 뿐만 아니라 전욱(顓頊), 제곡(帝嚳),백익(伯益), 고요(皐陶)을 시조로 하는 이족부락을 포함하였으며, 4악(嶽)을 종신(宗神)으로 삼는 강인(羌人)부락과 파양호(鄱陽湖)와 동정호(洞庭湖)를 활동 범위로 하는 3묘(苗)부락을 포함하였다.

연맹 인수(人數)의 증가와 강역의 확대에 따라 통치하는데 다양성과 복잡성이 출현하였다. 순임금 시기에는 많은 새로운 관리기구와 관리가 출현하였는데, 그 가운데 농사를 관리하는 후직(后稷)과 백공(百工)을 관리하는 사공(司空), 12주(州)를 관리하는 사도(司徒), 형옥을 관리한 사(士), 교묘제사(郊廟祭祀)를 담당하는 질종(秩宗), 위와 아래 사이 명령을 전달하는 납언(納言), 12주를 관리하는 주목(州牧) 그리고 예와 전(典)과 악(樂)을 관리하는 관원 22인이 있었다. 이로 보아 이미 국가 통치기구의 모습을 갖추었다고 볼 수 있다.

둘째, 치수는 당시 황하유역 각 부락의 또 다른 대사(大事)로 이 지역 부락의 생존과 발전에 관련되어 있었다. 그러나 이것은 대단히 어려운 종합공정으로 많은 인력이 필요하였으며, 각 부락간에 단절과 융합을 가져올 수 있는 국면이 형성될 수 있어 공동작업이 필요한 일이었다. 그리하여 당시 부락연맹들은 그들의 강역을 황하유역에서 발전하여 평원에 이르게 한 후 유리한 치수 작업을 진행하였다.

나. 농업의 출현

대외 전쟁의 승리와 치수의 성공은 중원지역 농업에 유리한 조건을 만들었다. 곤(鯀)과 우(禹)임금이 계속해서 치수에 성공하여 치수지역이 대체로 당시 중원지역, 즉 오늘날 하남성과 산서성(山西省) 남부지역으로 오늘날 이(伊)와 낙하(洛河)유역, 제수(濟水)유역과 영(潁)여(汝)하 상류유역, 그리고 산서성 남부의 분수(汾水)와 회수(澮水)유역이었다. 우임금의 치수는 물길을 트는 위주로 지세의 고저에 의거해서 적수(積水)되는 것을 배제하여 소택(沼澤)을 양전(良田)으로 만들었다.

앙소문화와 용산문화 초기의 취락유적은 대부분 낮은 산이나 구릉지역 또는 하곡(河谷) 양쪽 해안의 대지위에 분포해 있었다. 용산문화 중말기에 이르러 취락유적이 크게 증가하였을 뿐만 아니라 하천 연안 양측 지세가 비교적 낮은 곳을 근거지로 하였다. 특히 황하와 회수 평원지역에 다수 분포하였다. 이것은 우임금이 치수를 통해 농업발전을 이룩한 것과 연관이 있을 것으로 보인다.

당시의 농기구는 목석(木石)공구가 주였으며, 골기(骨器)와 민물조개껍질(蚌器)이 일부 사용되었다. 출토된 석제농업생산 공구중에는 석산(石鏟: 돌낫, 대패)와 돌칼(石刀)이 비교적 많았다. 호미(鋤)가 농업경작에 이용되면서 농업생산 기술의 중대한 개혁을 가져왔으며, 석도는 농작물 수확에 사용되는 공구로 사용되었다. 이처럼 공구의 발전은 농업생산 기술을 크게 제고한 것은 분명하다.

하남성 서부 용산문화 가운데서 말기에 해당되는 문화에서 출토된 도기중에는 정교하고 아름답게 제조된 주기(酒器)가 많은데 술은 중국 고대 이래 고식으로 주조한 것으로 적어도 농업생산이 부단히 발전하는 가운데서 생산한 것을 증명해 주고 있다. 낙양 부근 언사현(偃師縣) 이리두(二里頭)문화 초기유적 중에서 기장(黍穀)과 벼(稻穀)등이 발견되었는데, 하(夏)대에 이미 기장과 벼 등 양식작물을 생산하였다는 것을 말해 준다.

다. 성시의 건설

근년 이래 하남성 서부 등봉시(登封市) 고성진(告成鎭) 왕성강(王城崗)에서 두 개가 동서로 나열된 용산문화 중말기 함토성시(夯土城市) 유적이 발굴되었다. 흙을 쌓은 담장의 길이가 90여 공척(公尺)이며 대략 정방형이었다. 성내에는 이미 발굴된 성벽과 동시기의 대형방옥(房屋)과 아래 면을 흙을 쌓아 기초를 다져서 만든 순장노예의 전기갱(奠基坑)과 움혈(窨穴)과 성문 등 유적지가 발견되었다.

두 개 성의 담장의 부분적인 부분에 의하면 용산문화 말기에 움혈을 팠던 지층과 관계가 있는 것으로 이 두 개 성시의 건축연대는 용산문화 초기에서 중말기에 해당된다. 또한 성내 제사지낼 때 사용했던 기반석과 웅덩이에서 발견된 목탄의 탄소연대 측정결과를 살펴보면, 약 4천 3백년에서 4천 년사이 하(夏)대 초기에 해당된다. 고성진 왕성강이 처한 지리적 위치는 바로 『竹書紀年』에 기록된 우임금이 거주하였던 양성(陽城)과 부합된다. 한(漢)대 양성현이 당(唐)대에 고성(告城)으로 개명하고 영수(穎水) 북쪽 연안에 위치하여 현재는 고성진이라 칭한다.

성시의 출현과 노예순장은 당시 전쟁의 빈번함과 극렬함을 대표하는 것 이외에 통치계급이 이미 형성되었으며 성시(城市)의 보호를 받았다. 또한 성시를 건조하는 데는 대량의 인력이 필요하였기 때문에 당시 통치계급은 당연히 상당한 권력을 가졌을 것이며, 그 권력을 통해 조직과 방대한 인력을 통제할 수 있었을 것이다. 성시의 구(溝: 하수구), 경계(牆)는 씨족부락 제도가 와해되었음을 말해 준다.

2. 사회구조의 변화

가. 종법과 예제(禮制)

봉건사회에서 계급구분은 대단히 분명하였다. 왕실(王室), 제후(諸侯), 경대부(卿大夫)와 사(士)는 귀족계층에 속하며, 기타 평민계급과 지위가 가장 낮은 노예가 있었다. 사(士)이외의 귀족들은 정치적으로 세습하는 통치계층이며, 경제적으로 봉토(封土)를 가진 지주로서 관할 구역내의 평민과 노예를 통치하였다.

주(周)대의 귀족은 적장자 상속 위주로 진행되어 종법(宗法)제도가 정치에까지 확대하여 봉건제도를 유지하였다. 주왕의 적장자는 왕자(王子)이며 종자(宗子)로 장차 왕위를 계승할 뿐만 아니라 종묘(宗廟)의 왕(王)이 되었고, 다른 여러 아들(諸子)들은 제후(諸侯)에 봉했다. 제후도 적장자 계승을 하였다. 예를 들면, 공(公)의 적장자는 공자(公子)로 종자(宗子)가 되고, 기타 여러 아들들은 대부에 봉했다. 모든 왕실과 공실(公室)의 장지(長支)도 대종(大宗)으로 영원히 소종(小宗)의 우두머리이다. 대종과 소종도 상대적인 것이다. 예를 들면, 제후는 주 천자에 대해서 소종이나 제후는 그 제후국내의 대부에 대해서는 대종으로 주의 천자만이 천하의 대종이다.

종법제도 아래에서 가족조직은 중요한 결구(結構)이며, 기초이다. 또한 친속관계의 계정(界定)은 윤리와 질서의 규정이며, 사회결구의 예제(禮制)가 상당히 중요하다. 즉 의례(儀禮), 상복전(喪服傳)에 의하면 상복(喪服)의 경중과 상복기간의 장단은 친속관계의 원근(遠近)을 표시한다. 유가(儒家)도 배분(輩分), 연령, 성별 등 조건을 기초로 친속관계에서 친소(親疏), 존비(尊卑), 장유(長幼)의 구별을 형성하였다. 또한 유가는 가족 중에서 친소존비장유의 구분과 사회에서 귀천상하의 구분을 마찬가지로 중요시하였다. 이런 두 가지 차이는 사회질서를 유지하는 근본이었으며, 예제가 바로 이런 차이를 유지하는 방법이었다.

춘추말기 전국시기에 이르러 봉건제도가 점차 해체되면서 종법제도가 효과적으로 집행하기 어려워지고, 사회의 기초가 종족(族)중심에서 가(家)중심으로 변해갔다.(씨족공동체에서 개인중심으로 전환) 그 결과 많은 평민들이 중용되어 가문을 일으켜 세웠으며 상대적으로 일부 세습귀족계층들이 점차 쇠퇴되고 몰락되어 가면서 기존의 존비(尊卑)귀천관계가 어지러워지는 등 사회조직도 변화되기 시작하였다.

나. 편호(編戶)제민(齊民)

춘추시기 많은 국가들은 이미 호적제도를 보편적으로 건립하였다. 전국시대에는 호적의 기재가 더욱 상세하였다. 예를 들면, 진간(秦簡)중 호적은 방옥(房屋)과 재산 그리고 노비 등을 포함하여 기재하였다. 한(漢)대의 간독(簡牘)중에는 호적과 연관된 것이 적지 않게 기록되어 있다. 예를 들면 수졸(戍卒)성명, 관적(貫籍), 작위, 신장, 연령, 처자, 재산 등이 기록되어 있어 후대사람들이 당시 호적등록이 상당히 완비되어 있었음을 알 수 있게 한다. 정부의 호구장부에 대한 검열은 일반적으로 상당히 엄격하여 한대는 군현에서 회계장부도 작성하여 매년 상급정부에 보고하였다.

호적의 출현은 통치자가 인민을 장악하는 방법을 바꿨다는 것을 나타낸다. 과거에는 혈연과 씨족공동체를 통해 통제하였던 방식에서 호적에 의해 인력을 동원하거나 징세하여 지방행정 체계를 호적제도에 통합하여 기능과 효과를 발휘하도록 하였다. 다시 말하면, 국가가 백성의 힘을 장악하기 위해 지방행정 체계를 편호(編戶)로 집행하였다.

봉건제도 아래서 백성과 귀족의 영민(領民)은 달랐으며, 귀족과 평민의 신분도 차이가 있었다. 봉건제도 해체에 이르러 군현제가 출현할 때에 이론적으로는 정부에 등록된 모든 인구는 편호된 백성으로 모두 나라의 군주 통치하에서 평등한 백성으로 제민(齊民)이라 칭했다. 결론적으로 제민화(齊民化)의 과정은 봉건에서 군현으로 전화되는 과정에서 표현되었다.

편호의 제민사회는 인민이 법률과 정치상 신분이 평등하나 경제와 사회지위는 평등할 수 없다. 빈부와 강약의 차별은 같은 신분의 백성들을 노예로 전락하게 하였으며, 어떤 자는 노예의 주인이 되기도 하였다. 그리하여 춘추 말기에 시작된 편호제민사회는 봉건시대의 사회계급을 와해시켜 백성들이 경제와 사회에서 평등을 유지하기 어렵게 하였다.

편호의 형성으로 말미암아 정부는 호구등록과 검사에 의하여 호구를 효과적으로 장악하여 징세와 복역(服役)의 근거로 삼고 제국 운용의 기초로 삼았다. 그러나 인민의 신분은 정치사에서 평등하게 제민이 되었으며, 봉건사회가 해체되어야만 달성할 수 있었다. 진한시기는 편호제민이 정식으로 실시된 시대라 말할 수 있다.

다. 군현(郡縣) 제도

봉건제도와 종법, 예악제도와의 상호 결합은 군주와 제후 간의 관계를 강화하여 하나의 엄밀한 정치기구를 형성하여 서주시기 전기 180여년에 달하는 안정된 국면을 유지하였다. 그러나 서주 말기에 이르러 종법제도가 와해되기 시작하면서 각 제후국들이 경쟁적으로 겸병을 감행하였다. 전국시기에 이르러 7웅(雄) 가운데 연국(燕國)왕실이 희성(姬姓)일 뿐 나머지 6국은 모두 이성(異姓)이 장악하였다.

진한시대 이래 군현제가 봉건제도를 대신하여 실시되면서 제왕(帝王)은 황족혈연에 의해 정통을 계승할 뿐만 아니라 행정관원은 천거나 고시를 통해 선발하여 임용하였다.

춘추시기, 군현(郡縣)이 맹아하기 시작하였으나 군현 간에는 무혈통관계였으며, 진한시기에 실시된 군이 현을 통치하는 이급(兩級)지방 행정제도와는 구별이 된다. 진 효공(孝公) 12년(기원전350) 상앙이 제2차 변법으로 진국에 보편적으로 현(縣)제를 추진하여 향과 읍·취(聚)등을 합병하여 현이라 하여 41개 현을 설치하였다. 현령은 한 현의 장으로 그 아래 현승(縣丞)을 설치하여 민정(民政)을 관할하게 하고 현위(縣尉)는 군사를 관할하게 하였다. 그 외에 각종 사무를 장악하는 색부(嗇夫)와 영리(令吏)등 관리를 설치하였다. 국가는 이러한 관리들에 대해 정액 봉록제를 실시하였다. 현령 등 장관은 수시로 국가의 군주에 의해 임면(任免)되고 현 아래 향과 리 등은 국가가 거주민(居民)에 대해 통제하는 기층조직이었다.

군(郡)의 설치는 현에 비해 비교적 늦어서 진(秦) 목공(穆公)9년(기원전 651) 에 비로소 군을 설치하기 시작하였다. 군은 황폐하고 편벽하며, 땅은 넓으나 인구가 적은 변방에 많이 설치하여 그 면적은 현보다 더 컸다. 전국시기에 이르러 가장 먼저 설치한 군은 위(魏) 문후(文侯: BC 445-396)시기 서하(西河)군, 상군(上郡)과 초도왕(悼王: BC 401-381)시기의 완군(宛郡)이었다. 그 후로 변방에 군을 설치한 지역이 점차 번성하면서 군현양급제의 지방관리체계가 형성되었다. 이러한 군현양급제는 3진(晉)(韓,趙,魏)에서 가장 먼저 실행하였다. 군의 수장은 군수로 대부분 무관으로 충당하여 징병이 발생할 때 군을 통솔하는 권한을 가졌다. 일반적으로 전국시기 말기에 각국은 군현설치가 보편화되었다.

진이 6국을 통일한 후 군현제를 전국적으로 실행하고 한은 진의 제도를 계승하여 진대에 비해 엄정하게 실행하였다. 진시황은 천하로 36군으로 나누고 통일 후에 다시 9원(原), 남해(南海), 계림(桂林), 상군(象郡)을 설치하여 전국을 40군, 3백여 현(縣)으로 하였다. 서한시기에 새로운 군을 계속 증가하였는데, 평제(平帝) 원시(元始)년간의 기록에 의하면, 전국에 103개 군국(郡國)이 있었고. 동한(東漢) 순제(順帝)시기 기록에 의하면, 105개 군국이 있었다. 국(國)에서 제후왕국을 지정에 주었다.

무제(武帝)이후 국의 지위가 군에 상당하게 되었으며, 하나의 군이 통치하는 현은 동등하지 않았으며, 일반적으로 약 20개 현 상하로 한 군의 총인구는 20만 좌우였다. 한대 일개 현의 면적은 대략 사방 백리였으며, 현 아래 향(鄕), 정(亭), 리(里)를 두었고, 매 현 아래 9개 향과 10여 개 정을 설치하였으며, 리는 민호(民戶)가 밀집하는 곳으로 후세의 촌락과 같으며 많은 곳은 백여 호가 모여 있었고, 적은 곳은 십여 호가 있었다.

진대는 군의 장관을 수(守)라 칭했다. 한 경제시기 태수로 개명하였고, 왕망의 신국시기에 대윤(大尹)혹은 연솔(連率)이라 개명하였으며, 동한시기에는 태수라 칭하였다. 현의 장관은 령(令), 장(長)이라 하였다. 신국시기에 령과 장을 재(宰)로 개명하였다. 향에는 3로(老)를 설치하여 교화를 담당케 하고, 색부(嗇夫)를 설치하여 소송과 부세를 담당하게 하였고, 유요(游徼)를 설치 도적을 금하였다. 정에는 정장이 있었고, 리에는 이전(里典)과 이괴(里

魁), 이정(里正)이 있었다.

군현제의 확립 후 중앙은 고과와 감찰을 통하여 지방정권에 대한 통제를 강화하였다. 군수는 매년 추동에 중앙에 대해 조공을 받치고, 현도 마찬가지로 군에 공물을 받쳐 중앙 혹은 군에서는 각각 그 예속 기관에 대해 고핵(考覈)을 진행하였다. 수(守)와 령(令)중 유공자는 상을 받거나 승진을 하였으며, 죄가 있는 자는 경하게는 봉벌(罰俸)을 받거나 중하면 면관하거나 형벌을 받았다. 고과와 함께 보완적으로 행했던 것이 감찰제이다. 중앙에서 군감(郡監)이나 어사를 파견하여 군을 감찰하고, 군현도 각각 독우(督郵)나 정연(廷椽)을 파견하여 현과 향을 감찰하였다. 어사와 독우 등은 수시로 죄가 있는 수와 령 혹은 다른 관리들을 탄핵할 수 있었다. 이처럼 상층에서 하층까지 모두 독과(督課)하였던 중앙집권제도는 중앙정령을 순조롭게 지방의 기층에 까지 관철되도록 하였다.

3. 제국의 규제와 그 운용-정치력과 사회력의 상호관계

가. 사(士)계층의 출현

춘추전국시기 철기의 사용과 우경(牛耕)의 사용은 노동력의 생산성 제고하였다. 그 결과 생산력을 크게 증가하였으며, 직접 노동력을 투여하지 못한 사람들도 양육할 수 있게 되었다. 본래 통치계급과 종법제도 중 최하층에 속했던 사(士)들은 이 시기에 사회동란과 예악의 붕괴로 인해 생활보장을 상실하였다. 그러나 오히려 다시 종족에 의지하지 않아서 경대부들의 사역을 받지 않았고, 비교적 커다란 인신의 자유를 얻어서 독립적인 지식분자계층 가운데서 가장 기본적인 구성원이 되었다.

또한 동란시기에도 많은 왕공(王公) 귀족자제들의 운명이 변화되었으며, 종법제의 파괴에 따라 그들은 과거의 존귀함과 영화를 상실하였으며, 자신의 심지(心智)와 구설에 의지하여 생명을 보존하였으며 춘추전국시대 사계층의 중요한 구성부분이 되었다. 한편, 대국(大國)들 간의 쟁패로 말미암아 다양한 재주와 계책을 가진(千方百計) 인재를 초빙하여 서인(庶人)들 중에서 교교(佼佼)한 사람들도 당시 사계층을 모으고, 기르는 풍조가 형성되었고, 글들이 관직에 나아가 재상이 되는 등 신분을 변화시켰다.

사계층은 문화지식과 사회활동 잠재능력을 가지고 있었고, 또한 제후국 군주들이 인재를 구하고자 하였기 때문에 정치지혜주머니(자문참모), 군사참모, 외교사절 사상적 모델이 되었다. 심지어는 제자들을 모아 학문을 가르치기도 하는 등 정치에 참여하는 것뿐만 아니라 사회적 책임 및 도덕적 수양을 추구하였다.

나. 민본사상(民本思想)

패업(霸業)의 성쇠와 패주지위의 불안정과 전이는 춘추전국시기의 정치 특색이었다. 패권경쟁은 강대한 경제, 군사역량이 뒷받침되어야 하였는데, 관건은 친민(親民)에 있었다.

노자(老子)는 민중의 고난을 보았으며, 민중의 역량을 의식하였다. 그리고 통치자들은 마땅히 민중의 바램을 자신의 바램으로 삼아야 한다고 하였다.(聖人常無心 以百姓爲心) 또한 백성을 추구[芻狗: 개에게 꼴(먹이)를 먹이는 것]처럼 하는 것은 불인(不仁)이라고 꾸짖고(天地不仁以萬沕爲芻拘), 통치자들에게 백성이 죽음을 두려워하지 않으면, 무엇이 죽기를 두려워하겠느냐고 경고하였다.(『도덕경』 5장)

공자는 노자의 애민사상을 계승하여 절용하고 사람을 사랑하며, 백성을 동원할 때는 때를 가려서 해야 한다. 또한, 이상의 개념은 군주는 반드시 백성을 사랑하고 백성을 이롭게 해야 한다는 것이다. 하(夏)의 걸왕

(桀王)과 상(商)의 주왕(紂王)처럼 백성을 기망하고 잔학하게 하면 국인(國人)들에 의해 공동의 적이 된다. 그러므로 군주는 반드시 백성과 함께 동락하여 민심을 얻어야 천하를 얻을 수 있다. 이것이 민본사상의 근본이다.[7]

맹자는 백성이 가장 소중하고, 사직은 그 다음이며, 군주는 제일 나중이다.[8]고 하여 백성을 중시하는 맹자의 민본사상이 근간이었다.

다. 제국의 규제(規制)와 그 운용

기원전 221년, 진(秦)나라 왕 영정이 6국을 통일한 후 자신을 시황제(始皇帝)로 칭하면서 중국의 황제제도가 시작되었다. 황제 아래의 중앙정부에서 가장 중요한 3개 관원은 승상(丞相), 태위(太尉), 어사대부(御史大府)를 3공(公)이라 칭했다. 승상은 황제의 명령을 받아 전국의 정무(政務)를 장악하여 법리(法理)에 따라 집행하는 정부의 진정한 영수(領袖)이다. 이렇게 황권과

7 『論語』「學而編」子曰 道千乘之國 敬事而信 節用而愛人, 使民以時.
이 장의 '敬事而信'은 공자가 자기의 상관들에 대한 태도를 말한 것이다. 이때 '事'는 공무원으로서 수행하는 공무를 일컫는 것이다. 그것은 '事君'에서 발생하는 일들이다. 이러한 일들은 반드시 공경되이 처리하여 신의가 있어야 한다는 것이다. 마지막 두 구절 '節用而愛人', '使民以時'는 매우 중요한 제도사적 사실을 발견할 수 있다. 여기 분명 人과 民은 분별되어 사용된 개념이라는 것을 알 수 있다. 여기서 말하는 人은 國의 人을 말하는 것이요, 民은 野의 民을 말하는 것이다. 愛人의 人은 國人이요 그들은 노나라의 도성 내에 거주하는 사람들이다. 그들은 대강 士의 계층을 형성한다. 다시 말해서 공자가 표방하는 '節用(절용)'이란 도성 밖의 鄙野(비야)의 庶人(서인)들에게 해당되는 것이 아니다. 그들은 본시 절약하는 사람들이다. 강조하는 대상은 곧 士이다. 공자가 절용의 윤리를 강조하는 것은 國人, 즉 士 공무원들을 대상으로 하고 있는 것이다. '使民以時' 의 '使民'은 주로 戰役(전역)과 관련된 것이다. 民은 전차를 탈 수 없으며, 보병이나 치중대의 노역에 동원된다. 使民 즉 전쟁을 일으키는 것은 반드시 농한기를 틈타지 않으면 아니 된다. 농번기에 전쟁을 일으키면 국고가 텅 비게 되어 승리하더라도 패배와 마찬가지인 것이다. '使民以時'는 野人(야인)들을 함부로 괴롭히지 말 것을 당부한 것이다. 또한 자기를 닦아서 백성을 편안하게 한다(修己以安百姓),. 그가 가장 효과적인 통치 방법을 묻는 자장(子張)의 질문에 "인민들이 자신의 이익을 좇아 취할 수 있도록 해 주면 된다."

8 『孟子』, 「盡心 下」"民爲貴 社稷次之 君爲輕." 이 부분은 孟子의 民本思想의 핵심이다. 社는 원래 토지의 守護神이요, 그 신을 모시는 祭祀요, 그 제사를 지내는 部落을 의미한다. 稷은 피 직, 또는 神 직 字다. 稷은 穀神을 의미한다. 옛날 군주는 건국을 하면 반드시 土神(社)과 穀神(稷)의 두 神에게 경건한 祭祀를 드렸다. 그러므로 社稷은 국가를 의미한다. 토신과 곡신에게 제사 드리는 장소를 社稷壇이라고 하였다. 서울의 社稷公園에 가면 지금도 사직단이 있다.

재상권이 분리되어 있었으며, 황실과 정부도 어느 정도 구분되어 있었다. 그러나 강력한 황제는 생각하는 바를 모두 할 수 있었으며, 승상은 허울뿐 큰 힘을 발휘하지 못했다. 어사대부는 부승상으로 감찰업무를 담당하였고, 태위는 전국의 군사를 장악하고 지위와 대우 모두 승상과 같았으며 권력은 승상에 미치지 못했다. 승상, 어사대부와 태위는 모두 군주의 근신(近臣)으로 황제의 신임을 받았으며, 제국시기에 중앙정부의 근간을 이루는 대신이었다.

진한 이후의 중앙집권제는 군주를 국가의 최고통치자로 만들었다. 입법(立法)방면에서 중국은 군주 이외의 입법기구가 독립적으로 존재하지 않았으며, 법률 습관상 왕법(王法)이라 칭해 군주가 국가최고 입법권을 향유하였음을 설명하였다. 군주는 사법방면을 직접 장악하여 모두 제도상 혹은 법률상 순서에 제한을 받지 않아서 이론적으로 생사여탈권을 장악하였다. 행정방면에서도 국가의 중대 정무와 일상 활동을 포함한 모든 것을 군주가 결정하였으며, 과거고시에서 전시(殿試)제도 실시는 관리의 선발을 황제가 완전히 장악하였음을 말해준다.

중국의 군주는 소위 천(天), 지(地), 군(君), 친(親), 사(師) 등 5위 일체로 인식되며, 신권(神權)과 정권(政權), 부권(父權), 사권(師權)을 한 몸에 집중하여 인민의 정신과 문화방면에 모두 최고주재자였다. 이외에 진시황제는 분서갱유를 통하여 학술발전을 간섭하였으며, 한 무제는 유술(儒術)을 유일하게 존중하여 통치사상을 실현하였다. 이러한 조처는 사람들의 정신세계를 심각하게 통제받도록 하였다.

지방제도 방면을 보면, 진시황제는 천하를 통일한 후 전국에 36군(郡)을 설치하였다가 후에 증설하였다. 군의 최고 장관은 군수(郡守)로 군(郡)의 군정과 사법을 장악하였으며, 군 이하의 행정기관으로 현(縣)을 두었다. 한 초기 지방제도는 진의 군현제를 계승하였으나 별도로 왕국(王國)과 후국(侯國)을 설치하였다. 한 무제에 이르러 왕국과 후국의 수가 적어지고 영지(領地)도 축소되고, 지방에는 군과 현이 여전히 행정조직의 주체가 되었다. 한대 군의 장관은 태수(太守)로 중앙에서 파견하여 군의 사무를 처리하는 것 이외에 태수는 매년 반드시 해당 군의 호구와 재부(財賦) 조사를 정확하게 한 장부(清冊)를 승상에게 보고하여 정사에 참고하도록 하였다.

예를 들면, 군 태수는 관리를 중앙에 파견 각종 서류장부를 송부하였고, 현의 수장은 매년 가을에 반드시 군부(郡府)에 자료를 송부해야 하였다. 그리하여 진과 한제국은 황제 아래 승상이 총책임을 맡아서 승상은 중앙조정을 주재하였을 뿐만 아니라 지방의 각 군까지도 관할하였다.

라. 민족융합과 문화교류

오늘날 한(漢), 만(滿), 회(回), 장(藏) 소위 '종족융합'의 과정에서 중화민족 구성과 중국문화의 다원화 색채를 나타내었다. 한족이 전통중국 왕조의 주체를 이루었으며, 이를 둘러싸고 있는 4방의 이족을 동이(東夷), 서융(西戎), 남만(南蠻) 그리고 북적(北狄)이라 불렀다. 이것은 한족과 종족이 다르면 그 마음도 다르다고 인식하는 한인우월주의 생각을 드러내었다. 「用夏變夷」[9] 하면 이적(夷狄)이 중국에 들어와 중국(中國)화가 된다는 관용적인 포용방식으로 서로 다른 종족이 중화민족 체계 속에 융합된다는 것이다. 이처럼 새로운 문화가 들어와 민족 고유의 체질을 변화시키고 문화 자체가 가지고 있던 내용을 풍부하게 하였다.

이러한 민족융합의 과정은 일관성 있게 이루어지는 것은 아니고 서로 다른 역사시기를 통해 점진적으로 진행되고 완성되었다. 그 과정은 대개 4시기로 분류해 볼 수 있다.

제1기는 상고로부터 선진(先秦)시기까지로 이적세력과 대립 국면이 점차 완화되고, 중국민족은 융화와 통일의 최초의 터전을 마련하였으며, 화하(華夏)집단의 활동 범위가 확대되고 주류를 이루면서 다수의 여러 민족

9 김태만, 김창경, 박노종, 안승웅『쉽게 이해하는 중국문화』, 2011.9.7, 다락원.

을 합류시켰다. 고대 역사에 보이는 상술한 4이(夷) 등 다민족이 융화되어 중국민족을 형성하였으며, 이것이 곧 진한(秦漢)시대의 중국이었다. 진한시대의 융성은 구체적인 문화적인 함축의미가 확정되어 민족융합의 성공에 있었다.

제2기는 진한으로부터 위진남북조에 이르는 시기이다. 진한 이후 시기에는 중국민족이라는 큰 흐름 속으로 많은 새로운 종족과 문화가 녹아들었다. 흉노(匈奴)·선비(鮮卑)·저(氐)·갈(葛)·강(羌)등 5호(胡)의 흡수로 보다 새롭고 큰 중국민족 국가를 이룰 수 있었다. 이것이 곧 수당시대의 중국인이었고 또한 민족융화의 성공으로서 수당시대의 전성기를 이루게 한 요인이다.

제3기는 수당에서 원 말기까지로 특히 당조의 국세가 크게 떨쳐 동아시아와 서역 각국에까지 미치는 동아시아 제국을 형성하고, 빈번한 교류가 이루어지는 등 활성화를 이루었다.

제4기는 명대 이후 현대까지로 대외관계가 날로 밀접해지고, 만주, 강장(羌臧)·회부(回部)·묘요(苗猺) 서장(西藏) 등 민족 간 교류기회가 점자 증가되었다. 특히 주의할 것은 한족(漢族)이 비록 중화민족의 주요 구성이지만 혈통과 문화의 융합은 일종의 상호관계에 의해 이루어지며, 상호 보완적이고 교류방식으로 완성된다.

중국민족은 항상 흡수하고 융합하며, 끊임없이 변화하며 새로워져 큰 줄기와 흐름으로 존재하면서 버텨왔다. 흔히 중국민족은 강한 지속성을 가지고 있으며, 또한 위대한 동화력을 갖추었다고 일컫는데 그 태반의 공적은 민족의 덕성과 문화의 함축에 있었다.

중국인은 일찍부터 다민족 국가를 건립하고 유지하는 방법을 추구하며 끊임없이 확장을 시도하며, 국가도 이에 따라 발전하였다. 중국인은 민족관념을 인류관념에 소화시키고 국가관념은 천하 또는 세계관념 속에 두었다. 그들은 민족과 국가를 문화의 한 유기체로 파악하였으며 협의적인 민족관과 국가관을 멀리하였다. 국가의 형성이 또한 민족의 융합이었다. 이렇듯 중국문화는 곧 이 두 가지 최대의 강령 아래에서 한 걸음 한 걸음 진전되어 갔다.

사실상 이족도 부단히 그 특수한 물질 혹은 정신문화 요소를 창조한다. 이런 현상을 소위 함화(涵化: acculturaton)과 동화(同化: assimilation)로 구별한다.

마. 북방 유목민족과 중원 농경민족문화의 교류

중국 역사상 장성(長城)은 국방상 지리적 한계선일 뿐만아니라 북방유목민족과 호족(胡族)들의 남하를 방어하는 목적을 가지고 있었다. 또한 장성은 종족과 문화의 분수령으로 장성 내외는 기본적으로 유목과 농경문화라는 두 가지 서로 다른 문화 형태를 표현하였다. 한 무제(武帝: BC 162, 孝文帝 後元二年)는 흉노의 노선우(老單于)의 답서(答書)에서 "장성 이북의 활쏘기에 뛰어난 나라에서는 명령을 선우로부터 받고 장성 안의 의관속대의 집은 짐이 이를 통솔한다."[10]라는 글을 보내어 화해를 요청하여 화해가 이루어졌다.

그러나 장성은 결국 영원히 돌파할 수 없는 것은 아니었다. 이들 기마민족(유목민족)들은 수시로 장성을 넘어와 변경을 소란하며 화북지역을 점령하곤 하여 할거정권을 수립하였다. 예를 들면, 5호16국시대로 오래 동안 중국 내부를 침입하였으며, 몽고와 만청(滿淸)은 전 중국을 정복하기도 하였다.

어떤 시기에는 그들도 평화방식을 채택하여 농업국가 영토에 진입하여 호시(互市)를 통해 무역하거나 귀부하기도 하였다. 또 다른 한편으로 한족정권은 때때로 피동에서 주동으로 태도를 바꿔 변경지역을 정벌하기도 하였는데, 당대 무력도 바로 이런 연유에서 발생된 것이다. 장기간의 접촉으로 말미암아 초원유목민족과 중원 농업민족 간의 문화교류는 자연

10 『史記』匈奴列傳,(長城以北 引弓之國 受命單于 長城以內 冠帶之室 朕亦制之.

히 생기게 되었으며, 그런 추세 속에서 상호 영향을 크게 미쳤다.

만약 전국시기 조(趙) 무령왕(武靈王: BC 25-299)이 호복기사(胡服騎射)에게 배운 목적이 강병(强兵)을 통해 영토를 개척함에 있었다면, 동한(東漢) 영제(靈帝)는 호복과 오랑캐 음식 그리고 호공(胡箜: 하프와 비슷한 악기)과 호무(胡舞)등 행위를 좋아하여 수도에 전래하여 귀족들이 다투어 모방하고 배웠는데, 순수하게 개인적인 기호였다. 또한 이 시기 말타고 활쏘는 풍속은 중국 수천년에 걸친 군사제도와 군사장비 그리고 사상을 변혁하였다.

조나라 북방 대다수 호인(胡人) 부락은 유목민족으로 전쟁 시에 말을 타고 싸워서 행동이 대단히 빨랐다. 특히 호인들은 단의(短衣)와 장고(長褲: 긴바지)를 입고 말을 타고 내리기 편리하였으며, 활을 쏘는 데에도 자유로웠고 대단히 신속하였다. 이에 조나라 무령왕은 명을 내려 말을 타고 활쏘는 호인들의 풍습을 학습하도록 하였다.

그 결과 조국(趙國)의 국력은 날로 강성해져 기원전 299년, 무령왕이 그 아들 조 혜왕(惠王)에게 양위할 때는 이미 전국 7웅(雄)의 한 나라로 칭해졌다. 이렇게 호인들에게 배운 호복의 풍습은 이후 한민족 복장에 변화를 가져왔으며, 2년 이래 계속 사용되어 왔다.

호화(胡化) 경향이 비교적 뚜렷하였던 시기로는 북제(北齊)와 당조(唐朝) 두 시기를 들 수 있다. 북제는 북위(北魏) 말기 6진(鎭)의 난 이후에 건립된 반한화(反漢化)정권으로 조야(朝野)가 모두 선비화의 색채가 농후하였다. 안씨가훈(顔氏家訓) 교자편(教子編)에 의하면, 당시 사대부들은 자식들에게 선비어와 비파의 연주법을 가르치기에 급급하였다. 이것은 북위 효문제의 한화실시 이후 호족문화가 다시 중시되었기 때문이다.

당조(唐朝)는 북조왕조를 계승하여 더욱 개방적이고 세계화의 색채를 가지고 있었다. 특히 당 태종 정관의 치세 때에는 그 위세가 천하를 뒤덮었으며, 「화이일가(華夷一家)」의 대동정신을 충분히 실현하여 당조는 이적(夷狄)에 대한 경계(境界)를 두지 않는다는 것을 보여주었다. 이로 인해 종대 사람들의 통속습관의 많은 부분이 호풍에 전염되었다. 특히 의, 식과 오락 방면이 그러하였다. 당 말기 현종시기 궁중에서는 호풍을 숭상하여 귀인(貴人)들은 호식(胡食)을 즐겼으며, 관리의 자녀(仕女)들도 호복(胡服)을 입었다.(『舊唐書.輿服志』) 그 중 주로 서역악무(樂舞), 호식(胡食)은 술(酒: 포도주)을 포함 필라(饆饠: 중앙아시아, 인도 등지(抓飯) 호병(胡餅: 오늘날 燒餠) 등이 많은 인기를 끌었다.

한편, 호족정권의 한화(漢化) 실례는 흉노족 유연(劉淵)과 북위 선비족 탈발씨가 그 증명이다. 유연은 서진(西晉) 영가(永嘉)의 난 소위 5호난화(5胡亂禍)의 서막을 연 인물로 한화의 소양이 대단히 높았는데, 그는 어려서 학문을 좋아해서 『춘추좌씨전』, 『손오병법』을 모두 암송하는 등 역사저서를 보지 않은 것이 없을 정도였다.[11]

사실상 5호정권의 각 부족 영수들의 환화추진 정도가 유연과 유사한 사람은 거의 모두 그러하였다. 그 중에서 선비족 탁발부족의 한화가 가장 현저하였다. 비록 북위건국 초기에 호한 충돌의 사건이 빈번하였으나 한화와 종족융합은 시대적인 추세였다. 특히 북위 효문제 시기 더욱 진일보한 한화정책 조처가 취해졌다. 예를 들면, 호복금지, 한어사용, 성씨개명 통혼정책 등 모두 호족풍을 일소하고 민족 간의 모순을 약화시켜 종족과 문화통합에 진일보한 융합을 가져오고자 하였다.

4. 중국의 정치제도

가. 고대사회의 정치제도

중국의 정치제도를 서술하면서 먼저 그들의 기본적인 민족성에 대하여

11 『晉書』, 劉元海載記.

알아보는 것은 그들이 고대 이후 지속해왔던 왕조체제의 매개체가 무엇이었는가를 살펴보는 데에 중요한 단계이다. 중국은 국민의 92%가 한족(漢族)으로 이루어져 있으나 55개 소수민족으로 형성된 다민족 국가이다. 한족은 강한 자존심과 체면, 끈기, 강한 의구심을 가진 민족으로 평가되고 있다. 그들은 옛날부터 주변 여러 민족에 비해 우수한 문화를 보전하고 유지해 온 자부심으로 주변국을 야만시하고 스스로를 중화라 칭하는 중화사상을 형성하였다. 그들은 주변국에 대해 자위책을 취해야 하는 역사적 환경에 자주 처하기도 하였다. 또 중국인은 사물을 양면적으로 파악하는 성질이 있어 원칙성을 무너뜨리지 않는 범위 내에서 대담성을 발휘하는 일면도 있다. 이러한 민족성이 서로 얽히고 영향을 받아 중국인의 성격을 형성하고 있다.

1) 하 왕조(夏 王朝)

하 왕조에 관해서는 『사기』 이외 중국 고대의 기록에도 많이 나타나 있다. 특히 갑골문의 발견으로 은 왕조 존재가 분명해진 현재에 고고학적 연구가 진행되면서 하 왕조의 실체가 밝혀지고 있고, 최근 연구에 의하여 하 왕조의 왕궁터를 확인하는 학자도 있다.

1959년 이래 하 왕조의 실체를 찾기 위하여 언사현 이리두유적의 발굴이 진행되어 이곳을 한 때 하 왕조시기 유적지로 단정하기도 하였다. 이리두유적은 그 지층이 모두 4기층(基層)으로 구성되어 있고, 근년에는 이리두유적의 중앙부에서 이리두 후기에 속하는 거대한 건물터가 발견되어 이를 이리두궁전 혹은 종묘로 보고 이곳을 하 왕조의 수도라고 주장하기도 하였다. 『사기』의 하본기(夏本紀)와 은본기(殷本紀)는 그 내용과 서술형식이 아주 비슷하다. 이것은 실제로 존재한 역사적 사실을 근거로 하고 그 위에 시조에 대한 수식적이며 과장적 교훈을 추가하여 살을 붙인 것으로 해석할 수 있다. 따라서 은허의 발굴에 따라 은대의 존재가 실증되었기 때문에 하 왕조의 역사적 사실도 밝혀질 가능성이 높다.

중국은 하상시기에 노예제사회에 진입해있었으므로 이때 이미 노예주인 왕을 도와 관리를 하는 관원이 출현했다. 갑골문에 보이는 윤(尹)·경사(卿士)·사(史)·성(成)·재(宰) 등의 명칭은 모두 국왕을 도와 정사를 처리하고 제사와 기사(記事)를 관장하며, 백성을 통솔하여 변방을 지키거나 정벌을 행하고, 왕가의 사무를 관리하던 관원을 가리킨다.

2) 은 왕조(殷王朝)

은대는 복점(卜占)에 의하여 신의 뜻을 묻고 이에 따라 정치를 행하는 신정정치가 행하여졌다. 왕은 정치와 종교의 주재자로서 국가의 중요 대사를 점복에 의하여 판단하였다. 점은 정인에 의해 행하여졌지만 점에 나타난 점괘를 판단하여 신의 뜻을 해석하는 것은 오직 왕 한사람뿐이었다. 이런 의미에서 왕은 신의 세계와 인간세계를 연결하는 유일한 매개자로서의 역할을 했다. 한편, 은대의 신정정치는 몇몇 문헌에서도 살펴볼 수 있는데 『예기(禮記)』에 '은나라 사람은 신을 존중하며 백성을 다스림에 있어 귀신을 먼저 섬기고 예를 후에 하였다.'는 기록과 『상서(商書)』에 은왕이 그 정명을 행하는 데는 모두 귀신의 뜻을 빌어 결정하였다가 바로 그것이다.

은대는 몇 개의 도시국가가 모여 연맹을 조직하고 유력한 도시국가가 맹주가 되었다. 따라서 은의 국가형태는 도시국가 혹은 읍제국가의 성격을 띠고 있으며, 정치와 군사행동은 각 씨족의 대표자가 모여 협의하여 결정하였다. 그밖에 은왕이 직접 통치하는 직할시를 가지고 있었으며, 지방에는 많은 도시국가를 관할하는 우두머리인 백(伯)이 있었다. 은도 초기에는 지방의 방백(方伯)이었으나 그 세력이 커져감에 따라 방백의 장으로서 중원에 거주하였고, 지방의 주군은 후(候)·백(伯)의 두 종류가 있었다. 따라서 은왕은 전 국토를 직접 통치한 것이 아니라 후·백을 통하여 간접으로 읍제국가를 통치하였다.

3) 주 왕조(周王朝)

봉건제의 시행과 목적

무왕(武王)이 은을 멸하고 은의 왕자 무경(武庚)을 제후로 봉하고, 다시 전국 각지에 확대실시하면서 정치제도로 발전하였다. 주의 봉건제도는 유교에서 숭상하는 유덕자(有德者)에 의하여 기틀이 마련되었으며 혈연관계를 중심으로 하여 새로 정복한 광대한 국토를 일족과 공신에게 분봉해 줌으로써 왕실의 울타리를 삼으려 하였다.

봉건영토 가운데 주 왕실이 지배하는 직할지를 왕기(王畿)라하고, 제후에게 분봉된 땅을 국(國)이라 하였다. 한편 제후도 그가 지배하는 봉토를 공읍(公邑)과 채읍(采邑)으로 구분하여 가신집단인 경(卿)·대부(大夫)에게 사여하였다. 주 왕실이 분봉한 읍을 국이라 하고 제후가 분봉한 읍을 도(都)라 하였다. 이렇게 분봉된 봉토는 위로 왕기로부터 아래로는 읍에 이르기까지 피라미드와 같은 구조를 갖게 되었다.

최근의 연구에 의하면 봉건제도는 이미 은대에 실시되었고, 주초에 들어와서 각 지역에 확대하여 실시하였다. 이것은 주 왕실이 새로 정복한 영토에 왕실의 일족(一族)과 믿을 수 있는 공신을 제후로 봉하여 은·주 교체의 정치·사회적 혼란을 수습하려는 데 그 정치적 목적이 있었다. 이와 함께 종래 은 왕조에 종속되었던 유력한 읍(邑)의 지배자를 새로 서주의 지배 하에 복고시키려는 사회적 의미도 강하게 내포하고 있다.

봉건체제를 유지하는 원리가 혈연적 유대관념이고, 혈연관계가 아닌 공신의 경우에도 이러한 관념 하에서 주종관계가 성립되었다. 이 혈연적 유대를 나타내는 것이 바로 종법관념이고, 주실(周室)을 종법이라 하고, 국을 종국(宗國), 종읍(宗邑)이라 한 것은 모두 혈연관계에서 유래하였다. 또, 그밖에 종묘(宗廟), 종족(宗族) 등은 모두 이 종법 관념에 기본을 둔 것이고, 이를 규범화한 것이 종법이다. 종법은 부계씨족제와 적장자상속제의 성립으로 종가(宗家·大宗)와 분가(分家·小宗)의 신분질서를 강화하였고 주대의 국가 지배체제의 기본질서로 자리잡게 되었다.

점차 혈연관계가 소원해지고 종가에 대한 분가의 종법질서가 무너지면서 주왕실의 권위와 서주사회의 지배체제도 와해되기 시작하였다. 꼭 서주에 한해서가 아니더라도 종법질서의 기반 위에 실시된 봉건제는 전한·서진시대, 그리고 역대 왕조에서 종친과 왕자의 반란 등 모순점이 야기되면서 봉건제도의 문제점이 표면화되었다.

주대의 관제

주대의 중앙관제를 보면, 천자 아래에서 조정의 대권은 태사(太師)와 태보(太保)그리고 태부(太傅)의 삼공(三公)이 천자의 고문역을 수행하고 보필하였다. 태사와 태보는 일반적으로 총재(冢宰)를 겸임하여 최고 집정관으로서 경사들을 통솔하며 방대한 정무 담당 관료군을 형성했다. 정무 담당 관료로는 육경(태재·태종·태부의 삼우, 태사·태복·태축의 삼좌)과 각각의 구체적인 정무를 관장하는 사도(司徒)·사마(司馬)·사공(司空)·사구(司寇)·사사(司士) 등의 '유사'(有司)를 두어 정사(政事)·민사(民事)·예의(禮儀)·군사(軍事)·형벌·건축 방면의 일을 나누어 책임지도록 했다. 그 밑에 경사료(卿事寮), 대사료(大史寮), 공족료(公族寮)등의 관서가 있었다.

경사료의 관직을 보면 사도(司徒)가 토지와 무역을 관장하고 사마(司馬)는 군사를, 사공(司空)은 토목공사를 사록(司錄)은 호적과 봉록을, 사구(司寇)는 형벌을 각각 분담하여 관장하였다. 대사료는 태재(太宰), 태종(太宗), 태축(太祝) 등 주로 문관과 신관(神官)이 문서와 황실사무 그리고 제사직을 관장하였다. 공족료는 왕족과 귀족에 대한 업무를 장악하였다. 관리로는 대부분 귀족이 임명되었는데, 이들은 채색(彩色)으로 봉록을 받았으며 관직도 세습되었다.

또한 지방관제는 봉건체제의 성립과 함께 주왕실의 지방제후 통제를 위한 제도적 장치가 관제에 뚜렷이 나타나고 있다. 주 왕조는 지방의 제후를 통제하는 데 종법제도에 의한 혈연의식과 천명사상을 바탕으로 한 왕토사상(王土思想)을 이용하였다. 주는 옛 땅을 효과적으로 통치하기 위해 낙읍(落邑)에 성주(成周)를 건설하고 주의 본거지 호경(鎬京)을 종주(宗周)라 하여 양경체제(兩京體制)로써 통치하였다. 또한, 지방제후의 일족을 중앙에 머물게 하고 관직에 임용함으로써 지방제후의 통제를 쉽게 하였으며, 제후의 감시와 통제를 위하여 지방에 감시관을 배치하는 임국제도(臨國制度)를 시행하였다.

나. 춘추전국시대의 정치제도

1) 춘추시대(春秋時代)

춘추시대 중기 이후 각국에서 실시한 정치개혁의 결과 국(國)의 질서에 중대한 변화가 일어났고, 그에 따라 권력구조의 재편성이 진행되면서 씨족제가 해체되었다.

주 왕실이 쇠퇴하면서 각국 간의 혈연적 연대의식과 공통문화의식 그리고 조상신에 제사지내는 주술적 종교관을 기반으로 하는 회맹적 국제질서가 도래하였다. 따라서 대국이 소국을 병합하는 경우에도 소국이 가장 신성하게 받들어 모시는 종묘와 사직은 그대로 보존하여 주는 복속방식을 취했다. 소국은 자국의 존립을 위해 대국과 결맹이 불가피했고 결맹의 조건으로 맹주(盟主)인 대국에게 병력의 제공을 부(賦)로 감당하면서 과중한 부담을 안게 되었다. 이와 같은 국간의 무상한 회맹(會盟)과 반맹(叛盟)은 정치와 사회 변화가 격심한 춘추초기의 과도기적 현상이라 할 수 있다.

춘추 중기를 전후하여 진(秦), 초(楚), 진(晉) 등 주변 강대국은 종래의 회맹방법에 의한 복속의 지배방식을 버리고 소국을 완전히 멸망시킨 후 그곳에 현을 설치하여 직접 통치하는 멸국치현(滅國置縣)의 새로운 지배방식을 취하게 되었다. 이와 같은 군현제의 출현은 씨족적 전통을 존중하는 중원의 소국들에게 위협을 느끼도록 하였다. 그 결과 각국은 국력의 강화와 군비의 충실을 위한 정치개혁을 시행하게 되었다.

춘추시대의 사회적 변혁과 국가의 발전은 종래의 읍제국가(邑制國家) 형태에서 대국(大國)형태의 영역국가로의 전환이다. 춘추5패가 바로 소국을 병합하여 영역국가로 변화한 대표적인 경우이다. 춘추5패 가운데 제(齊)와 진(晉)은 중원국가(中原國家)라는 자부심을 가지고 존왕양이(尊王攘夷)를 내세우면서 주왕실을 오랑캐로부터 방어한다는 강한 중화의식을 가지고 있었다. 그리하여 변방의 초(楚)나 오(吳), 월(越) 그리고 진(秦)에 대해서는 오랑캐로 낮추어 보는 화이사상(華夷思想)이 나타나게 되었다.

한편, 초(楚)나 진(秦)도 변방국가를 탈피하여 중원 진출을 끊임없이 반복한 끝에 전국시대에 이르러 진이 상앙의 변법을 통해 천하를 통일하기에 이르렀다. 진 효공 이전에는 서북방에 치우쳐서 중원문화권과는 떨어져 있었기 때문에 후진성을 면하지 못하였다. 그러나 진(秦)의 문화적 후진성은 법가적 부국강병주의 정책을 실행하는데 오히려 도움이 되었다. 그 후 목공(穆公)은 중국의 서북부 일대를 지배하에 두면서 중원 각국과 실력을 겨룰 정도로 발전하였다. 그러나 모공 이후에는 국력이 침체하여 후진국 취급을 당하였으나, 효공 때 상앙의 등용으로 변법을 실시함으로써 일약 강국으로 발전하게 되었다. 변법은 효공 때 상앙에 의해 실시된 것으로 그 내용이 철저하고 효과가 커서 진의 6국통일의 기반을 이루었다.

2) 전국시대

기원전 5세기 말(BC 403) 춘추시대의 대국인 진(晉)국에서 한(韓), 위(魏), 조(趙) 3씨(氏)가 반란을 일으켜 진(晉)을 멸망시키고 한, 위, 조 3국을 세우면서 정치변혁의 시대인 전국시대가 열렸다.

춘추시대에는 아직 존왕양이의 대의명분이 정치사회를 지배하여 왔고 이에 따라 주대의 정치질서인 예가 어느 정도 존중되었다. 그러나 진의 멸망을 계기로 전국시대의 정치풍토는 신하가 주군을 멸하고 강대국인 약

전국시대 형세도

소국을 공벌하는 약육강식의 경쟁시대로 접어들게 되었다. 이리하여 종래의 읍제국가(邑制國家) 형태는 더 이상 존립할 수 없게 되고 영역(領域 또는 領土) 국가로 변천되었다.

결과적으로 춘추시대 170여 국은 전국시대 초기에는 20여 개만 남게 되었고, 제후의 지배권이 확대되면서 국가 간의 전토와 인민을 쟁취하기 위한 전쟁이 반복되었다. 전국시대의 전국7웅(戰國七雄)의 등장은 이러한 배경에서 이루어졌다.

전국시대 정치·사회적 변혁의 양상은 이미 춘추시대 중기 이래 출현하기 시작한 군현제적 전제지배체제에서 그 배경을 찾을 수 있다. 예를 들어 국의 경우 서주와 춘추 초기의 국의 제후는 씨족공동체의 장으로서의 성격을 지니고 있었는데 반해 전국시대의 국은 이러한 씨족공동체의 성격을 완전히 탈피하고 영토국가로 변모하여 갔고 전제군주가 출현하여 다수의 현을 통치하면서 군현제적 전제지배체제가 전국7웅의 각국에 확대되어 나갔다. 즉 영토국가의 발전과 군현체제(郡縣體制)의 확대를 가져왔다.

군현제도의 출현은 왕을 정점으로 하는 관료지배체제를 탄생시켰고, 영역국가 내의 토지와 인민을 국왕이 직접 지배하게 되면서 중앙집권적 전제군주체제가 나타났다. 이에 따라 춘추시대의 구에서 흔히 볼 수 있던 공(제후)과 향, 대부 사이의 회맹과 반맹의 관계가 사라지고 주군과 가신의 주종관계가 새로운 정치질서로 등장하였다.

중국 고대 사회는 봉건사회로서 혈연관계를 토대로 한 종법질서의 기반 위에 성립되었기 때문에 사회계층은 엄격하게 지배계층과 피지배계층으로 구분되어 있었다. 이 시대에는 시경(詩經)에 '하늘 아래 왕토(王土) 아닌 땅이 없고 사해(四海) 안에 왕의 신하(臣下)가 아닌 사람이 없다'라는 구절처럼 왕토와 인민 모두 형식상 천자의 지배하에 있었다.

노예제 사회의 성립은 선양제(원시사회 말 부락연맹 내에서 연맹의 추장을 추천하던 제도의 일종)와 상속제로 바뀌면서 씨족공동체사회가 계급사회로 변화하였고 그 과정에서 노예제가 생겨난 것에서 그 근본을 찾을 수 있다.

봉건제도는 혈연관계를 중심으로 하여 왕족이나 공신에게 토지를 분봉해 그들을 왕실의 울타리로 삼으려 하였던 것이 본래의 목적이었고, 이 제도는 통치체제로서 고대사회에 확고히 자리를 잡았다.

그 후 춘추시대에는 여전히 주대의 봉건질서가 유지되고 있었다. 그러나 지방의 제후들은 주 왕실을 받들고 오랑캐를 물리친다는 대의명분을 내세워 패권을 차지하기에만 급급할 뿐이었다. 전국시대에 들어와서는 그나마 유지되던 봉건제도가 붕괴되고 주 왕실은 낙양 근처만을 차지하는 소국으로 전락하였다. 주나라가 소국으로 축소되자 지방의 제후국 가운데 강력한 실력을 지닌 경·대부들이 제후국의 지위를 찬탈하는 하극상의 사태가 발생하는 등 약육강식의 살벌한 세태가 되었다.

한편, 이때 신흥강국은 새로 정벌한 영토에 봉건제 대신 중앙 집권적인 군현제도를 실시하였다. 이에 따라 군주의 권력은 크게 신장되고 강화된 반면, 귀족세력은 약화되어 주대의 봉건질서가 가부장적 관계로 변모하였다. 특히 춘추시대 중기 이후로 종래 읍제국가의 구조가 해체되고 그 대신 전국시대의 영역국가 형태로 발전되어 나갔다. 이에 따라 전국시대에는 봉건국가체제가 해체되고 대신 왕권이 강화되는 중앙집권적 관료국가체제로 변천되어 나갔다.

춘추전국시대에 각 제후국의 관료제는 매우 복잡했다. 중원에 위치한 노나라는 원래 주공(周公)의 맏아들인 백금(伯禽)의 봉지였으므로 주나라의 관료제를 기본적으로 계승했다. 가욕관(嘉峪關) 밖 제후의 부용국이었던 소국에서 발전해온 나라인 진은 관직과 작위의 구별이 없었고, 군공에 따라 독특한 작위제도를 시행했다.

중원의 국들이 '만이'(蠻夷)라 불렀던 남방의 초나라 역시 독자적인 관제를 수립했는데, 영윤(令尹)·사마(司馬)·막오(莫敖) 등이 군주를 도와 군정 사무를 관리했다. 일반적으로 춘추전국시대의 각 제후국은 크게 경(卿)·대부(大夫)·사(士)의 3등급 관료구조를 시행했으며, 대다수가 '경'을 집정관으로 삼아 국가의 정무를 관장하게 했다.

다. 진·한대의 정치제도

1) 진

춘추시대를 거쳐 전국시대로 오면서 수많은 나라들은 7웅국(雄國)으로 정리되었다. 이러한 전국의 정세를 급변시킨 것은 두 가지 발명, 즉 철기의 사용과 기마전술의 채용이다. 철제 무기의 사용으로 다수의 병사를 무장시켜 대규모의 전투를 행할 수 있게 되었다. 또한 철제농기구의 사용은 농업생산력의 향상을 가져와 재정적 뒷받침이 되었다. 이것은 전쟁 승패의 결과를 결정적인 것으로 만들었다.

다음으로 기마전술의 채용도 전술을 일변시켰을 뿐 아니라 제국간의 강약의 격차를 확대시키는 효과를 가져왔다. 이러한 기마전술의 효과를 최종적으로 최대한 활용한 것은 진(秦)이었다. 특히 통일에 직접적인 배경으로 상앙의 변법실시와 부국강병을 계속 추진한 것이 통일의 직접적인 배경이 된다.

상앙(?~BC 338)이 마련한 능력주의적 신분질서에 따라 국가는 재산과 권력의 재분배를 실현할 수 있었고, 인민의 지배가 용이해졌다. 이 과정에서 토지, 세, 요역의 분배와 함께 능력에 따른 인민의 신분상승이 계속되었다. 따라서 생산력은 크게 증가될 수 있었으며 가문을 중시하던 봉건적 계급 사회에서 탈피하여 활기 넘치는 백성의 능력주의 사회가 마련되고 사회의 계층 분화가 활성화된다.[12]

이러한 배경아래 BC 221년 동방의 강국 제(齊)를 타도하고 중국을 통일한 진왕 정(政)은 무수한 소국이 분립하고 군웅이 할거했던 중국에 한민족을 주체로 한 중앙 집권적인 통일 국가를 제일 처음으로 성립시켰다. 진왕 정(BC 259-210)은 진의 왕일 뿐 아니라 전 중국의 지배자가 되었기 때문에 지배자의 호칭으로 단순히 왕이라는 것은 어울리지 않는 다고 여겨 황제라는 호칭을 사용하여 천하를 지배하는 유일 절대자라는 강한 자부심을 내세웠다. 시황제는 스스로를 짐(朕)이라 하고 황제의 명령을 제(制)라 하여 더욱 높이고 왕의 업적에 따라 신하가 논의하여 정하는 시호(謚號)제도를 폐지하고 그 대신 세제(世制)를 택하였고 황제의 상징으로 옥새제를 마련하였다.

시황제는 황제 지배체제를 전국으로 확대하고 강력한 중앙집권체제를 구축하기 위해 주(周)가 시행했던 승상제도 등을 두고 왕자를 각지에 분봉하여 지배하는 봉건제도를 대신하여 전국을 군현으로 편재하여 지방관을 파견하는 것이 좋다는 정위(廷尉) 이사(李斯)(?~BC 210)[13]의 주장을 받아

---

12 李 成珪「秦의 身分」『東洋史學研究』23, 1986.

13 정위(廷尉): 최고 사법관

들여 군현제도(郡縣制度)를 채택하였다.

이에 전국을 36군(郡)으로 나누고 (후에 42군) 군은 몇 개의 현(縣)을 관할하게 하였다. 또한 군의 장관인 군수, 현의 장관인 현령은 모두 황제가 임명하며 수시로 부임지를 이동시켜 지방관이 해당지방에 정착하면서 세력을 양성하여 할거하는 것을 막았다.[14]

지방관으로서는 군수, 현령 이외에 군에는 군사를 주관하는 군위, 군수를 감찰하는 감어사가 있고 현의 장관은 관할하의 호수가 1만호 이상인 경우는 영(令), 이하는 장(長)이라 불렀다. 영, 장 아래에는 현승(縣丞)이 있어 보좌역으로서 문서, 사법을 관장했으며 현위는 군사를 맡았다. 군현의 관리는 황제가 임명하지만 그 아래에 있는 여러 관리는 군수나 현의 영장(令長)이 그 지방의 유력자들로부터 임명하였다.

이를 통해 황제를 정점으로 하는 통치기구로서 황제에게 봉사하는 관료제가 확립되었다. 중앙에는 국정을 처리하는 좌우승상(左右丞相), 승상을 보좌하는 어사대부, 군정을 담당하는 태위, 실제적인 군사행동을 지위하고 재정을 담당하는 소부 등을 중심으로 하는 중앙관제가 설치되었다. 이를 삼공구경제(三公九卿制)[15]라고 한다.

또 전국의 부호 12만호를 수도 함양으로 옮기고 그 일부는 사천지방까지 이주시켰다. 이들 부호는 상공업자이면서 대토지 소유자로서 대부분 고리대를 겸하여 농민을 수탈하고 있었기 때문에 이들 세력을 약화시

---

14 현(縣) 아래에는 몇 개의 향(鄕)을 두었으며 향에는 지방의 명망가인 삼노(三老)가 있어 지방민의 교화를 담당하였다. 또한 색부(嗇夫)는 징세와 요역을 주관하고 유격은 지방치안을 담당하였다. 향 아래에는 정(亭)을 두었는데 대개 1향에 10정이 있어 정장이 지방의 치안을 도왔다. 정 아래에는 리(里)가 있는데 1정에 10리가 있고 이정(里正)과 감문(監門)이 있었다. [정(亭)과 리(里)의 관계에 대해서는 논란이 많다.] 또한 현성(縣成)과 향리(鄕里)는 모두 십(什) · 오(伍)로 편재되어 연좌제(連坐制)가 적용되었다.

15 삼공(三公)은 좌 · 우승상, 태위, 어사대부이다. 승상은 중앙행정기관의 최고 장관으로 황제를 도와 전국의 정무를 처리했는데 국가대사에 대한 최종 결정권은 황제가 갖고 있었다. 어사대부는 부승상의 직무와 비서 감찰의 직무를 겸했다. 태위는 최고 군사장관이었으나 황제의 부절(符節)이 있어야 군대를 동원 지휘할 수 있었다. 삼공의 분권과 상호 견제는 황제가 대권을 총괄하는 제도였다.
구경(九卿)은 봉상(奉常)[의례제(儀禮祭)기], 낭중령(郎中令)[황제의 신변경호], 위위(衛尉)[궁정경비], 태업(太業)[어용가마 관리], 정위(廷尉)[사법담당], 전객(典喀)[빈객접대 소수민족 사무관장], 종정(宗正)[종실관장], 치속내사(治粟內史)[국가재정 관리], 소부(少府)[황실재정 관리]이다.

키는 한편 후진적인 도시였던 수도 함양을 번영시키려는 목적을 갖고 있었다.

원래 진에서는 상앙의 변법이래로 억상(抑商)정책이 채택되어 농업을 가장 중시하고 병농일치를 지향하고 있었다. 통일 이전에도 점령한 대도시는 그 규모를 축소시키고 거기에 거주하는 상인들을 개척지로 이주시켜 농민화하는 정책을 시행하고 있었기 때문에 이것을 전국적인 규모를 파급시켰다고 할 수 있다. 이러한 농업 중시책과 함께 100보를 1무로 하는 제도에서 240보를 1무로 하는 제도로 바꿨다.

2) 한

군국제도의 실시

기원전 220년에 중국을 통일한 한(漢) 고조 유방(劉邦)(BC 247-195)은 수도를 장안으로 정하고 공신들에 대한 포상문제, 진이 급진적으로 강행한 군현제의 실패, 항습(項習)의 시대착오적인 봉건제로 복귀 등 여러 요인을 감안하여 군현제(郡縣制)와 봉건제를 절충한 군국제(郡國制)를 실시하였다.

군국제는 주의 봉건제와 진의 군현제를 병용한 전한(前漢) 초기의 지방제도이다. BC 206년 진의 멸망 이후 시황제(始皇帝: BC 259-BC 210)가 수립한 중앙집권체제도 붕괴되고 전국시대의 제후왕국 체제가 부활하였다. 특히 항우(項羽: BC 232-BC 202)는 진 왕조를 멸망시킨 뒤 스스로 서초(西楚)의 패왕(霸王)이라 칭하고, 유방을 한중(漢中)의 왕으로 삼는 등 18명의 장군을 왕으로 삼아 전국에 분봉했다.

BC 202년 항우를 물리친 유방이 여러 왕들의 추대로 황제에 즉위했지만 한(漢)의 전국 통일은 각지에 존재하고 있는 독립 왕국들을 기반으로 한 것이었다. 한 고조(高祖)는 항우를 물리치고 전국을 통일하는 데 공을 세운 7명을 왕으로 봉해 각지의 제후 왕국들의 전재를 승인하였다. 그리고 거병 이래 공을 세운 공신들은 열후(列侯)로 봉하고 1개 현(縣)을 단위로 한 봉읍(封邑)을 지급해 그곳에서 징수된 조세가 그들의 수입이 되도록 하였다. 그리고 이러한 왕국과 후국(侯國)을 제외한 지역에서는 진의 군현제를 채택했는데, 이렇게 봉건제와 군현제를 병용한 한의 지방 행정 제도를 군국제라 한다.

한 초기에는 103개의 군국(郡國)이 존재했는데, 한 왕실이 직접 장악했던 것은 15개 군(郡)에 지나지 않았으며 왕후들이 차지한 왕국들이 한 전체 영토의 2/3를 차지했다. 고조는 국내 통치의 기반을 수습하자 모반을 구실로 이성 제후들을 제거하기 시작했다. 결국 장사왕(長沙王)을 제외한 이성 제후들은 모두 제거되었으며, 종실인 유(劉)씨 일족으로 대체되었다. 고조 말기에 제후왕은 장사왕을 제외하고는 모두 동성(同姓) 제후왕이었으며, 그 수는 9국이었다.

그러나 동성 제후왕들도 점차 독자적인 부와 세력을 쌓으며 위협적인 존재로 나타났다. 문제(文帝: BC 202~BC 157) 때 일어난 제북왕(濟北王) 흥거(興居)의 반란(BC 177년)과 회남왕(淮南王) 유장(劉長)의 반란(BC 174년)을 계기로 정부는 제후왕들이 차지한 영지를 분할하거나 삭감하여 그들을 억제하려 했다.

BC 154년에 일어난 오초칠국(吳楚七國)의 난을 계기로 경제(景帝: BC 188~BC 141)는 제후왕국의 영지와 권한을 축소하고 빼앗았다. 제후왕은 왕국의 정치에서 분리되었으며, 중앙 정부에서 파견한 관리가 왕국의 행정과 조세 징수 등을 장악했다. 나아가 무제(武帝: BC 156~BC 87)는 BC 127년 제후왕국의 봉지를 모든 자제들에게 분봉하는 추은령(推恩令)을 반포하여 제후왕국의 규모와 세력을 결정적으로 약화시켰다. 결국 무제 이후 한의 군국제는 사실상 유명무실화되었고 실질적으로는 군현제와 다르지 않게 되었다.

한의 중앙관제는 진의 3공(公)제를 계승하여, 승상[16]이 정치를 총괄하고 태위는 군사를 담당하며 여사대부는 진대와 마찬가지로 관리의 비행에

16 김엽, [한대(漢代) 태자보전제도(太子保傳制度)] (경북대(慶北大) 논문집(論文集) 11, 1967. 한대의 승상(丞相)제도는 여러 번 바뀌었다. 즉, 고조(高祖)말년에 승상을 상국(相國)이라 고쳤고 혜제 때에 상국(相國)을 없애고 다시 승상 1인을 두었고 전한 말 기에는 대동도(大同徒)라 하였다.

대한 감찰과 탄핵을 담당하게 했다. 어사대부의 이 같은 감찰은 승상을 비롯하여 중앙과 지방관리 및 궁실내부의 황제의 측근까지 그 대상이 되었다. 구경(九卿)은 태상(太常), 광록훈(光祿勳), 위위, 태업(太業), 정위(廷尉), 대행령(大行令), 대홍려(大鴻臚), 종정(宗正), 대사농(大司農), 소부(少府)로 구성되었다.[17] 이는 황제를 정점으로 하는 황제지배체제가 한대의 중앙관료조직상에 있어서도 더욱 강화되면서 잘 유지되고 있음을 의미한다.

한의 지방제도는 제후국과 열후국을 제외하고는 군현제를 실시하였다. 한대의 군은 100여개로 추측되는데 1군이 10~14여 개의 진을 가지고 있었다. 군에는 군수의 통제 하에 승(丞)과 위(尉)가 있어 각기 군 행정과 군 병무를 관리 수행하였다. 그리고 군에는 현령이 최고책임자였고 그 아래에 역시 승과 위가 있었는데 승은 현정을 관리하고 위는 군졸을 맡아 치안을 유지하였다.

현 아래에는 향, 정, 리가 있었는데 향에는 삼로(三老), 부(夫) 등의 향관이 있었으며 정에는 정장이 있었다. 그리고 말단에는 리가 있었다. 현령은 매년 현정을 군수에게 보고하였으며 군수도 매년 계(計)라는 군정의 종합보고서를 중앙정부에 송달하였다. 그리고 중앙정부에서는 자사를 매

---

17 중국, 한국 등의 동아시아 국가에서 삼공(三公)에 버금가는 9명의 고관이나 그 직위를 나타냈던 말로, 중국 주의 관제에서 비롯되었다. 구경(九卿)은 삼공에 버금가는 9명의 고관)이나 그 직위를 나타내는 말로, 『예기(禮記)』에 주 나라가 3공(三公), 9경(九卿) 27대부(大夫), 81원사(元士)의 관제를 두었다고 기록되어 있는 데서 비롯되었다. 주대의 공(公), 경(卿), 대부(大夫) 등은 특정한 관직을 뜻하기보다는 작위(爵位)의 등급을 나타냈는데, 일반적으로 주대에는 6관(六官)의 우두머리인 총재(冢宰), 사도(司徒), 종백(宗伯), 사마(司馬), 사구(司寇), 사공(司空) 등의 6경(六卿)에 삼소(三少)나 삼고(三孤)라 불리며 삼공(三公)의 직무를 보좌했던 소사(少師), 소부(少傅), 소보(少保) 등을 합해 9경(九卿)이라 불렀다. 9경은 진과 한대에 이르러 황제 직속의 중앙 관부의 수장(首長)들을 나타내는 말로 쓰였는데, 진에서는 봉상(奉常), 낭중령(郎中令), 위위(衛尉), 태복(太僕), 정위(廷尉), 전객(典客), 종정(宗正), 치속내사(治粟內史), 소부(少府) 등을 9경이라 하였다. 봉상은 국가의 예법과 제사를 담당했는데, 한 경제 때에 태상(太常)으로 명칭을 바꾸었다. 낭중령은 궁중의 경비 책임지는 직위였는데, 무제때 광록훈(光祿勳)으로 명칭을 바꾸었다가 후한에서는 다시 낭중령(郎中令)이라 하였다. 위위는 궁문의 경비를, 태복은 거마(車馬)의 관리를, 정위는 사법(司法)을 책임지는 직위였다. 전객(典客)은 각국 사절의 접대와 외교를 맡았는데, 한대에는 대행령(大行令)이라 하였다가 무제때 다시 대홍려(大鴻臚)로 명칭을 바꾸었다. 종정(宗正)은 황족의 관리를 맡았으며, 소부(少府)는 궁중의 재정을 담당하였다. 치속내사(治粟內史)는 국가의 재정을 담당하는 직위였는데, 후한시대에 대사농(大司農)으로 명칭을 바꾸었다.

년 정기적으로 각 군에 파견하여 감사를 실시하였다. 이 같은 한의 관료제도는 거의 진의 제도를 모방하여 답습한 것이다. 그러므로 황제를 정점으로 관료조직의 직무와 기능이 비교적 세분되었고 행정단위와 질서도 차등적으로 조직되었으며 감사 감찰기능이 발달되어 있었다.

그러나 한 제국 내에서는 거의 독립국에 가까운 제후국이 방대한 무력을 소유하고 독자적으로 나라를 다스리려는 봉건적 경향이 있어 엄밀하게 말해서 중앙집권적 관료국가였다고 할 수는 없었다.

무제(武帝)와 황제 지배체제

무제는 경제(景帝)와 문제(文帝)가 이룬 국내 정치경제적 안정과 번영을 바탕으로 황제 지배체제를 완성시켰다. 그는 먼저 중앙에서 파견하는 관리의 수를 증가시켜 지방행정기구의 지배를 강화하여 제후왕을 철저히 감독하였다. 또한 무제는 제후를 억압하는 법률을 마련하여 제후왕이 죽으면 왕국의 토지를 여러 자제에게 나누어 주어 열후가 되도록 하는 추은령(推恩令)(BC 127)을 비롯하여 매년 8월에 종묘제사에 쓸 황금을 진상토록 하여 황금의 양이 부족하거나 성분이 기준에 미달하면 용서 없이 처벌하는 주금율[18]을 제정하였다.

특히 감찰제도를 강화하여 수도를 포함해 전국을 13곳의 감찰구로 나누어 중앙에서 자사를 파견하여 지방관에 대한 감시와 황제의 명령을 효과적으로 시행하도록 하였다. 그리고 문제 때 회남왕이 모반죄로 제거된 사건(BC 174)을 계기로 박사(博士)인 가의(賈誼)나 조조(晁錯)가 강간약지(强幹弱枝)정책을 제창하여 제후왕의 영지를 삭감할 것을 주장하였다. 경제(景帝)가 조조의 의견을 받아들여 영지삭감정책을 추진하는데 이에 대항해 오왕(吳王)을 비롯한 지방의 제후왕이 반란을 일으키는 이른바 오(吳)·초(楚)등 7국(國)의 난(亂)이 일어났다.(BC 154) 이 난의 평정 이후 봉건제는 크게 위축

18 李成珪, [前漢列侯의 性格] (東亞文化) 14, 1977.
張寅成, [전한 君國廟酎金을 통해 본 황제의 성격에 관한 一老] (湖西史學) 15, 1987.

되고 한초에 실시된 군국제도는 무제 때에 이르러 중앙집권적 군현체제로 되돌아갔다.

3) 후한

왕망의 신정권이 붕괴된 후 광무제(光武帝)가 후한을 건국하기까지(AD 25) 2년여 동안 각지에서 농민의 반란이 계속되었다. 광무제의 후한 건국에는 출신지 남양(南陽)과 하북(河北)지방의 호족세력의 후원을 얻을 수 있었던 것이 큰 힘이 되었다.[19]

전한의 고조(유방)가 평민출신이며 전한의 창업공신들이 대부분 미천한 계층인데 비해 후한의 건국과정에서 호족의 후원을 얻어 제국이 성립되었다는 점이 바로 후한정권과 호족과의 긴밀한 유대관계를 설명하고 있다. 이것은 전한에서 신(新), 그리고 후한정권으로의 전개과정이 호족시대의 도래를 의미하는 시대적 변혁기로 대토지의 사유화가 촉진되면서 호족세력이 역사의 전면에 등장하는 시대적 전환기라 하겠다.

후한의 광무제는 왕망에 의하여 파괴된 한 왕조 체제의 부흥과 함께 민생의 안정, 경제의 회복에 치중하였다. 그는 전한의 수도인 장안(長安)이 위치한 관중(關中)지방이 거듭되는 병란으로 피폐됨에 따라 자신의 근거지인 낙양(洛陽)을 새로운 수도로 하여 정치문화의 중심지로 삼았다.

동시에 전한 무제이후에 약화된 황제권의 강화를 목적으로 3공(公)의 권한을 약화시키고 상서대(尚書臺)의 기능을 강화하였다. 즉 3공(公)의 권한을 상서대로 옮겨 정치를 맡기고 3공(公)은 다만 덕망 있는 대신에게 주어지는 명예직으로 하였다. 상서대의 장관을 상서령(尚書令), 차관을 상서복야(尚書僕射)라 하고 그 아래 실무를 담당하는 6조(曺) 공(公), 사(史), 민(民), 객(客), 중도관(中都官), 이천석(二千石)을 두었다. 이러한 개혁으로 3공(公)은 명예직으로 바뀌면서 실권은 대각(臺閣)이 장악하게 되었다.

---

19 유수(劉秀)는 전한의 종실로 남양의 대지주이고 그의 외삼촌(外三寸)인 번굉(樊宏)도 호족이었다. 유수와 같이 기병(起兵)한 등신(鄧晨)은 남양의 유명한 관료지주이며 이통(李通)도 부호이다.

또한 광무제는 황제의 업무처리를 편리하게 보필하는 기관으로 중상시(中常侍), 소황문(小黃門)등의 환관부를 신설하였다. 이는 환관의 정치관여를 초래하여 다시 환관이 발호하는 결과를 가져오게 하였다.

전한의 13주(州) 자사(刺史)제도를 계승하고 그 위에 황제권 강화를 위한 감찰제도를 확립하였다. 즉 황제의 신임을 받는 사예교위(司隸校尉)를 두어 지방의 정무를 순찰토록 하였다. 이들의 권한은 막강하여 백관(百官)이 규찰대상이 되었고 황제에게 직접 나아가 관리의 비행과 지방행정의 잘못을 직언할 수 있었다. 또한 자사의 감찰권도 확대하였다. 즉 황제는 자사의 지방순찰을 통하여 지방에 대한 통제를 강화하였고 사법권의 재심과 관리의 비행을 탄핵하고 우수한 지방관을 추천할 수 있도록 하였다.

라. 위진남북조시대(魏晉 南北朝時代)의 정치제도

1) 위진남북조시대

위진시기에는 조정에서 중서성(中書省)을 별도의 문서 처리기관으로 설치하여 황제가 조령(詔令) 내리는 일을 돕고 당시의 일을 기록하며 문서를 작성하게 했다. 그리하여 중서성은 항상 황제를 가까이 모시면서 많은 총애와 신임을 받았고, 국내의 기밀을 총괄하여 그 지위가 점차 상서성을 넘어서게 되면서 상서조차도 그 명령에 따라야 했다. 당시 사람들이 중서성을 '봉황지'(鳳凰池)라 불렀다고 하니 그 위상이 얼마나 높았는지 알 수 있다. 남조시기에는 원래 조령의 초안을 심의하는 데 참여했던 문하성(門下省)이 조정의 기밀을 관장했고, 북위(後魏)와 북제에서는 그 중요성이 더욱 커져 문하성의 장관이 정사를 관장하는 재상의 역할을 했다.

조조의 위는 둔전을 설치하고 수리사업에 현저한 성과를 거두는 등 농업생산의 개혁과 보급에 주력하여 생산력회복과 발전에 큰 도움을 주었다. 인재등용에 개방적으로 유재시거(唯才是擧: 인재등용에 있어서 출신가문이나 빈부귀천에 관계없이 오직 재주가 있으면 등용하였다.)의 방법을 실행하였으며 찰거제도를 대신해서 진군의 건으로 220년 구품관인법(九品官人法)을 실시하였다. 이것은 인물을 9품으로 평정하여 이부(吏部)로 추천하는 제도였다. 249년, 원로대신인 사마의(司馬懿)가 쿠데타를 일으켜 대권을 완전히 장악했다. 이후 그의 자손들이 뒤를 이어 집정하여 265년, 사마염(司馬炎)이 위 황제를 폐위시켜 자립하니 이가 곧 진의 무제(武帝)다.

9품중정제(九品中正制: 九品官人法)

이 법을 실시한 동기와 배경에는 한 대 찰거제도에 의한 관리등용이 외척이나 환관 등에 의해 극도로 문란했기 때문에 무능한 후한의 관리들을 도태시키고 새 정부의 출범과 함께 지방에 숨어있는 유능한 인재를 추천에 의하여 선발하려는 데 있었다.

위(魏)는 관직을 1품(品)에서 9품까지 등급을 구분하여 관품에 따라 대우를 정하였다. 이어서 지방의 주(州), 군(郡)에 중정관(中正官)을 설치하고, 중정으로 하여 금관내의 사관(仕官)지망자의 덕행과 재능을 심사시켜 1품에서 9품까지의 등급을 매겨 내신서를 작성하게 하였다. 중앙정부는 관리를 채용함에 있어 지방중정이 천거한 관리지망생을 대개 향품보다 4등급 낮추어 초임시켰다. 이 법은 당시의 상서(尙書) 진군(陳群)의 건의에 따른 것으로 정실에 좌우되지 않고 개인의 재덕에 의하여 관리를 등용하는 것에 목적을 두었으나 현실적으로는 오히려 반대의 결과를 가져왔다.

그 결과 유력자의 자제는 모두 향품 2품으로 사정되어 그것이 그 집안의 기득권으로 바뀌었고 이에 미치지 못한 한사(寒士)와의 사이에 커다란 단절이 발생하였다. 또한 가격(家格) 2품 중에서도 상하의 차이가 생겼으며, 같은 관품 안에서도 상류자가 오르는 청관(淸官)과 하류자가 오르는 탁관(濁官)의 구별이 생겼다. 이에 정부의 인사원(人事院), 즉 이부(吏部)는 귀족의 계보를 외워 두고 가격에 따라서 임관시키는 통례를 남겼고 이와 같은 귀족제도는 남조(南朝)의 송(宋)·제(齊)무렵에 절정을 이루었다. 그 후에 점차 쇠퇴하여 수나라 문제 때는 이 제도가 폐지되고 그 대신 과거제도가 채택되었다. 다만 관품제도만은 계속되어 청조 말까지 실행되어 내려왔다.

이와 같이 추천에 의한 관인의 선발방법은 이 시대의 사회제도와 밀접한 관련이 있다. 한대의 추천과 시험을 병행하던 향거리선제(鄕擧里選制)에서 구품중정제로의 전환은 바로 가(家)를 기반으로 하고 있던 한대의 향촌사적 종족사회로 전환하고 있음을 의미하는 것이다. 따라서 한대의 인민은 가(家)에서 곧바로 국가의 관인으로 나아갈 수 있었으나 위진남북조시대에는 종족의 추천을 얻어야만 국가의 관리로 나가게 됨을 의미하는 것이다. 이는 개인의 능력을 중요시하던 한대의 향촌사회구조에서 능력보다는 가문이나 문벌 등 종족의 배경을 중요시하는 호족사회체제로의 역사적 변혁을 그대로 반영한 것이다.

문벌의 높고 낮음에 따라 향품이 결정되고, 향품에 의하여 다시 관품이 정해지는 구품중정제는 향촌에 뿌리를 두고 있는 호족이 그들의 가문을 배경으로 하여 관직을 독점하게 되었음을 의미하는 것이다. 따라서 구품중정제는 국가가 관직을 주는 것이 아니고 국가는 다만 호족이 정한 향품에 따라 추천된 호족 자제의 관품을 승인한 것에 불과하였다. 가문이나 종족이 가(家)와 국가의 중간위치에 끼여들면서 절대적인 영향력을 발휘하게 되었고 구품중정제가 호족의 관직독점과 귀족화를 촉진하면서 남북조시대에 줄기차게 할 수 있었던 사회적 배경이 바로 여기에 있다.

병호제(兵戶制)

본래 후한(後漢)의 광무제(光武帝)는 숭문주의사상(崇文主義思想)에서 내지의 주에 있던 군대를 폐지하였다. 후한말 삼국시대의 대란이 일어나자 지방의 호족은 자위수단으로 인민을 모집하여 장원의 사병으로 충당하였다. 이렇게 되니 국가는 호족지배하의 인민을 징발하기가 어렵게 되어 하는 수 없이 유민(流民)을 모으거나 양민(良民)을 동원하여 상비군으로 조직하였으므로 이들 병사는 가족과 함께 병호에 편입시켜 세습 신분화하였다.

위의 조조가 시작하여 진을 거쳐 5세기 남조(南朝)의 송때까지 시행되었던 군사제도이다. 일반 민호와는 호적을 별개로 한 가족단위로 세습적 병역의무가 부과되었다. 조조는 후한 말의 난세에 병력 확보를 위해 유랑민이나 투항해 온 적병들을 수용하여, 가족을 갖게 하여 1호를 이루게 하고 병호로서 일정한 지역에 거주시켰다. 그 후의 왕조도 이 제도를 계승하여 사가(士家), 병가(兵家), 군호(軍戶), 부호(府戶)등으로 불렀다.

신분적으로 고정되어 과중한 군역에 고통받아야 했으므로 사회적으로 천대시되었다. 남조에 들어오면서부터는 그들을 독려하기 위해 병호의 신분에서 해방하여 줄 것을 약속해야 했으므로 점차 그 수가 감원되어 쇠퇴해갔다.

북조에서도 선비계(鮮卑系)군인이 진(鎭)에 집단적으로 거주하여 일반민호와 구별되었으며 군호, 부호, 진민(鎭民), 성민(城民)등으로 불렸으나 남조에서의 병호와 똑같은 운명을 걷게 되어 반란까지 일으켰다. 그 결과 전한대의 병호일치제는 붕괴되고 특히 남조에서는 병호의 신분이 크게 떨어져 양의 병호는 노예적 신분에 가까워지게 되었다.

위진남북조의 군사제도에서 주목되는 사실은 이 시대가 병란이 심하고 사회가 혼란하였으므로 군인의 사회적 신분이 상승되어야 할 것이나 오히려 그와 정반대의 현상으로 병호가 천민화되었다는 것이다. 이는 남조의 귀족사회 발전과 북조, 특히 북위의 한화정책이 병호의 사회적 신분을 저하시키는 중요한 원인으로 작용하였기 때문이다.

2) 삼국을 통일한 서진(西晉)

서진의 둔전제는 둔전민의 부담이 나날이 무거워져 무제는 점차 이를 폐지해나갔다. 진이 전국을 통일하자 정부는 호조식(戶調式)을 반포했다. 이것은 점전(占田), 과전(課田) 및 호조의 징수, 관리의 급객(給客)에 대한 내용도 포함되어 있다. 이것도 관품에 따라 요역과 조세의 납부가 면제되어 관료지주의 봉건적 특권을 보장해 주는 제도에 불과했다. 이런 가운데

진 무제는 오나라 평정 후 연회와 향락에 빠져들었다. 호족과 상층관료 역시 마찬가지였다. 이런 사치스런 생활은 백성들의 생활을 곤궁하게 했다. 이처럼 사회의 계급모순을 심화시켜 팔왕(八王)의 난 이후에는 각지의 유랑민과 소수 민족 사이에서 진왕조의 통치에 반항하는 움직임이 활발했다.

후한 이래 중국의 북부 지역에는 흉노, 갈, 선비, 저, 강족 등의 소수 민족이 거주해왔다. 이들은 생활이 곤궁하여 대지주 밑에서 고용노동자로 일하다가 노예로 팔려 가는 등 민족적 압박과 계급적 착취에 통치자들에 대한 원한과 복수의 심정을 가져 반항 투쟁을 일으킬 여건을 갖춰 나갔다. 이때 각지에서 유민들이 기의를 일으켜 이들 역시 반항하여 직접적으로 서진을 멸망으로 이끌었다.

서진은 호족의 비호 아래 위진 선양에 성공하였기 때문에 이들 호족을 보호하는 정책을 취할 수밖에 없었다. 그리하여 후한 이후 지방에 세력을 가지고 있던 호족은 중앙정계에 진출하여 고위직을 독점하면서 귀족세력으로 발전하게 되었다.

진의 무제는 통일을 달성하자 자신감을 갖고 방종에 빠져 사회적으로 긴장감이 해이해졌다. 그리하여 상비군을 축소하여 주군에 소속된 군대를 해산하고 대신 왕자들을 지방의 요지에 분봉하는 봉건제를 실시하여 그들에게 강력한 군사력을 주어 왕실의 울타리로 삼으려 하였다.

그 결과 황실강화를 목적으로 한 봉건제도는 오히려 왕자들의 세력을 강화시켜 서진 멸망의 중요한 원인이 된 팔왕자의 난을 초래하게 되었다.

3) 남북조시대

북조(北朝)[북위(北魏)-서위(西魏)-서주(西周), 동위(東魏)-북제(北齊)]

선비족 탁발부(拓跋部)는 유목생활을 하다가 탁발의로(拓跋椅盧)가 대국(代國)을 건립하나 전진에게 망하였다. 전진이 망한 후 화북의 소수 민족이 다투어 자립할 때, 386년 탁발도가 나라를 다시 세워 대왕(代王)이라 칭한다. 그는 이후 한족의 정치제도에 따라 관제를 정하고 율령을 정비하고 정부기구를 만들었다. 또 자사, 태수, 현령 등의 지방장관을 두고 둔전을 실시하는 등 대대적으로 농업 생산을 발전시켰다. 이로 인해 북위의 국력은 날로 강성해지고 아울러 급속히 봉건화의 역사 과정을 완성했다.

471년, 효문제(孝文帝)가 즉위한 후 사회모순을 해소하기 위해 일련의 개혁조치를 단행하였다. 첫째, 관리 기강을 정비하기 위하여 관리의 관품에 따라 봉록을 주는 제도를 마련했다. 이는 지방관의 자의적인 수탈에 비해 비교적 진일보한 조치임에 틀림없었고 탐관오리를 처벌하는 법령 역시 북위의 관리 기강 혁신에 다소 도움이 되었다.

둘째, 균전제와 삼장제를 실시했다. 당시에는 전쟁이 빈발하고 사회가 불안정하여 귀족은 주민들을 은닉 호구로 만들었다. 이에 국가는 정부의 통제를 강화시키고 조세수입을 증가시키기 위해 이 두 제도를 실시하였다. 이 제도의 실시 후 농민들의 생산과 생활은 과거에 비해 안정되었고 개간된 황무지도 매년 증가하여 화북 지역의 사회 경제 역시 회복과 발전을 이룩하였다. 다만 정부가 일부의 황무지를 토지가 없는 농임에게 분배한 것이었을 뿐으로 분배받는 토지의 양은 거주지의 토지소유상황에 따라 결정되었다. 따라서 균전제도 호족들이 대량의 토지를 소유하고 있는 기본 상황을 변화시키지 못했고 또 할 수도 없었다.

셋째, 낙양 천도와 한화정책이다. 한족의 혼인을 적극 장려하고 선비성을 한족 성으로 고치고 한어를 사용하는 등 이를 관리가 어길 시 관직을 삭탈하였다. 화북의 사회경제적 발전과 민족적 융합을 꾀한 것으로 다민족 국가를 형성하고 발전하는 데 촉진제 역할을 하였다. 그의 한화정책에 대해서 일부 선비족 귀족의 반대가 있었으나 선비족이 한화로 나가는 역사발전 과정을 변화시키지 못했다.

북위는 호적제도가 완비되지 못하여 백성이 호족의 그늘에 숨어 30호, 50호를 1호라고 속이는 등 국가의 지배에서 벗어나 있었기 때문에 그것을 국가의 직접지배 아래 두기 위하여 이러한 3장제도(三長制度)를 실시하여 호적조사의 철저를 기한 것이다.

『주례(周禮)』에 의거하여 5가(家)를 1린(隣)이라 하여 인장(隣長)을 두었고, 5린을 1리(里)라 하여 이장(里長)을 두었으며, 5리를 1당(黨)이라 하여 당장(黨長)을 둔 것으로서 인장, 이장, 당장의 3장을 3장제라 하였는데 3장은 호적의 조사, 세금의 징수 등을 임무로 하는 것이었다.

그 결과 정부는 백성에 대한 통제를 강화하여 호적이 없는 일부 백성을 찾아내어 조세수입을 증가시켰다. 북위의 후기에는 5가를 비린(比隣), 20여가를 여(閭), 100가를 당족(黨族)이라 하였고, 북제에선 10가를 비린, 50가를 여리(閭里), 100가를 족당(族黨)이라 하였다. 3장제는 그 후 2장제로 바꾸어졌다가 수나라 때(589) 폐지되었다.

효문제(孝文帝)는 북방민족이 한민족을 효과적으로 통치하는 데에는 자신이 직접 중국의 천자가 되고 중국의 정치체제를 도입하는 것이 최선책이라고 생각했다. 그의 한화정책의 기본정신은 정복자인 선비족의 부족문화에서 탈피하여 피정복자인 한족문화로 전환하려는데 있다.

그는 수도를 평성(平城)에서 낙양(洛陽)으로 옮기고 한·호간의 결혼을 장려하였으며, 호성(胡姓)을 한성(漢姓)으로 바꾸고 호속(胡俗)과 호어(胡語)의 금지, 한어(漢語)의 강요, 그리고 화이일원화(華夷一元化)를 위한 성족분정령(姓族分定令) 제정 등을 들 수 있다.

이는 문화의 발전단계상으로 볼 때 하류문화에로의 재편성을 의미하며, 후대의 정복국가 요(堯), 금(金), 원(元), 청(靑)에서도 그대로 적용되는 문화변형현상이라 하겠다. 또한 북위로 하여금 선비족의 부족국가적 성격에서 탈피하여 한, 위, 진의 뒤를 계승한 중화의 천자로 군림하려는 호한정책의 성격을 확연하게 내포하고 있다.

마. 수·당대의 정치제도

1) 수(隋)

수의 남북조 통일

남북조로 분열되어 오던 중국 사회에 통일의 기운이 일기 시작한 것은 북조에서이다. 북조의 무제는 유학을 존중하고 형식에 치우친 불교와 미신화된 도교를 억압하면서 사회기강을 쇄신하였고, 풍습과 교육면에도 힘을 쏟아 유교주의에 입각한 군주권 강화와 국가기강확립에 노력하였다. 이것은 북주가 경제력이 우세한 동방의 북제를 정복하여 화북지방을 통일하는 데 성공한 정신적 기반이 되었다. 그러나 다음 선제 이후의 황제는 무능하고 또한 사치에 탐닉하면서 국정이 문란하여지니 민심은 북주의 총관 양견(楊堅)에게 옮아갔다.

양견은 중국 역사상 가장 쉽게 나라를 세웠는데, 그는 북주의 정제(靜帝)로부터 선양을 받아 수를 건국하였으니, 이가 수의 문제(文帝)이다. 문제는 남조의 진(陳)을 정복하여 300여 년에 걸친 중국의 분열시대를 끝내고 통일의 대업(589)을 완성하였다.

남북조를 통일한 수나라 문제의 당면과제는 황제권 강화를 위한 중앙집권체제의 확립과 남북의 융합에 의한 민심수습, 그리고 국가재정의 부흥이라 하겠다. 여기서 수 문제의 중앙집권체제의 강화를 위해서 세운 정치제도를 살펴보기로 한다.

수의 정치제도(통일정책)

수의 중앙관제는 남북조의 관제를 계승하여 3성 6부 제도를 채택하였다. 3성은 내사성(內史省), 문하성(門下省), 상서성(尙書省)이었다. 내사성의 역할은 왕의 조칙을 작성·의결하는 일이었고, 당대에 이르러서는 중서성으로 이름이 바뀌었다. 왕의 조칙을 심의하는 기관은 문하성의 역할이었는데, 이 문하성은 왕의 권한을 적절히 견제할 수 있는 거부권을 행사할 수 있었다.

수 중국통일(581년~618년)

상서성은 왕의 조칙을 집행하는 기관으로 상서성 아래에 6부가 있었다. 그리고 3성 밑으로 장관을 두었는데, 이는 내사령(內史令), 납언(納言), 상서령(尙書令)이었다. 만일 상서령에 유고가 생기면 좌우복야(左右僕射)가 대신 일을 담당하였다. 장관은 또한 대상의 지위로서 중앙정치를 관장하였는데, 의결, 집행의 부문을 나누어서 담당하였다. 상서성의 하부에는 이(吏), 예(禮), 병(兵), 도관(都官), 탁지(度支), 공(工)의 6부(部)가 설치되어 있었다. 각 부의 장관을 상서라 하고, 차관을 시랑(時郎)이라 하였으며, 6부에서는 대략 36시랑이 있어 정무를 분담하면서 바로 금성(禁省)을 호위하였다.[20]

지방관제는 남북조의 지방분권체제를 버리고 중앙집권적인 방향으로 정비하였다. 즉 종래의 주(州), 군(郡), 현(縣)의 3중 구조로 되어있던 지방조

20 김선욱 〈隋文帝의 專制化 관한 硏究〉 〈〈湖西史學〉〉 7. 1979.

직에서 583년에 군을 폐지하여 주·현의 2중구조로 개편하였다. 이에 따라 지금까지 군의 태수(太守)가 장악하고 있던 정치·군사권이 중앙으로 회귀되었고, 또 주의 자사(刺史)가 도독(都督)을 겸하여 군사권까지 행사하던 것도 폐지시켰다. 그리하여 주의 장관인 자사가 누리던 행정·군사권을 분리시켜 일반 행정만을 담당하는 단일체제로 개편하였다. 이리하여 주자사의 군사권은 없어지고 주군(州軍)은 폐지되었다.

그러나 중앙에서 멀리 떨어져 있는 지방에는 여러 주의 병권을 총괄하여 총관부를 설치하고 그 장관인 총관(總管)에 황제의 자제를 임명하여 중앙 정부의 통제 하에 두었다. 그러나 얼마 후 이 총관도 지방통제를 강화하기 위하여 순성, 순무, 또는 풍속관찰관이란 이름으로 중앙 관리를 파견하여 행정사무를 감독하였다.

또한 5가를 1보로 하고 보에는 보장을 배치하며, 5보를 1리로 하여 이장을 두고, 1리를 1당으로 하여 당장을 배치하는 삼장제를 정비하고, 이를 통하여 향리에 대한 통제와 관리를 강화하였다. 여기서 삼장의 직무는 호구에 따른 부역을 감독하는 것이었다.

아울러 지방관의 인사제도를 개혁하였다. 남북조 시대에는 지방관청에 배속된 소속관리를 대부분 그 지방귀족의 자제를 채용하였으나, 수는 종 9품 이상의 지방관을 중앙의 이부에서 임용하였다. 이렇게 지방관의 인사권을 중앙으로 회수함으로써 귀족들의 인사청탁 폐단이 없어지게 되었다.

이런 정책을 통해 북조 이래의 십양구목(十羊九牧)이라는, 백성은 적고 관리는 많아서 기구가 중첩되는 병폐를 개혁함과 동시에 국가지출의 절약과 중앙의 지방에 대한 통제력 강화라는 효과를 거둘 수 있었다.

수문제는 각급 지방관원 스스로가 관원을 초빙하는 것을 금지하였고, 9품 이상의 지방관(관직에 등용되지 않은 서리 같은 사람은 제외)은 모두 중앙에서 임명하여 매년 이부에서 시험을 치르고, 주·현관원들은 3년에 한 번씩 옮기고 연임은 불사하였다.

이부에서 지방관을 선발할 때 가능하면 외지인을 등용하고 본지인은 등용하지 않았다. 이러한 예는 황권이 이전에 비해 강화된 행정법규로 자리 잡았음을 의미하며 후세 중앙집권의 봉건왕조가 계승 완비 되어 세가대족들에 의한 권력자의 농단을 막는 효과를 가져왔다.

수양제 대업 3년(大業三年607) 각급 문관관원에게 인재를 추천하도록 조서를 내렸는데 모두 십과(十科)로 하였다. 2년 후 대업 5년 다시 모든 주에 명을 내려 인재를 추천하라고 하였는데 사과(四科)로 나누었다.

이처럼 수대 선관 방법은 양 한대에 과를 분리하여 선발하던 찰거방법의 계승이며 더욱 세분화한 것을 알 수 있다. 이전의 선관제도와 비교해보면 과거제도에 있어서 가장 중요한 특징은 첫째, 투첩자응(投牒自應)으로 독서인들은 출신, 지위, 재산정도에 상관없이 모두 스스로 접수하여 고시에 참가할 수 있어서 관리의 추천이 불필요하였다는 것이고 둘째, 고시가 정기적으로 시행되어 황제의 조령(詔令)을 기다릴 필요가 없었다. 그리고 셋째, 고시가 엄격해서 합격여부가 완전히 시험장에서의 문장 우열에 의해 결정되었다.

만약 이상의 세 가지가 과거제도의 표준이라면, 양한의 찰거제도 또한 과거제도로 포함할 수 있다.그러므로 우리는 과거제도가 정식으로 형성된 것은 당대로 인식해야하며(당대도 아직 발전과정이었다고 할 수 있다) 결코 수대는 아니다.

수대의 선관제도가 비록 구품관인법을 폐지하고 세가대족을 배척하며 하층한사를 수용하며 황권강화 방면에 어느 정도 추진을 하였다. 그러나 수대가 하나의 폭정과 단명의 왕조였다는 점과 인재 선발 면에서 봉건사회에 어떤 구체적이고 창의적인 전장제도를 제공하지 못했다는 점에 주의해야 한다.

당시대의 중앙관제는 한 걸음 더 발전했는데, 위진시대 이래로 상서성·중서성·문하성이 정사를 광장하던 관례를 계승하여 삼성육부를 핵심구조로 삼았다. 상서성·중서성·문하성의 장관은 모두 재상이었으나 그 직책은 각각 달랐다. 상서성은 주로 행정사무를, 중서성은 책령을 작성하고, 문하성은 심의를 할 수 있으며 고부권인 봉박(封駁)권을 지니고 있었다. 곧 책령의 제정과 반포를 심의하는 일을 맡았다.

상서성 아래에는 이·호·예·병·형·공·의 육부를 설치하여 상서를 부서의 우두머리로 삼고 시랑(侍郎)을 부관으로 두었다. 또 각 부서마다 사사(四司)를 두었으며, 그 아래에 낭중(郎中)·원외랑(員外郎) 등의 관리들이 있었다. 육부 외에도 중앙 사법·행정 등의 부문에 어사대(御史臺) 및 대리(大理)·종정(宗正)·태복(太僕) 등의 구사(九寺)와 국학(國學)·소부(小府)·장작(將作)·군기(軍器)·도수(都水) 등의 오감(五監)이 있었다. 이런 기구와 해당 관료의 설치는 중국 고대 봉건국가의 관료제도가 완전히 성숙기에 접어들었음을 보여준다.

수는 문제와 양제 2대를 거치는 동안 왕조의 통치제도로서 3성6부제를 근간으로 한 중앙집권적 관료제도를 수립하고 과거제도를 개혁·실시하여 관리를 등용하였다. 그리고 균전제(均田制)와 조용조(租庸調)의 경제정책을 수립하여 국가의 재정을 확립하고, 또 부병제(府兵制)를 실시하여 군사적 기초를 공고히 하였으므로 여기에서 수의 통치제고가 완비되었다. 수 왕조는 불과 30여 년 만에 멸망하였으나 중국사에서 수는 결코 과소평가할 수 없는 중요한 역사적 의미를 가지고 있다. 남북조의 오랜 분열시대를 재통일하였다는 점도 역사적으로 중요한 사실이겠지만 수나라에 의한 중앙집권적 정치체제의 정비 또한 간과할 수 없는 사실이다. 수의 정치체제는 당에 이어져 완성되어졌지만 그 기반은 이미 수에 의해 마련되었다.

2) 당(唐)

당 이전의 관제(官制)의 변천

진(秦)·한(漢) 이래의 중국 관제는 당의 3성6부체제로 완성되었고, 이는 다시 송(宋) 이후에 변천되면서 명(明)·청(淸)의 관제로 발전되었다.

수·당의 영역

처음 진·한의 3공(公) '승상(丞相)·태위(太尉)·어사대부(御史大夫)'제도는 한대에 와서 궁정 안에 있던 황제 측근의 비서기관인 상서에 눌러 그 기능을 점차 상실하였다.[21] 그 대신 상서가 세력을 갖고 중요기관으로 부상하였으나 황제가 다시 사적 비서기관을 설치하였는데, 삼국의 위(魏)나라에서 그 권한이 크게 신장된 중서(中書)와 문하(門下)이다.

중서는 삼국시대 이후 한대의 상서를 제치고 황제의 측근비서관이 되어 황제의 조령을 관리하였다.[22] 중서는 남조의 양(梁), 진(陳)에서 중요한 기구로 발전하였다. 그리고 문하는 황제 측근에서 황제의 그림자처럼 보필하는 자를 말하는데 남조 이후 특권적인 귀족계급이 세력을 잡게 되면서 문벌이 높은 귀족 가문에서 임명되었다. 그러므로 다 같은 천자(天子)의 측근이라 하여도 상서, 중서가 황제에 예속된 신하인데 비하여 문하는 가문을 배경으로 귀족적인 긍지를 갖고 황제를 충고하는 자문 역할

21 상서는 본래 소부(少府)에 소하여 있던 황제 개인의 비서로 그 장(長)이 상서령(尙書令)이었다. 무제(武帝) 때 그 권한이 커지고 이후 후한 시대에 들어와 최고행정기관으로 발전하였다.

22 시중(侍中), 산기상시(散騎常侍), 급사중(給事中)이 문하에 소속되어 있고 이들은 황제의 고문에 응하거나 간관(諫官)의 역할을 담당하였다.

을 하는 존재였다.

따라서 당의 3성6부제는 황제권과 재상권의 역학관계(力學關係)의 변천과정에서 나타난 제도로 황제의 개인 비서관적인 성격에서 벗어나서 중앙행정의 중추기관으로 발전하게 된 것이다. 물론 이러한 배경에는 황제에 의한 중앙집권적인 정제체제를 강화하려는 의지가 수대에 이어 당대에도 계속되면서 완성된 것이다.

중앙정치제도로써 당대 3성 중 상서성은 황제조직의 기안을 담당하였고, 장관은 중서령이었다. 그 밑에는 중서시랑(中書侍郎), 중서사인(中書舍人)등의 관원이 있었다. 문하성은 중서성이 기안한 정령(政令)에 대한 심의를 담당했는데, 귀족적인 기관으로 귀족계급의 이익을 대표하였으며 봉박(封駁)이라는 거부권이 있어서 중서성에서 기안된 국가정책이 귀족의 이익과 어긋나는 경우에는 이를 거부하여 중서성에 되돌려 보내는 권한을 행사하였다. 이로써 당대 황제권이 귀족권에 의하여 상당히 제한되고 있음을 알 수 있다. 문하성의 장관은 시랑이고 그 밑에는 문하시랑, 급사중(給事中)등이 있었다. 상서성은 정령의 시행을 관장하였는데, 이는 전국 정무관리기구의 핵심이었다. 장관은 상서령이었다.

그리고 상서성 아래 6부[이(吏), 호(戶), 예(禮), 병(兵), 형(刑), 공(工)]가 있고, 6부장관인 상서령이 각기 정무를 분담하여 황제의 조칙을 실천에 옮겨 나갔다.[23] 그런데 당의 3성체제는 국정의 운영상에 있어서 몇 가지 문제를 안고 있다. 첫째, 국가정책의 기안에 있어서 황제와 중서령만이 국무를 논의할 뿐 행정부처간에 긴밀한 연락통로가 없다는 점이다.[24] 당의 3성체제가 안사의 난 이후 거의 행정력을 발휘하지 못하고 중서성과 문하성이 중서문하성으로 통합되었는데, 이것이 바로 중앙행정조직상의 모순점에

23 여기서 재상의 역할을 담당한 자는 상서령과 문하시중이 있다. 상서성의 장관은 보통 결원이 되는 경우가 많아서 차관인 좌우복야(左右僕야)가 그 권한을 대행하였다.

24 당의 삼성은 고종, 중종, 예종의 약 30여 년 간 그 권한이 박탈되었다. 그것은 이때가 무후(武后), 위후(韋后), 안락공주(安樂公主), 태평공주(太平公主)등이 국정을 천단하여 삼성 장관은 단지 그녀들의 의사를 추종할 뿐이었기 때문이다.

서 나타난 결과라 하겠다.

둘째, 3성제도는 운영상에서 문하성의 봉박권으로 황제의 권한이 상당히 제한당하고 있다. 이는 당의 황제가 중국 역사상 수난을 많이 겪게 되는 중요한 원인이 되었고, 이에 따라 당의 정치가 계속해서 불안정하게 전개된 것이다. 셋째, 상서성에 소속된 이부가 관리의 인사권을 쥐고 있기 때문에 그 권한이 크고 문벌귀족이 이부상서에 임명되어, 그의 임무는 중서령이나 문하시중보다 행정·인사권에 강한 권한을 행사하게 되었으므로 귀족의 관직독점이 유리하였다.

상서성의 밑에는 다양한 직부에 따라 이·호·예·병·형·공의 유부가 설치되어 있었다. 6부의 정·부장관은 상서·시랑이었다. 각 부가 주들과 연결될 때는 반드시 도성을 통과해야 했다. 상서성, 6부, 24사의 설치는 국가행정체제의 확립을 표시한다. 또한 3성제도는 송대까지 계승되고 6부제도는 명·청시대까지도 답습되었으므로 그 영향이 컸음을 알 수 있다.

중앙에는 3성 이외에 특수기관으로 9시가 있다. 즉 제사와 예약을 담당한 태상시(太常寺), 향연을 주관하는 광록시(光祿寺), 궁중의 무기고와 의장행사를 맡은 위위시(衛尉寺), 황족업무를 맡은 종정시, 천자가 타는 가마를 담당한 태복시(太僕寺), 형옥의 대리시(大理寺), 외국사신 접대와 흉례(凶禮)를 맡은 홍려시(鴻臚寺), 관리의 봉록 창고와 회계를 맡은 사농시(司農寺), 공부(貢賦)의 수입과 보관, 시장을 맡은 태부시(太府寺)를 말한다.

그 외에 국자감(학교의 행정담당), 소부감(小府監), 장작감(將作監), 도수감(都水監), 군기감(軍器監)등 5감이 있었다. 그리고 어사대는 감찰가구로 부장관은 어사대부(御史大夫), 어사중승(御史中丞)이었다. 어사대의 중요한 직책은 중앙과 지방의 관리들의 위법행위를 탄핵하고, 처벌심사에 참여하는 것이었다.

당은 수대의 지방행정조직을 그대로 계승하여 주현 2급제를 두었으나, 주와 군의 명칭은 여러 번 고쳤다.[25]

---

25 柳元迪 〈唐前期州縣官의 一考祭-京外職鄕向을 중심으로〉 〈〈목포대 논문집〉〉 5. 1982.

당이 건국한 618년에 군을 없애고 주를 설치하고 총관부를 두었다. 624년에는 총관부를 도독부로 고쳤고, 742년에 주를 군이라 고치고 758년에 군을 주로 또 바꾸었다. 주는 상중하의 3등으로 나뉘고 장관은 자사라 하였다. 현종때 규정에 의하면 4만호 이상은 상주, 2만호 이하는 하주라고 하였다. 수도 소재지의 주는 부라 하였고, 주보다 약간 높은 지위였다.

전국에 부·주가 358개 있었다. 당대 자사의 권한은 양한·남북조시기에 비하여 가벼웠으며 관할 범위도 협소하였다. 주·부는 스스로 속료를 임명할 수가 없었으며 벽치(辟置)의 권한은 오로지 중앙 이부가 관장하고 있었다. 그 결과 중앙 정부는 날로 번잡해지고 지방의 사무는 상대적으로 경감되었다. 당대에는 현도 3등급으로 나뉘어져 6천호 이상은 상현, 3천호 이상은 중현, 3천호가 못되는 곳은 하현이라 하였다.

정관 원년(627)에 전국을 10도(道)로 나누었는데, 10도는 실제적인 행정 단위는 아니고 단지 순찰을 위해 구분한 것이다. 따라서 처음에는 지리적으로 구획한 것에 불과하였으나, 측천무후(側天武后)시대에 10도에 존무사(存撫使)를 두어 각 도의 정무를 그때그때 강탈하였다. 그 후 중종시대(706)에 10도 순찰사를 2명씩 두어 상설화하였으며, 현종때(732) 10도를 15도로 나누고 비로소 각도에 채방처치사(採訪處置使)를 설치하여 도의 행정업무를 관장하게 하였다.

한편, 지방의 요충지에는 도독부(都督部)를 설치하여, 여러 주를 감독하였다. 태종 때에는 전국에 41개 도독부, 358개 주, 1537개 현이 있었다. 도독부 이외에 두 종류의 부가 있었다. 하나는 당이 정복한 지역에 설치한 6도호부이며 다른 하나는 경기(京畿)와 행재소에 설치한 부이다. 현종 때에 수도 장안에 경조부(京兆俯), 동도 낙양(洛陽)에 하남부(河南俯), 그리고 태(太源)에는 태원부를 두었다.

도독부는 군사적 활동을 행할 때에는 도독에게 군사작전의 권한이 주어졌으므로 그 이후로 지절도독(持節都督)을 절도사라 불렀다.

당 중기 이후 내지의 전란이 끊이지 않자 변경 지역의 절도사 제도가 내지에서도 보편적으로 실시되면서 각 도마다 절도사가 설치되었는데, 가장 많을 때는 40여 개에 이르렀다. 절도사는 또한 관찰사를 겸임하여 군정·민정·재정의 대권을 장악하였으므로 이러한 상황은 당 후기의 지방 할거의 기초를 마련해 주었다.

바. 송·요·금·원대의 정치제도

1) 송(宋)

959년 봄, 후주(後周)의 세종(世宗) 시영(柴榮 921-959)은 북방의 실지를 수복하려고 친히 요를 공격하기 시작했다. 계속되는 승승장구 속에 시영이 유주(幽州)에 이르렀을 때 피로가 겹쳐 발병하였으므로 부득이 철군하지 않을 수 없었으며, 오래지 않아 세상을 떠나고 공제(恭帝)가 즉위하였다. 후주의 군정의 대권은 전전도점검(殿前都點檢)이라 불리던 시위친병의 대장 조광윤(趙匡胤)이 정권을 장악하고, 진교역(陳橋驛: 하남성 봉구현)의 병변[26]을 통해 공제를 축출하고 후주정권을 탈취하여 송을 건국하였다.

북송정권은 오대 이래 강력해진 절도사의 권한을 누르고 전란으로 황폐화 된 농촌사회를 안정시켜 통일의 대업을 완수하기 위해서는 강력한 중앙집권적 황제 독재체제 구축이 시급한 문제가 되었다. 그리하여 무인을 대신하여 문관이 국정을 담당하는 문신관료체제를 채택하였다.[27]

송태조 조광윤은 배주석병권(杯酒釋兵權)[28]을 통하여 대장군들의 병권을

---

26 거란과 북한의 연합군이 남침해온다는 첩보에 의해 후주 공제의 명을 받아 대군을 이끌고 이를 막으러 나가다가 진교역에서 5대에 빈번하게 자행하던 장병들의 쿠데타에 의해서 황제에 추대되어 송을 세웠다. 이것을 진교의 정변이라 한다.

27 신채식『동양사학개설』삼영사 p. 391. 1994.
서연달, 오호곤, 주극요 (중국사학연구회 옮김)『중국통사』청년사 p. 489-491.

28 군인들에게 술상을 차려 놓고 병권을 해체한다는 뜻으로 송 태조는 석수신(石守信)과 같은 장군들의 병권을 해제시켰다.

회수하고 무신들에게는 고궁의 주택과 녹읍을 주어 편안히 거주하게 하였다. 그리고 당시 금군(禁軍)[29]을 비롯하여 황제가 삼군을 직접 통합하여 지배하는 구조로 개편했다. 동시에 추밀원(樞密院)에 군대의 이동, 출병과 같은 명령권을 부여함으로써 황제 자리를 위협하는 번진 세력을 지탱했던 강력한 군대인 아군을 중앙의 금군에 편입시키고 엄격하게 훈련시켰다.

송태조가 정치권력을 집중시킴에 있어 주안점을 둔 것은 우선 지방의 행정권과 인사권을 약화시키는 것으로 재지(在地)지주로서 번진을 제어하고 통판으로서 지주를 통제하는 조치였다. 977년부터 시작하여 송은 당과 오대 이래 번진이 지군을 통할하는 관례를 철폐하여 절도사가 지군을 직접 통치하지 못하도록 함으로써 번진의 관할구역을 축소하였다.

중앙에서 문신들을 지주로 파견하여 번진을 통제하도록 했다. 또한 지주의 권한이 강대해지는 것을 우려하여 다시 통판을 설치해 지주를 제어했다. 통판의 직위는 지주의 아래였지만 실권은 주내의 병사·백성·재물·부역·소송 등에 걸쳐 간여하지 않는 바가 없을 정도로 막강하였으며, 지주를 감찰하는 작용도 하였다. 송은 전국에 15로(路)를 두었는데 1로를 총괄하는 장관은 두지 않고 중앙과 비슷하게 재정, 사법기구를 설치하여 업무를 분담시켰다.

로(路) 아래에 부, 주, 감, 군을 설치하고 지방장관인 지주, 지부, 지감, 지군을 두었다. 노(路)·부(府)·주(州)·현(縣)을 설치하였는데, 부와 주는 기본적인 등급으로서 장관을 지부 혹은 지주라 칭했다. 이외에 군(軍), 감(監)을 설치하여 군은 군사요지에, 감은 광산과 염산지에 설치하였다. 로는 부와 주보다 상급으로 당대의 도(道)를 모방해 안무사사(按撫使司), 전운사사(轉運使司), 제점형옥사(提點刑獄司)를 설치하여 각기 군사와 재정 그리고 사법을 담당하여 중앙에서 부와 주를 통제하는 기구조직의 역할을 하였다.

또한 추밀사를 두어 재상의 군사권을 분할하고 삼사사(三司使)를 두어

29 황제를 보위하고 수도방비와 대외정벌을 목적으로 함.

염철·탁지·호부를 각기 관장케 함으로써 실제 재상권을 약화시켰다. 또 대간관(臺諫官)의 지위를 높여 재상을 포함한 경관(京官)들을 탄핵하게 함으로써 실제 재상권을 약화시켰다. 그리고 조광윤은 조보의 건의를 받아들여 주의 재부 중 그 주의 재정지출 외에 모든 전백(錢帛)을 국고로 올려 보내도록 규정하여 멋대로 유주(留州)하게 못하도록 했다. 송초에 채택된 중앙집권의 조치로 번진할거의 국면이 종결되고 사회 경제의 회복과 발전에 유리한 작용을 하였다.

2) 요(遼)

거란족은 위구르의 쇠퇴로 생긴 힘의 공백을 틈타 몽골 초원지대를 점령하고 만주지방의 발해를 멸하여 광대한 유목제국인 요를 건국했다. 당말오대 혼란기에 다수의 중국인들을 수용하여 국세를 확충하고 중국경략에 힘써 5대 군벌의 하나인 석경당을 도와 후진을 세웠다. 그 대가로 현 베이징 지방과 산시 북부에 걸친 전략 요충지인 유운(幽雲)16주를 할양받았다. 이리하여 거란귀족을 위주로 하고 많은 한족 지주들을 망라한 봉건정권을 이루었다.

요의 대중국 경영방침은 장성이북 주거지의 거란족에 대해서는 고유조직인 병농 일치적인 부족제를 고수하게 하였고 한족에 대해서 거란통치자들은 이주한 한인들을 일정한 지역에 집중시켜 성을 쌓게 하였는데 이를 한성(草原城市)이라고 한다. 요는 거란족과 북방의 제 부족에 대해서는 거란 고유의 부락제인 북면관제[30]를 중국인이나 발해인 등 농경민을 지배통치하는 조직으로 중국식 주현제(남면관제)[31]를 적용하였다. 이처럼 중국식 행정조직을 통해 직접지배를 하는 등 거란족 우위의 이중통치체제를 유

30 북면관의 최고 집행기구는 북남재상부(北南宰相府)이고 그 아래 6부를 두었다. 비록 중국의 6부제를 도입한 것이기는 하나 거란부족사회의 독자성이 강하게 남아있다.

31 당말 오대의 변형된 관제에 가깝다.

지함으로써 '정복왕조'[32]의 효시가 되었다.

정복왕조의 특징은 한마디로 이원적 호한분치제도라고 할 수 있다. 요는 동몽고 지역을 중심으로 하북, 산서, 하주에 이르는 광대한 영역에 삼경, 중경, 동경, 서경, 남경의 5경을 두고 5경의 관찰구로서 5도를 두었으며 각 도에는 중국식 주현제를 설치하였다. 여기서 주·현의 장관인 절도사, 지주, 지현을 중앙정부에서 직접 임명한 사실은 외면적으로 관료적 집권체제를 이룬 것처럼 보이는 데에 주의해야 한다.

한인의 농경지역은 당말 오대의 제도를 모방하여 주현을 두고 각 주현에는 요 왕실에서 임명된 자사, 현령 등이 행정을 담당하였고, 주에는 관제사사, 방북면 관하에서는 오르도와 두하주 내부에서 징세, 치안유지, 노역동원 등은 영주들이 직접 장악하였다. 이로서 이들은 유목영주들의 독립적 봉지와 같다.

이원적 분치제도는 농경을 주로 하는 중국인과 발해인, 유목과 목축을 주로 하는 거란인과 기타 유목민들의 상이한 생활양식과 전통, 풍속을 고려하여 시행되었다고 할 수 있으나 궁극적으로 요 왕조의 지배능력을 장구히 보존하는 데 목적이 있었다.

3) 금(金)

퉁구스계로서 반목반농의 생활을 하고 있던 여진족은 초기에는 발해에 복속되었다가 발해가 멸망한 후에는 요에 부분적으로 복속되었다. 여진족은 농경에 종사하며 요의 호적에 등록된 숙여진(熟女眞)과 오지의 산림지대에 남아 있던 부족인 생여진(生女眞)으로 나누어 볼 수 있다. 후자인 생

32 정복왕조의 원동력은 군사력이며, 반복되는 약탈전쟁을 통하여 유목사회를 정착생활을 중심으로 하는 농업생산사회로 전환시키면서 사회 경제적 기반을 마련해 갔다. 이리하여 대외 침략전도 일시적, 보복적인 것이 아니고 일정한 목표와 방향을 추구하며 반복적이고 조직적으로 추진하여 갔다. 한편 정복왕조는 유목민과 농경민이 혼재되어 있어 이들을 통치하는 정치제도 역시 다양성을 갖지 않을 수 없었다. 이중체제를 확립한 것은 요로서 남북관제를 적용하였다. 물론 중요한 문제는 북면관의 최고관청이 결정한다.

여진 가운데 여진족 발흥의 핵심이 되었던 곳이 알츄카강 유역에 본거지를 두고 있던 완안부였다. 완안부는 생여진 가운데에서도 지리적인 조건이 좋아 점차 강대한 부족으로 성장하여 점차 영토를 한반도 북부에까지 넓혔으며, 아구타 즉 태조(재위 1115-1123)에 의해 대금국이 건설되었다.

금 초기의 사회 성격은 노예제가 기반으로 한인과 거란인들을 잔혹하게 착취하였다. 각 민족을 대량으로 붙잡아 노예로 만드는 조치는 사회경제를 파괴시켰고 각 민족들의 치열한 반대에 부딪혀 봉건적 소작제로 전환하였다.

여진 귀족들이 봉건화함에 따라 금 통치자들은 행정제도 면에서 개혁을 단행하였다. 이들은 예조와 순조의 제도를 본떠서 중앙으로부터 지방에 이르기까지 봉건통치 기구를 건립하였다. 그리고 여진족에 대해서는 발극렬(勃極烈)과 맹안(猛安) 모극(謀克)제도로 통치하였다. 중앙에는 상서성을 설치하고 그 아래에 6부를 두었다. 지방에는 송조의 지방행정제도를 계승하여 로, 부, 주, 현 제도를 두었다. 로, 부 아래에 주현과 병행하여 맹안모극[33]을 두었는데 이것이 금나라 정치제도의 특징이다.

금조 시기에 동북에 설치한 로는 상경로(上京路), 함평로(咸平路), 동경로(東京路), 북경로(北京路)가 있었다. 재정 방면도 대체로 송의 방법을 계승하여 토지에 대해서는 이세(二稅)을 받고 백성들에 대해서는 재산의 정도에 따라 물력전(物力錢)을 받았다. 또 일부 한족과 거란족의 상층분자들을 흡수하여 정부 기구에 참가시킴으로써 대금정권의 통치 기초를 강화하는 기반으로 삼았다.

---

33 맹안은 여진어로 천호장을 의미하는 것이며, 모극은 향리 내지 우장을 의미하는 무케의 음역이라고 한다. 이는 건국 이전부터 여진족 사이에 행해지고 있던 군사조직을 태조가 행정과 군사 두 기능을 지닌 제도로 고친 것이다. 즉, 300호를 1모극, 10모극을 1맹안으로 편성하여 평상시에는 향리에서 농업을 전시에는 1모극마다 약 100인의 군사를 동원하여 종군시켰다.

4) 원(元)

원의 성립과 몽고지상주의

원조는 몽골본토와 중국 전역을 지배함으로써 요조와 금조를 뒤이은 제3의 정복왕조가 되었다. 요와 금이 중국의 일부를 영유했던 반면에 원조는 남송을 병합하여 중국 전역을 영유하였다. 중국 전 인구의 1% 안팎으로 중국 내지에 들어온 소수민족 몽고인들은 강렬한 민족의식을 지니고 있지 않으면 전대의 정복왕조들과 같이 중국문화에 동화되어 민족정신을 잃게 될 것이 분명하였다.

그리하여 제4대 세조 쿠빌라이칸은 정치경제사회적으로 몽고족에게 극단적일 정도의 우위 내지 특권을 부여해 주는 체제를 구축하였는데 이것이 몽고인지상주의이다. 그리하여 민족을 제1등급에 몽고인(국인), 제2등급에 색목인(서아시아 제민족), 투항의 선후에 따라 대우를 차별화하는 관습에 기초하여 제3등급에 한인(요와 금에 복속되었던 한인), 그리고 제4등급에 남인(남송의 유민)이라는 민족차별을 기반으로 한 신분적 통제제도를 실시하였다. 원조의 중국지배 체제는 몽고족지상주의에 기초하여 중국전통 문화를 수용하여서 성립되었다고 볼 수 있다.

원의 정치제도

원은 중앙집권적 관료체제를 채택하여 중국식의 전제국가로 변모하였다. 중앙은 중서성, 추밀원, 어사대로 구성되었다. 중서성은 일체의 행정사무를 관할하였으며 중서령, 좌·우승상, 참지정사들을 두고 재상이라 총칭하였다. 중서성 밑에는 육부로 나누어 상응하는 정무를 분담하였다. 추밀원은 군정을 관장하였는데 원사와 부사를 두었다. 어사대는 어사대부를 두고 감찰을 맡았다.

지방관제는 여전히 송대의 로, 부 등 명칭을 그대로 사용하였다. 또한 로 위에 다시 행중서성(行中書省)을 설치하여 지방조직의 최고 단위로 삼았다. 이 제도는 금대 것을 모방한 것으로 세조 중통(中統) 원년(1260)에 10로 선무사(宣撫使)를 두었다. 그 후 남송을 멸망시킬 때까지 17년 동안 원의 지방행정은 선무사와 행성제도를 함께 두었다. 행성은 계속 증설되었고 당시 행성의 장관칭호는 중서성신출행성사(中書省臣出行省事)로 송 멸망 이후 고정화되었다.

원은 송의 멸망 후 영종지치원년(英宗至治 1321)에 이르기까지 전후 11개의 행부를 설치하였다. 원 말기에 이르러 행부는 15개를 두고 각 부에 승상(丞相) 1명을 두어 최고장관으로 하였다. 그리고 그 아래 평장좌우승(平章左右丞) 및 참지정사(參知政事)의 관이 있었다. 각 요지에 행사(行史)와 행(行)을 두어 감찰을 맡아보게 하였는데 이 행사와 행은 황제에게 직속되었다.

사. 명대의 정치제도

1) 명대 중앙제도

명태조 즉위 초에는 원대의 행정제도를 답습하여 중서성(中書省)이 총괄하고, 그 장관인 승상(丞相)이 강대한 권한을 갖고 있었다. 명태조는 오랜 몽골지배가 남긴 유목민족의 문화유풍을 일소하고 한민족문화를 부흥하여 원말 이래 농민반란으로 황폐화된 농촌사회를 재건하고자 하였다. 그리하여 강력한 황제전제체제가 필요하다고 판단하고 지방분권화 경향이 강한 통치체제를 탈피하고 황제전제체제를 적극 추진하였다.

홍무 9년에 중앙의 중서성에 설치된 평장정사(平章政事)와 참지정사(參知政事)를 폐지하고 이듬해 통정사사(通政使司)를 따로 설치하여 내외의 장주(章奏)를 중서성을 거치지 않고 직접 황제에게 전달하게 함으로써 중서성의 기능을 약화시키고 황제권을 강화하였다. 이러한 황제전제체제의 추진과 아울러 개국공신·지주·학자들에 대한 혹독한 감시와 탄압을 시작하였다.

호유용은 일본과 북원(北元)에 밀사를 파견하였다는 믿기 어려운 의혹사건으로 처형되고 이와 연루되어 처형된 자 1만 5천여 명에 이른 대옥사

명대의 세계

사건이 있었다. 이 사건을 계기로 중서성이 폐지되고 재상을 두지 않았으며, 6부가 황제직속기관으로 편입되었다. 그리하여 재상제도(宰相制度)가 사라지고 황제가 정무를 총괄하는 절대군주체제를 완성한 것이다.

영락 14년부터 재상을 대신하여 내각제도(內閣制度)가 출현하였다. 내각의 구성원은 학문이 뛰어난 관료 중에서 선발하여 황제의 자문을 담당하며 정사에 적극 협조하도록 하였다. 내각은 국무를 결정하는 권한은 없고 단지 황제의 개인적인 자문관의 성격을 띠고 있었다. 그러나 이후 계속해서 용렬한 황제가 즉위하여 전제권 행사가 불가능해지면서 황제권력을 배경으로 환관과 내각대학사(內閣大學士)가 서로 경쟁하는 정치가 출현하였다.

명성조는 건문(建文) 4년(1402) 태조가 중서성을 폐지한 후 천자의 보필기관으로서 내각을 문연각(文淵閣)에서 열었다. 각신은 처음에는 한림관(翰林官)으로 충당하였으나, 인종(仁宗)때에 전각대학사(殿閣大學士)를 추가 한 후 각신(閣臣)을 일컬어서 내각대학사라고 하였다. 그들의 업무(職掌) 중에서 가장 중요한 것은 내외의 장주에 대하여 표의(票擬)[34]하는 일이었다. 이처럼 내각은 초기에는 천자의 비서기관적인 역할을 하였으나, 점차 그 지위가 제고되고 기구조직을 정비하여 중서성을 대신하는 중요한 정부 기관이 되었다.

2) 명대의 행정, 군사, 감찰기관

명대의 행정관청인 6부는 행정사무를 분장한 여섯 개 부서(이, 호, 예, 병, 형, 공부)를 총칭하는 것으로 각 부의 장관을 상서(尙書), 차관을 시랑(侍郞)이라 불렀다. 각부의 역할을 살펴보면, 이부(吏部) – 관리의 선임, 호부(戶部) – 재정, 예부(禮部) – 제사, 교육, 병부(兵部) – 군사, 형부(刑部) – 사법, 공부(工部) – 토목에 관한 사무를 각각 관장했다. 명태조는 호유용의 난을 계기로 중서성을 철폐하고 6부를 황제의 직속 기관으로 하였다.

군사 조직으로 건국 초에 설치했던 대도독부(大都督府)를 폐지하고 오군도독부(五軍都督府)로 개설하여 군 통수권을 분할하여 병부와 함께 군무를 나누어 맡게 하였다. 병부는 군대를 관리하고 파견할 수 있었으나 통수권은 없었고, 오군도독부는 군대를 통할하였으나 파견권은 없었다. 오군도독부에는 각기 좌우 도독, 도독동지(都督同知), 도독첨사(僉事) 등을 두었다. 군정(軍政)을 관장하는 병부(兵部) 밑에는 병부에 직속하는 친군위(親軍衛), 이외의 도사(都司: 都指揮使司), 위소(衛所)를 다스렸다.

감찰기관으로 초기에는 어사대를 두었다가 1382년 새로이 도찰원(都察院)을 두고, 좌우 도어사(都御史)이하 부(副)도어사, 첨(僉)도어사, 감찰어사 등의 관제를 두었다. 직무는 백관의 비위를 탄핵하고 중대한 형안(刑案)을 심의하여 육부(행정), 오군도독부(군사)와 아울러 3권 분립의 체제를 확립하고, 사법기관으로서는 형부, 대리사(大理寺)와 아울러 삼법사(三法司)라고 한다.

---

34 재상(宰相)이 천자를 대신하여 상주(上奏)문에 대해 재결(裁決)하는 방법을 말한다. 표지(票旨), 의지(擬旨)라고도 한다.

3) 명대 지방행정기구

명대 지방행정기구는 원대 행중서성(行中書省)제도를 폐지하고 전국에 13 포정사사(布政使司: 省)를 두어 황제가 직접 관할하였다. 포정사사의 관할구역은 성(省)이라 하였고, 포정사는 성의 일반행정을 담당했다. 각 성에는 감찰기관으로 제형안찰사사(提刑按擦使士), 군사기관으로서는 도지휘사사(都指揮使士)를 설치했다. 그리하여 세 기관의 장관인 포정사, 안찰사, 지휘사는 대등한 권한을 갖고 각각 병, 민, 전, 곡을 나누어 관리하게 했으며, 그들은 모두 황제에게 직속되었다.

중국의 향촌은 보통 현(縣)아래 경(卿)이 있고 그 아래 리(里)나 촌(村)이 있었다. 명 태조는 홍무 14년(1381)에 원대의 사제(社制) '50호(戶) 1사(社)'를 설치했다

이갑제(里甲制)는 중앙의 행정명령을 향촌사회에 직접적으로 전달하고, 세역의 효율적인 징수 및 촌락공동체의 향촌질서를 유지할 목적으로 실시한 것이다.

자급자족이 가능한 110호(戶)를 1리(里)로 편성하고, 인정(人丁)수와 자산의 등급에 따라 호등을 구분하였다. 110호 가운데 상등호(上等戶) 10호(戶)를 이장호(里長戶)로 하고 나머지 100호(戶)를 이수호(里首戶)로 하여 10갑(甲)으로 나누어 10호(戶)씩 배속시켰다. 토지를 소유하지 못한 호는 기령호(畸零戶)로서 110호(戶) 아래 덧붙여졌다. 매년 이장(里長) 1명과 갑수(甲首) 10명이 리(里)의 부역징수, 치안유지, 재판, 교화, 부역황책(賦役黃冊)의 작성 등 행촌행정의 모든 기능을 수행했다. 이장과 갑수의 임무는 10년마다 한 번씩 돌아가면서 맡도록 하였다.

명 중기 이후에는 토지소유의 집중화, 부역부담의 증대, 향촌내의 계층분화가 심화되어 유민호가 증가하여 리(里)의 통합이 이루어졌다. 한편 일조편법(一條鞭法)의 시행 이래 부역은 리가 아니라 현을 단위로 부과하였기 때문에 이갑(里甲)의 존재가치는 떨어졌다.

이갑제는 15세기 중엽부터 붕괴되면서 향촌사회는 크게 변화하기 시작

하였다. 정부는 이갑제의 붕괴에 따른 새로운 조처로 원적발환(原籍發還)주의를 완화하는 대신에 필요에 따라 부적(附籍)주의 채택하였다. 따라서 유이민(流移民)은 모두 부역을 탈면하였고 그 대신 원적지에 남아있던 이갑호가 그들 몫까지 부담하게 되어 향촌에 남아있던 이갑호는 몰락하고 파산하게 되었다.

지방 주현(州縣)의 요지에 설치된 위소(衛所)는 도지휘사사(都指揮使士)에게 소속되며, 도지휘사사는 경사(京師)에 있는 위소와 더불어 5군 도독부에 소속된다. 소(所)는 수어천호소(守禦千戶所), 수어백호소(守禦百戶所)라고 하며, 1주(州)의 병력을 관할했다. 몇 개의 주부(州府)의 군을 관할할 때에는 위(衛)가 설치되었다. 1위는 10천호소로 구성되며, 천호소의 지휘자는 천호(千戶)이다. 1천호소는 10개의 백호소이며, 그 지휘자는 백호(百戶)이다. 1백호소에는 총기(總旗) 2명, 1총기에는 소기(小旗) 10명이 있다. 1위의 병력은 원칙적으로 5,600여명 정도였다.

아. 청대의 정치제도

1) 청대 중앙제도

청조는 명의 행정제도를 답습하고 결함을 보완하는 정책을 추진하였다. 청초에는 내각, 유부, 도찰원, 대리시등과 같은 중앙행정기구는 모두 명대에서 모방했으나 그 내용상에서는 황제권의 강화에 뚜렷한 특성을 보이고 있다.

명대의 내각제는 내각수보(內閣首輔)의 권한이 강력하여 황제권이 약화되는 현상이 계속되었기 때문에 청에서는 내각이 행정실권을 장악하지 못하도록 하였다. 이에 따라서 4명의 대학사를 두었는데 만주인 2인 한인 2인으로 민족균형을 취하면서도 수석대학사는 만주인으로 하였다.

청 초기 정책결정기구는 의정왕대신회의(議政王大臣會議)가 맡았다. 그 구성원은 만주귀족이었으며, 국가의 대사를 친왕(親王)과 합의를 통하여 결

청의 영역

정하였다. 강희제 친정 이후 왕과 대신의 권한을 제한하면서 학자들을 모아 학문을 수련하는 남서방(南書房)을 설치하고, 지위와 직책은 낮지만 학문이 우수한 관료들을 등용하여 조칙(詔勅)을 기초하게 함으로써 의정왕대신회의의 권한을 대신하게 하였다.

한편, 군기처는 처음에는 용병 때문에 임시 군사행정기구로 설치되었다가 점차 상설화되면서 내각을 대신하여 중추적인 정책결정기구로 변화하였다. 군기대신은 황제가 직접 만(滿)·한(漢)대학(大學) 및 각부의 장관과 차관 중에서 선임하였다. 이들은 황제로부터 직접 명을 받아 지방의 총독, 순무에게 그대로 전달하였으므로 국가의 정책결정권은 황제에게 있었다. 이로써 군기처는 중앙의 최고 행정기관이 되었고 의정왕대신회의와 남서방은 그 기능을 상실하게 되어 황제의 전제군주권이 강화되었다.

군기처의 운영을 보면 황제권 강화라는 측면이 잘 나타난다. 즉, 군기대신(軍機大臣)을 전담하는 관리를 설치하지 않고 각 부처의 파견관으로 임명하였다. 그들의 권한은 제한하고 쉽게 통제할 수 있도록 하여, 관료들로 하여금 횡적으로 결합하는 것을 막아 붕당의 폐해를 없애 버렸다.

이러한 최고 정무기관 아래 6부(部)인 이(吏), 호(戶), 예(禮), 병(兵), 형(刑), 공(工)부를 두어 행정을 분담시키고 감찰기관으로 도찰원(都察院), 황제의 비서기관으로 한림원(翰林院)을 두었다. 청조는 특히 몽고, 티벳, 청해(靑海)등 내륙아시아 방면을 지배하기 위하여 이번원(理藩院)을 설치하였다.[35]

청조는 만주족 고유의 팔기제도(八旗制度)라는 독특한 제도가 있었는데 황, 백, 홍, 남의 4 색기와 각 색기에 천으로 테를 두른 4기를 합한 8기로서 모든 만주족이 이 안에 편성되었다. 만주족의 점령지가 늘어나자 군단의 규모는 계속 커져, 후에는 1개 군단이 7,500명에 이르렀다. 7,500명의 병력은 5개 연대로 구분되었고, 연대는 다시 4개 중대로 나뉘어졌다. 만주족은 이 군대에 힘입어 중국을 점령하고 청나라를 세울 수 있었다. 그러므로 이 제도는 봉건등급제도이며 민족차별제도이고, 조세제도이며 군사제도의 성격을 가지고 있었다.

2) 청대 지방제도

전국을 18성(省)으로 나누었다. 성아래 부(府)를 두고 그 아래 현(縣)을 두는 3층구조로 다스렸다. 성의 장관으로 총독(總督)과 순무(巡撫)를 두었는데, 이는 명대 지방의 임시병력 동원 책임자인 총독군무(總督軍務)를 청대에는 지방장관으로 제도화한 것이다.

1성 혹은 2성-3성에 한사람을 배치하고 민정과 군정을 총괄하도록 하였다. 이밖에 휘하 관리에 대한 고과나 형벌 등 제반행정업무를 맡겼다. 순무는 1성에 1인을 배치하여 지방을 통괄하였는데 총독과 직무는 비슷하였지만 권한은 총독보다 더 낮았다. 총독과 순무는 상하 계층관계가 아니고 직접 황제의 명을 받아 집행하는 황제의 대리자와 같았다. 총독과 순무 아래에는 다시 재정을 담당한 포정사(布政使), 사법을 담당하

35 최정연 〈理藩院老〉(上)(下) 동아문화 20, 21

는 안찰사(按察使)가 있고 황제에 직속되었다.

성 아래의 부에는 지부(知府), 주에는 지주(知州), 현에는 지현(知縣)을 두고 일반 농민을 통치하였다. 이들은 모두 과거시험에 합격한 관료들로서 중앙에서 임명 파견되었는데 주된 임무는 조세징수, 부역배정, 재판 등이었다. 이들 관료 아래에는 현지에서 채용된 서리(胥吏)들이 있었다. 서리들은 현지사정에 밝아서 민중들과 접하는 실무적인 일은 모두 이들 이 담당하였다.

한편, 현 아래의 향촌 자치조직으로 명의 이갑제를 대신하여 보갑제(保甲制)를 실시하였다.(1708) 이 보갑제는 10호(戶)를 1패(牌)로 조직하고, 10패(牌)(100호)를 1갑(甲)이라 하였으며, 10갑(甲)〈천호(千戶)〉을 1보(保)로 하였다. 패두(牌頭), 갑두(甲頭), 보장(保長)을 두어 각 단위를 통솔하였다. 청은 보갑제를 가지고 치안유지를 하였으며 명대처럼 징세확보나 요역동원 등은 부수적인 것이 되었다.

종합적으로 보면, 중국의 지방관제는 주 왕조 때부터 명청시대에 이르는 동안 일련의 변화와 발전을 가져왔다. 서주 초기의 제후는 주 천자에게 분봉을 받았으므로 주의 지방장관이라고 할 수 있지만, 진나라 이후의 지방장관과는 분명한 차이가 있었다. 그들은 자신의 봉토 안에서 왕실의 관료제도를 본떠 백관(百官)과 유사(有司)를 둘 수 있었기 때문이다.

춘추전국시대에 들어 몇몇 국가들이 변방과 겸병 지역에 군·현을 설치하고 관리를 파견해 다스렸다. 이것이 진정한 의미의 지방장관인 군수와 현령(縣令: 춘추시대 각국 현의 장관은 초나라는 현공(縣公)·현윤(縣尹), 진(晉)은 대부(大夫) 등으로 명칭이 달랐다. 전국시대에 와서야 현령이라고 불렀다. 진시황은 중국을 통일한 후 1만 호 이상인 현의 장관은 현령, 1만 호 이하인 현의 장관은 현장(縣長)이라고 불렀다.

한대의 지방장관도 군수와 현령, 두 등급이 있었다. 수도에는 경조윤(京兆尹)·좌풍익(左馮翊)·우부풍(右扶風)이라는 세 관직을 두고 삼보(三輔)라 불렀고, 그 지위는 군수(郡守)에 해당했다. 한 무제 때는 13부주(部州)에 자사

(刺史)를 두었는데, 육조(六條)로써 일을 묻는 감찰관의 성격이 짙었다. 성제(成帝) 때는 목(牧)으로 이름이 바뀌 사실상 일급 행정구역이 되었다. 이렇게 현령·군수·주목(州牧)으로 이어 지는 3등급의 지방관제는 위진남북조 시기까지 쓰이다가 수나라 때 다시 주·현의 2등급으로 개편되었다.

당나라 때는 도(道)를 설치했는데, 이는 한나라 초에 주(州)를 설치한 것처럼 여러 주에 대한 감찰구(監察區)의 성격이 짙었으며 그 장관을 관찰사라 불렀다. 당대에는 변경지역에 도독부(都督府)를 설치하고 그 장관을 도독(都督)이라고 부르다가 후에는 절도사라고 하였다. 당 중기에는 이 절도사 제도가 내지에서도 시행되었다. 절도사는 또 주자사(州刺史)의 직위까지 겸하며 군사와 정권을 장악하여 강력한 지방장관이 되었다.

송대는 현령이라는 명칭이 남아 있기는 했지만 사실상 조정에서 조관(朝官)을 따로 파견하여 현의 사무를 맡게 하고 지현(知縣)이라 불렀다. 주의 1급 행정장관 역시 조정의 대신이 맡았는데, 이들은 '권지모주군주사'(權知某州軍州事: 어느 주의 군사와 사무를 대신 관장한다는 뜻) 또는 간단하게 지주(知州)라고 불렀다. 원대의 행성(行省: 또는 행중서성(行中書省))은 중앙에서 지방에 파견하는 최고 행정기구로, 전국 10개 행성의 장관들은 지방의 고위관리가 되었다. 그 관직명은 승상(丞相)·평장(平章)·좌우승(左右丞)·참지정사(參知政事) 등으로 중앙의 관직명과 대략 비슷했다. 행성의 아래에는 로(路)를 설치하고, 그 장관으로 다루가치(達魯花赤) 와 총관(總管)을 한 명씩 두었다. 그 아래의 주와 현에는 주윤(州尹)·지주(知州)와 현윤(縣尹)을 두었다.

명대의 지방행정은 기본적으로 성(省)·부(府)·현(縣)의 세 등급으로 나누어 성의 장관으로 좌·우포정사(左右布政使)를 두고, 부의 장관은 지부(知府), 현의 장관은 지현(知縣)이라고 불렀다. 각 성(省) 안에서는 포정사사(布政使司)가 최고 행정기구였고, 제형안찰사사(提刑按察使司)가 성의 형벌과 옥사를, 도지휘사사(都指揮使司)가 군사를 관장했는데, 이 셋을 합쳐 '삼사'(三司)라고 불렀다. 그리고 포정사사의 참정(參政)과 참의(參議)를 '분수도'(分守道), 안찰사사(按察使司) 가운데 안찰부사(按察副使)와 첨사(僉事)를 '분순도'(分巡道)라고 불렀다. 후에는 약간의 변화가 생겨 성(省)의 최고 장관을 총독 또는 순무(巡撫)라고 했다.

청나라는 대체로 명나라의 제도를 계승했다. 총독은 하나 내지 세 개의 성을 관할하고 군사와 민정을 다스리며 일반적으로 병부상서와 도찰원우도어사(都察院右道御史) 직을 겸했는데, 제군(制軍)·제헌(制憲)·제대(制臺) 등으로도 불렸다. 순무는 성의 군정과 형옥(刑獄)을 주관하며 무대(撫臺)라고도 하였다. 포정사와 안찰사는 총독과 순무의속관으로 합하여 양사(兩司)라고 불렀는데, 포정사는 성의 재정과 부세를 관장했으므로 번대(藩臺)·번사(藩司)라고 했으며, 안찰사는 성의 형옥과 감찰을 관장했으므로 얼사(臬司)·섭사(聶司)·얼대(臬臺)라는 별칭으로 불리기도 했다. 건륭연간에는 성 이하, 부·주 이상의 행정장관은 도대(道臺)라 칭하였다. 부와 현의 일급 장관은 명나라 때와 같았다.

중국의 관료제도는 중앙관직과 지방관직의 체계 외에도 산관(散官)·훈관(勳官)·내관(內官) 등 명목상의 관직이 있어 실로 종류가 다양하고 변화도 많았다. 이런 관료제도의 다양함과 계속되는 변화과정은 각 왕조의 시대 특징을 반영한다.

참고문헌

김엽, 「중국고대의 지방통치와 향리사회」, 『대구사학』, 1989.

김선욱, 「수문제의 전제화에 관한 연구」, 『호서사학』, 1979.

신채식, 『동양사 개론』, 삼영사, 1989.

구종서, 『동양적 전제주의』, 법문사, 1991.

상해고적출판사, 『中國文化史三百題, 문답으로 엮은 교양중국사』, 박소정 옮김, 이산, 2005.

박한제, 「중국 중세호한체제연구」, 일조각, 1993.

민두기, 「중국의 전통적 정치관-봉건군현논의를 통해본」, 『진단학보29, 30』, 1967.

심채영, 「진의 전제정치의 유산에 대한 연구」, 충남대학원, 1992.

서운용, 「중국군립 전제정치의 유산에 대한 연구」, 『건대논문집13』, 1981.

이공범, 「구품중정제도」, 사총 1~4, 1986.

정병학, 「중국관료사회 연구」, 숙대사론 10, 1979.

정하연, 「전국시대관료제의 연구」, 서울대학원, 1990.

정우현, 「황제지배체제의 성립과 전개」, 『강좌중국사1』, 1989.

제미숙, 「황제의 출현과 군현지배에 관한 연구」, 효성여대대학원, 1989.

정경모, 「구품관인고-위진시대를 중심으로」, 『전남대논문집12』, 1966.

유원적, 「당조지배층의 성격에 관한 학술사적 검토」, 이대사학연구 11~12, 1981.

유원적, 「당 전기 주·현관의 일 고찰」, 『목포대논문집5』, 1983.

이계명, 「수 상서성의 직능과 인적연구-수적지배집단 파악의 일환으로」, 『역사학연구11』, 1983.

하원수, 「당 순종대805년 집권세력의 성격」, 『동아문화25』, 1987.

고식림, 「송대의 지배계급」, 『경북사학4』, 1982.

김영진, 「송대 사대부 연구에 대하여」, 민족문화 4, 1989.

신채식, 「송대 관료제 연구」, 삼영사, 1981.

「송대 문신관료의 승진에 관하여」, 『동양사학연구8, 9』, 1975.

안준광, 「북송초 태조, 태종정권의 성격」, 육군제3사관학교, 1985.

주채혁, 「원초관인층연구」, 정음사, 1986.

고창석, 「명대 환관의 권력구조-동창, 서창을 중심으로」, 『경북대석사논문집』, 1968.

김영진, 「'대고'를 통해 본 명태조의 관리정책」, 『경북사학14』, 1991.

송정수, 「명 건국초 국가권력과 향촌지배체제의 형성」, 전북사학 14, 1991.

송준호, 「명, 청대 중국의 진사에 관한 기본자료」, 『전북사학6』, 1982.

이성규, 「청초 지방통치의 성립과정과 향신-순치년간의 산동지방을 중심으로」, 서울대동양사학과 논문집 1, 1977.

오금성, 「명조초기 생원정책에 대하여-사인층 형성과정을 중심으로」, 『역사교육11, 12』, 1969.

오금성, 「청 순치대의 태사부정책」, 서울사대학학보 6, 1964.

장중례(김한식 외), 「중국의 신사」, 신서원, 1993.

조영록, 「명대 과도관체계의 형성과 정치적 기능에 관한 연구」, 『서울대대학원 동양사학과박사학위논문』, 1987.

최정언, 「명조의 통치체제와 정치」, 『강좌중국사4』, 1989.

제4장

소수민족과 화교사회의 문화

中国 历史 文化

1. 소수민족의 사회와 문화

가. 구성과 분포

중국은 역사 발전 과정 속에서 점진적으로 형성된 다민족 통일국가이다. '중국(中國)'이란 명칭은 다음과 같은 의미를 가지고 있었다. 첫째, 사방(四方)의 제후들에 대한 상대적인 개념으로 천자가 거처하는 지역이다. 둘째, 주가 상을 멸망시키기 전에 주 사람들이 살던 황하 중하류지역을 '중원지국(中原之國)', 즉 '중국'이라 불렀다. 이것은 주 왕조가 건립된 후에도 계속적으로 사용되었다. 셋째, 하·상·주의 종족이 하나로 융합된 민족을 말하는데, 하를 종족의 명칭으로 삼았기 때문에 '중국'을 '화하(華夏)'라고도 칭했다.

춘추전국시대에 이르러 각 중원의 제후들은 모두 '중국' 혹은 '화하'라고 칭했으며, 진이 통일했을 때에는 구주(九州)라고도 칭했다. 위진(魏晉) 시기에는 중국과 화하를 합하여 '중화(中華)'라고 하였다.

현재의 중국은 모두 56개의 민족으로 구성되어 있는데, 대부분은 약 94%가 한족이며 나머지는 55개의 소수민족이 있다. 그러나 숫자적으로 적지만 광활한 지역 분포하며 한족과 함께 중국의 영토개척과 경제발전, 역사와 문화 창조, 통일과 안정유지에 공헌을 해왔다. 중국의 소수민족의 현황에 대해서 살펴 보면 다음과 같다.

중국의 55개 소수민족은 1953년 3,532만 명에서, 1964년에는 3,992만 명, 1982년에는 6,724만 명, 1990년 제4차 전국인구조사 때는 9,132만 명, 2000년 제5차 전국인구조사 때는 1억 643만 명이었다. 각 소수 민족간 인구차이는 매우 크다. 1990년에 이르러 인구가 가장 많은 민족은 장족으로 1,500여만 명이고, 인구가 가장 적은 민족은 뤄바족으로 겨우 2,300명에 불과하다.

① 인구 100만 이상 민족: 좡족(壯族, Zhuang)·후이족(回族, Hui)·위글족(維吾爾族, Uighur)·카자흐족(哈薩克族, Kazakh, Hassake)·다이족(傣族, Dai)·이족(彝族,Yi)·마오족(苗族, iao)·만족(滿族, Manchurian)·티벳족(藏族, Zang, Tibetian)·몽고족(蒙古族, Mongol)·투쟈족(土家族, Tujia)·푸이족(布依族, Puyi)·조선족(朝鮮族, Korean)·둥족(侗族, Tong)·야오족(瑤族, Yao)·바이족(白族, Bai)·하니족(哈尼族, Hani) 등 17개 민족

② 인구 10만 이상 100만인 민족: 리족(黎族, Li)·리수족(傈僳族, Lisu)·서족(畲族, She)·라후족(拉祜族, Lahu)·와족(佤族, Wa)·수이족(水族, Shui)·둥샹족(東鄉族, Dong xiang)·나시족(納西族, Naxi)·시버족(錫伯族, Xibo)·투족(土族, Tu)·거라오족(仡佬族, Gelao)·키르기스족(柯爾克孜族, Kirghiz)·다우르족(達斡爾族, Dawor)·강족(羌族, Qiang), 징퍼족(景頗族, Qingpo) 등 15개 민족

③ 인구 5만 이상 10만인 민족: 무라오족(仫佬族, Mulao)·사라족(撒拉族, Sala)·마오난족(毛南族, Maonan)·부랑족(布朗族, Pulang) 등 4개 민족

④ 인구 1만 이상 5만 이하인 소수민족: 다지크족(塔吉克族, Tadzhik), 푸미족(普米族, Pumi)·누족(怒族, Nu), 아창족(阿昌族, Achang)·에벵크족(鄂溫克族, Ounke) 지눠족(基諾族, Jinuo)·우즈벡족(烏孜別克族, Uzbek)·러시아족(俄羅斯族, Russia)·바오안족(保安族, Baoan)·징족(京族, Jing)·더앙족(德昻族, eyang)·위구족(裕固族, Yugu) 등 12

중국민족분포도

하얼삔
우루무치
심양
북경
란주
서안
상해
무한
라싸
곤명
광주
대만
해남도
중국-티벳 민족
○한(漢)족(중국인)
△후이(回)족(중국인 이슬람교도)
타이(泰)족(태국인)
장(藏)족(티벳인)
묘(苗)족
인도-유럽 민족
타지키스탄족
오스트로아시아 민족
크메르족
한국인
알타이 민족
투르크족
몽고족
뭉구스족
말레이-폴리네시안 민족
인도네시아족

개 민족

⑤ 인구 1만 이하인 소수민족: 가오산족(高山族, Gaoshan)·다다르족(塔塔爾族, Tatar)·두룽족(獨龍族, Dulung)·오르죤족(鄂倫春族, Oulunchun)·먼바족(門巴族, Menpa)·뤄바족(珞巴族, Lepa)·허저족(赫哲族, Hezhe)등 7개 민족 이외에도 중국 내에는 등인(僜人), 샬바인(夏爾巴人) 등과 같이 아직도 정확하게 밝혀지지 않은 소수민족들의 인구도 약 70만 명이나 된다.

중국 소수민족의 지역 분포는 첫째, 분포지역이 광대하고 점유면적이 넓다. 중국의 소수민족 인구는 전체 인구의 1/10에도 못 미치지만, 분포지역이 매우 넓고 점유 면적은 전국의 절반이상이나 된다. 5개의 소수민족 자치구 외에도 대부분의 성·시에도 소수민족 자치주·자치현이 있다. 소수민족이 가장 많은 성은 운남성으로 35개의 민족이 거주하고 있다. 이외에도 내몽고·신강·티벳·광서·영하 지역 및 흑룡강·길림·요녕·감숙·청해·사천·운남·귀주·광동·호남·하북·호북·복건·대만·해남 등의 성에 주로 분포되어있다.

둘째, 잡거(雜居) 형태가 많고 집거(集居)가 적다. 중국 인구는 90%이상이 한족이다. 소수민족 거주에는 일정한 수의 한족이 살고 있으며, 소수민족 자치구라 할지라도 한족이 다수를 차지하고 있다. 소수민족은 집단 거주 지역이 전국 각지에 분산되어 있으면서 부분적으로만 모여살고, 그 나머지는 다른 민족들 사이에서 흩어져 살고 있다. 한민족이 함께 모여 사는 집거보다는 각 민족이 함께 섞여 사는 잡거가 많다.

이러한 중국민족 분포의 특징은 소수민족과 한족 및 각 소수민족간의 밀접한 관계를 반영하고 있으며, 이것은 중국이 통일된 다민족 국가를 이루는 중요한 기초가 되고 있다.

셋째, 자원과 물자가 매우 풍부하다. 소수민족 거주 지역은 대부분 고원·산맥·초원·산림지대로 광대한 지역에 풍부한 지하자원을 보유하고 있으며, 목축업이 발달되고 농작물의 종류가 많다. 신강은 중국 면화, 광서는 사탕수수의 주산지이며, 티벳에는 쌀보리, 운남과 해남에는 각양

각색의 열대과일이 많이 생산된다.

넷째, 국경 부근에는 인구가 적고 경제, 문화적으로 낙후되어 있다. 소수민족이 집중적으로 거주하고 있는 지역은 대부분 국경지대에서 주변 국가들과 인접하고 있기 때문에 인접 국가와의 정치외교 및 국방관계에서 매우 중요한 지역이다.

나. 언어와 문자

중국의 55개 소수민족은 거의 모두 자신들의 언어를 가지고 있으며 그 중 21개 민족은 자신들의 문자도 가지고 있다. 후이족, 만주족, 서족은 한문을 사용하고 있고, 몽고족, 티벳족, 좡족, 시버족, 다이족, 위글족, 키르기스족, 다다르족, 러시아족 등 11개 민족은 고유문자와 통용 문자도 사용하고 있다. 이족, 나시족, 먀오족, 징퍼족, 리수족, 라후족, 와족 등 7개 민족은 그들만의 문자가 있긴 하지만 거의 사용하지 않고, 그 나머지 34개 민족은 자신들의 문자가 없다.

전반적으로 중국 소수민족의 언어는 서로 다른 어계에 속하는 언어들로 복잡하게 구성되어있는데, 이를 구체적으로 살펴보면 다음과 같다.

① 한장어계(漢藏語系): 중국어, 좡어, 부이어, 다이어, 등어, 수어, 무로 어, 마오난어, 리어 먀오어, 야오어, 티벳어, 바이어, 징어, 리수어, 나이서, 라구어, 하니어, 징퍼어, 투쟈어 등 20개 어종으로 가장 많다.

② 알타이어계: 위글어, 카자흐허, 우즈베크어, 다다르어, 조선어, 키르기스어, 싸라어, 위구어, 몽고어, 다월어, 둥샹어, 바오안어, 에벵크어, 오르죤어, 만어, 시버어, 허저어 등 17개 어종, ③ 남아시아어계: 와어, 부랑어, 더야어, ④ 인도유럽어계: 다지크어, 러시아어, ⑤ 남도어계(南島語系): 대만의 고산어 등이 있다.

중국민족언어분포도

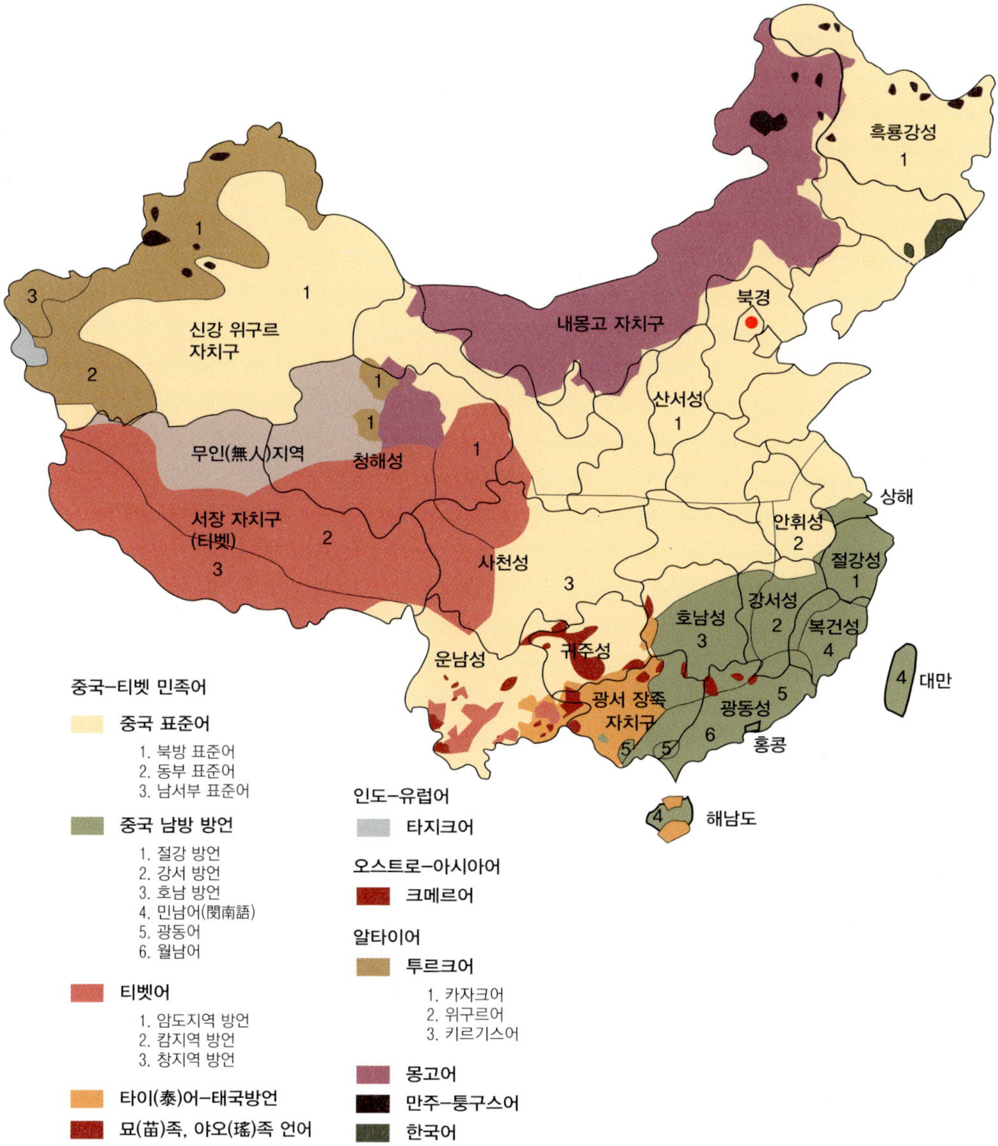

흑룡강성
1
내몽고 자치구
북경
신강 위구르
자치구
1
3
2
1
1
무인(無人)지역
청해성
1
서장 자치구
(티벳)
2
3
사천성
3
산서성
1
상해
안휘성
2
절강성
1
강서성
2
호남성
3
복건성
4
4
대만
운남성
귀주성
광서 장족
자치구
광동성
5
6
5
5
홍콩
4
해남도
중국-티벳 민족어
중국 표준어
1. 북방 표준어
2. 동부 표준어
3. 남서부 표준어
중국 남방 방언
1. 절강 방언
2. 강서 방언
3. 호남 방언
4. 민남어(閔南語)
5. 광동어
6. 월남어
티벳어
1. 암도지역 방언
2. 캄지역 방언
3. 창지역 방언
타이(泰)어-태국방언
묘(苗)족, 야오(瑤)족 언어
인도-유럽어
타지크어
오스트로-아시아어
크메르어
알타이어
투르크어
1. 카자크어
2. 위구르어
3. 키르기스어
몽고어
만주-퉁구스어
한국어

다. 종교와 풍속

중국의 소수민족은 대부분 고유의 종교를 가지고 있으며, 세계 3대 종교인 이슬람교, 불교, 기독교는 그들에게 매우 많은 영향을 미치고 있다.

① 이슬람교: 후이족, 위글족, 카자흐족, 키르기스족, 다다르족, 우즈베크족 등 10개 민족 ② 라마교·불교: 티벳족, 몽고족, 투족, 위구족, 다이족, 부랑족, 더앙족 등 ③ 기독교: 일부의 먀오족, 이족 등

이외에도 두룽족, 누족 와족, 징퍼족, 고산족, 오르곤족 등은 조상숭배·토테미즘, 무속신앙·샤머니즘 등을 포함한 다양한 원시 종교를 가지고 있다.

중국 소수민족은 전통풍속도 매우 다양하여 의식주, 관혼상제, 명절, 오락, 금기 등에서 모두 각자의 전통적인 특징을 가지고 있다. 예를 들면, 이슬람교를 믿는 10개의 소수민족은 모두 돼지고기 먹는 것을 금하고 있다. 각 민족은 모두 자신들의 전통 명절을 가지고 있는데, 예를 들면 다이족의 발수절, 이족의 화파절, 티벳족의 장력절, 몽고족의 나담페어(Nadam fair) 등이 있다.

2. 소수민족과 화교에 대한 정책

중국에 있어 민족 간의 단결을 유지하는 것은 국가의 통일과 안정에 매우 중요한 의미를 가진다. 이를 위해 각 민족들과 밀접한 관계를 맺고 있는 지리, 정치, 경제, 문화적 관계 외에도 우호적인 민족정책을 시행하는 것이 관건이다.

역사적으로 대한족주의(大漢族主義)·민족협애주의(民族狹隘主義) 및 기타 각종 원인으로 인하여 한족과 소수민족 또는 각 소수민족 사이에는 어느

정도의 민족압박·민족멸시·민족장벽이 존재하고 있어 서로 신뢰하지 못했으며, 심지어는 서로 적대시하면서 싸우기도 하였다. 그러나 중화인민공화국 수립 이후로 각 민족은 유례없는 단결과 통일을 실현하였다.

중국 정부는 어떤 방법으로 그렇게 많은 민족을 하나로 결집시킬 수 있었는가? 한마디로 명확한 민족정책을 시행한 결과라고 할 수 있다.

첫째, 민족평등을 견지하고 민족멸시와 압박을 반대한다.

중국정부는 어느 민족이건 대소에 관계없이 모두 평등해야 한다는 주장을 일관되게 해 왔다. 이러한 주장에 의거하여 민족평등과 관련된 일련의 정책, 법령, 조치를 제성하였다. 1951년 중앙인민정부 정무원(政務院)에서 1949년에 제정된 임시헌법의 효력을 가진 「공동강령」에 의거하여 '소수민족과 관련된 멸시와 모욕적인 호칭, 지명, 비명(碑名), 편액(扁額), 대련(對聯)에 대한 처리 지시'를 공표하였다. 이 지시에 의거하여 일부의 멸시적인 민족명칭과 지명 등을 수정하였다. 1952년에는 「중화인민공화국 민족 지역자치 실시요강」과 「흩어져 사는 모든 소수민족 출신자의 민족평등권 보장결정」을 공포하였다. 그리고 전국인민대표대회에서 공포한 헌법에는 항상 각 민족의 평등권을 명확하게 규정하고 있다.

소수민족이 평등한 조건으로 국가 업무관리에 참가하고 각급 정권 속에서 평등권을 누리도록 보장하기 위하여, 중국 선거법에서는 다음과 같은 규정을 제정하였다. 전국인민대표대회와 지방 각급 인민대표대회에서는 소수민족 대표자수에 대하여 특별히 고려해야하고, 소수민족 대표자수의 비율이 전국 인구에서 그 민족 인구가 차지하는 비율보다 많아야하며, 뿐만 아니라 인구가 가장적은 민족도 거기에 포함시켜 어떠한 소수민족도 모두 자신들의 대표자를 가질 수 있도록 보장해야 한다는 것이다.

둘째, 민족지역자치를 시행하였다.

민족지역자치란 국가정책상 소수민족 집거지역을 기초로 지방자치정부를 설치하여 소수민족이 직접 그 민족 내부의 지방업무를 관리하도록 하였다. 그 중요한 시행내용은 첫째, 민족 자치기관은 해당 소수민족 위주로 구성하며, 그 지역에 살고 있는 다른 민족은 적당한 수의 대표자만 가진다. 둘째, 자치기관은 그 지역 소수민족에서 통용되는 한 종류 혹은 여러 종류의 언어와 문자를 사용하여 권한행사의 도구로 삼는다. 셋째, 자치기관이 권한을 행사할 때에는 민족의 특징과 풍속 습관을 충분히 고려한다. 마지막으로 자치기관은 지역민족의 특징에 의거하여 자치조례와 법률과 규정을 제정한다.

셋째, 소수민족 간부를 적극 양성한다.

소수민족 간부양성은 민족 지역자치 실시의 핵심 부분이다. 중국 공산당은 혁명 중에도 많은 소수민족 간부를 양성하였다. 국공내전 시기에 연안에 창설한 민족학원은 중국 최초의 소수민족 간부 양성 학교였다. 중화인민공화국 정부에서는 1950년에 소수민족 간부를 적극 양성하기 위하여 소수민족 간부 양성 시행방안을 공포하였다.

일부의 성과 자치구에서도 소수민족 간부나 혹은 소수민족 간부 훈련반을 개설하고 있다. 개략적인 통계에 의하면 1978년에 이르러 전국 소수민족 간부의 총수는 80여만 명으로 1949년에 비해 80배나 증가하였다. 그 중에는 각급 정부에서 영도적인 직무를 맡고 있는 사람도 있고, 경제·문화·과학·교육·신문·출판·의료·위생 등 각 부문에서 전문직에 종사하는 사람도 있다. 수년 동안 소수민족간부는 매년 만 명 이상씩 늘어나고 있으며, 티벳자치구의 경우 간부의 70%가 티벳인이다.

넷째, 낙후된 구제도를 폐지하고 민주개혁을 실행한다.

지리·교통·문화 등 각 방명에서 구중국의 소수민족지역은 한족 지역보다 훨씬 더 낙후되어 있었다. 많은 지역의 사회제도는 여전히 노예사회 심지어 원시·반원시 사회에 머물러 있었으며 계급적 사회구조를 이루고 있었다.

중회인민공화국 수립 이후, 중국 정부에서는 소수민족을 위한 민주개혁을 적극적이면서도 신중하게 실시하였다. 사회개혁 과정 중에 낙후되고 야만적인 규제를 폐지하고, 소수민족 지역의 현실에 의거하여 정부에서는 한족지역의 개혁과는 다른 비교적 완화된 일련의 방침과 정책을 실시하였다. 생산수준이 매우 낮고 원시적인 제도가 남아있는 소수민족지역에 대해서는 생산력 향상과 문화적 발전에 원조를 아끼지 않고 현대사회로 신속히 전환할 수 있도록 하였다.

다섯째, 소수민족이 자신들의 언어와 문자를 사용하는 것을 장려한다. 중국의 헌법은 모든 소수민족은 그들의 언어와 문자를 사용할 자유가 있다고 규정하고 있다. 따라서 각 민족자치구의 자치기관은 그 민족의 언어와 문자를 주요한 의사소통수단으로 삼고 있다. 민족자치구 인민대표대회 대표를 선거 할 때에도 그 지역에 거주하는 각 민족의 통용 문자를 사용하는 동시에 그 민족의 문자를 사용할 수 도 있었다. 일정조건이 구비되면 민족자치구에서는 그 민족의 언어와 문자로 신문·방송·출판 등의 사업을 할 수 있다.

여섯째, 소수민족의 고유한 풍속, 습관을 존중한다.

중국 헌법에는 소수민족은 자신들의 풍속을 유지하거나 개혁할 자유를 가지고 있다고 보장하고 있다. 이것은 각 소수민족의 경제·문화 및 풍속에 매우 깊은 영향을 미치고 있다. 중국의 종교에 대한 기본정책은 신앙의 자유보장이다. 다시 말해서 모든 국민은 종교를 믿을 자유를 가지고 있는 동시에 믿지 않을 자유도 가지고 있고, 어떠한 종교든지 선택할 자유를 가지고 있으며, 종교를 믿는 국민과 믿지 않는 국민은 정치적으로 모두 평등하다는 것이다.

중국정부의 이러한 민족정책은 소수민족들의 환영과 지지를 받았다. 따라서 중국은 많은 민족이 공존하고 있음에도 불구하고, 민족문제가 그다지 심각하게 부각되지 않고 있으며, 각 민족 사이의 관계도 비교적 원만하여 통일된 다민족 국가의 기초가 공고한 편이다. 비록 현재 일부 소수민족들이 개혁개방과 독립 등을 주장하며 민족분열을 조장하고 있으나 크게 민심을 얻지 못하고 있다.

문화적인 측면에서도 소수민족은 한족과 밀접한 교류를 통해 시가,

신화, 전설, 음악, 춤, 조각, 회화 등을 포함하여 풍부한 소수민족 문화를 창조하였다. 11세기 이후에 탄생된 장족의 역사시 『거살왕전』, 키르기스족의 역사시 『마나그』, 이족 사니인의 정편 서사시 『아스마』등은 모두 우수한 문학작품들이다. 세계적으로 유명한 돈황(敦煌), 운강(雲崗), 용문(龍門) 등의 3대 석굴과 크즈얼 천불동(克孜爾千佛洞)은 모두 서부의 소수민족과 한족이 공동으로 창조한 것들이다. 이외에 과학기술방면에서도 소수민족은 많은 발명을 하였다.

중화인민공화국 수립 이후에 중국 정부는 소수민족의 경제와 문화발전에 대한 지원을 중요한 정책으로 삼았다. 최고 권력기구인 전국인민대표대회 내에 민족위원회를 설립하고, 중앙정부기구 내에 민족사무위원회를 개설하여, 전문가들로 하여금 소수민족과 관련된 법률과 정책을 제정하였다. 중앙정부에서는 소수민족의 지역적 발전을 지원하기 위하여 재정·물자·과학기술·문화·인재 등 원조를 대량으로 제공하였다.

첫째, 재정면에서 매년 많은 투자를 하였다. 1950년부터 1991년까지 소수민족 자치구의 기본 건설에 대한 국가의 투자는 1,000억여 위안에 달했다. 이 외에도 국가에서는 매년 소수민족지구에 많은 재정을 보조해 주고 다양한 대출과 구제금·생산보조를 해 주었다. 예를 들어, 1952년부터 1992년까지 티벳에 대한 중앙의 재정 보조는 누계 170,121억 위안 이른다. 이외에도 국가에서는 일부 생산이 낙후된 소수민족지구에 대해서 조세감면 등의 특혜 정책을 시행하였다.

둘째, 물자면에서 매년 국가에서는 농공업 생산품과 각종 재료·기계·설비를 대량으로 조달하여 소수민족 지역을 지원하였다. 그뿐만 아니라 민족무역 활동 속에서 전국적인 공업상품 분배, 소수민족 지역 우선을 명확히 규정하고 특산품을 보호하였다.

국가에서는 소수민족 지역의 과학기술·문화·교육·위생 사업에 대해서도 매우 많은 지원을 하였다. 예를 들면, 선진 지역의 간부, 과학기술 인원, 대졸 인력 파견을 통한 변방의 건설사업 지원, 의료진 파견을 통한 소수민족 지역에서의 순회의료 실시, 학교 설립과 교사, 의료진 양성을 위한 지원 등이 있다.

국가의 강력한 지원과 자체적인 노력 분투에 힘입어 소수민족 지역에는 거대한 변화가 일어났다. 1991년 통계에 의하면, 소수민족 지역의 농업 총생산액은 1952년에 비해 24배 증가하였고, 농업관개 면적은 2배가량 증가하였으며, 식량은 10여 배 증가하였고, 가축은 3.4배 증가하였다.

과거에는 소수민족 지역의 교통이 매우 불편하였으나, 지금은 티벳을 제외한 모든 소수민족자치구에 철도와 도로, 항공로가 개통되어 있다. 소수민족 지역의 문화, 교육도 매우 낙후되어 있었으나, 현재는 초등학교에서 대학에 이르기까지 여러 유형의 학교가 설립되어 있다. 1952년에 비해 1991년의 학생 수도 초등학생은 7배, 중고등학생은 37.4배, 대학생은 49배로 증가하여 많은 인재를 배출하고 있다.

개혁개방 정책의 전환으로 소수민족 지역의 발전 속도는 과거보다 훨씬 빨라졌다. 소수민족 지역은 대체로 국경지대에 위치하고 있기 때문에 적극적인 개방정책을 통하여 선진 도시나 지역과 협력하여 연해지역을 중심으로 선진기술과 생산품을 도입하고 인접국가와 개방정책을 통해 국제무역을 발전시키고 있다.

내몽고와 신강은 이미 독립적으로 각국들과 몽고의 무역발전 기지가 되어 무역이 신속하게 성장하고 있으며, 광서와 운남은 베트남과 미얀마의 무역발전 전방기지가 되거 있다. 다른 소수민족자치구도 국제무역을 적극적으로 추진하고 있다.

중화인민공화국 수립 이래로 소수민족 지역은 각 부문에서 모두 고속발전을 이룩하였다. 비록 기반이 부실하고 취약하여 한족 지역에 비하면 여전히 격차가 크지만, 중국 정부에서 소수민족 정책을 일관되게 시행하고 있고, 또한 소수민족에 대해서 강력한 지원을 하고 있으므로 이러한 격차는 갈수록 줄어들 것이다.

민 족	인 구(명)	주요 분포 지역
만주족	9,846,776	요녕, 길림, 흑룡강, 하북, 북경, 내몽고
조선족	1,923,361	길림, 요녕, 흑룡강, 내몽고
허저족	4,254	흑룡강
몽고족	4,802,407	내몽고, 신강, 요녕, 길림, 흑룡강, 감숙, 청해
다우르족	121,463	내몽고, 흑룡강
에벵크족	26,379	내몽고
오르죤족	7,004	내몽고, 흑룡강
후이족	8,612,001	영하, 감숙, 신강, 청해, 하남, 하북, 산동, 운남, 북경, 천진, 안휘, 강소, 사천, 귀주, 길림, 흑룡강, 요녕, 섬서, 내몽고
둥샹족	373,669	감숙, 신강
투족	192,568	청해, 감숙
사라족	87,546	청해, 감숙
바오안족	11,683	감숙
위구족	12,293	감숙
위구르족	7,207,024	신강
카자흐족	1,110,758	신강, 감숙
키르기스족	143,537	신강
시버족	172,832	신강, 요녕
다지크족	33,223	신강
우즈벡족	14,763	신강
러시아족	13,500	신강, 흑룡강
다다르족	5,064	신강
티벳족	4,593,072	티벳, 청해, 사천, 감숙, 운남
먼바족	7,498	티벳
뤄바족	2,322	티벳
챵족	198,303	사천
이족	6,578,524	사천, 운남, 귀주
바이족	1,598,052	운남
하니족	1,254,800	운남
다이족	1,025,402	운남

리수족	574,589	운남, 사천
와족	351,980	운남
라후족	411,545	운남
나시족	277,750	운남
징퍼족	119,276	운남
부랑족	82,398	운남
아창족	27,190	운남
푸미족	29,721	운남
누족	27,190	운남
더앙족	15,461	운남
두룽족	5,825	운남
지눠족	18,022	운남
먀오족	7,383,622	귀주, 호남, 호북, 운남, 광서, 사천, 해남
부이족	2,548,294	귀주, 운남
둥족	2,508,624	귀주, 호남, 광서
수이족	347,116	귀주, 광서
거라오족	438,192	귀주
좡족	15,555,820	광서, 운남, 광동
야오족	1,402,676	광서, 호남, 운남, 광동, 귀주
무라오족	160,648	광서
마오난족	72,370	광서
징족	18,749	광서
투쟈족	5,725,049	호남, 호북
리족	112,498	광동
서족	634,700	복건, 절강, 강서, 광동
고산족	2,877	대만, 복건

참고문헌

장공자, 『중국의 개방정책과 소수민족의 역할』, 중국연구 7, 1968.

이정희, 송혜영, 『중국 소수민족 문제에 관한 연구』, 경북대평화연구 13, 1968.

육학예편, 『21세기 중국사회의 전망』, 김서희 옮김, 주류성, 1999.

홍석표, 『현대중국, 단절과 연속』, 선학사, 2005.

왕순홍, 『중국의 어제와 오늘』, 김덕완, 정차근 옮김, 평민사, 1998.

제5장

중국사회의 변천과 특징

1. 고대·중세사회의 변천과 사회의 특징

가. 전국시대 변법개혁의 시행과 사회

전국시대 제후들은 자국의 부국강병을 위해 경쟁적으로 변법개혁을 단행하였다. 이들 중 가장 먼저 변법을 실시한 제후국은 위(魏)나라였다. 위 문후(文侯)는 변법(變法)개혁의 시조로 칭해지는 이회(李悝)를 등용하여 법전의 편찬, 농업생산력 제고, 소농민 보호대책 등을 실시하여 정치경제체제를 정비하였다. 즉 소농경제체제를 위주로 한 농업생산력 증대를 통한 국가재정의 확보에 주력하였다.

조(趙)는 기원전 403년 공중련(公仲連)의 주도하에 정치적 개혁을 추진하였고, 초(楚)의 도왕(悼王)은 기원전 390년을 전후로 위에서 축출된 오기(吳起)를 영윤(令尹, 上卿)으로 발탁하여 개혁을 추진하도록 하였다. 오기의 변법 핵심은 세습 봉건지주의 특권을 배제하고 불필요한 관직을 혁파함으로써 이치(吏治)를 정돈하여 군사력을 증강하는 것이었다.

그러나 도왕의 사후 변법실시로 큰 타격을 입었던 구귀족 세력에 의해 오기가 처형됨으로써 초는 그 목적을 달성하지 못했다. 또한 초가 진(秦)에 멸망한 것도 바로 변법의 실패였다고 볼 수 있다. 중원에 했던 한(韓)은 기원전 354년 소후(昭候)가 신불해를 기용하여 그의 주도하에 효율적인 관료제운용 방식을 도입함으로써 군주권을 확립하였다. 그 결과 신불해가 재상으로 재임하였던 15년 동안은 타국의 침략을 받지 않았다. 동방의 제(齊)는 기원전 357년 위왕(威王)이 추기(鄒忌)를 재상으로 임명하여 정치와 경제개혁을 추진하였다. 진(秦)은 한·제와 거의 같은 시기에 효공이 위나라 출신인 상앙(商鞅)을 중용하여 그의 주도하에 2차례의 변법(B.C 356, 350)을 실시하였다.

이상에서 살펴본 바와 같이 전국시대 각 제후국은 기원전 400년경을 전후로 100여 년간 경쟁적으로 변법개혁을 실시하여 국가체제의 정비하고 부국강병을 추구하였다. 그러므로 이 시기를 가히 변법시기라 칭할 정도이며 국내외 상황이 급변하였던 것도 이유가 여기에 있다고 보여진다.

1) 상앙의 변법 내용과 그 영향

1차 변법: 호적제도정비를 위해 십오제(什伍制)와 연좌제(連坐制)[36]를 통해 백성을 빈부에 관계없이 평등하게 5가(家십)와 10가로 편성하여 상호 부조와 감시케 함으로써 연대감과 씨족의식을 기반으로 하던 향리 공동체의 내부질서를 파괴하려는 조처로 7년간 시행하였다. 또한 군공훈작제(軍功勳爵制)와 중농억상책 등을 기반으로 한 1차 변법(BC 356)은 씨족공동체적 연대성을 파괴하는 것을 목적으로 하였다.

2차변법: 분가장려책, 함양천도 그리고 소도(小都),향읍(鄉邑),취(聚)를 모아 현(縣)을 만들고 영승(令丞)을 두어 군현제적 지배체제를 확립하였다. 2차 변법은 1차 변법의 후속 조처로 상호연관성을 갖는다. 진은 영토전역

36 십오제와 연좌제를 수립하여 백성들을 5가, 10가 단위로 묶어 연좌 처벌법을 적용함으로써 이웃 간에 상호 감시하고 위법 행위를 고발하게 하는 극히 통제적인 대민지배체제를 확립했다

에 이 제도를 실행하였고 현에 의해 종래 취락을 그대로 현이 통괄했고 보는 쪽이 타당하다.

군현제를 실행한 후 생산농민들을 위해 수전체제와 부세재도의 확립을 통해 토지균등 분배와 소농경제체제의 보호정책을 실시하였다. 2차 변법 (BC 350)은 1차변법의 마무리 조처로 중앙집권 체제의 확립을 지양하였다.[37]

전국시대 각 제후국이 시행하였던 변법개혁이 지향하였던 공통점을 다음과 같이 요약할 수 있다.

첫째, 폐쇄적 공동체 질서는 물론 혈연적 유대와 대가족제를 파괴하고 관료제에 의한 군현제적 지배의 전제하에서 십오제와 연좌제를 바탕으로 제민을 철저히 감시 감독함으로써 왕권을 정점으로 하는 일원적 법질서 내지 국가질서를 확립하였다.

둘째, 수전체제의 정비와 수전농민의 재생산 구조에 간여를 통해 경전민을 최대로 창출 확보함과 동시에 행정 수단을 동원 그들에게 최대의 노동과 봉사를 강조하는 효율적인 착취체제를 마련 안정적 세원을 확보하여 타국과의 경쟁에서 승리하였다.

셋째, 주요산업을 관영화 또는 민영산업을 억제함으로써 상품유통에 따른 수전(授田)농민의 몰락을 방지하고 대상인과 대부호의 출현을 막고자 하였다.

넷째, 전쟁 참여자에 대한 우대와 군공서열에 의한 작위제(爵位制: 군공훈작

37 분가 정책이란 성년 남자 2인 이상, 또는 2세대 이상의 가족들이 한 집에 거주하는 것을 금지한 것입니다. 현제의 강행으로 전국을 31개 현으로 편성하고 각지에 현령(縣令), 현승(縣丞), 현위(縣尉)를 파견하여 군현제(郡縣制)적인 직접 지배체제를 강화했습니다. 토지제도 개혁과 국가 수전제도 확립으로 전국의 모든 토지와 임야를 국가에 귀속시키는 토지 국유 원칙을 수립한 후, 토지 국유제하에 사방 6자를 1보(步)로 하고 240보를 1무(畝)로 하는 새로운 토지 구획법을 정비했습니다. 그에 입각해 5인 1가당 100무(약 3,000평)의 토지를 공평하게 분급했다가 일정한 시기가 지나면 국가에 반환하게 하는 수전제도를 확립했습니다. 부세제도 확립으로 수전(授田) 농민은 100무(약3,000평)당 생산량의 10분의 1을 토지세로 납부하고 기타 요역(徭役), 인두세 등 각종 부세(賦稅)도 부담하도록 했습니다.

제)를 통해 신분질서 체제의 재정립과 백성들의 전투의욕을 진작시킴으로써 전쟁에서 우위확보와 동시에 제민의 신분상승욕구를 충족시켜 효과적인 지배를 기하였다.

나. 진(秦)·한(漢)의 건국과 발전

진은 상앙의 변법 성공으로 강력한 황권강화를 이룩하고 관료제를 근간으로 중앙집권적 법치국가를 형성하였다. 기존의 연구는 사회사와 문화사에 대해 소홀히 하였으나 진간(秦簡)의 발굴이후 관심이 크게 증가하였다. 사회에 계급의 분화가 형성되어 새로운 신분질서체제가 확립되고 생산물에 대한 소유개념이 확대되었다.

진대 사회의 특징과 통일의 의의는 ① 만리장성 축조를 통해 흉노족을 비롯한 북방유목민족의 침략을 방지하고 황제가 통치하는 중국영토의 고정화하였다. ② 황제지배 체제를 성립하였다. ③ 관료제도(三公九卿制)의 성립과 군현제(郡縣制)에 의한 지방의 통치를 확립하여 강력한 중앙집권체제를 확립하였다. ④ 분서갱유사건을 통해 유가사상에 대한 대탄압을 실시하는 등 대일통(大一統) 사상을 추구하였다. ⑤ 전국의 통치를 원활히 하기 위해 통일정책이 시행되었다. 도량형(度量衡)통일, 도로(馳道)건설과 정비는 교통과 상업발전에 기여했다. 또한 문자를 통일(소전,小篆)하여 행정의 효율화를 기하였다.

또한, 진은 이법치지(以法治之)를 바탕으로 강력한 법치정치를 시행하였다. 그 결과 불평등한 계급질서와 사회경제에 각성을 촉구한 중국 최초의 농민 반란인 진승·오광의 난이 발발하였다. 그 과정에서 항우와 유방에게 명분을 주어 진 멸망의 결정적인 원인이 되었다. 송대 소식은 「養士論」에서 진은 인재의 절대 부족으로 멸망하였다고 지적하였다.

다. 한(漢)의 건국과 발전–동아시아체제의 형성

진이 법의 엄격 적용과 지나친 조세와 노역 징발 등으로 멸망하자 한 고조(高祖) 유방은 민심 수습에 노력하여 첫째, 살인한 자는 사형에 처한다. 둘째, 상해를 입히거나 도둑질한 자는 각각 그 정도에 따라 재물로 속죄하거나 처벌한다. 셋째, 나머지 진대 법률은 폐지한다는 이른바 법삼장(法三章)을 반포하고 민심의 안정을 추구하였다.

그 후 세가대족의 정치·경제적 권한을 제한하여 민심의 수습을 통해 황권 강화와 사회안정을 추구한 문경치지(文景治之–문제와 경제시기의 치적)를 거치고 즉위한 무제(武帝)는 국내정치를 안정시킨 후 서역(匈奴)에 대한 정벌을 통해 영토확장과 더불어 문물교류를 이룩하였다. 그러나 통일왕조의 형성과 이족의 정벌은 한인왕조 통치권 내부에 이족을 흡수 통치함으로써 민족대립이라는 중국 정치사회의 새로운 문제점을 가져왔다. 한 무제는 주변국과 관계를 강화하기 위해 조공과의 책봉을 통한 정치경제적관계를 강화하는 기미정책(羈縻政策)을 실시하였다.

또한, 관리등용에 있어 학문과 품행의 완비를 동시 요구하는 효렴과 현량찰거제도를 실시하여 중국 관료선발 기준을 정하였으며, 문신관료제도의 기반을 형성하였다. 새로운 관리등용 방법의 실시는 세습 관료계층에 대한 견제를 통해 황권강화를 추구하였다. 그러나 관리를 추천하는 사람은 지방의 유력자와 관료계층으로 지배 계층의 특권을 합법화시키는 계기가 되어 본래의 의미와 효과가 크게 축소되고 전 사회에 개방적인 관리 선발 의미를 약화시켰다.

재정방면에도 개혁을 시도하여 소금, 철, 술(榷酤)에 대해 생산과 판매를 국가가 직접 관할하여 재정의 확보와 소상인과 농민을 보호하는 전매(專賣)제도를 실시하였다. 또한. 물가조절법인 평준법과 물자조절법인 균수법을 실시하여 경제생활을 안정시키고, 소농경제체제의 활성화와 제민지배체제를 강화하였다.

한편, 진대 법치정치의 교훈을 통해 농민을 통치권으로 흡수하고 황권 강화를 위해 동중서의 건의를 받아들여 태학에 오경박사를 두고 유학을 가르치도록 관학(官學)으로 삼았다. 그리하여 정치와 학문이 일치를 이루어 유학의 수학여부가 관리선발의 기준이 되었다. 그 결과 학문이 사회의 변동요인으로 작용하여 계층의 유동성이 형성되었다.

전한 무제이후 중앙정치에서 외조(外朝)와 내조(內朝)의 대립이 표면화되고 향리에서도 변화가 형성되었다. 지방 유력층인 호족이 성장하여 자립형 소농민의 기반을 잠식하면서 제민지배체제가 붕괴되고 소농경제체가 몰락하고, 대토지소유자 등상하는 등 토지소유관계의 불균형과 빈부격차가 심해지는 사회모순이 격화되었다.

그 후 남양(南陽)호족이었던 유인(劉寅) 유수(劉秀) 형제가 일어나 낙양을 수도로 삼고 한 제국을 부흥하여 후한을 건국하였다.

후한정권은 호족의 연합정권의 성격이 강했으나 실제 모든 제도와 이념은 전한을 계승하였다. 그리하여 후한 건국이후 호족세력은 토지겸병과 산림과 원야, 소택지 등을 강점하거나 매매하여 대토지를 소유하였으며, 이를 기반으로 지방과 중앙 정계에 진출하기도 하였다. 이처럼 정치사회가 혼란해 지자 황제 측근에서 권력을 장악하고 있던 환관과 외척세력들의 정치투쟁이 진행되면서 후한은 급속히 쇠퇴해갔다.

호족들의 토지겸병으로 경제적 위기에 처한 농민은 외척과 환관의 전횡으로 부역의 부담도 과중해졌다. 또한 중기이후 대규모 재해가 계속되어 농민은 악성적인 기근에 시달렸고, 북방 이민족의 침입이 이어졌다. 후한 말기정치사회 모순의 격화는 각지의 농민반란을 야기하였다. 그 중 태평도(太平道)를 중심으로 반정부 농민세력을 규합한 황건(黃巾)의 난을 중심으로 한 농민반란이 계속되는 가운데 위·촉·오 3국의 분열을 가져왔다.

라. 중세사회의 전개와 발전–남북대치국면의 조성과 북방유목민의 중국지배

1) 위진남북조의 발전과 전개

한이 멸망한 이후 위촉오 삼국으로 분열되었다가 다시 통일되는 과정에서 사회발전에 다양한 문제가 출현하여 사회발전에 커다란 영향을 미쳤다. 위진남북조시대는 외래문화를 수용하면서 정치경제와 사회문화 등에 제 변화를 가져온 시기이다. 한 무제시기 동아시아 체제의 형성과 발전과정에서 한의 통치권에 흡수되어 유지해 오던 호족(胡族,흉노, 선비 등)들이 남침하여 화북지방을 중심으로 북조사회를 형성하였다. 그 결과 화북지역 한인들이 강남으로 이주하면서 기존의 강남지주계층과 결탁을 통해 남조사회를 형성하여 이른바 호한(胡漢)체제와 남북대치국면을 조성하는 위진남북조시기를 열었다.

이 시기는 사회지배층으로 성장한 호족과 재지(在地)세력 그리고 소수 북방유목민을 중심으로 한 세습귀족들이 불교의 수용과 전개와 발전과정을 통해 중국사회를 변화시켰다. 또한 관리등용법인 구품관인법(九品官人法)을 통해 세습귀족세력을 견제하고 문벌귀족 사회를 형성하였다. 북위 효문제시기(485) 에는 균전제를 실시하여 토지와 노동력의 결합을 이루어 이민족과 한인 사이의 지배역학관계 유지에 노력하였다.

불교의 기형적인 발전에 대해 왕권강화와 유지를 위해 4차례에 걸친 폐불 사건이 진행되었다. 초기에는 황제와 귀족계층이 불교를 상호·보호하고 이용하였다. 그러나 불교가 발달하면서 사원경제가 비대해지고 그 세력이 커지면서 황권과 대립이 형성되고 국가 재정이 크게 감소하는 등 황권에 직간접적인 영향을 미쳤다. 이에 북위 태무제, 북주 무제, 당 무종, 후주 세종(世宗) 등 네 차례에 걸쳐 이른바 삼무일종(三武一宗)의 폐불정책이 시행되었다.[38]

---

38 폐불정책을 실시한 황제들의 연호에 무(武) 3명, 종(宗)이 1명으로 삼무일종(三武一宗)이라 칭한다.

그러나 북위(北魏) 태무제(太武帝)와 당 무종(唐 武宗)은 도교를 일으키는 대신 불교는 쇠퇴시켰고, 북주(北周) 무제(武帝)는 불교와 도교를 함께 쇠퇴시키고 유교를 크게 숭상했다. 후주(後周 역주: AD 907-960 사이 중국 오대십국시대에 5대에 속한 왕조의 하나) 세종(世宗)이 불교를 배척한 것은 불상을 녹여 돈을 만들기 위한 것이었으며, 유교와 도교는 조금도 상하게 하지 않았다.

한편, 사회경제생산력의 발달과 활발한 남북경제 교류가 이루어져 교통이 발달한 연안지역과 사회생산력이 발달한 지역을 중심으로 경제도시가 새롭게 형성하였고, 전쟁 시에도 남북간 물물 교류가 진행될 정도로 경제 교류 욕구가 강했으며 보편화되었다.

위진남북조시대의 구품관인법(九品官人法)은 한이 멸망한 서기 220년 조비시기에 진군(陳羣)의 건의로 시행되어 수대까지 계속되었다. 각 지방에 중앙에서 중정관을 파견하여 사인들에 대한 학식과 덕행을 품평하여 1품에서 9품까지 향품을 정해 중앙에 추천하면 이를 근거로 중앙에서 관품을 내리는 제도로 각 지방에 산재해 있던 현자를 발견하여 관리에 등용하여 세습 문벌귀족에 대한 견제를 통해 왕권을 강화하고자 하였다.

그러나 구품관인법의 지속적인 실시는 사인에 대한 품평 위주로 전환되어 학문과 덕행을 고려하지 않아서 세습귀족들의 합법적인 관리진출의 방법이 되었다. 또한 구품관인법은 새로운 인재등용을 통해 귀족세력의 권한을 억제하고자 하였으나 시행이 오래되면서 점차 귀족계층의 합법적인 관리진출 방법으로 전락되었다. 그리하여 사회에 상품에 서족출신이 없으며, 하품에 세족출신이 없는 [上品無庶族(寒族) 下品無勢族] 극단적인 빈부귀천의 사회 양극화현상이 출현하였다.

마. 수(隋), 당(唐)제국의 건국과 발전

400여 년 간에 걸친 분열과 혼란의 남북조시대는 북주의 외척인 양견(楊堅: 541-604)이 정제(靜帝)로부터 선양을 받아 수를 건국하면서 마감되었다.

수 문제 양견은 통치방식의 정비를 통해 황제권 강화를 추구하였다. 통일이전 반포한 개황율령(開皇律令)을 기초로 중앙정치조직을 개혁하여 당대 완성되는 3성6부제, 즉 내사성(內史省(令)문하성(納言)상서성(令) 등 3성과 이부(인사, 행정), 탁지부(戶部: 재정), 예부, 병부, 도관부(刑部), 공부 등 6부를 설치하여 황권을 강화하고 자 하였다. 또한 지방행정체제의 간소화를 추진하여 주군현(州郡縣)의 3급제를 주현(州縣)2급제로 하여 중앙통치를 원활히 하여 지방의 실권을 장악하고, 지방관에 대한 임명권도 중앙에서 출신지 회피원칙을 실시하는 등 직접 임명하였다.

관료제가 정비됨에 따라 선거제도의 개혁이 요구되었다. 수 문제 개황 7년(A.D.587)에 위진남북조 4백 년간에 걸쳐 시행되어오던 구품관인법 폐지하고 개인의 능력을 시험하여 관리로 등용하는 수재(秀才), 명경(明經),진사(進士)등 과목별 선거가 실시되었다. 구체적인 방법은 지방의 주와 군은 매년 상주(上州)는 3명, 중주(中州)2명, 하주(下州) 1명을 천거하고 10월 공물(貢物)과 함께 수도에 보내 시험을 치루도록 하였다. 이를 통해 문벌위주의 관리선발로 인한 누적된 폐단을 제거하고 비 문벌계층에게도 관리진출의 기회를 주어 세습귀족들의 권력장악을 완화하고 능력있는 인재를 선발 등용하고자 하였다.

이러한 선관제도의 성립은 관리선발이 출신가문중심에서 실력위주로 바뀌었다. 그러나 수대 선관제도는 구체적이고 독창적이지 않아서 큰 성과를 거두지 못하고 세습 문벌귀족에 의한 권력독점 현상은 여전히 계속되었다.

수 양제를 뒤이은 문제는 남북경제발전을 도모하고 제민지배를 위해 대운하 건설에 착수하였다. 통제거(通濟渠: 605)는 장안에서 양자강까지 연결, 영제거(永濟渠: 608)는 황하에서 동북변 탁군(琢郡: 북경)까지, 강남하(江南河: 610)는 경구(京口)에서 여항(餘杭: 항주)까지 연결하여 서쪽으로 장안에서 북으로 북경, 남으로 항주에 이르는 대운하체계를 완성하였다.

그러나 대운하 건설은 가중된 요역 징발과 조세징수라는 사회문제를 가져와 수 멸망의 빌미를 제공하였다. 또한 고구려 등 대외원정의 실패와 재정의 고갈은 수 왕조를 혼란으로 몰고가 농민반란으로 이어져 멸망하였다.(618)

수말의 농민반란 과정에서 이연(李淵)이 임협집단(관롱집단, 산동반도 출신)의 지지를 바탕으로 당을 건국하였다. 그리하여 이들 집단의 권익을 보호하여 세습문벌 귀족제 사회를 근간으로 하는 정치를 추진하였다.

당은 관료체제의 정비와 율령격식(律令格式)에 의한 행정효율을 제고하기 위해 과거제도를 통해 관리를 선발하였다. 그러나 현실에는 여전히 관음(官蔭)을 통해 관리가 되거나 입류(入流)라 하여 하급관리인 유외관(流外官)에서 승진하는 경우가 있었다.

고조(高祖) 무덕(武德) 4년(621) 관리선발은 각 주현에서 시험을 치러서 선발된 자를 수도에 입공시켜 예부에서 관장하는 시험을 치루는 2단계 과거시험을 실시하였다. 622년에는 추천제를 폐지하고 자거(自擧),자진(自進)의 자천(自薦)을 허락하였다. 그러나 당대는 고급관료(5품이상)의 자제들은 음보제도를 통해 직접 관직에 나아갈 수 있어 관료세습과 함께 계층분화가 여전히 존재하였다.

당대 과거시험은 예부에서 시험을 관장하여 급제자를 선발한 후 이부에서 주관하는 시험을 거쳐 관리에 임명되었다. 예부시는 관료 후보자격을 갖는 것이고, 이부시험(身言書判)를 거쳐야 관직에 나아갈 수 있었다. 그리하여 서족 출신은 실력은 있었지만 관직에 나아가기가 어려웠다. 당대 과거시험 내용은 시부(詩賦)위주의 문학적 재능을 통해 취사하였으며, 암기력에 의존하는 첩경(貼經)과 묵의(默意)가 시험내용이었다.

토지제도는 북조시대와는 몇 가지 점에서 규정이 다른 균전제를 시행하였다. 먼저 북위에서는 전토의 종류를 상전(桑田), 마전(麻田),노전(露田)으로 구분하였다. 수당은 상전과 마전은 영업전(永業田)으로 노전은 구분전(口分田)으로 명칭이 바뀌었다. 영업전은 세습이 가능했고, 구분전은 환수의 대상이었다. 북위는 황무지를 기초로 15세 이상의 남자, 부인, 노비 모두에게 전토를 지급하는 권농적인 성격이 강했다.

조세제도는 조용조와 잡요(雜徭)를 부담해야 하였다. 조용조는 정남(당은 18세)을 기준으로 조(租)는 속(粟) 2석, 용(庸)은 20일간 역역(力役) 대신에 하루에 견 3척이나 포(布) 375척으로 환산 납부했다. 조(調)는 견 2장과 면 3냥을 납부하고, 잡요는 중앙정부에 납부하는 조용조와는 달리 지방관청의 각종 사역에 동원되는 지방세였다.

당대는 균전제, 조용조제와 함께 국민개병제인 병농일치제인 부병제(府兵制)를 실시하였다. 부병은 복역기간 동안 양식과 생활비용 및 무기까지 개인의 비용으로 충당하도록 하였다. 그러나 부병역의 부담이 모든 농민에게 공평하게 부과된 것이 아니라 호적에 등재된 본관의 지리적 위치에 따라 부담이 크게 달랐다.

당조의 멸망은 동아시아 정치문화권의 쇠퇴를 가져왔고, 중국문화의 희소가치가 소멸되었다. 또한 균전제의 해체와 소농경제체제 붕괴, 대토지소유제인 장원제도의 등장은 사회계층의 분화와 더불어 제 모순이 노출되었다. 소농민이 장원에 귀속되면서 농민층이 분화되어 소농경제체제가 동요를 가져왔다. 한편 병농일치제인 부병제가 붕괴되었으며, 황소(黃巢)와 안사(安史)의 난으로 인해 당조는 실질적으로 해체되었다.

당 덕종 건중원년(780), 양염(楊炎)의 건의로 조용조세법을 대신해서 양세법(兩稅法)을 실시하였다. 그 내용은 다음과 같다. 첫째, 하세(夏稅)와 추세(秋稅) 두 번만 징수하였다. (부가세 일소→ 단일세화), 둘째, 양출제입(量出制入)의 원칙으로 예산을 먼저 세우고 그에 따라 필요한 만큼만 세금을 거뒀다. 셋째, 주호와 객호의 구별 없이 실질적으로 소유한 재산의 다과에 따라 조세를 부과하여 토지소유의 불균형현상을 인정하였다. 넷째, 현금납(錢納)을 허용하여 화폐경제의 활성화와 상업발전의 계기되었다. 상업, 수공업 등 경제 활성화와 발전을 가져왔다. 전중(錢重)의 풍조를 조장함으로써 실질적 생산물이 적은 가치평가를 받아 농민의 고통이 가중되었다. 다섯째, 현거주지 단위로 조세를 부과하여 유민의 발생을 방지하고자 하였다.

그러나 양세법 실행은 실제는 직접 생산자인 농민에게 부담이 가중되었다. 당 왕조는 중앙 재정의 약화로 전매제도의 활성화를 시도하였으나 오히려 상인에게 타격을 주었으며, 시행 10년 만에 폐지되었으나 다시 시행되어 청 옹정제시기 지정은제 실시 전까지 시행되었다.

양세법 시행 이후 소농 경제체제의 해체가 가속되고 신흥지주계층은 과거를 통해 중앙정계에 진출하고자 했다. 그러나 과거 합격자 수는 제한되었고, 합격해도 관직을 얻기 쉽지 않았다. 따라서 당 후기 많은 지식인들은 절도사의 막부가 되었다. 이것은 절도사, 관찰사, 염철사 등 절도사의 영외 관직은 그 속관에 대한 선발권을 갖고 있었기 때문에 가능했다. 이것을 벽소(辟召)라 부르며 당연히 절도사와의 개인적인 유대관계를 가질 수밖에 없었다.

원화중흥 이후 중앙의 문관이 절도사가 되었다가 다시 중앙으로 복귀하면서 속관 중에서도 중앙으로 진출하는 경우가 생겼다. 이리하여 관료 사이에 사적인 당파가 생기고 이들이 붕당을 결성해 정쟁(政爭)이 발생하였는데, 가장 대표적인 것이 우이당쟁(牛李黨爭)이다. 진사과 출신인 우당은 우승유(牛僧孺)와 이종민(李宗閔)을 영수로, 이당은 헌종 때의 재상의 자식으로 관계에 들어온 이덕유(李德裕)가 영수였다. 이 당쟁은 일반적으로 과거 출신 관료와 귀족관료 사이의 당쟁이라고 하나 문벌귀족 출신이라고 하는 이덕유는 명확히 당파를 형성하지는 않았다.

안사의 난 이후 관료제가 기능을 상실하자 환관이 정치 실권을 장악하게 되었다. 특히, 환관은 중앙군사력의 핵심이었던 신책금군의 지휘를 담당했고, 감군(監軍)으로 각 번진에 파견되어 황제의 조칙을 전달하면서 관료의 인선까지 간여했다. 835년 환관을 제거하려고 했던 모의가 실패로 끝난 감로(甘露)의 변[39] 이후 환관의 정치개입은 더욱 강화되어 황제의

---

39 감로의 변(甘露-變)은 당나라 문종 때인 835년에 일어난 변란이다. 환관(宦官)의 발호가 심해져 관료파 재상 이훈(李訓)이 절도사(節度使) 정주(鄭注)와 더불어 환관세력을 일소하기 위해 궁원에 감로가 내렸다고 한 다음 환관들이 감로를 보러 간 틈을 타 주살하려하였으나, 사전에 누설되어 도리어 환관의 군사들에게 주살되었다. 이후 환관들의 횡포가 더욱 빈번하여 당나라 멸망의 원인이 되었다.

폐립과 살해마저 자행되었다. 12대 목종부터 19대 소종까지 8명의 황제 중 13대 경종(敬宗)을 제외하면 모두 환관이 옹립된 황제였고, 11대 헌종과 13대 경종은 환관에게 살해되었다. 이로 인해 황제권은 실추되었고 중앙의 극심한 정치적 문란은 민심의 이반과 불만을 초래했다.

이와 함께 병사들의 반란도 계속되어 855년에 절동지역에서 시작되었지만, 858년에는 영남과 호남, 강서, 선주(宣州) 등지의 하급장교들이 주동이 되어 대우의 개선을 요구하면서 절도사를 구금하고 추방하기도 했다. 특히 강전태(康全泰)의 병란에는 일반 병사만이 아니라 그 지역의 부상(富商)과 토호가 참여하기도 했다. 859년에는 절동지역에서 농민 출신 구보(裘甫)의 난이 일어났다. 봉기 초기에 불과 100명 전후였던 반란집단은 각지로부터 몰락농민, 부랑인 그리고 군도(群盜) 등이 가담해 3만 명으로 늘어났을 뿐만 아니라 토호와 부상도 참여하는 등 확대되었다.

874년에 시작되어 약 10년 간 사천지역을 제외한 전국을 휩쓴 황소와 왕선지(王仙芝)의 반란은 당조를 회생불능의 상태에 빠뜨렸다. 황소는 낙양을 함락시키고(880), 이듬해 수도 장안으로 진격해 대제(大齊)를 건립했다. 이에 희종은 성도로 도피했다가, 절도사 세력을 규합하고 사타돌궐(沙陀突厥) 이극용(李克用)의 도움을 받아 반격했다. 하지만 부장 주온(朱溫)이 배신하자 황소는 장안을 버리고 후퇴하다가 자살했다.

황소의 난은 실패했지만, 문벌귀족과 절도사 세력에 타격을 주었고, 반란의 무대였던 강회지역의 경제력을 완전히 파괴해 당조의 재정기반이 무너뜨렸다. 반란 이후 관료와 환관의 다툼은 더욱 극심해지자 주전충(朱全忠) 즉, 주온은 당조를 무너뜨리고 후량(後梁)을 건국하여 오대시기를 열었다(907년).

2. 당말 송초기의 사회변천과 제변화

당말 송초에 이르는 시기는 정치·경제·사회 등 전반에 걸친 변화가 형성된 시기로 단순한 왕조교체 보다 전환기적 의미를 부여하여 당송변혁기라 칭한다. 이 변혁기의 성격에 대해서 많은 학자들이 다양한 의견을 제기하고 특히 시대구분에 있어 송대 이후에 대한 중세설과 근세설이 대립되고 있다.

그러나 여기서는 시대구분론과 결부된 문제는 후일에 재론하기로 하고, 당송간의 토지소유형태의 변화와 생산관계의 변화를 중심으로 살펴보고자 한다. 이것은 당송변혁기의 가장 핵심적이고 기본적인 요인으로 송대 정치성격을 결정하는 중요한 관건이기 때문이다.

본고에서는 당말 균전제의 붕괴와 경제사회 그리고 학술사상과 문화 등에 나타난 당말송초기 사회의 구체적인 변화 내용을 살펴보고자 한다.

가. 균전제와 전호제의 형성

북위 효문제는 중국식 황제지배체제로 전환하기 위해 한인 관료 이안세(李安世)의 건의에 따라 씨족공동체의 해체를 추구하고 소농경제체제로 전환할 목적으로 전국 토지소유 현황과 성별·연령에 대한 조사를 통해 삼장제를 기초로 한 균전제를 실시하였다.

균전제의 시작은 토지소유권을 확립함으로써 향촌사회를 안정시키고, 광대한 황무지를 개간하여 생산력을 증가하여 국가재정을 확보하고자 하였다. 그 과정에서 사유토지의 법적보장과 국유지의 분배방법으로 균전제가 정착하게 되었다. 이 제도는 수당대까지 중국사회의 중요한 토지제도로 노동력 즉 인정을 기본단위로 설정함으로써 수전대상자를 정(丁)을 단위로 하여 실시하였다.

당대 균전체제는 관료중심의 대토지소유체제 확립과 부세제도를 체계화하였다. 수전대상은 공상인과 관천민 그리고 승려와 도사에게도 수전하여 노동력을 가진 농민을 대상으로 실시하는 체제가 정비되었음을 의미한다. 그러나 균전제가 점차 문제점을 노출하기 시작하여 관인영업전을 비롯해 공해전, 직분전이 늘어나고 수전대상도 확대되어 토지의 수요가 크게 늘어났으나 일반 균전민에게 수전할 토지를 확보하기 어렵게 되었다.

관인영업전은 대토지소유를 근거로 실질적인 경작자인 노비의 충원이 원활하지 못하여 균전농민으로 보충하였다. 그리하여 자경농이던 균전농민이 몰락하여 전호(佃戶,客戶) 또는 유민화되는 등 지주계층의 전호에 대한 인신지배관계가 강화되었다.

당중기 이후 이러한 상황이 심화되면서 균전제가 붕괴되고 지주·전호제를 기반으로 한 대토지소유제인 장원(莊園)제가 출현하였다. 당대의 지주(地主)는 대토지소유자로 부재지주와 재향지주가 함께 부농층으로 농촌사회를 지배하였으며 당 말기 사회혼란의 원인의 하나가 되었다.

송대 토지는 기본적으로 사유제로 이미 투자대상이었고, 지주와 전호와의 관계는 토지의 대차에 의한 경제적 계약관계가 근간인 대토지소유형태가 유행하였다. 그 결과 송대 전호는 당대에 비해 토지와 지주에 대한 신분적 예속관계가 크게 완화되어 사회적 지위향상이 이루어졌다. 이와 같은 장원제가 진행됨에 따라 농촌에도 변화가 일어났다. 즉 장원내에 수십 내지 수백호의 전호가 모여 생활하고 소상인, 수공업자 등도 장원으로 이주하여 새로운 촌락을 형성하였다.

송대는 당말 사회계층의 유동성이 보장된 가운데 한사(寒士)출신 지식인계층이 지배계층으로 등장하였다. 이들 신흥지배계층 중에는 토지소유 등 경제력을 기반으로 관료계층으로 성장하기도 하고, 관료계층이 된 후 많은 토지를 소유하는 경제력을 보유하였다. 이들은 직역과 부세(賦稅)를 면제받는 등 우면(優免)특권과 정치권력에 관여함으로써 유형·무형의 이익을 취해 새로운 관료계층으로 등장하였다.

나. 당송간의 제변화

균전제에 의한 토지의 수전제도는 세(稅)와 역(役)의 부담을 전제로 한 것이다. 조용조 세제는 율령체제에 의한 당의 기본세법이며 경제적 기반이었다. 그러나 균전제가 붕괴됨에 따라 당 덕종(德宗) 건중(建中) 원년(780) 양염(楊炎)의 건의로 조용조세법을 대신하여 양세법(兩稅法)을 실시하게 되었다.

양세법은 안사의 난 이후 더욱 악화된 재정위기를 타개하기 위하여 실시한 세법이다. 이것은 개별적이고 균등적인 원칙의 조용조 대신에 주호와 객호를 불문하고 호(戶)단위로 자산의 다과에 따라 징세하는 호등적인 수취체제로서 명 후기 일조편법이 시행되기까지 중국 세제(稅制)의 기본이 되었다.

양세법은 고정된 세율은 없고 구래의 실적에 따라 각지에 할당되었다. 각지에서는 호등에 따라 전(錢)과 토지소유에 따라 징수하였다. 이것은 균전제적 소농민지배의 원칙에서 농민사이의 계층문화와 토지소유의 확대를 용인하는 것으로 중국 정치의 획기적인 변화였다고 하겠다.

양세법은 도호의 발생과 안사의 난으로 인해 야기된 사회의 여러 가지 문제점, 즉 객호에 대한 세역부과의 경향, 호구의 격감에 따른 자산세로의 변화, 모병제 실시와 이로 인한 비용의 증가에 대처할 전납화를 해결하려는 의미를 가지고 제정되었다고 볼 수 있다.

또한 농업생산력의 발달에 따른 수취체제의 필요성도 제기되는 등 경제사회의 변화에 따라 세제의 변화가 요구되었다. 즉 백성을 균일하게 파악할 수 없을 정도로 계층분화가 이루어졌으며, 호구조사가 정기적(3년 1회)으로 실시되지 못하였다. 조세는 단일세가 원칙이었지만, 청묘전·관세·다세·염과 주(酒)의 전매가 여전히 존속됨으로써 그 의의를 퇴색시켰다. 한편 호세(戶稅)를 전납화하면서 화폐의 가치가 높아지는 대신에 물가는 하락하는 전중화경(錢重貨經)의 현상이 일어나게 되었다.

당말 현종시기(712-756)에 이르면 여러 가지 사회모순이 표출되고, 재정의 악화가 심각해지게 되었다. 또한 병농일치제인 부병제의 붕괴로 인해 변경에 주둔하고 있는 병사들에 대해 군량 등 경비까지 지급하게 되었다. 부병제는 귀족계층의 대토지소유를 제약하는 한편, 국가가 농민층을 직접 파악하여 재정의 기초를 확립하고, 병역의 의무를 통해 군사력의 기반으로 삼았다. 그러나 부병제의 붕괴는 군사비 부담을 증가하여 국가 재정압박을 가중시켰다.

또한 절도사의 권력이 점차 강대해짐으로써 정치적 부담으로 작용하였다. 변경에 설치한 절도사들이 강력한 용병부대를 기반으로 민정권과 재정권 그리고 군사권까지 장악함으로써 지방 분권적 혹은 반독립적인 성향까지 가지게 되었다. 번진체제는 무력이 큰 역할을 하였고, 또 분권적 영향을 유지 강화시키기 위해 병력을 확충하기에 주력했다. 따라서 관군은 유민, 파산농민을 모집하여 충원하였고, 또한 번진에서는 이밖에 호적에 기초하여 영역내의 장정을 징발하여 군대를 강화시켰다.

그러나 당조의 재정을 지탱해 주던 강회지역이 황소의 난으로 인해 타격을 받자 당조는 지배력을 상실하고, 번진은 자립화의 길을 걸어가 오대 십국이라는 무인정권의 시대로 접어들었다.

그러나 오대후반에는 문관이 점차 정치적 발언을 강화해 집권적 문신지배체제를 지향한 송에 의해 통일되었다. 이것은 집권화를 추진하려는 황제가 토호출신의 무인과 사적으로 결탁되어 있지 않은 문신을 정치권에 진출시켜 무인들의 세력을 견제하고자 하였다.

그 후 당말기 안록산과 양국충의 권력투쟁으로 시작된 안사의 난은 당대의 지배체제의 기반인 율령제의 모순이 나타난 것으로 율령적 인신지배가 실현화된 결정적 요인이 되었다.

당조는 율령적 지배체제가 동요되면서 재지번진의 시대를 맞이하자, 과거제에 의한 관리등용정책을 전개하였다. 이에 변방지역 사대부계층들이 본관을 떠나 장안, 낙양으로 몰려들게 되었고, 가업으로 전수된 우수한 학술로 과거에 급제하여 적극적으로 관계에 진출하였다. 따라서 과거제는 문벌귀족제 타파에 큰 작용을 하였다고 할 수 있다.

과거 과목으로는 한대의 효렴과, 현량방정과, 무재과 등은 도덕적 규범을 기준으로 하였고 명경과, 수재과, 진사과 등의 시험과목이 있었다. 그 중 문장위주의 진사과가 우대되어 종래 문벌귀족인 산동귀족들이 진사로 출사하여 과거 관료로서 그 성망을 높이게 되었다. 이로써 문음의 자격을 가진 명족의 자제도 과거를 통해 그 자격과 명망을 얻으려고 하였다.

이는 관료귀족제를 기초로 한 율령관제가 현실과의 괴리를 의미하는 것이다. 그리하여 귀족은 종래 문벌에 의한 사회적 존경에서 관위에 의해 정치적 평가로 전환되었으며, 관위로 향한 관심이 고조됨에 따라 관료제의 기반이 넓게 형성되었던 것이다.

다. 학술사상의 변화

당송시기의 변혁은 사회경제적인 면에 국한되지 않고 학술사상적인 면에도 영향을 주었다. 한대에 발달한 유학은 당대에는 유교사상을 통일제국의 이념에 접목시킬 필요성이 제기되어 공영달이 유교경전에 대한 해석을 통일하고 『오경정의』를 편찬하였다. 그러나 이것은 학문의 고정화를 초래하고 과거시험에서 『오경정의』에 의한 해석만을 가지고 답을 써야 하는 문제점을 가져왔다고 지적하였다.

그러나 당시 불교의 발전에 비해 미약했던 유학발전의 계기를 가져왔다는 점에 있어서는 일정부분 의미가 있다고 여겨진다. 당 후기에 획일화된 훈고학에 대한 비판과 불교사상의 보편화 영향으로 고문부흥운동이 형성되고 유학부흥운동이 전개되면서 송대 이학의 성립에 커다란 영향을 주었다.

송학은 서민사회의 발전과 함께 정치, 문화가 지니는 새로운 분위기를 배경으로 유교에 대한 자유롭고 비판적인 재해석에 의하여 주자학으로 완성되었다. 주자학은 도교와 불교사상을 수용하여 우주론과 인성론을 철학적으로 발전시켜 유교를 형이상학의 경지에까지 끌어올리게 되었다. 이로써 주자학의 성립은 유교경전에 대한 중시와 함께 『4서(四書)』를 더 중요시하였다.

이상으로 당송변혁기에 전개된 다방면에 걸친 변화는 당조 율령체제의 붕괴로 야기된 결과로 귀족제의 붕괴와 변질과정을 설명할 수 있고, 지배층의 성격을 규명하는데 필수적인 것이다.

당조 율령체제는 균전제·부병제·조용조제 등 여러 제도의 상호의존과 유기적인 운영을 전제하고 있었으며, 수취체제를 기초로 한 국가권력의 지배조직이 중앙집권적 통일정치를 목적으로 실시되었던 것이다.

그러나 육조에서 당 중기까지 지배적이었던 귀족정치가 몰락하고, 관료체제의 성립과 함께 황제가 국가의 모든 기능을 관장하는 군주독재체제로의 변화를 가져오게 하였다.

이상과 같이 당송간은 '당송변혁'의 과정을 거침으로써 정치, 경제, 사회의 변화를 초래한 것이다. 이것은 송대 사회와 경제의 변화에 영향을 주고, 전대와는 성격을 달리하는 새로운 시대를 출현시켰다.

3. 송의 건국과 발전

가. 송대 사회의 특징

송대는 남북조시대 이래 중국사회를 유지해온 세습귀족계층을 대신하여 문신관료 사대부계층이 중심이 된 사회가 형성되었다. 송대 사대부는 학문과 교양을 습득하고 과거제도를 통해 관료에 등용된 문신관료계층이었다.

구분	당	송
정치체제	세습 문벌 귀족 사회(불교)	문신관료 사회(과거제 근간, 유학을 채택함으로써 학문과 정치의 재일치)
사회 지배계층	세족 – 음보제 주류 자천이 가능하지만 吏部시를 치르기 위해서는 강력한 후원자 필요	사대부 지식인계층 – 과거제도 활성화, 자유평등경쟁원칙 보장 음보제 제한(25세 이상, 시험도 치루게 함)
대외관계	동아시아문화권 형성의 중심	세계질서 중심의 지위 상실, 이민족과의 끊임없는 대립(대외관계의 역사)
경제	현물경제(농업 위주)	화폐경제 – 농업 이외 영역 확대, 상업·수공업 발달 → 상인계층 인정, 장인 존재, 행·작 조직, 최초 의지폐 출현, 운하를 통한 교류 활발 → 도시의 성격 변화(행정·군사적 중심지 → 상업 경제의 중심도시로 성장)
토지제도	균전제(토지 국유제 원칙)	장원제 – 토지 사유제 원칙 민간에서뿐만 아니라 관에서도 장원 형성 전업화(농업에서 한가지만 전문적 생산)등장 (분업화·전문화) → 상업의 활성화
조세제도	조용조 세법	양세법
군사제도	부병제 – 지급토지에 대한 병역 의무 → 병농일치 • 둔전제 – 접경지역의 인구 희박 방지와 그 지역에서 군량확보를 위해 실시. 후에 전문화되어 군량만을 생산하는 兵戶를 따로 둠(병호제) → 명대에는 상둔, 군둔, 민둔 형성(국가의 토지 장악력이 약, 유민의 발생 방지 위해)	모병제 – 용병제 – 직업군인 • 모병제를 빈민구제의 방법으로 활용함으로써 군대는 군사적 능력이 없어서, 전쟁 때마다 새로 군인을 모집하였으며, 퇴직연한도 정해져 있지 않아 군사의 수는 증가되지만, 전투능력은 상실 → 冗費, 冗兵의 폐단
정치제도	3성6부 완비 – 문하성이 봉박권을 가짐	중서성·문하성의 통합 – 조칙의 작성과 심의를 한 곳에서 함으로 황제의 뜻이 곧바로 실행 관직의 분화 – 황제가 임명권 장악
학술제도	불교의 전성	유교 + 불교 + 도교의 삼위일체 → (신) 유학(이학) 발달
계층분화	계층의 이원화(양극화) → 귀족 문화 발전	계층 완화 – 4단계: 사농공상 경제력을 기반으로 한 문화발전 → 서민문화(출판·인쇄술 발전)

경제적인 면에서는 대토지사유를 근간으로 하는 새로운 지주전호제인 장원제가 일반화되었다. 그리하여 형세호관호와 관호형세호의 신흥지주와 관료 및 대상인은 모두 토지점유와 확대에 주력하였다.

송은 경작지의 확대와 새로운 농업기술의 발전 그리고 품종개량을 통해 생산력이 크게 증가되고 소비성향도 크게 향상되었다. 윤작, 이모작 또한 지역적 전업화(專業化)를 통해 농업생산성이 비약적으로 향상되어 잉여생산물의 교환과 유통이 점차 보편화되면서 상업발전을 촉진하였다. 그 결과 사회생산력 증가와 서민의 사회지위 향상을 가져왔다.

대외관계의 역사라 칭하는 송대는 북송시기 서하와 요, 금과 정치경제 및 군사적 관계를 유지하였으며, 남송시기에는 금과 원(몽고)왕조 정치군사적 관계를 유지하였다. 그리하여 송조는 북방 유목민족과의 관계 유지가 커다란 정치적 현안 문제였다.

또한 송대는 과거제도의 정형화를 통해 자유평등경쟁원칙이 근간을 이룬 관리등용법을 실시하였다. 지공거(知貢擧)에 선발되면 외부와 단절하는 쇄원(鎖院)제도 실시는 당대 통방의 폐단을 방지하고 과거제도에 철저한 공정을 기하였다. 또한 호명법(糊名法)과 등록법(謄錄法)의 실시도 공정성을 추구한 방법이었다. 특히 관료계층의 과거에 대한 관여를 최소화하기 위해 현직관료의 자제들을 별도로 관리하였던 별두시를 실시하였다.

송대 정치체제의 특징인 문신관료체제와 황제권 강화는 관료행정조직에 잘 나타나 있다. 송 태조는 관료기구 조직에 대한 개혁을 통해 군정과 민정 그리고 재정의 3권 분립을 시행하여 재상권을 크게 제한하였다. 군정은 추밀원과 병부가 각각 분리 담당하도록 하고, 재정권은 전매를 담당하는 염철사(鹽鐵使), 지출을 담당하는 탁지사(度支使), 부세(공납) 등 조세를 담당하는 호부(戶部)등 삼사(三司)에 귀속시켰다. 재상은 민정을 관리하고 황제의 최종 결정을 보좌하는 권한을 갖도록 하여 전권을 행사하는 것을 방지하였다. 또한 당대 재상이었던 문하시중을 동중서문하평장사(同中書門下平章事)로 격을 낮추고, 부재상격인 참지정사(參知政事)를 두어 행정권을 분할하였다.

나. 송대 문신관료체제의 형성과 발전–이치법개혁논의

송대 사회의 특징은 과거제도 정형화를 통해 사대부계층을 중심으로 한 문신관료제 사회를 형성하여 세족과 서족의 구분을 완화하고 관리임명권을 황제가 장악하여 황권을 강화한 것이다. 이는 과거제도의 발전 그리고 이학의 전개와 밀접한 관계를 가지고 유지되었다.

과거제도의 정형화를 통해 관리임명권을 황제가 장악하고, 관료계층의 권력분화를 통해 황제집권체제를 강화하였다. 송은 지속적인 과거제도의 실시로 당대에 비해 급속한 관리의 증가를 가져왔다. 당대는 6천여 명, 송 태종 재위 22년간 만 여명을 포함하여 양송시기에 진사 115,427명을 선발하였다. 이처럼 관리기구의 확대와 용관(冗官)의 출현은 북방민족과의 관계악화로 인한 세폐부담과 함께 송 초기의 재정부담으로 작용하여 용비(冗費)의 폐단을 가져왔다. 용관, 용병(冗兵), 용비의 문제는 송 초기 3용(冗)의 폐단으로 북송사회 약화의 근본 요인으로 작용하였다.

송대 정치경제의 변화와 사회계층의 새로운 변화는 당대 정치를 장악하였던 세습귀족과 지주계층의 전권(專權)에 대해 개혁의 필요성이 제기되었다. 이는 황권의 성장과 사대부 계층의 현실정치에 대한 각성에 기초하여 관리등용법과 그 운용에 대한 개혁으로 나타났다.

북송시기 과거제도에 개혁은 크게 두 단계로 진행되었다. 첫 단계는 태조에서 진종시기까지 고시방법의 개혁을 통해 공평한 경쟁을 제창하여 권신들의 과거장 농단을 제거하고 황제가 취사권을 장악하였다. 즉 당대 과거에서 대표적인 폐단인 통방(通榜)을 통한 권문세가의 전횡을 제한하고 황권 강화를 이룩하고자 한 것이다. 둘째 단계는 인종에서 휘종시기로 과거 고시내용과 취사과목의 개혁이다. 이는 송대 현실 정치 문제와 결부되어 필요한 인재육성과 선발을 통해 정치·경제·사회 전반에 대한 개혁론 등장이 배경이 되었다.

한편 송대는 사대부계층의 정치의식이 고취되고 현실정치에 대한 관심이 강화되어 누적된 사회폐단에 대한 개혁논의가 제창되었다. 특히 당중기이래 형성된 유학 부흥운동이 고조기에 접어들었던 시대로 과거제도와 밀접한 관계를 가지고 전개되었다. 과거에서 자유 평등 경쟁원칙의 실시는 사대부계층의 확대와 더불어 정치적 관심을 크게 불러일으켰다. 그리하여 관료 사대부계층사이에서 송 초기 3용의 폐단과 같은 누적된 폐단에 대한 개혁운동이 크게 제창되었다.

그 중 범중엄(989-1053), 왕안석(1019-1086), 사마광(1019-1086), 구양수(1007-1072) 이구(1009-1059), 소식(1037-1101) 등과 같은 관료계층의 공통된 관심사가 이치법 개혁을 통한 부국강병 추구였다. 범중엄(范仲淹)은 인종 경력(慶曆) 3년(1043) 사대부의 각성론과 책임론을 제기하면서 정치사회개혁론을 제창하였다. 먼저 흥학운동으로 관학설립을 주장하고 학교교육을 통해 인재를 양성 등용하자는 이치법개혁을 제창하였다.

그의 이치법 개혁의 구체적인 방법은 정공거(精貢擧), 택장관(擇長官), 억요행(仰撓倖) 그리고 명출척(明黜陟) 등으로 그의 정치개혁방안의 주 안건이었다.

송 신종 희령년간(1068-1077) 왕안석은 변법을 실시하여 문교개혁안과 함께 과거제도 개혁안을 제창하였다. 그의 개혁의지는 이미 인종 가우(嘉祐) 4년(1059) 『상인종황제언사서(上仁宗皇帝言事書)』라는 상소에 잘 나타나 있다. 그는 여기서 과거가 시부(詩賦)·첩경(帖經)·묵의(墨義) 위주로 시행되고 있는 점을 강하게 공격하고 필요한 사인들은 학교교육을 통해 양성하자고 하였다. 한편 그는 『삼경신의』의 새로운 경전해석을 통해 실질적인 인재육성과 등용에 충실을 기하고자 하였다.

그는 당시 교육이 모두 형식주의에 흘러 관료지망생을 교육하는 기관으로 전락하고 관료를 양성하는 기관이 되지 못한 점을 공격하였다. 그리하여 현실정치에 유용한 인재를 양성하기 위해 태학을 외사(外舍), 내사(內舍),상사(上舍)등 삼사(三舍)로 분사할 것을 제창하였다.(희령4년, 1071)

왕안석은 당시 형성되고 있던 삼용(三冗)의 폐단이 관리의 선거, 고시, 선발, 임용 방법 등 제반 상황에 폐단이 있다고 지적하고, 학교교육을 통해

현실정치에 적합한 인재를 교육, 양성, 선발, 임용하고자 하였다. 그의 주장을 살펴보면,

① 과거 선발방법이었던 명경·제과를 폐지하고, 명경과의 선발 인원을 진사과에 증원하여 선발하자고 하여 진사과를 중시하였다.

② 시험방법–시부, 첩경, 묵의 위주의 시험을 폐지하고 경의와 논책위주로 개혁하자.(『삼경신의』가 과거시험의 표준이 됨)

그러나 이 개혁방법 자체도 단점을 가지고 있다. 즉 왕안석의 주장은 『삼경신의』와 『서설(序說)』을 위주로 학교교육과 과거를 통제하였다. 이는 원·명·청대가 모두 정주일가(程朱一家)의 학설로 지식인 사상을 철저히 통제하는 시초가 되었다.(科擧成式: 팔고문의 시초)

소식은 신종 희령 4년 『의학교공거장(議學校貢擧狀)』을 상소하여 학교교육을 통해 선발하는 방법에 대해 당대 통방의 폐단이 다시 야기될 소지가 있다고 비판하였다. 또한, 왕안석이 제창한 시부위주의 과거시험을 폐지하고 경의와 논책의 시험방법개혁에 대해 마찬가지로 현실정치에 적합하지 못한 인재를 양성 선발하는 것이라고 지적하였다.

그러나 소식은 일반적으로 알고 있는 것처럼 지나치게 보수주의자라고 볼 수 없는 점이 그의 문집 중 『진책(進策)』에 의하면 전통사상과 문화에 기초를 둔 개혁을 제창하고 있음을 알 수 있다. 그의 이러한 현실정치사상은 유가의 덕치와 인의학설이 밑바탕에 내재되어 있다.

소식은 송대 누적된 폐단의 근원을 임인지실(任人之失)에 있다고 전제하고 이치의 중요성을 강조하였다. 『과백관(課百官)』이란 글에서 당시 시행하고 있던 근무년 수에 의해 승진되는 마감제도를 반대하고, 근무성적을 포함한 엄격한 인사고과에 의해 실시하자고 주장하였다. 또한 지방 관리의 근무하는 기간을 연장하여 지역 특성에 맞는 장기계획을 세워 성과를 높이게 하자고 하였다.

한편, 소식은 출신가문을 중시하는 관리등용방법을 반대하고 실질능력을 중시하는 인재등용을 제창하였다. 이 방법의 하나로 원풍(元豊)원년

(1078)에 기존의 과거제도와는 별도로 북방사인에 대해서 관리진출의 길을 열어 주자는 별개진사지로(別開進仕之路)를 제창하였다. 이것은 문학이 뛰어난 강남지역 사인에 비해 무가 뛰어난 북방사인을 정치권에 수용하여 폭넓은 지역적 지지세력의 확보와 북방유목민족과의 군사적 관계에서 중요한 역할을 담당케 하고자 한 것이다.

한편, 사마광은 영종 치평 3년(1066) 『공원걸출로취인장(貢院乞逐路取人狀)』에서 매년 과거에 진사급제한 대부분의 사람들은 국자감이나 개봉부에서 해송(解送)된 사람들이다. 그리하여 경사에 많은 사람들이 집중하게 되고 변방이나 다른 지방은 점차 세력이 약해지게 된다고 지적하였다. 송조가 추구한 강간약지(强幹弱枝)의 정책은 지역적 불균형이 심화시키고 북방지역의 인구감소와 관리등용의 소외는 민심의 이완과 지지세력의 축소를 가져오며 북방유목민족에 대한 견제세력의 약화를 가져온다고 주장하였다.

사마광은 치평 3년 축로취사(逐路取士)의 방법을 건의하여 각 로(路)의 호구수의 많고 적음에 비례하여 진사합격자 수를 분배하자고 하였다. 이때 사마광은 진사과에 동남지역 출신이 많고 서북지역출신이 적은 현상에 주의하여 서북지역 출신의 확대를 주장한 것이다.

반면, 구양수는 사마광의 의견에 대해 『논축로취사차자(論逐路取士箚子)』에서 다음과 같은 이유오 반대하였다.

① 사마광이 너무 작은 부분에 편견을 가지고 있다. 진사과에만 편중하여 판단한 것이지 명경과 등은 중시하지 않았다는 이야기이다.

② 동남지역출신은 진사과에 2-3천 명이 응시하여 2-3백 명이 합격하고, 서북지역 출신은 불과 백 명중에서 10명이 합격하는 실정이다. 그런데 동남출신의 수를 감소하고 서북출신을 증가한다는 것은 이미 억제한 것을 또 제한하는 것이다.

③ 축로취사의 방법이 시행되면, 동남출신 가운데서 합격할 만한 재능을 갖춘 사람이 불합격되고, 서북출신 가운데서 불합격할 사람이 합격

되는 취사의 전도가 생기게 된다. 그리하여 관계(官界)에 능력 있는 사람과 없는 사람이 혼재하는 현상이 야기되는 폐단이 생기게 된다.

④ 축로취사의 방법은 궁극적으로 폭 넓은 지역인사를 선발하고자 한 것이다. 그러나 시행결과는 경사(京師)의 많은 사람들이 편벽하고 뒤떨어진 지역으로 이전하는 역현상이 초래된다. 그러므로 단지 서북지역의 예를 가지고 전 지역에 실시한 결과 생기는 문제점은 이전의 서북지역 현상과 비교할 수 없이 크다.

당시 사마광이 축로취사의 방법을 통해 서북사인의 관리진출을 주장할 때 왕안석은 명경제과에서 암기위주의 첩경과 묵의를 폐지하고 경의와 논책위주로 진사를 선발하자고 주장하였다. 이것은 북방사인들의 장점이었던 장구주소의 방법인 명경제과를 폐지하고 문자의 기교연구를 통해 관리를 선발하는 것으로 북방사인의 과거 취사의 길을 제한하는 것이다.

이로 보아 사마광은 당시 조성되고 있던 과거제도 개혁이라는 전반적인 상황에서 서북출신 인사가 관리진출의 길을 보장하고자 한 것이 아닌가 생각된다.

다. 송대 사회와 경제

1) 송대 지주전호의 성격과 사회조직

송대 황제권력은 당대에 비해 월등히 강화된 것은 분명하나 황제권력에 본질적으로 도전하지 않는 한 관료계층의 정치경제적 특권을 보장해주는 유화적인 면이 강하였다. 또한 중앙집권화의 추진으로 행정조직이 발달했으나 지방의 행정기관과 일반민중 사이에는 서리와 사대부계층이 좌우하는 향촌의 자치조직이 중요한 역할을 하였다. 송은 중앙집권화라는 정치적 특성에도 불구하고 사대부계층의 활동공간이 상당히 광범위하였고, 대토지 소유라는 경제적 구조도 크게 변화되지 않고 유지되었다.

송대 지배층은 관직을 보유한 관호(官戶)와 일반지주(形勢戶)로 분류된다.

관호는 경제적 부담인 직역의 면제특권을 부여받았다. 그러나 면역의 특권은 세습이 아니었으며, 토지세를 비롯한 다른 조세는 평민계층과 동일한 납세의무를 지녔다. 지주계층은 경제력을 기반으로 과거를 통해 적극적으로 관료에 진출해 관호가 되어 사대부계층을 형성해 지역사회에서 큰 영향력을 발휘하는 지배층으로 성장하였다.

송대는 토지사유화에 따른 토지집중의 가속화로 생산경제력의 향상에도 불구하고 농민생활의 향상을 가져오지 못했다. 송대 장원이라 불리던 대토지소유제와 실제 경작자인 전호의 성격을 둘러싼 문제는 중국사 시대구분론과 연계되어 많은 논쟁을 불러일으키고 있다.

남송대에 이르면 전호의 지위가 더욱 약화되어 거주 이전에 제한이 가해졌고, 토지와 함께 매각되었다. 이 점은 송대 경제력 향상과 문화적 발전이라는 측면에서 볼 때 상당히 주목되는 부분이다.

북송은 오대 호적제도가 혼란하였던 것에 주의하고, 건륭 4년(963) 각 주현에 새로이 판적(版籍)을 작성하라고 명을 내려 호구와 토지상황을 등기하도록 하였다. 송은 매 윤년마다 통계를 내는 윤년도(閏年圖)를 만들어 주현의 조세징수의 근거로 삼았다.

송은 전 국민을 주호(主戶)와 객호(客戶)로 크게 구분하였다. 성과 진에 거주하는 사람을 성곽호(城郭戶), 향촌에 거주하는 사람을 향촌호(鄉村戶)로 분류하였다. 성곽호 중에서 방산(房產: 주택이나 재산)과 생활재료를 소유하였는지 여부를 가지고 주호와 객호로 분류하였다.

향촌의 주호는 토지를 소유하고 있거나 하세와 추세 등의 양세를 납부하는 농민호를 말한다. 향촌 객호는 토지를 가지고 있지 않거나 소나 농기구가 없는 사람과 지주의 토지를 경작하는 전호 또는 전객(佃客), 부객(浮客)을 말하였다. 북송시기는 토지겸병을 억제하지 않아 겸병 현상의 악성적 발전을 가져온 결과 객호가 총 호수의 33~36%에 달했다.

주호는 자산의 다과(多寡)에 따라 5등급으로 구분하였다. 1, 2, 3등호를 상3등호(上3等戶)라 하며 송대 지주계급이다. 제4등과 제5등호는 3십에서 5십무 혹은 몇 무 정도 소유한 농호로서 농촌에서 자경농 혹은 반자경농계층으로 이들을 하호(下戶) 혹은 빈하호(貧下戶)라고 칭하였다. 자산이 전혀 없는 빈민도 5등호에 편입되어 납세의 의무가 있어 무산세호(無産稅戶)라 칭하였다.

향촌 객호는 대부분 전농(佃農)으로 토지와 생산 공구가 전혀 없고 전적으로 지주의 토지를 빌어 경작함으로써 생활을 유지하였다. 송대 객호는 일반적으로 지주의 사속(私屬)이 아니고 일반호적에 등재되는 정식 편호(編戶)였다. 그리하여 이들은 신정세(身丁稅)와 부역을 부담해야 하였으며 일부의 객호는 이세(二稅)를 부담하였다.

송대 부세는 양세제를 계승해 하세(夏稅)와 추세(秋稅)로 이루어졌다. 그러나 송대 이세는 당대 양세와는 달리 전세(田稅)를 지칭하였다. 송대는 이외에 신정세, 하세추묘(夏稅秋苗)라 부르기도 한 전세, 공전지부(公田之賦,官莊租賦), 잡변(雜變), 화적(和糴), 화매(和買) 등 각종 잡세와 요역의 부담이 있었다. 신정세는 20세에서 60세 남자(丁)는 모두 속(粟)이나 견(絹)을 납부하였다. 전객(佃客)의 호적은 객호(客戶)로 편입해 주호(主戶)와 마찬가지로 신정세를 납부하였다.

송대 전세(田稅)는 소유한 토지의 수량과 비옥도에 따라 매년 여름과 가을에 한 번씩 납부하는 것으로 '하세추묘'라 부르기도 하였다. 추세는 매년 수확량에 따라 납세하는 것이었다. 북방 지역 중등전(中等田)에서는 매무(每畝)당 1석을 수확하였고 세금은 일두(斗)였다. 하세는 돈으로 거뒀는데 주(綢), 견(絹), 면(綿), 포(布), 맥(麥) 등으로도 납세할 수 있었다. 하세는 세액에 따라 상·중·하전으로 토지를 구분했고 지역적으로 큰 차이가 있었다. 추세와 하세의 세액은 단순히 규정을 위한 기준이었을 뿐 실제 징수시에 지이(支移) 또는 절변(折變)의 방법을 부가해 가중 부담시켰다.[40]

---

40 지이는 하북, 하동, 섬서의 납세호로 하여금 변경지역까지 운송을 요구함으로써 필요한 지역의 부족분을 보충하였다. 절변은 관부가 하세 규정의 각종 품목에 대해 일정액을 물가에 근거해 징세하는 것으로 수요가 발생하였을 때 임의로 할인해 주거나 가중부담을 요구하였다. 예를 들면, 면과 같은 실물납을 현금으로 요구하고, 현금 납을 맥과 같은 현물납으로 요구하는 방법이었다.

북송의 역법은 차역과 부역으로 이루어졌다. 차역은 지주가 국가에 대해 부담하는 직역(職役)이고, 부역은 농민이 국가 요구에 조달되는 복무노역으로 성질상 서로 다른 두 종류이다. 형세호와 관호는 모두 면역의 특권을 갖고 있었으므로 이 제도는 관부가 지주에게 농민에 대한 통치권을 확대해 준 것이다.

차역에는 아전(衙前), 이정(里正), 호장(戶長), 향서수(鄕書手), 기장(耆長), 궁수(弓手), 장정(壯丁) 등이 있었다. 부역(夫役)은 잡요라고 칭하기도 한다. 부역은 표면상 정(丁)의 수에 따라 부과했으나 관호와 형세호는 면역특권을 가지고 있어 상3등호로 직역을 담당하는 사람은 다시 부역을 담당하지 않아도 되었다. 부역에 충당된 지주는 사람을 고용해 대리로 역을 담당하게 하거나 전호로 하여금 대신 충당하게 했다. 그리하여 실제 부역을 담당하는 사람은 하호의 자경농이나 반자경농으로 실제 부담만 가중되었다.

당중기 이후 관전은 토지겸병을 통한 장전(莊田)을 형성해 대부분을 지주호족이 점유하거나 아니면 그대로 두어 황폐화 되었다. 북송의 관전은 관장(官莊), 둔전(屯田), 영전(營田)등 3가지가 있었다. 관장은 대부분 황폐하고 주인 없는 땅으로 농민이 개간해 경작한 후 조부(租賦)를 납부하도록 해 토지의 점유형식에서 중요한 위치를 점하지 못했다. 당중기이래 지주는 대토지를 소유해 지주장전(莊田)을 형성하였고, 송대는 더욱 악성적으로 팽창하였다. 부객(浮客)이라 칭하였던 전호는 장원에 기생해 자연경제단위의 촌락을 형성하였다. 이러한 지주장전의 형태는 각지에 분포되어 있었다. 송대 관원들은 자유롭게 토지를 매매해 대소지주가 될 수 있었다. 지주는 과거를 통해 각급관원이 될 수 있어 지주와 관원은 동일한 계층이었으며, 전국의 토지 대부분을 점거하였다.

농민은 주로 지주의 토지를 경작하는 전농(佃農)과 적은 토지를 소유한 자경농 그리고 반자경농이었다. 전농은 토지를 소유하지 않은 객호로 지주의 토지를 경작해 생활하는 농민중에서 가장 빈곤한 계층이다. 한사람의 대지주가 전객 수백호를 가지는 경우도 있었고, 심지어 수천호의 전객을 두고 있는 경우도 있었다. 전농은 일반적으로 지주의 지조(地租)와 고리대에 약탈을 당해 이중 삼중의 어려움에 처해 있었다.

송대 농업은 국초이래 추진된 개간사업과 수리시설의 확충, 특히 강남지역을 중심으로 위전(圍田)형식의 수도전(水稻田)의 개발로 경지면적과 생산력의 획기적인 증가를 이룩하였다. 특히 당말이래 황폐화된 농촌사회를 부흥하기 위해 적극적인 농지개간과 유민의 정착 그리고 농업생산기술의 향상을 추진하였다. 특히 용골차(龍骨車), 누서(耬鋤), 등서(鐙鋤)와 같은 개량된 농기구의 광범위한 사용과 생산증대를 위한 이앙법(移秧法), 이모작(二毛作), 도작(稻作)과 맥작(麥作) 혼합재배에 의한 이기작(二期作)의 보급, 인분사용과 같은 시비법의 개량은 생산력을 크게 향상시켰다.

북송대의 조세수입과 호구수의 변화를 보면, 진종 경덕년간(景德年間: 1004~1007)에 호(戶)가 730만, 농경지 170만 경(頃)이었다. 인종 황우년간(皇祐年間: 1049~1053)에는 1,090만호, 농경지 220만 경으로 증가하였고, 영종 치평년간(治平年間: 1046~1067)에는 1,200만호, 농경지 430만 경으로 증가하였다. 그리고 지역적으로는 호남(湖南)·광서(廣西)·복건(福建)지역으로 상당히 편벽되었던 지역까지도 개발되었고, 농경지는 양자강 유역의 양절지방(兩浙)지역에서 크게 증가하였다. 따라서 소주(蘇州)와 호주(湖州)에 풍년이 들면 천하가 풍족하다(蘇湖熟天下足)는 말이 생기게 되었다.

쌀생산과 함께 보리·콩·밀 등 잡곡의 생산도 증가하였다. 보리는 하급 대체양곡이나 관마(官馬)의 사료, 밀은 양조용 누룩원료와 분식보급으로 수요가 증가되었다. 특히 남송대에는 보리재배가 전호의 주수입원이 되어 상품작물로 보급되었다. 이처럼 송대 농업은 점차 상품화를 전제로 하는 농산물의 전문 재배의 경향이 나타났다(지역적 전업화 경향). 또한 복건과 사천지역의 차재배, 양절의 생강, 월주의 감귤, 강남지역의 사탕수수와 같은 상품작물이 등장하였다. 이런 경향은 송대 경제의 특징인 유통경제가 농촌사회에 까지 널리 확산되었음을 반영해 준다.

그러나 농업생산력 증가는 농촌사회의 변화를 가져왔다는 긍정적인 측면도 있으나 남송이래 경지 증가율을 상회하는 인구증가와 지주의 토지겸병의 악화로 절대 경지부족이라는 구조적인 문제에 직면하게 되었다. 소규모 경작으로 인한 생산력의 한계를 극복하기 위해 농민들은 집약농업과 농가의 부업확대 그리고 가능한 모든 경지의 이용으로 생산력과 경제력의 한계를 극복하려 했지만 가혹한 징세와 소작료의 부담이라는 빈곤의 악순환을 벗어나지 못했다.

송대 상업은 농업생산력의 비약적인 발전과 수공업의 발전을 기반으로 크게 발전하였다. 당송 변혁기를 통해 농민의 토지에 대한 유착관계가 완화되고 경제활동 영역의 다양화 그리고 강남지역 개발에 따른 생산력 증가와 농민의 지주에 대한 예속관계가 완화되면서 상품생산의 질적 증가와 양적 증가를 가져왔다. 농민의 상업활동과 소비인구의 증가 그리고 서민생활의 향상에 따른 다양한 소비수요에 따라 차, 소금, 야채, 도자기, 견직물, 제지, 칠기 등과 같은 소비재의 수요가 급증하였다.

또한 상업이 발전함에 따라 상품운송과 도매에 종사하던 객상(客商)과 중개업무를 담당하던 아회(牙會) 그리고 일반 소매상인 좌고(坐賈) 등이 출현하였다. 상인들의 동업조합인 행(行)과 수공업자들의 모임인 작(作)이 출현해 전업화와 조직화가 이루어졌다.

수공업 분야는 견직물·도자기·제지·조선·인쇄·광업 등의 생산량이 급증하고 고급화되어 국내시장 뿐만아니라 해외시장에도 유통되었다. 이런 양적·질적발전 이외에 원료생산자와 제품생산자의 분리는 인구의 증가와 도시의 발전에 따른 광범위한 소비계층의 형성과 상업발전에 기인하였다.

송대 관영수공업은 대부분 정조(征調)와 고용제 사이의 차고(差雇)제를 채용해 장인들에게 고용비용과 식비를 지급하였다. 민영수공업은 보편적으로 고용주와 장인사이에 쌍방 합의에 따른 고용관계가 이루어졌다. 또한 경제발전지역에서는 전문적으로 방직업에 종사하는 사람들인 기호(機戶)와 작방(作坊) 등이 수공업과 농업을 분리시켜 발전하는 결과를 가져왔다. 송대는 장인의 인신 예속관계가 완화되어 생산의욕을 고취시켰으며 기술과 생산력의 발전을 가져왔다.

특히 야철업 분야의 발전이 현저해 제철소가 217개소로 증가하는 등 당대에 가장 번성했을 때와 비교해 17% 증가하였고, 야철생산량은 8백만근(斤)에 이르렀고 기술자도 4천여 명에 달했다. 이는 농업생산력 발전에 따른 철제 농기구의 수요증가와 북방유목민족과의 군사적 관계유지에 따른 무기의 수요가 야철생산을 자극했기 때문이다.

송조는 방직업도 크게 발전하였는데, 사직업(絲織業)이 가장 발달해 변경(汴京)에 능금원(綾錦院)을 설치해 관리하였다. 이외에도 낙양·진정(眞定)·청주(青州)·익주(益州)·윤주(潤州)·호주 등지가 유명한 산지였다. 사직품은 종류도 다양해 수십종에 달했으며, 제품의 질도 뛰어나 정주의 격사(緙絲)로 만들어진 화조금수도안(花鳥禽獸圖案)은 유명하였다.

송대 요업은 서민의 생활 향상과 함께 수요의 급증과 무역의 발전으로 중요한 상품화가 이루어졌다. 그리하여 정요(定窯: 하북성 양현), 여요(汝窯: 하남성 임여현), 관요(官窯: 하남성 개봉), 가요(哥窯: 절강성 용천현)의 4대 도요지가 생산량이 많았다. 조공품의 생산과 대외무역품 생산으로 유명한 경덕진(景德鎭)도 추세에 따라 대량생산을 하였다. 여기서 생산되는 도자기는 가옥(假玉)이라 불릴 정도로 아름답고 독특하였다.

송대 대운하를 따라 전개되었던 국내상업 못지않게 대외무역도 활발하였다. 이것은 송 태종 옹희(雍熙)4년 내시 8인을 동남아 각국에 파견해 무역을 초유하는 등 대외무역 장려책과 관계를 가지고 발전하였다. 그리하여 광주(廣州)·천주(泉州)·명주(明州)·항주(杭州) 등 10여 곳에 시박사(市舶司)를 설치해 해외무역의 유치와 상세징수와 같은 대외무역 업무를 총괄하였다. 실제 상세는 송조 재정의 중요한 부분을 차지해 시박사의 임명에 상당히 신중을 기하였다.

송대는 해외무역의 발달과 함께 조선업도 발달해 조선무(造船務)를 두고 배를 축조하였다. 특히 명주는 조선업이 크게 발달한 지역으로 해외무역에 사용할 신주(神舟)라 불리는 거함을 축조하였다. 그 선박은 길이가 10여 장(丈)에 이르고, 높이가 3장, 폭이 2장 5척(尺)으로 2천석의 곡식을 실을 수 있을 정도였다. 또한 온주(溫州)와 명주(明州)에는 해마다 6백 척의 배를 축조하라는 조서가 내렸다는 것을 보아 그 발달 정도를 짐작할 수 있다.

또한, 북방 유목민족에 대해서는 요와 서하 그리고 금의 변경지역에 각장(榷場)을 설치해 교역을 실시하였다. 송조는 각장의 개폐를 통해 이들 북방유목민족 국가와의 정치군사적인 관계를 개선하려 하였다. 송조의 무역대상국을 보면 동남아시아와 서남아시아를 포함한 남양제국과 북방 유목민족과 고려 그리고 일본에까지도 확대되어 실시되었다.

특히 송과 고려와의 정치경제관계는 북방민족인 요와 금의 영향을 크게 받아 송 신종 희령 7년(고려 문종28년, 1074)에는 양국간의 교통로선이 산동반도의 등주(登州)와 내주(萊州)에서 옹진반도의 예성강을 거쳐 개성에 이르는 북방노선에서 북방 유목민족과의 정치관계변화의 영향을 받아 명주(明州, 定海)에서 흑산도를 거쳐 예성강에 이르는 남방노선으로 변경하였다. 그러나 양국간의 외교관계가 중단된 시기에도 상인의 왕래는 지속되어 실질적인 외교관계를 유지하는 등 양국상인을 통한 경제교류는 정치외교관계의 개선과 유지에 크게 이바지하였다.

상업의 발전은 상품 교환의 매개체인 화폐의 발전을 촉진시켰다. 송대 화폐는 금속화폐로 동전과 금, 지폐로 교자(交子),회자(會子) 등이 있었다. 태조시기에 당의 개원전(開元錢)을 표준으로 한 송원통보(宋元通寶)를 발행했고, 연호전(年號錢)의 시작인 태평통보(太平通寶)와 순화원보(淳化元寶: 태종이 친히 글자를 씀) 등을 주조하였다.

그 후 송은 정치군사적인 문제에 대한 해결을 위해 재정의 수요가 증가되면서 인종시기에는 당십전(當十錢)과 같은 동철전을 주조하였고, 휘종시기에는 채경(蔡京)의 주도아래 협석전(夾錫錢)을 주조하였다. 화폐의 보급과 사용의 증가는 농업 생산물의 상품화와 더불어 농촌사회의 경제력을 크게 향상시켰다.

그러나 북방 유목민족에 대한 세폐(歲幣)의 부담증가와 동전의 해외유출은 화폐부족 현상을 초래해 점차 화폐질서가 문란해졌다. 또한 상업의 발전은 사용하기 편리한 지폐 출현을 요구해 지폐와 어음의 발달을 가져왔다. 송대 지폐는 태종 순화·지도년간(淳化至道年間: 990~997)에 사천(四川)지역 부호(富戶) 16호가 상호 연대해 교자무(交子務)를 설치하고 교자를 발행해 사용하였다. 교자의 발행에는 일정한 지불준비금제도가 있었고, 유통기한도 3년으로 제한해 3년마다 한번씩 새로운 교자를 발행하였다.

그러나 인종시기에 이르러 3용의 폐난 등 누적된 폐단으로 인한 재정부족과 서하를 비롯한 북방유목민족과의 전쟁으로 인한 군사비 부족을 해결하기 위해 정부에서 직접 교자무를 설치해 발행하면서 무절제한 발행량의 증가와 가치하락을 가져와 실질적인 기능을 상실하게 되었다.

휘종 대관(大觀) 원년(1107) 교자를 전인(錢引)으로 명칭을 바꾸고 전인무를 설치 발행하였으나 실패하였다. 남송대에는 인자(引子) 또는 천인(川引)을 발행하였으나 가치의 하락으로 금전이 사용되게 되었다. 고종 소흥(紹興) 원년(1131) 유가증권의 어음일종으로 차와 염(鹽)을 바꿀 수 있는 관자가 등장해 현물과 바꿀수 있도록 하였다. 또한 교자를 대신해 소흥 30년(1160) 회자무를 설치해 지폐인 회자(會子)를 발행하였다. 처럼 상업의 발달과 화폐의 발달은 밀접한 관계를 가지고 있었으나 화폐의 남발, 특히 남송에 이르러 재정과 물가불안을 가져오는 불합리한 점을 드러내 보였다.

4. 원의 건국과 발전

가. 원대 사회의 특징

테무진이 몽고 내부와 주변의 몽고계와 투르크계 등 제부족을 통일하고, 1206년 징기스칸으로 추대되었다. 그 후 만주와 남방의 서하와 금 등과 정복전쟁을 일으키고, 1215년에는 금의 수도 연경을 공략하였다. 1219년에는 아시아와 유럽 등지를 정복해 동유럽과 이란 북부에까지 이르렀으며, 아무다리아 유역 최대 강국인 호라즘을 격파하여 1255년에는 남쪽으로 인더스강 유역, 서로는 카스피해에서 남러시아에 이르는 중앙아시아 전역을 지배하였다.

징기스칸은 광대한 영토를 직접지배하기 위해 정복지를 가산(家産)의 개념으로 하는 4한국(汗國)으로 분봉(分封)정책을 시도하였다. 그 후 쿠빌라이칸(세조, 재위 1271-1294)은 수도를 북경으로 천도하고 대도라 하고, 국호를 원이라 하였다.(1277) 그리하여 이른바 중국을 직접지배하게 되었다.

세조가 즉위하는 중통원년(中統元年: 1260)을 분기점으로 그 이전을 몽고제국시대(1206-1260)와 그 이후를 원제국시대(1260-1368)로 구분하며, 원제국 성립으로 종래 이동생활위주의 유목적 성격은 정착생활 위주의 중국적 정복국가 체제로 변화하였다. 다양한 민족과 다문화사회를 몽고인 지상주의에 입각하여 민족적 신분차별제도를 통하여 통치하였다. 제1계층은 몽골인(국인), 2계층은 색목인으로 흉노, 서역, 요, 금, 정복전쟁 수행과정에서 직·간접적으로 도움을 주거나 동조한 민족, 3계층은 한인으로 요나 금의 통치하에 있었던 사람, 4계층은 남인으로 남송대의 한인. 학문적으로는 우수하나 사회차별 받는 계층이었다. 이러한 차별대우는 결국 반몽고적 감정을 유발하여 종교분쟁을 계기로 민족분열을 야기하였다.

나. 동서 문물교류

몽고제국은 13·14세기 유라시아의 대부분 지역에서 정치질서를 확립하고 동서간의 문물교류도 활발하게 진행되었다. 원조가 추진한 교역로의 개척과 역참제도의 정비는 동서문물교류를 크게 촉진하였다. 당시 동서를 연결하는 교통로는 크게 초원길과 비단길 그리고 바닷길(海路) 3가지가 있었다. 초원길은 흑해 북동부에서 동몽고에 걸친 북위 50도의 초원지대로서 기원전 7-2세기에 활약했던 스키타이 기마민족에 의해 개척되었다. 즉 대도(大都)와 카라코룸(和林)에서 알타이산을 거쳐 키르키즈(Kirghiz) 초원을 지나 볼가강 하구에 있는 킵차크칸국의 수도인 사라이(Sarai)에 이르는 북로였다.

비단길은 중국의 견직물이 이 길을 통해 서방에 전래되면서 생긴 이름으로 무제시기에 서역에 파견된 장건(張騫)이 개척한 길이다. 13·14세기경에는 비단길을 이용하여 파미르고원과 사마르칸드를 거쳐 카스피해와 아랄해에 이르렀다.

바닷길은 당송 이래 크게 발달한 길로서 항주와 천주에서 출발하여 인도차이나 반도를 거쳐 인도양을 따라 페르시아만과 호르무즈를 거쳐 바그다드와 타브리즈에 이르는 길로 여기서 다시 비단길을 이용하여 지중해에 도달하였다.

1219년에서 1222년경 징기스칸의 원정을 따라 갔던 옐취 추자이는 『서유록』이라는 기행문을 남겼고, 전진교(前眞教)의 조사(祖師)였던 구처기는 징기스칸이 산동과 사마르칸드 지역을 정복하자 『장춘진인서유기(長春眞人西遊記)를 남겼다. 이 책들은 동서 교통사연구에 중요한 자료가 되고 있다.

한편 가톨릭 신부인 플라노 카르피니(Plano Carpini)는 교황의 명으로 몽고를 방문한 보고서이며 여행기인 『우리가 타타르인이라 부르는 몽고인의 역사』를 썼으며, 루브루크(William de Rubruch) 역시 교황의 명으로 초원길 등을 통해 중국에 왕래 한 후 『루브루크 여행기』를 썼다.

원대에 유럽에서 온 사람으로 『동방견문록(東方見聞錄)』을 쓴 마르코폴로가 유명하다. 그는 쿠빌라이 시기에 중국에 와서 17년동안 관직에 있다가 돌아가 정밀한 관찰력으로 북경의 규모와 궁정 생활의 실태, 석탄과 지폐의 사용, 역잠제도, 수출입상품과 관세에 대해서 상세한 기록을 남겼다. 원말기 모로코 여행가 이븐 바투타(Ibn Battutha)는 중국을 여행하고 여행기인 『삼대륙주유기』를 써서 중국을 소개하였다. 또한 가톨릭의 포교를 위해 연경(燕京)에 교회를 세우고 30년간 포교활동을 한 몬테 코르비노(Monte Corvino)가 유명하다.

동서문화교류에서 가장 뚜렷한 현상은 이슬람문화의 유입으로 이슬람문화의 색채가 농후해진 것이다. 이슬람교가 중국에 전해진 것은 당대였지만 송대까지는 교세를 크게 떨치지 못했다. 그러나 원대에 색목인에 대한 우대와 경제면에서 이슬람 상인들의 역할이 중요해 짐에 따라 중국 각지에 분포되기 시작하였다. 이슬람교도는 중국 본토로 들어오는 관문인 감숙성과 섬서성, 내몽고 그리고 만리장성을 중심으로 한 화북지방과 강절지방에 널리 퍼졌다. 이슬람교는 회회교(回回教)라고 하며 그 사원은 회회사(回回寺)라고 하였다.

이슬람교도는 색목인들 중에서도 문화적으로 가장 우수한 민족으로 원조에 천문과 역법 및 자연과학에 많은 영향을 미쳤다. 이란인 자말 웃딘(Jamal ud-Din)은 회회사천대(回回司天臺)의 장관으로 1267년 서역의상(西域儀象)이라는 천문관측기와 만년력(萬年曆)이라는 달력을 만들었다. 또한 사천소감(司天少監) 쿠와말 웃딘은 회회력을 만들어 사용하였고, 회회사천대에서 사용하던 천문학관계 도서와 관측기구 등은 모두 페르시아 계통문화였다.

원은 이슬람문화를 사용하는 데 그치지 않고 전통적인 지식과 종합하여 새로운 문물을 창조했다. 그 대표적인 예가 곽수경(郭守敬)의 수시력(授時曆)이다. 한편 지리학 방면에서 주사본(朱思本)은 아라비아의 지도제작법을 배워 새로운 지도를 제작하였는데, 그 수정본이 명대 황여도(皇輿圖)이다.

원대 이슬람문화에 대한 수용은 이들 민족에 대한 관용적인 계급정책과도 영향을 가지고 원대 사회에 깊숙이 전래되었다.

남송 정복에 큰 역할을 했던 무기인 회회포(回回砲)도 알리웃딘과 이스마일이라는 포술사가 만든 것으로 남송 양양성 함락에 이용하여 큰 성과를 보았다. 서방문화는 이외에도 의학, 음악, 공예 등 다양한 방면에 걸쳐 전래되었다. 한편 중국의 인쇄술, 화약, 나침반, 도자기 기술같은 문화가 서방에 널리 전래되었고, 수리관개와 역참제도가 서방에 전래되었다.

다. 서민문화의 성숙

원대 문화의 특징은 국제적이며, 수용성이 강한 다민족 다문화이다. 원은 민족차별정책과 몽고인지상주의를 추구하여 전통 중국문화를 배척하자, 관리진출의 기회를 상실한 한인사대부 계층을 중심으로 한 서민문화가 크게 발달하였다. 그리하여 중국사회의 지도층으로 절대적인 지위를 차지하고 있던 유학자들이 몰락하여 사회계층에서 9등급으로 10등급인 걸인보다 한 단계 위로서 비생산적이며 쓸모없는 인간으로 취급되었다. 다만 한인 유자들 중에는 원조의 중국통치에 중용되었던 사람들도 소수 있었다.

남송시대 강남지역은 상업도시의 번성과 더불어 시문(詩文)을 선호하는 서민들이 크게 증가하였다. 또한 이러한 경향이 성하면서 문인조직이 생겨나고 직업에 관계없이 가입할 수 있었으며, 상인들의 적극적인 지원도 받았다. 서민문화의 열기 속에서 각지에 시사(詩社)가 생겨나서 자유분방하고 흥미있는 『수호전』, 『삼국지연의』와 같은 문학작품이 생겨났다. 원대 발전한 문화의 형태는 명대에 계승되어 서민화와 통속화가 더욱 심화되었다.

한편 원대는 서방문화의 유입으로 종교의 다양화가 이루어졌다. 티벳불교인 라마교는 밀종(密宗)의 일파로 세조시기에 전래되어 황실의 신봉을 얻어 확대 유포되었다. 국가의 보호를 받은 라마불교 사찰은 막대한 토지를 점유하고 사회에 많은 폐단을 가져왔다. 이외에도 원대는 기독교, 도교, 회교 등 다민족 다종교의 국가로 문화에 편견을 갖지 않은 포용성이 강한 국제문화를 이룩하였다.

동서문화의 교류는 원왕조에 외형적인 문화형성에 영향을 주었지만 전통적인 문화는 보존 발전되었다. 그 가운데 주자학의 북방전래와 광범위한 확산을 들 수 있다. 주자학의 북방 전래는 원 태종 7년(1235) 남송 유학자인 조복(趙復)이 수도에 태극서원(太極書院)을 개설하면서 전파되었다. 그 후 조복과 허형(許衡: 1209-1281)이 국자학을 중심으로 황권강화와 관료정치의 운용, 그리고 교육제도와 관리등용을 건의하여 유학의 관학화를 추구하였다. 그 결과 인종(1312-1320) 황경 2년(黃慶: 1313) 과거제도 부활에 대한 조서를 내리고, 연우 2년(延祐: 1315) 주희의 『사서집주』를 기반으로 한 과거시험을 실시하였다.

원대 학술사상은 조복과 허형, 유인(劉因: 1249-1293), 그리고 오징(吳澄: 1249-1333)으로 대표된다. 이들은 모두 실천궁행을 중히 여겼으나 이론적으로 큰 발전이 없었다. 그러나 육학파(陸學派)로 불리는 오징은 주자학과 육상산학문의 절충론으로 유명하다. 그리고 원대 유학가들은 원말의 혼란한 과정에서 주원장 군단에 적극 협력하며 명조(明朝) 건설의 사상적 기반을 제공하였다.

불교는 서역문화의 전파와 색목인들에 의해 새로운 방향으로 발전되었다. 몽고 초기에는 선종(禪宗)과 천태·화엄·정토종 등 여러 종파가 강남지역에서 성행하고 조정의 보호를 받으면서 교세를 확장해 갔다. 한편 티벳 고승(高僧) 파스파(八思巴)를 국사(國師)로 초빙하면서 티벳불교인 라마교가 크게 성행 발전하였다. 라마교는 6·7세기경 티벳 토속종교와 대승불교가 혼합된 불교의 일종이다.

원은 불교 교리에는 큰 관심이 없고 신비스런 주문과 기도방법에 현혹되어 황실과 귀족을 중심으로 전파되었다. 세조시기에 가장 성행하여 라마교 대사원을 건축하는 등 황실의 보호와 장려를 받아 성행하였다. 그러나 라마교의 성행과 발전은 원 멸망의 중요한 원인의 하나가 되기도 하였다.

5. 명의 건국과 발전

명의 건국은 정복왕조인 원을 몰아내고 한인왕조를 부흥하여 중화제국 질서를 재차 완성하였다. 명은 전통문화의 부흥과 함께 재상직의 폐지와 과거 문장성식인 팔고문제도를 통한 과거제도 실시 등 제반의 조처를 통해 황제독재권을 형성하였다. 또한 새로운 지배계층인 신사계층을 중심으로 향촌지배질서체제인 이갑제의 운용을 통해 황제 일원적 지배체제를 형성하였다.

송원대를 이어 발전한 상업은 상업자본주의의 맹아시기로 규정할 정도로 상품의 다양화와 생산규모의 확대와 기술 발전을 이룩하였다. 왕양명이 제창한 양지(良知)·지행합일(知行合一), 치양지(致良知)의 양명학의 성립으로 학문의 대중화를 이루었다. 서민의 사회의식 성장은 중국 전통문화의 완숙한 경지에 이르게 하였다. 그러나 환관의 폐단과 토지겸병이 중국역사상 가장 심했던 시기로 분류되고 있다. 그 결과 이자성을 중심으로 한 농민반란에 의해 명조가 실질적인 멸망을 가져왔으며, 만주족에 의한 중국지배를 다시 허용하였다.

가. 명대 사회의 특징

원말 농민반란이 진행되는 과정에서 주원장은 유생과 결합하여 강력한 세력으로 성장하였다. 그 가운데 이선장은 한 고조의 정치체제를 모델로 할 것을 건의하였고, 유기(劉基)는 전쟁과 군사제도에 대한 책략과 관리등용법(과거문장 형식-팔고문제도 실시)건의, 송렴(宋濂)은 국가 전장제도의 기초 마련하였다. 그리하여 주원장 집단의 성격은 농민정권 또는 지식인 집단의 대리 정권 등으로 칭해진다.

명 태조 주원장은 명을 건국한 후 몽고 풍습을 일소하고 한민족의 풍습을 회복하기 위해 부모에 대한 효도, 윗사람에 대한 공경 등 유교에 기초한 여섯 가지 가르침(六諭)을 반포하였다. 또한 주자학을 관학으로 삼아 학교교육을 강화하고 과거제도를 실시하였으며, 당율(唐律)을 기반으로 대명율(大明律)과 대명령(大明令)을 반포하였다.

주원장은 원대 이래 황폐한 농촌의 생산력을 회복하여 농민의 생활안정과 국력회복을 시도하였다. 명 건국 이전인 1351년 영전사(營田司)를 설치하여 황하와 양자강에 대한 대규모 치수사업을 통해 황무지개간에 주력하였다. 또한 다수의 유민(流民)을 화북지방으로 이주시켜 둔전을 경작하게 하였다.

전국적으로 토지측량과 인구조사를 실시하여 물고기 비늘모양의 토지 면적과 소유주 등을 기록한 토지대장인 어린도책(魚鱗圖冊)과 각 호(戶)의 토지소유와 가족 수 그리고 조세부담액을 기록한 호적대장인 부역황책(賦役黃冊)을 작성하였다. 부역황책은 1381년 전국적으로 작성한 후 10년마다 개편하였다. 그리고 농업생산력 회복과 함께 새로운 세제(稅制)를 시행하기 위해 향촌조직으로 이갑제(里甲制)를 시행하였다.

이갑제 실시 목적은 이장과 갑수에 의해 부역황책의 작성과 조세징수, 부역부과 및 이내의 권농(勸農)과 교화, 재판 등을 자치적으로 처리하게 하였다. 한편 연좌법을 실행하여 상호감시를 통해 농민의 유민발생과 호구의 은닉을 방지하였다.

태조 홍무(洪武)9년(1376) 호유용의 난을 기화로 중서성에 설치된 평장정사(平章政事)와 참지정사(參知政事)를 폐지하고, 이듬해에 통정사사(通政使司)를 설치 내외 장주(章奏)를 중서성을 거치지 않고 직접 황제에게 보고하도록 하여 황제권을 강화하였다.

원대에 민정과 군정을 총괄하던 지방 최고행정기구였던 행중서성(行中書省)을 폐지하고 행정을 담당하는 포정사사(布政使司)와 군정을 담당하는 도지휘사(都指揮使), 감찰을 담당하는 안찰사(按擦使)를 분리 설치하여 황제에게 직속시켰다. 이는 중서성의 기능을 축소하고 지방분권적 행정체계를 통해 중앙집권적 황제지배체제의 강화를 이루고 한 것이었다.

1380년(홍무13년) 재상이었던 호유용(胡惟庸)의 난을 계기로 대옥사 사건이 발생하여 이 사건과 연루되어 처형된 사람이 10여 년간에 걸쳐 3만 여명에 달했다. 이를 계기로 중서성이 폐지되고 재상직이 없어져서 6부가 황제에게 직속되어 황제가 재상직까지 겸임하여 정무를 장악하여 황제권을 절대화하고자 하였다.

주원장은 언관(言官)의 지위를 높여 중앙과 지방의 관리에 대한 감찰을 담당하도록 하였다. 어사대 대신 도찰원을 설치하여 감찰기관으로 삼고, 좌(左)·우(右)도어사(都御使)와 감찰어사(監察御使)를 두고 조정의 관리들을 탄핵하게 하였다. 지방에는 순안어사(巡按御使)를 파견하여 황제의 지방 순행을 대신하도록 하고, 지방관에 대한 규찰과 탄핵을 담당하도록 하였다. 이외에 형부, 대리사(大理寺), 도찰원의 삼심제도를 설치하여 상호 견제와 공정한 법집행을 추진하였다.

한편 군사제도의 개편을 단행하여 원의 추밀원을 계승한 대도독부(大都督部)를 폐지하고 5군도독부(五軍都督部)와 병부로 나누어 군무를 담당하게 하였다. 병부는 군대를 관리하고 파견할 수는 있었으나 통수권은 없었고, 5군도독부는 군대를 통괄하였으나 파견권이 없었다. 이처럼 상호 견제를 통해 군사권을 황제에게 집중시켰다.

병제(兵制)로서 위소제도(衛所制度)를 두었다. 명초에 군사상 중요한 진(鎭)에는 위(衛)를 설치하고 그 다음으로 중요한 곳에는 소(所)를 설치하였다. 대체로 120명이 백호소(百戶所), 1,200명이 천호소(千戶所), 5,600명이 위(衛)를 이루고, 백호(百戶), 천호(千戶), 위지휘(衛指揮) 등의 관리가 다스렸다. 병사들은 세습되어 병적에 등재되고 토지를 지급받아서 평상시에는 둔전을 경작하고 유사시에 출정하였다. 전쟁이 끝나면 각기 위소로 돌아가고 장수들은 병부(兵符)를 반납하여 전횡을 막았다.

주원장은 과거시험의 형식과 내용에 엄격한 제한을 두는 성문형식(成文形式)인 팔고문(八股文)제도를 실행하였다. 팔고문은 태조시기에 유기(劉基)의 건의에 의해 8단계의 문장 구성형식을 규정한 것으로 이학가의 전주(傳注)를 위주로 하였다. 이는 과거시험 문장 구성에 있어서 응시자 자신의 학문이나 사상을 나타낼 수 있는 유통성이 제한되어 폐단이 컸다.

홍무 31년(1398) 주원장이 죽고 손자인 주윤문(朱允炆)이 즉위하여 혜제(惠帝,建文帝)가 되었다. 그러나 혜제는 나이가 어리고 영단(英斷)이 부족하여 황실 내부의 모순이 표출되었다. 혜제는 즉위한 후 봉건 제왕의 세력을 제한하는 삭번(削藩)정책을 주장하던 제태(齊泰), 황자징(黃子澄), 방효유(方孝孺) 등을 기용하여 일년 남짓한 동안에 비교적 세력이 약한 주왕(周王,橚,개봉지역), 상왕(湘王,柏,荊州지역), 제왕(齊王,榑,青州), 대왕(代王,桂,大同), 민왕(岷王,楩,云南)등 5개 번왕을 삭감하거나 폐지하였다. 그리고 계속해서 삭번정책을 시도하고자 하였다.

당시 북경의 연왕(燕王) 주체(朱棣)는 주원장의 넷째아들로 10만의 병력을 소유하고, 몽고토벌에 혁혁한 공을 세운 사람으로 가장 강한 세력을 형성하고 있었다. 그는 당시 삭번정책에 반발하는 간신들을 제거한다는 명분을 들어 1399년(건문원년) 7월 정난(靖難)의 역을 일으켰다. 그 결과 4년에 걸친 전쟁 끝에 남경을 함락하고 건문제는 행방불명이 되었으며, 제태·황자징·방효유 등은 모두 주살되었다.(1402) 연왕은 즉위하여 연호를 영락(永樂)이라 한 성조(成祖: 1360-1424) 영락제이다.

영락제는 즉위 후 삭번정책을 계속 추진하여 번왕들의 세력을 약화시키고 군정의 대권을 황제에게 집중시켜 분열과 할거를 종식하였다. 그는 변방의 원 잔존세력인 타타르와 오이라트의 위협을 방어하기 위해 정치 군사적 중심지였던 북경으로 천도하였다.(1421년) 북경천도이후 북방지역에 대한 방어가 용이해졌고, 통일체적인 발전을 가져올 수 있었다.

영락제는 정난의 역 때 적극적으로 호응한 환관에 대해서 영락 8년(1410) 감찰과 정보기관으로 동창(東廠)을 설치하여 감독하게 함으로써 환관의 세력이 재등장하게 되고, 환관의 폐단이 극심하게 되는 계기를 이룩하였다.

또한 대외정책을 적극 수행하여 국내의 비판세력을 약화시키고, 불만을 가진 남경의 군대와 관리들을 자신의 통제하에 재편할 기회로 삼았다. 영락제는 1410년부터 15년간 5차례에 걸쳐 몽고지방의 타타르부와 오이라트 부족 등 원의 잔존세력을 소멸시키는 성과를 거두웠다. 또한 만주의 여진족에 대한 정벌을 단행하여 흑룡강부근과 장백산 부근까지 다스리게 되었다. 영락 4년(1406)에는 남으로 안남(安南,베트남)을 복속시켜 교지포정사(交趾布政司)를 두었고, 환관 정화(鄭和)를 파견하여 대규모의 해상원정을 단행하였다.

태조는 해금령(海禁令)을 실시하여 중국인의 해외도항을 금지시켰으며, 남해제국의 조공까지도 3년에 1번으로 제한하였다. 그러나 영락제는 1405년에서 1433년까지 7회(선종때 1회)에 걸쳐 정화를 파견하여 해외진출을 시도하여 주변국가와의 조공무역의 유치와 무역활동을 전개하였다. 그 결과 남양(南洋)에서 인도양으로 나아가 아프리카의 동해안까지 이르는 세계에 명조의 국력을 알리고 30여 국가로부터 조공을 받았으며, 동남아시아에 화교 진출의 기반을 이룩하였다.

정화의 해외원정은 중국인들에게 해외에 대한 인식을 새롭게 하였으며 다음과 같은 몇 가지 긍정적인 의미를 가지고 있다. 첫째, 아시아 각국과의 정치·경제적 관계를 강화하였다. 둘째, 중국인의 항해기술 발전과 지리에 대한 지식을 풍부하게 하였다. 셋째, 중국 항해사상 훌륭한 쾌거였다. 이 항해역정은 장거리이었을 뿐만 아니라 많은 나라를 거치는 전대미문의 쾌거였다.

나. 과거제도의 부활과 학교교육

중국의 문화는 과거제도와 학교교육이 서로 밀접한 관계를 유지하면서 전개되어 내려왔다. 그런데 명대처럼 과거제도가 문화에 절대적 영향을 준 시대도 드물다. 학교교육이 과거에 얽매여 마치 과거준비를 위한 준비소로 전락하였을 뿐만 아니라 학교교육의 결과에 주어진 학위가 신분계층화한 시대도 없다.

명대는 송대 과거제와 학교교육을 계승하여 발전시켰다. 그러나 과거와 학교교육은 그 운영과 내용 면에서 명대 특유의 성격을 지니고 있고, 이것이 명대의 사회와 문화를 지배하는 중요한 요소로 작용하게 되었다. 명의 과거제도는 송대와 같이 지방에서 실시된 향시(鄕試)와 경사(京師)에서 거행되는 회시(會試), 그리고 황제가 친히 시험을 보는 전시(殿試)의 3단계가 있다.

명의 과거 시험은 우선 지방의 향시에 응시하는 수험생은 반드시 부·주·현의 학교출신자로서 생원(生員: 속칭 秀才)의 자격을 가지고 학교의 성적이 우수해야 한다. 이것은 명대에 과거와 학교교육이 밀접하게 관련을 갖게 되는 요인이 되면서 교육과 과거가 유학하는 결과가 되었다.

유학(幼學)에 들어가기 이전의 유학응시자를 동생(童生)이라 하며, 동생은 제학관(提學官)이 주관하는 입학시험에 합격해야 생원이 된다. 그뿐만 아니라 송대의 1회에 한한 것과 달리 향시의 합격자인 거인이나 회시의 합격자인 진사, 향기의 응시 자격자 생원은 모두 한번 합격하면 평생동안 그 자격을 지니게 된다. 이는 명대의 신사계층(紳士階層)을 대량으로 양성하면서 신사계층이 정치·사회에 큰 영향력을 행사하게 하는 원인으로 작용하였다.

명대(明代)의 과거시험에는 반드시 팔고문으로 답안을 작성해야 한다. 명대는 과거시험에도 복고주의 경향이 나타나 유교경전만으로 시험을 치렀다. 출제범위는 4서(書)(論語·孟子·大學·中庸)와 5경(經)(詩·書·易·禮記·春秋)에 국한

되었고, 그 답안은 반드시 팔고문으로 작성해야만 했다.

팔고문은 태조의 홍무 18년에 유기의 건의에 의해 8단계의 문장구성 형식을 규정한 것으로 헌종(憲宗) 성화(成化) 23년의 회시 때 완비된 유교경전의 시험답안 작성형식이다. 팔고문은 서체와 형식이 까다롭고 엄격하며, 심지어는 글자 수까지 제한했기 때문에 자유로운 사상과 감정의 표현을 제약하였다. 따라서 모든 수험생은 창의적 노력보다는 팔고문의 형식을 익히는데 온 힘을 기울였다. 명대를 통하여 왕양명을 제외하면 훌륭한 문인이나 대사상가가 배출되지 못한 것은 바로 팔고문에 의한 창의력의 제한성 때문이라고 볼 수 있다.

태조는 중앙에 국자감으로 두고, 지방의 학교로는 부학(府學)·주학(州學)·현학(縣學)이 있었다. 국자감의 학생은 주로 관료와 토사(土司: 소수민족의 세습적 족장)의 자제들로 이들은 조정으로부터 식량을 지급 받았으며 학생 본인과 가족 중 2정(丁)은 잡역을 면세받았다. 그들은 졸업 후 성(省)과 부·현의 관리로 임명되었다. 지방의 학교에 들어가려는 학동(學童)은 시험을 거쳐 입학되었으며, 이곳에 입학하면 생원이 되었다. 부학·주학·현학은 서로 예속관계가 없으며 성적이 우수한 생원은 과거시험에 응시하거나 국자감에 진학할 수 있었다. 지방학교의 학생들도 국자감의 학생들과 같은 특권을 부여받았으나, 정치적인 진로에서는 국가감의 학생들보다 못하였다. 또 태조는 황제권을 강화하고 이를 유지하기 위하여 원대부터 내려오던 서민교육기관인 사학(私學)을 강화시켜 지방민의 교화에 이용하였다.

명대 과거제도나 학교교육은 지식인을 사상적으로 속박하여 틀에 박힌 고정관념 속에서 행동하게 하고 또 독서인으로 하여금 충실한 황제의 신하로 행동하도록 만들었다.

다. 명대 상업 자본주의 맹아론

명대 각종 산업의 발달은 상업의 발달을 촉진시켰다. 상품경제의 발달은 농촌사회의 변화를 가져왔다. 또한, 지주전호제의 재편성과 이갑제의 해체, 부역제도의 개혁은 신분질서체계에 커다란 변화를 가져왔다.

한편, 시민계층의 출현과 실용주의 학문의 발달은 의식변화를 가져왔으며, 생산과 교환의 경제활동에 상업자본주의 맹아의 기틀을 형성하였다. 또한 이갑제 하에서 자급자족의 영역을 벗어나지 못하던 자작농이 수공업을 통한 상품생산자로 전환되면서 봉건사회의 자연스러운 해체를 가져왔다.

중국사에 있어서 16세기 후기에서 17세기 중기는 여러 면에서 사회변화가 현저하게 이루어진 시대이다. 이는 명·청의 왕조교체라는 정치적 변천만이 아니고 사회와 경제전반에 걸친 구조적 변혁이 진행되었음을 의미한다.

명말청초기 상업자본주의 맹아론 연구의 배경에는 식민사관에 의한 사회 정체론(停滯論)을 극복하고 중국의 역사 속에도 세계사의 보편적 법칙성이 존재함을 밝히려는데 그 목적이 있다. 여기에는 아편전쟁 이전의 중국사에 있어서도 주체적이고 자생적인 자본주의의 싹이 내재한다는 인식을 배경으로 하고 있다.

그러나 명대 자본주의 생산관계는 아직 미성숙의 단계였다. 그 원인은 사회경제적 상황이 매우 불균등하여 상품경제의 발달이 지역에 따라 격차가 컸으며, 원료생산과 상품생산의 분업이 보편적이지 못했기 때문이다. 그리고 수공업 공장이 출현되었다고 하나 생산체제에서 소생산 경영이 지배적인 상황이었다. 특히 상업자본이 산업자본으로 유입되는 현상도 지극히 초보적인 단계로서 상업자본이 토지에 투자되거나 고리대로 전환되는 경우가 보편적이었다. 또한 봉건국가로서 사회신분질서체계의 속박이 상품경제의 발전에 큰 장애요인이었다는 문제점을 지니고 있다.

6. 청조의 건국과 발전

명말 농민반란과 사회혼란을 계기로 중국에 진입한 만주족은 뛰어난 정치성을 발휘하여 한인왕조를 대신하여 청(淸)을 건국하였다. 청은 한인에 대해 강경책과 회유책을 병용하는 양면정책을 통해 통치하였다. 청조는 명대 과거제도를 계승하여 한인 신사계층을 통치권으로 흡수하여 통치를 공고히 하는 반면, 문자의 옥을 통해 사상을 통제하는 등 강경책을 폈다. 청조는 강희제 시기에 이르러 삼번의 난을 평정하고 대만을 지배함으로써 중국의 완전지배를 이룩하였다.

학문과 정치의 단절이 강화되면서 학문을 위한 학문을 추구하는 학문연구방법인 고증학이 유행하였으며, 경서이외에 사서(史書)의 연구가 중시되는 등 학문의 분화와 다양화를 이룩하는 계기를 마련하였다.

또한 서양문물의 유입으로 청대 정치·경제·사회 문화 등 제 방면에 서양의 영향을 받아 전개되는 등 변화를 가져왔다. 이후 청조는 황제 전제체제의 모순과 한계를 노출하고, 서구열강의 중국강점이라는 시대조류 앞에 무너지면서 서구 열강의 경제적 침탈 대상이 되었다. 그 후 청조는 외세에 대한 대응이라는 구호를 내세우며 근대화 운동이 시작되었다.

가. 청대사회의 특징

청조의 중국지배는 명의 지배층 관료와 향신들을 적극 수용하여 그들의 협조로 가능하였다. 청조는 입관 후 강남지방의 반청세력을 평정하는데 도움을 주었던 한인세력을 우대하였다. 그 가운데 운남지역 오삼계와 광동지역 경계무(耿繼茂), 복건지역 상가희(尙可喜,후에 손자인 경정충이 계승)등 삼번(三藩)세력이 있었다. 청조는 이들 세력을 이용하여 한인들을 다스리는 이한제한(以漢制漢)의 정책을 취하였다. 그러나 삼번은 지방에서 군사, 인사행정, 재정권을 장악하고 반독립체적인 세력을 형성하여 청조의 발전과 중국지배에 큰 위협적인 존재가 되었다.

특히 삼번세력의 전횡과 발호는 지방 분권의 경향을 초래하여 완전한 중국지배를 실현하려는 청조로서는 큰 문제였다. 강희 12년(1673) 상가희는 번왕(藩王)의 지위를 아들에게 세습시키고 자신은 고향인 요동으로 귀향할 것을 청하였다. 강희제는 이 기회를 이용하여 전체의 번(藩)을 철폐할 것을 명하였다. 그러자 오삼계와 경정충은 청조의 의중을 알아보기 위해 스스로 철번하겠다는 상소를 올렸다. 강희제는 철번의 요청을 순순히 허락하였다. 그리하여 오삼계는 반청복명의 구호를 외치며 청조에 반기를 들자 다른 2개의 번도 호응하여 반란이 일어났다.

삼번의 세력은 한때 10여 개의 성을 함락하는 등 세력을 크게 떨쳤으나 오삼계가 주장한 반청복명의 구호는 남명정권을 무너뜨리고 명조를 멸망시킨 장본인이었다는 인식으로 큰 호응을 얻지 못하였다. 또한 청조의 적극적인 진압책략으로 1677년 왕보신(섬서지역)과 경정충 그리고 상가희 등이 항복하였고, 1681년에는 오삼계의 손자 오세번이 자살함으로 삼번의 난(1673-1681)은 평정되었다.

이를 계기로 청조의 중국본토에 대한 완전한 지배가 이루어졌으며, 한인들에게 청조에 저항하는 것이 불가능하다는 인식을 심어주었다. 또한 강희제는 대만에서 청에 대항하고 있던 정성공 세력을 평정하여 진정한 중국지배를 이룩하였다.(1683)

만주족이 세운 청조는 3백년 가까이 한인을 통치하였으며 순치제, 강희제, 옹정제(雍正帝),건륭제(乾隆帝)에 이르는 150여 년간이라는 장기간의 전성시대를 유지하며 대제국의 위용을 갖추었다. 이는 청조가 실행한 강경과 회유책을 효율적으로 이용하여 한인을 지배한 이중지배체제도 큰 역할을 하였다. 또한 만주족의 민족특성인 고도의 정치성과 모방능력과도 밀접한 관계가 있다고 보여진다.

순치 7년(1650) 순치제가 친정을 하면서 명조의 관제를 계승하고 한인관료의 활동이 두드러지게 되었다. 이는 한화(漢化)정책의 일면일 뿐만 아니라 중국식 전제군주체제를 추구하여 황권강화를 위한 조처였다. 청조는 산해관에 진입하기 전부터 만주족 풍습인 변발을 강요하는 강경책을 실행하였다. 또한 군사행정조직이며 봉건등급제도인 팔기제도를 운용하여 권력 분산과 함께 중앙집권화를 추구하였고, 강남 신사계층에 대한 탄압도 황제권력 강화라는 일면에서 이루어졌다.

강희제(1661–1722)는 장정롱(張廷鑨)이 『명사』를 간행하면서 서술한 만주사에 대한 기록을 문제삼아 '문자옥사건'을 일으키는 등 강남신사에 대한 강경책을 실시하였다.(1664) 강희제는 강경책의 실시와 함께 한인 지식인에 대해 회유책도 실시하여 명말 유민(遺民)과 지식인들을 한림에 50여명을 제수시켜 『명사』를 편찬하도록 하였다. 강희 50년(1711)에는 대명세(戴名世)가 『남산집』을 편찬하면서 많은 금기사항을 어겼다고 하여 대대적인 옥사를 일으켰다.

반면에 강희제는 자연재황으로 인해 생산량이 감소하면 조세를 감소해 주고 여러 차례 전량(錢糧)을 면제하는 회유책을 펴기도 하였다. 이와 함께 팔고문에 의한 과거를 실시하여 한인계층의 관료진출의 길을 열어 주었으며, 관찬의 서적편찬사업에 참여시켜 통치권 안으로 흡수를 시도하였다.

옹정제(1723–1735)는 강희제의 넷째 아들로 45세의 늦은 나이에 왕위를 계승하고 강력한 이치법의 정돈과 재정정책을 실시하여 13년이라는 짧은 통치기간에 강력한 왕권정치의 기초를 열었다. 특히 지방장관과 황제사이에 비밀상주제도인 주접(奏摺)제도를 실시하여 지방의 현실을 정확히 파악하였다. 또한 천민제도를 폐지하여 양민과 같은 호적에 입적하였다.

그러나 지식인에 대한 통제는 더욱 강해져 엄격한 문자옥을 일으켰다. 예를 들면 옹정2년(1724) 왕경기(汪景祺)는 『서정수필』을 지어 장군 연갱요(年羹堯)의 공적을 칭찬하였다가 옥사하였다. 또한 사사정(查嗣庭)은 강서지방 지공거가 되어 출제한 '유민소지(維民所止)'라는 시험제목이 문제가 되어 옥사하는 등 크고 작은 옥사가 끊이지 않았다. 옹정제는 문자옥을 통해

사상의 통제와 함께 금서(禁書) 538종류 13,800여 권을 제정하여 학문의 발전을 위축시킴으로써 새로운 학문연구 방법인 고증학 출현의 계기가 되었다.

옹정제 사후(1735) 그의 아들 홍력(弘曆)이 등극하여 고종(乾隆帝)이 되었다. 건륭제(1735-1795)는 강희제와 옹정제의 통치기반 위에 회유와 강경책을 교묘히 운영하여 청조 번영의 절정을 이루었다. 그러나 건륭제 후기부터 점차 쇠퇴의 징조를 나타내기 시작하였다. 건륭제는 한인지식인 계층에 대한 강압책과 회유정책을 병용하여 통치권으로 흡수를 실시하였는데 그 중 하나가 『사고전서(『四庫全書』)』의 편찬이다.

편찬과정에서 명청대 사실과 관계있는 부분은 임의로 개자(改字)하거나 탈자(脫字)시켰으며 심지어 요, 금, 원사의 내용까지도 많이 삭제 또는 개작하였다. 건륭제의 정치행태는 만주족 본래의 정신을 손상시켜 청제국의 쇠퇴를 가속화하였다. 또한 무리한 군사비 지출과 전국 각지의 순행(巡幸) 그리고 화신(和珅)을 비롯한 탐관오리의 등용과 같은 관리등용의 문제점으로 인해 건륭제 말기에는 청조의 부패가 격화되고 많은 반란을 초래하여 청조의 몰락을 가속화하였다.

나. 청조의 중국지배체제

청조는 중앙관제를 비롯하여 대부분 명의 제도를 답습하고, 황제의 권위를 대폭 상승시켜 관리들이 황제를 배알할 때 명대는 4-5배(拜)를 하였으나 청대는 3궤(跪)9고(叩)를 하도록 하였다. 황제 면전에서 명대는 시립하였으나 청대는 하궤(下跪)하였고, 상주할 때도 노재(奴才)라는 용어를 사용하도록 하였다.

명대 내각제도는 내각수보의 권한이 강력하여 황권이 상대적으로 약화되는 현상을 보였으나 청대는 내각이 행정실권을 장악하지 못하였다. 청대 내각은 만주인 2인과 한인 2인의 대학사를 두고 만주인이 수석대학사에 임명되었다. 한인을 등용한 것은 한인에게 일정한 지위를 부여하여 불만을 해소하고 상호견제를 통해 지위를 약화시키기 위해서였다.

청 초기에 만주귀족으로 구성된 의정왕대신회의(議政王大臣會議)를 두어 황제와 대신들의 합의를 통해 군국대사를 결정하였다. 강희제 친정이후 관직은 낮지만 우수한 학자를 심복으로 선발하여 남서방(南書房)을 설치하여 황제의 조칙을 작성케 함으로써 의정왕대신회의 권한을 억제하였다. 그 후 옹정제시기에 이르러 군기처(軍機處)를 설치하고 주접(奏摺)제도를 실시하여 황제권을 강화하였다. 군기처는 군사적 필요성에 의해 설치된 임시 군사행정기구였으나 후에 상설화 되면서 최고 정책결정기구가 되었다.

주접제도는 강희제 때 지방행정을 정확하게 파악하기 위하여 중앙의 경관(京官)을 지방에 상주하게 한 것에서 유래하는 것으로 비공식적이었다. 그러나 옹정제는 모든 지방관으로 하여금 보고서를 의무적으로 황제에게 직접 올리도록 하여 지방행정의 정확한 파악과 판단을 할 수 있도록 하였다. 이는 군기처의 업무강화와 함께 옹정제 시기에 중요한 정책결정의 근간이 되었다. 최고 정무기관 이외에 6부를 두어 행정을 분담시키고 감찰기관으로 도찰원과 비서기관으로 한림원을 두었으며, 몽고와 티벳 등 내륙아시아를 지배하기 위해 이번원(理藩院)을 두어 변방에 대한 통치를 강화하였다.

청대 지방행정조직은 전국 18개성(省: 청말에는 東3성과 新疆省등 4성이 추가되어 22성이 되었음)으로 나누었으며 장관으로 총독과 순무를 두었다. 순무는 총독보다 지위상 아래였으나 단독으로 상주할 수 있는 권한을 가지고 총독을 견제하였다. 총독은 1개성 혹은 2-3성에 한 사람을 임명하여 민정과 군정을 총괄하도록 하였다. 순무는 1성에 한 사람을 임명하였고, 그 아래 재정을 담당하는 포정사(布政使), 사법을 담당하는 안찰사(按察使), 과거의 지방 원시(院試)를 담당하는 학정(學政)을 파견하여 시험감독이외에 지방관의 비행을 보고하도록 하여 지방관은 중첩적인 감시를 받았으며, 황제는 지방의 실정에 대해 정확히 파악할 수 있었다.

성아래 주, 부, 현의 각급 행정기관이 설치되었으며, 향촌조직으로 보갑제(保甲制)를 실시하였다. 보갑제는 치안유지가 주였으며, 조세징세나 요역징발은 부수적인 업무였다.

청의 병제(兵制)는 팔기제로서 청조의 정규군이자 청조유지의 군사적인 지주역할을 하였다. 팔기제는 누르하치가 세력을 규합할 때 여진인들 사이에 내려오던 수렵방식을 개편하여 300명을 기본단위로 편성하여 행정 및 군사조직의 기본으로 삼으면서 비롯되었다. 처음에는 황,백,홍,남의 4기였으나 1615년 누르하치가 4기를 증가하여 팔기로 확대하였다. 즉 국민개병제의 원칙아래 만주인을 일원화하여 이를 근간으로 조세·징병·행정통제가 모두 이루어지는 군정합일(軍政合一)제도라 할 수 있다.

팔기군은 만주팔기군이 중심을 이루고 있었으며, 대부분 북경에 주둔하고(禁族八旗), 나머지 소수가 변방 요지에 주둔하였다. 팔기에 소속된 기인들은 병역의 의무를 담당하는 대신에 토지와 전호(佃戶)를 분배받아 사회경제적으로 우대되었다. 이밖에 한족팔기와 몽고팔기에 군사력을 보충하여 전국 각지에 배치시키고 총독의 관할하에 치안유지를 담당하였다.

참고문헌

강길중, 『중국문화와 과거제도』, 중문출판, 1994. 8.

강길중 외 2인, 『중국역사의 이해 』경상대학교출판부, 2004.

강길중 외 2인, 『우아함의 탄생(중국 강남문화사)』 민음사, 2009. 12

강길중, 『송대 관학교육과 과거』, 경상대학교출판부, 2010.

이종규, 『중국문화개론』, 이재석 옮김, 동문선, 1991.

김원중, 『중국문화의 이해』, 을유문화사, 1998.

손융기, 『중국문화의 심층구조』, 박병석 옮김, 교문사, 1997.

홍석표, 『현대중국, 단절과 연속』, 선학사, 2005.

왕순홍, 『중국의 어제와 오늘』, 김덕완, 정차근 옮김, 평민사, 1998.

육학예편, 『21세기 중국사회의 전망』, 김서희 옮김, 주류성, 1999.

이재정, 『중국사람들은 어떻게 살았을까?』, 지영사, 1995.

허핑티, 『중국의 인구』, 책세상, 정철웅 옮김, 1994.

제6장

동아시아 체제의 형성과 발전

1. 동아시아 정치문화권 형성

한(漢)은 무제시기에 흉노를 비롯하여 서북방 유목민족에 대해 전쟁을 포함한 적극적인 정책을 시행하여 통치권으로 흡수하는 등 제국(帝國)의 기초를 형성하고, 광활한 토지확보와 주변국에 대한 정치경제 및 문화의 영향과 지배를 가속화하여 동아시아 정치문화권을 형성하였다.

동아시아 체제 형성과 유지는 한자, 유교, 불교, 율령체제 등 공통요인으로 정신문화적인 측면을 포함한다. 동아시아 정치문화권의 형성을 가져온 요인은 다음과 같이 몇 가지를 지적할 수 있다.

첫 번째는 율령격식(律令格式)의 정형화와 정치조직의 재편이다. 당조는 전대의 혼란을 일소하고 관료제도의 운영 등에 관한 제반 법령들의 개편하는 등 제도운영의 효율성을 추구하였다. 당대는 이를 위한 제도적 장치가 율령격식이었으며, 황제권 강화와 정치조직의 효율화를 위해서 정치조직을 3성 6부제(三省六部)체제로 개편되었다. 당은 황권강화와 부국강병을 통해 고구려, 백제, 신라, 일본 등 동북아시아를 비롯하여 동남아시아에까지 영향을 미치게 되었다.

두 번째로, 당조의 사회경제적인 구조 때문이다. 당조는 전대의 토지제도를 계승하여 정치사회 상황에 맞는 균전제도를 실시하였다. 균전제는 위진남북조 시대인 북위(北魏) 효문제시기 485년에 처음으로 시행되었고, 수당을 거치면서 정치현실에 맞게 운용 발전해 왔다. 균전제는 국가의 장기적인 발전을 위한 소농경제체제의 유지를 위한 제도적인 장치이며, 국가의 생존을 위한 최소한의 기반이었다고 볼 수 있다.[41]

셋째로 부국강병으로 인한 정복전쟁이 활발해진 것도 큰 요인이 될 것이다. 당조는 대외적으로 여러 정복 전쟁을 활발하게 진행했다. 대표적으로 돌궐과 설연타, 그리고 고구려를 들 수 있을 것이다. 이러한 정복사업을 바탕으로 얻어진 광대한 영토를 통치하기 위해서 6개의 도호부를 설치하였다. 또한 영토확장의 결과로 국내의 교통 정비는 물론 활발한 대외무역도 도모할 수 있게 되었다. 대표적으로 사라센과 같은 이슬람 제국이 대표적인 무역대상이며,

또한 양주, 광주 등에 시박사(市舶司)를 설치하여 해외무역을 초유하는 등 대내외적으로 많은 발전을 하였다. 이러한 영향은 당조가 동아시아

---

41 중국 북위(北魏) 이래 북제(北齊)·북주(北周)·수(隋)·당(唐)까지 약 300년간 시행된 북조(北朝)의 토지제도. 한(漢)나라 멸망 후 농민의 유리(遊離) 현상이 두드러져 농지의 황폐가 심하여지자 이런 상황을 이용하여 호족(豪族)의 대토지 사유(私有)가 대대적으로 이루어졌다. 그래서 역대 왕조는 토지개혁에 힘쓰게 되었다.

북위 효문제시기 485년 이안세(李安世)의 건의에 따라 기존의 계구수전제(計口授田制)에 바탕을 둔 '균전 조칙(詔勅)'을 내리고 기준을 정하여 15세 이상의 남녀에게 노전(露田:正田)·마전(麻田) 등의 경작지와 택지(宅地)·원지(園地)를 지급하였으며(여자에게는 남자의 절반을 지급), 만 70세에 이르면 국가에 반납하게 하였다. 또 남자에게는 반납하지 않아도 되는 영업전(永業田)으로서의 상전(桑田)을 따로 지급하였다. 북위에 의해 창시된 균전제는 토지의 사유를 통제·제한하여 겸병(兼倂)을 막고, 국가소유의 토지를 분급(分給)하는 형식으로 생산담당자인 농민들의 이탈을 막고 국가가 이를 강력히 지배하려는 것으로서, 유목국가(遊牧國家)였던 북위가 농경정착화(農耕定着化)하는 과정에서 생긴 제도이다.

당조에 이르러서는 부병제(府兵制)와 표리일체의 것으로 통일되어 토지를 국민에게 공평히 분배하고, 그 토지를 지급받은 국민에게 병역을 부과하여 농민을 교대로 부병으로 징집하고, 이들을 수도와 변경 방어에 근무시켰다. 당나라의 균전제는 정남(丁男: 21~59세)과 중남(中男: 18~20세)에 대하여 전(田) 1경(頃: 100畝)을 지급하여 그 중에서 20무(畝)는 영업전으로서 자손에의 상속이 허용되고, 나머지 80무는 구분전(口分田)으로서 본인이 사망하면 국가에 반납하도록 하였다. 정남·중남으로 취급하지 않는 독질(篤疾)·폐질자(廢疾者)와 과부 등에 대해서는 이보다 감해서 지급하였다. 이 경우, 60세 이상의 노남(老男)·독질·폐질자에는 영업전을 지급하지 않았다.

체제의 맹주임과 동시에 그 문화가 국제성을 띄는 한 영향이 되었다.

네 번째로 학술사상의 정립을 지적할 수 있다. 당시 유학은 남북조시대의 영향으로 유교경전의 해석과 그 인식이 판이해지는 양태를 보이게 되었다. 당 태종시기에 공영달 등이『오경정의(五經正義)』를 간행하여 기존의 유교경전에 대한 새로운 해석을 시도함과 동시에 오경에 대한 통일적인 해석을 통해 관학화와 교학화를 꾀했다. 이는 불교를 대신해 현실 정치 학문으로서 유학이 발전할 수 있는 계기를 마련했다.

또한 불교도 점차 시간이 흐를수록 귀족들의 정치세력화를 위한 도구로 쓰였기 때문에 대규모의 폐불운동이 벌어지기도 했다. 하지만 보리달마가 주창한 선종(禪宗)이 등장하면서 정토종과 함께 점차 불교의 대중화를 이루었다.

후한 말엽에는 태평도와 오두미도 등으로 인해 발전하였던 도교가 위진남북조에 이르러 북위의 구겸지에 의해 국교로 공인되는 등 위세를 떨쳤다.[42] 또한 관방적인 요소 외에도 샤머니즘성격을 띈 도교는 민중들의 사상체계에 자리를 잡으면서 불교와 함께 2대 종교로 발전했다.

이 외에도 당은 국제적이고 수용적인 문화특징으로 많은 종교들이 유입되었다. 대표적으로 명교(明教)라는 불을 신성시하여 배화교(拜火教)로도 칭하는 조로아스터교, 페르시아에서 유래된 마니교, 사라센 제국의 영향에 따른 이슬람교, 그리고 기독교의 일파 중에서 네스토리우스파에 속해 있으며 중국에서는 경교(景教)로 칭하는 종교가 있다.

마지막으로 당말기에 이르러『오경정의』로 인한 학술사상의 경색화, 그리고 불교와 도교가 관방화와 귀족들을 대변하는 사상으로의 변질되면서 자연적으로 정치학풍이 요구되었다. 소위 정치학문의 쇄신을 위해 일어난 학술운동이 유교 부흥운동(달리 고문 부흥운동)이다. 이 운동을 이끌던 대표적인 사람은 한유(韓愈: 764~824)와 이고(李翱: 772~841)였다. 이들은 각각

42 이러한 도교를 관방도교(官方道教)라고 하는데, 일본의 도교학자 및 역사학자들이 지칭하는 용어로 알고 있다.

「배불론(排佛論)」과 「복성서(復性書)」를 통해 불교 배척 및 유학의 부흥운동을 외쳤다.

유학 부흥운동이며 고문 부흥운동이 일어났지만, 도교의 도사나 불가의 사람들도 많았다. 이들은 유교의 부흥을 외쳤지만 불교와 도교의 사유가 그 동안 시대를 지나면서 축적되어 있었으므로, 삼교합일의 형태는 언제 되어도 이상하지 않았다. 5대 말엽에 주돈이가 『태극도설(太極圖說)』을 통해 이른바 삼교합일이며 동양학의 르네상스라 칭하는 송학의 전개를 가져왔다.

당대 동아시아 문화권의 형성은, 선진적인 문화를 발전하던 당을 중심으로 한 주변 민족, 국가간의 군신관계, 그리고 조공과 책봉관계의 질서체계로 자리잡는 요인이 되었다. 그러나 안사의 난 이후 균전제와 율령체제가 붕괴되고, 송조가 북방 이민족들에 의해 건립된 정복왕조(征服王朝)의 군사 위협에 직면하면서 수평, 역수직관계에 이르렀다. 그 후 오랫 동안 한인왕조를 중심으로 한 동아시아 문화권은 성립되지 못했다. 하지만 이러한 요소들은 한인왕조와 북방 이민족들에 의한 정복왕조들을 막론하고, 중대한 문화적 요소의 영향을 주는 기틀을 닦아놓았다는 점에서 그 의의를 찾을 수 있다.

2. 동서문물교류와 발전

중국의 동서 문물교류 시기는 크게 세 시기로 나누어 볼 수 있다. 즉 한(漢), 당(唐) 시기를 비롯해 세계제국을 이루었던 원(元)대로 나누어 볼 수 있다. 물론 다른 시기에도 동서 문물교류가 이루어지지 않은 것은 아니었지만, 대체로 빈번하고 번성했던 시대는 이 시기를 들 수 있다.

본문에서는 한과 당대에 동서문물교류에 사용되었던 실크로드(Silk

Road)와 원대 동서 문물교류, 그리고 중앙아시아에 비해 약간 서쪽으로 치우친 중국과 티베트 간의 교류로서 중국 역사에 중요한 부분인 차마고도(茶馬古道)에 대해서 설명하기로 한다.

한대(漢代)는 실크로드의 개척과 본래 동서 교역루트로 크게 세 곳이 있었다. 한 곳은 몽골고원에서 알타이 방면을 거쳐 현재 카자흐 초원과 남러시아 초원지대를 거치는 루트이다. 이 루트는 북방 유목민족들이 다니던 길로 일명 초원길이라고 부른다. 이 길은 기원전 7세기 경 고대 스키타키 유목민족들이 이용하던 루트였다.

두 번째 길은 중국 복건성 지방에서 출발하여 동남아시아의 말라카 해협과 벵골 만을 거쳐 인도양을 거친 뒤 페르시아 만이나 홍해를 통해 지중해로 들어가는 일명 '바닷길'이 있다. 이 루트는 인도양에 부는 계절풍을 이용해서 도자기를 운반하는데 이용하였는데, 당송시기에 많이 사용되었다.

마지막으로 낙양부터 서쪽 감숙성을 거쳐 천산산맥을 이용해 사막지대와 산맥을 통하여 이란고원으로 들어가 소아시아 지방에 도달하는 일명 '비단길', 즉 '실크로드'가 있었다.

실크로드의 유래는 한 무제(漢武帝: BC 156~BC 87) 때의 흉노 원정과 관련이 깊다. 물론 그보다 앞선 고대에 중앙아시아의 오아시스 지대를 통해 서방과의 문물교류가 있었기는 하였으나, 이 시기에 들어와서 동서 문물교류가 더욱 활발해 졌기에 실크로드가 주목을 받고 있는 것이다.

무제는 흉노를 직접 공격하기 전에 감숙성 부근의 국가인 월지국(月支國)과의 군사동맹을 통해 흉노를 압박하고자 장건(張騫: ? ~BC 114)을 파견하였다.(BC 139년) 그러나 장건은 중도에 억류되어 10년 동안 포로생활을 하다가 탈출하여 월지국을 찾기 시작했다. 장건은 대월지와 군사동맹을 체결하려 했지만 전쟁의 필요성을 느끼지 못해서 군사동맹은 체결하지 못하고 귀국할 수 밖에 없었다.

이 시기 한은 흉노와 전쟁을 하고 있었다.(BC 129년 마읍 전투가 시발점) 장건은 중간에 다시 흉노에게 사로잡혔지만, 흉노의 내란을 틈타 탈출에 성공하여 기원전 126년 한으로 돌아오게 된다. 비록 군사동맹은 실패했음에도 장건의 서역탐방은 서역의 사정을 이해함과 동시에 새로운 문물에 대한 관심을 가져와 한조의 동서교류추진과 흉노 원정을 위해 큰 동기를 부여하였다.

그 후 무제는 기원전 129년에서 기원전 119년에 걸치는 10년에 기간 동안, 흉노와 여섯 차례의 치열한 대전이 벌어졌다. 이 10년의 전쟁과정에서 흉노는 인구의 15~20%(대략 20만 명)을 잃게 되고 유목민족의 재산인 가축이 수천만 마리가 손실되었다. 또한 '풀'이 있는 비옥한 초지들이 대부분 한의 영토에 들어가게 되면서 흉노의 쇠퇴는 점차 심해지게 되었다.

후한 시기인 서기 48년, 서역왕 일축왕비가 고비 사막 이남의 여러 부족을 이끌고 한나라에 투항하여 남흉노로 칭해지고 이때부터 남, 북 흉노로 분단된다. 그 후 후한은 명제, 장제, 화제 3대에 걸쳐 북흉노를 정벌하는데 국력을 집중한다. 이 정벌의 주역은 외척 출신의 장군 두고(竇固)이며, 그의 부관이 바로 반초(班超: 32~102)였다. 그리하여 91년을 계기로 흉노는 중앙아시아, 외몽골에 걸친 지배권을 잃게 된다. 또한 반초는 안식국(파르티아)의 중개 하에 로마와 직접 교역을 시도하여 실패했으나 그 공헌으로 다시 동서 교역로가 열리게 되었다.

그 후 반초가 죽고 그의 두 아들에 의해서 얼마간 한나라와 중앙아시아의 교역로가 연결되긴 했지만, 북흉노는 정복 활동 재개로 인해 서역은 곧 흉노의 세력에 떨어졌다. 그 후 한은 몇 번이나 서역에 군대를 보냈지만 반초가 생존했던 시절의 영토는 되찾을 수 없었다.

수를 이은 당은 하서지방에 4주(凉州, 甘州, 肅州, 瓜州)를 설치하고, 교역로의 최대 위협이 되는 동돌궐과 토욕혼을 멸망시킨 뒤에 천산산맥 일대의 오아시스 지대를 정벌하였다. 이 때 천산산맥의 동부 요충지대였던 고창국(高昌國)이 멸망하였다. 당은 천산산맥 지대에 서주(西州), 정주(庭州)를 설치하여 서역경영의 전진기지로 삼았다.

당은 서역으로 세력 확장을 위해 7세기 중엽 사마르칸트 일대의 서돌궐 원정을 단행, 이 지역에 안서4진(安西四陣)과 안서 도호부(安西 都護府)를 둔 것을 시작으로 몇 번의 시행착오 끝에 657년 장수 소정방의 지휘 하에 서돌궐은 멸망되고 만다. 이로써 당은 동서교역로를 확보하는데 성공하였다. 이후 고구려 출신의 장군 고선지(高仙芝)의 서방 원정이 당의 해외원정의 최전성기였다. 고선지는 파미르 고원을 넘어 토번 왕국을 정복, 대식국 이하 72국을 복속시켰으나, 751년 탈라스 전투에서 사라센 군에 패배하면서 당의 서방 원정도 끝을 맞이하게 되었다. 그 후 안·사의 난을 전후로 서역원정은 활발하지 못했다.

이와 같은 당의 서역 원정의 결과 동서 문물교류는 활발해지게 되었다. 이 시기 이슬람교를 비롯하여 네스토리우스 파 기독교인 경교, 배화교(拜火敎)라 불리우는 조로아스터교 및 마니교가 대거 유입하게 되었다.

한편 당나라의 제지법이 751년 탈라스 전투를 통해 서방세계로 전파되었고, 그 밖에 비단과 도자기들이 전래되기도 하였다. 또한 현재의 이라크의 수도인 바그다드에는 중국의 비단직공과 금은세공 기술사, 화가 등이 활약하는 등 당시 동서 문물교류의 수준을 짐작하게 해 준다.

이러한 요인 때문에 당의 문화는 국제적이고, 수용성이 강했으나 상당히 제한적이었다. 즉 활발한 문물교류가 이루어져도 문화는 문벌 귀족들을 비롯한 특권층들이 향유하는 것일 뿐이었고, 일반 서민들에게 직접 전래되는 것은 아니었다.

이에 비해 송대 문화는 서민적이고 국수적이며 인문적이었다. 송대 문화는 출판인쇄술의 발전으로 학술문화를 서민들까지도 공유할 수 있도록 보편적이고 개방적이었다. 과거제도도 자천을 허용하는 등 개방되어 서민들이 학술문화를 자유롭게 향유하고 이를 통해서 서민문화가 크게 발전한 시기였다.

송대 문화의 특징을 국수적이라고 하기는 하나, 이 또한 북방민족들의 압박에 대응해 한족 국가를 부흥하고자 했기 때문에 그러한 요소가 나타났던 것일 뿐, 그 교류 자체가 폐쇄적이라는 것은 아니다.

송과 직간접적으로 교역을 하였던 국가가 76여 개국이었으며, 해로무역을 위한 시박사(市舶司) 또한 당 시기와 비교해서 10곳 이상이 확대, 설치되는 양상을 보였다. 또한 장택단(張擇端)이 그린 청명상하도(清明上河圖)를 보면 외국인들이 교류하고 있는 모습도 눈에 보인다. 이로 보아 송대 문화를 단순히 서민적이고 국수적이라고 하기는 어렵다.

세계제국을 건국한 원대 동서문물교류는 이른바 십자형(十字型) 교류체계라고 부를 정도로 동서남북의 전방위에 걸친 교역로를 두고 있었다. 여기서 동과 서, 남과 북의 교역로는 크게 두 유형으로 나눌 수 있는데, 동서 교역로는 문물교류가 중심이었고, 남북 교역로는 경제 및 인구의 교류가 중심이었다.

원조는 넓은 통치영역의 영향으로 주변 민족 간에 잦은 접촉이 이루어지면서 자연히 문화를 수용하게 되어 개방적이고 수용성이 강한 국제적인 성격을 띠게 되었다. 또한 원은 국가에서 필요한 물품을 미리 조사하여 국가에서 상단을 꾸려 교역하게 하는 정책을 취하기도 했다. 이러한 유형의 상인을 대상(隊商), 즉 캐러밴(Caravan)이라고 하는데, 이 또한 동서문물교류를 이끌어나가는 큰 요인이기도 했다.

한편, 원은 다민족·다문화사회를 통치하기 위해 민족차별을 원칙으로 한 통제정책을 통해 중첩적으로 국가를 다스렸다. 원은 정복왕조로서 문화는 관용적이었다고 해도 통제정책을 펼 수밖에 없었던 것이다. 그리하여 제1계층에는 몽골인, 제2계층에는 색목인, 제3계층에는 요, 금의 통치에 있던 한인들, 제4계층에는 남송의 한인들을 두는 민족 차별정책을 실시하였다. 이러한 민족 차별정책은 아무리 경륜이 있는 사람이라도 3, 4계급 출신은 관리진출을 해도 큰 대우를 받지 못해 많은 유생들이 벼슬길을 추구하기 보다 문인이 되어 학술문화 활동에 치중하면서 원대의 문화를 더욱 서민적인 문화로 성숙시키는 원동력이 되었다.

당시 원의 동서문물교류의 교역로는 세 곳이 있었다. 이는 한대의 초원길, 비단길, 바닷길의 세 루트였다. 이 세 곳의 루트가 뚫린 시기의 차이는 있을지라도 원나라에는 모든 방향에서 동서 교역로로 이용된다. 그렇기에 넓은 제국에서는 기동력이 생명이었으므로 곳곳에 역참(驛站)을 설치하여 기동성을 꾀했다. 이는 문물교류의 개방성과 다양성을 꾀하게 해주는 요인으로도 작용했다.

원대 동서문물교류의 가장 큰 특징으로는 이슬람 문화의 본격적인 유입을 들 수 있을 것이다. 이슬람교가 대거 유입되어 각종 문화에 이슬람의 색채가 더욱 뚜렷해지는 현상을 가져왔다. 이들을 통해 천문과 역법, 우수한 자연과학이 유입되면서 문화적으로도 발전되었다.

이슬람교의 활발한 유입을 반증할 수 있는 것은 명나라 때 환관 정화와 같은 이슬람교도 출신이 벼슬길에 나아가는 모습에서도 짐작할 수 있을 것이다. 또한 티베트 불교가 유입되면서 이를 국교화했고, 정치사상으로 유교를 수용하였으며, 기타 도교 및 카톨릭, 그리고 네스토리우스파 기독교인 경교도 포용하면서 국제적인 발전을 이룩했다.

그 밖에 중국에서는 인쇄술, 화약, 나침반, 도자기 기술 등이 외국에 전래되었다. 이러한 국제적인 번영은 원조가 멸망한 후에도 유럽인들에게 이상적인 국가, 신비의 나라 등으로 자리매김하는 계기가 되었다.

차마고도는 최근에 매스컴에 주목을 받게 된 루트로, 한인 왕조와 티베트 사이에서 차와 말의 교역로로 이용되어오던 길이다. 이 루트가 언제부터 시작되었는지 정확히 알기 힘드나, 적어도 실크로드보다 200여 년 전에 시작되었다고 한다. 이 루트는 중국의 사천지방에서 운남지방을 거쳐 티베트와 인도 방면으로 가는 길로 아마 장건의 서역행로 때에도 이용했을 가능성이 있다.

차마고도는 주로 사천, 운남 지방에서 생산되는 차[그 중에서도 흑차(黑茶), 즉 육보(六堡) 보이(普洱) 금첨(金尖) 등이 주류를 이루었다.]와 티베트에서 생산되는 말을 교환하였다. 그 과정에서 이를 중개하고 운송하는 사람들이 바로 티베트의 마방(馬帮)들이다. 이들은 소금, 송이, 동충하초, 패모 등을 채취하여 교역을 하고자 마방을 조직하고 길을 떠났다. 이들은 운남에서 티베트인들에게 생명이라고 할 수 있는 차를 사고, 또 이를 티베트에 팔고, 이를 곡식과 바꾸면서 마방으로서의 기능을 이어오고 있다.

중국 역사에서 차마고도가 중요해졌던 때는 대략 당조부터라고 할 수 있다. 당이 티베트와 교류하면서 중국차가 전해졌으며, 당 서쪽에는 토번왕국이 맹위를 떨치며 당에 위협을 주고 있었다. 당은 641년 토번과 결혼동맹을 맺어 문성공주를 토번의 왕인 송찬간포(松贊幹布: 손챈감포)에게 시집보냈다. 이 때 문성공주가 티베트에 차를 가지고 왔고, 이후 3~40년 후 본격적으로 차가 티베트에 유행하게 되었다. 불교국가였던 티베트의 승려들은 "차는 피와 같다."하여 차에 열광하고 그들의 삶의 필수조건이 되었다.

송대는 고도를 통한 티베트와 차마교역을 매우 중시했다. 이는 송의 외교적인 문제와 결부되어 있었다. 송은 북방 유목민족 국가와의 화의를 위해 해마다 세폐(歲幣)를 바쳤는데, 그 품목 중 하나가 바로 차였다.

송은 북방의 왕조들과의 교역시장인 각장(榷場)을 통한 비단과 차의 수요와 공급을 통해 군사외교정책을 유지하기도 했다. 한편 북방왕조, 특히 서하의 경우에는 청백염(青白鹽: 암염)과 말(馬)의 수요와 공급의 통제 및 제한 정책으로 맞서기도 했다. 당시 중원은 말이 많이 생산되지 않았기 때문에, 북방민족의 말 공급에 의존하고 있었다.

송조는 티베트와 무역을 위해 차의 전매정책을 시행하고 이를 관리하는 매차사(買茶司), 차마사(茶馬司) 등 관청을 세우기도 했다. 송대에 사천과 운남지역에서 생산되었던 차의 1/3이 티베트와 교역했으며, 차와 티베트 말의 시세는, 티베트 말 1마리와 차 1,800근의 가치가 같았다고 한다.

몽골족이 건국한 원 시기에 접어들면, 유목민족 출신이기에 직접적으로 말을 몽골에서 들여올 수 있었다. 그래서 티베트와 차마무역의 의존도가 크게 줄어들게 되었다. 반대로 차의 수요가 확대된 티베트는 더욱 중시하게 되었다. 그래서 이 시기 중국의 차 수출은 민간인에 의한 교역이 많았으며, 자유롭게 교역할 수 있는 시장이 교통의 요충지를 중심으로 곳곳에서 생겨났다.

명조에 이르면, 다시 차무역을 국가가 전면적으로 통제하면서 티베트의 말 값보다 차값이 더욱 비싸지게 되었다. 결국 차가 더욱 필요했던 것은 티베트였기 때문에 많은 손실을 감내해야 했다.

차마고도의 역사는 고대 동서교역로로서 역할을 시작으로 제2차 세계대전 때는 중국군이 일본군과 맞서는 비밀통로로 이용하는 등 유구한 역사를 지니고 있다. 현재는 중국과 티베트를 연결하는 청장철도(青藏鐵道)의 건설 및 도로의 건설로 인해 그 중요성이 점차 사라져가고 있는 추세다. 그러나 고대 동서교역로의 일부분으로 그 역할을 했던 차마고도의 역사성에 그 의의를 두어야 할 것이다.

참고문헌

이종규, 『중국문화개론』, 이재석 옮김, 동문선, 1991.

왕순홍, 『중국의 어제와 오늘』, 김덕완, 정치근 옮김, 평민사, 1998.

이익희 외, 『한권으로 읽는 중국』, 일빛, 2003.

강길중 외, 『중국문화와 과거제도』, 경상대학교출판부, 2004.

조계상 편저, 『중국문화사』, 금고문화공사, 1996.

제7장

중국인의 관념과 의식형태

1. 중국인의 민족의식과 중화사상

중국의 발전과정에서 중국인의 의식기반이 된 것을 중화사상이라 칭하며, 19-20세기 중국 근대화를 실패로 이끈 주요 요인으로 중화사상을 지적하기도 한다. 여기서는 과연 중화사상이 중국의 발전과정에 어떻게 작용하였는지 알아보고자 한다.

먼저 중국문화와 관련하여 중화사상을 논한다면 반드시 문화의 정확한 정의와 의미를 규정해 볼 필요가 있다. 문화의 의미는 한 사회 집단이 사물을 보는 일반적인 인식 양식과 삶에 대한 일반적인 태도를 총체적으로 가리키는 것으로, 문화는 인류가 창조한 물질문명과 정신문명의 총화라고 할 수 있다.[43]

춘추전국시대의 수많은 사상들에 의해서 중국문화의 사상적 토대가

43 이수웅 著, 『중국문화의 이해』, 대한교과서, 1997.: 황하문명을 바탕으로 찬란한 문화를 꽃피웠던 중국. 그렇다면 중국문화란 무엇인가? 기록에 의하면 '문화'라는 말을 최초로 사용한 '주역'에는 "천문을 보아 때의 변화를 살피고, 인문을 보아 세상을 변화시킨다."라고 했고, '예기'에서는 "정이 깊으면 문이 밝아진다."라고 했듯이, 문화는 정신적이고 내재적인 성격을 가지고 있다.

이루어졌다고 할 수 있다. 그 중에서도 유가와 도가 사상은 중국 전통의 양대 사상으로 중국문화의 기틀을 쌓는데 지대한 영향을 끼쳤다. 또한 전한 말 후한 초기 명제시기 중국에 전해진 불교가 위진남북조시대를 거치면서 전개 발전하여 중국적인 불교로 성장하게 되었고, 그것을 근간으로 하여 중국문화가 형성되었다. 이러한 중국문화의 특징은 지역과 종족의 동일성을 추구하기 보다는 문화적 동일성에 절대적인 비중을 두고 있다고 할 수 있다.[44]

중화사상의 사전적 의미는 중국문화가 최고이며, 모든 것이 중국을 중심으로 하여 주변국으로 퍼져야 한다는 중국 전통사상으로 한족 우월 민족사상이다.[45] 중화의 상대에 이적(夷狄)이라 칭하는 주변국이 존재하여 이민족을 천시하는 관념이 내재하여 화이사상(華夷思想)이라고도 한다.[46]

---

44 김원중 著,『중국문화의 이해』, 을유문화사, 1998, p.5.: 문화란 한 사회 집단이 사물을 보는 일반적인 인식 양식과 삶에 대한 일반적 태도를 총체적으로 가리키며, 문화의 가치는 인간의 소망을 실현하는 도구로서의 효율성을 뜻한다. 문화는 인류가 창조한 물질 문명과 정신 문명의 총화이다. 중국문화는 중국 민족이 형성·발전하는 역사과정 속에서 창조한 민족 문화의 총화이며, 각 시대의 문화는 그 시대 성격을 특징짓고 있지만, 민족전통은 일맥 상통하는 민족 정신과 민족 특색을 내포하고 있다. 각 시대는 계승성·창조성을 갖추고 있는데, 이것이 문화 발전의 연속성이다. 중국문화의 특징은 지역과 종족의 동일성을 추구하기 보다는 문화적 동일성에 절대적인 비중을 두고 있다.

45 편집부 著,『두산백과사전』,두산동아, 2008.3.: 한족(漢族) –현재 중국과 타이완 인구의 대부분을 차지하고 있을 뿐 아니라, 동남아시아를 비롯한 세계 각지에 진출한 민족, 2000년 현재 총인구 13억에 이르는 세계 최대의 민족 집단이다. 형질적으로는 몽골로이드(황색인종)에 속하지만 중국 내부에서도 장신(長身)·장두(長頭)의 화베이(華北)형, 그보다 몸이 작고 단두(短頭)인 화난(華南)형 등 지방에 따른 차이가 있다. 또한 언어도 티벳·중국어족에 속하는 중국어와 한자가 사용되고 있지만, 지방에 따라 언어에도 큰 차이가 있다. 원래 한족은 화베이 일대에만 분포되어 있던 것으로 생각된다. 기원전 1500년 무렵 서쪽으로부터의 영향을 받아 황화강 유역에서 대하(大河)문명을 개화시킨 이들은 이곳을 중심으로 점차 화중, 화난으로까지 그 세력을 뻗쳐나갔다. 그리고 그 지방 선주민들을 한문화에 동화시켰다. 특히 양쯔강 유역 이남은 기원 전후의 한대(漢代)까지 선주민의 세력이 강해서, 중국어 이외의 언어가 지배적이었던 것으로 알려져 있다. 이와 같은 선주민의 후손들은 현재까지도 먀오족(苗族), 야오족(瑤族), 리족(彝族) 등 소수민족으로서 특색있는 문화를 간직하고 있다. 한족의 대부분은 농경민으로서 중국 본토 뿐 아니라 서역, 둥베이 변경, 타이완 등에 정착했다. 그러나 동남아시아, 나아가 미국과 유럽 등지에 진출한 사람들은 주로 상업·서비스업 등에 종사하여 일정한 사회적 지위를 구축했다. 이처럼 해외에 거주하는 중국인은 화교라고 불리며, 각 지역에서 특이한 사회집단을 구성하고 있다.

46 『前引書』, 사회과학 〉 사회 〉 민족: 이적(夷狄) –자국을 천하의 중심으로 보았으며 제하(諸夏)·화하(華夏) 등으로 불렀다. 이적이란 문화가 없고 예교(禮敎)를 모르는 야만민을 가리키는 말로서, 중국·중화와는 엄격히 구별되었다. 이적이란 말이 발전하여 동이(東夷)·서융(西戎)·남만(南蠻)·북적(北狄)의 명칭이 되었다. 중(中)은 '중앙'이라는 뜻이며, 화(華)는 '문화'라는 뜻이다.

중화사상은 유교 왕도정치 이론의 일부로 왕자의 덕으로 백성을 교화하는 것을 이상으로 하는 왕자가 살고 있는 중국의 땅은 물론, 그 변경이나 새외(塞外)의 지역도 '왕화(王化)'의 영향을 받을 수 있다고 여겨 모든 지역이 중화문화의 세계라고 간주한다.

따라서 중화사상은 한족의 문화 양식만을 절대적인 기준으로 하여 각 민족의 고유한 문화의 가치는 부정한다는 오해를 받기 쉽다. 중화사상의 관념은 그 자체로 무한하게 퍼질 가능성을 품고 있어 국경관념이나 영토관념을 가진다는 것은 결국 자신을 부정하는 결과에 이를 수 있다.[47]

일반적으로 인류문명의 발상지는 네 곳으로 지적하고 있다. 독립적으로 생겨난 오리엔트 문명 중, 인더스 문명은 단절되었고, 이집트와 메소포타미아 문명은 서쪽으로 전달되어, 이후 그리스와 로마를 거쳐 유럽문명으로 자리 잡았다.[48] 반면 중국의 문명은 황하 유역에서 발생하여 중원을 중심으로 발달하였고, 현재까지 중국은 존재하고 있다. 중국문화가 한반도와 일본으로 전해진 것은 중심 이동이 아니라 전파와 확산으로 다른 나라에 서로 영향을 주고 받는 것이 바로 중화사상의 기본이라고 할 수 있다.[49]

문화의 발전에 '정신' 혹은 '사상'이 끼치는 영향력은 무척 커서 정신이 존재하는 문화는 결코 퇴락하지 않는다. 여기서 가장 중요한 것은 단순히 문화 그대로를 보존시키는 것보다 시대 흐름에 따라 적절하게 조화

---

47 『前引書』, 제3장 중국문화의 내세적/현세적 지향: 종교.

48 이재정 著, 『중국사람들은 어떻게 살았을까』, 지영사, 1999.: 대다수의 사람들은 흔히 알고 있듯이 문명의 발상지를 네 곳으로 꼽지만 사실 넓게 보면 두 곳으로 볼 수 있다. 이집트, 메소포타미아, 인더스는 전체적으로 하나의 문명권(오리엔트)에 속한다고 볼 수 있기 때문이다. 그렇다면 인류 문명은 크게 오리엔트 문명과 중국 문명으로 나눌 수 있는데, 이 두 문명은 성격이 상당히 다르다. 세 곳에서 독립적으로 생겨난 오리엔트 문명은 하나가 단절되고(인더스 문명), 둘은 서서히 합치면서(이집트와 메소포타미아 문명) 서쪽으로 전달되었고, 이후 그리스와 로마를 거쳐 유럽문명으로 자리 잡았다. 반면 중국 문명은 황하 유역의 중원에서 발생하여 내내 중원을 중심으로 발달했다. 한반도와 일본으로 퍼져간 것은 문명의 중심 이동이 아니라 전파와 확산이다. 초기 중국역사에서 중원이 중요한 이유는 바로 이것 때문이다.

49 존K. 페어뱅크 著, 김한식 譯, 『캠브릿지 중국사』, 새물결, 2007.

하는 융통성이 필요하다. 이 융통성은 문화를 더욱 보전 발전하게 할 수 있다.[50]

중화사상(中華思想)이란 중국문화를 이루는 기본적인 정신적 토대이며, 사상적 근원이므로 자신들의 문화에 대한 자존적인 인식이 결합된 것이다. 중국인들은 자신을 세상의 중심이란 뜻에서 중국(中國), 중화(中華)라 불렀고, 이에 대비해서 중국 밖의 다른 강역을 이적(夷狄)으로 불렀다. 예를 들어 동쪽의 동이(東夷), 서쪽의 서융(西戎), 북쪽의 북적(北狄), 남쪽의 남만(南蠻)을 4이(夷)라 칭했다. 다른 민족에게 자신들의 문화를 전파하여 다른 민족들을 교화하려고 하는 것도 중화사상의 한 특징이다.

문화의 큰 속성 중 하나가 유동성이다. 이는 다른 민족들이나 외부와의 교류를 통해서 가능한 일이다. 예를 들어 중국 역사에서 5호 16국과 위진남북조시대, 원나라시대, 그리고 근대화의 과정 등은 타문화가 자신들에게 지대한 영향을 끼치고 정착되었던 시대이다. 이러한 시대적인 상황에서 중화주의의 입장은 타문화를 기존의 자신들의 것들과 조화롭게 융통하여 자기화 할 수밖에 없었다. 이러한 과정을 거치면서 지금과 같이 거대하고 유구한 중국과 그 문화를 만들어낸 원동력이 되었고, 또한 한자문화권으로 대표될 수 있는 동아시아의 문화를 형성하고 이를 주변국인 한국, 일본에게 전파하는데 큰 역할을 한 것이다.

결론적으로 중화사상은 중국인들에게 문화의 포용성을 강조하게 함으로써 그들 문화의 다양한 발전을 도모하게 하였다는 점이 있다. 하지만 그 중화사상이 안겨준 그림자는 바로 자기중심적이라는 측면인데, 외부에 대한 폐쇄적으로 저항적인 태도를 취하게 함으로써 중국의 발전에 어느 시기에는 먹구름을 드리운 것도 사실이다.

대표적으로 아편전쟁을 기점으로 한 중국의 근대사가 대표적인 예이다. 하지만 이러한 특징은 중국인들에게 자신을 비롯한 타인의 '체면'을

50 김원중 著. 『중국문화의 이해』, 을유문화사, 1998.

중시하는 문화를 낳았다. 이러한 특징은 중국사회에 존재하는 관계론적 문화의 특징인 '꽌시(關係)'를 이해하는데 중요한 근간이 된다.

2. 중국인의 성씨와 성명

가. 성(姓)씨(氏)와 성명(姓名)

중국 사회의 발전은 모계사회에서 부계사회로 변천하였다. 선진시대 이래 성과 씨가 구별되었다가 진한시대 이후 성과 씨는 합일되어 '성'이라고 통칭되기 시작했고, 이런 관습은 지금까지 이어지고 있다. 그러나 성은 모계사회에서 발생한 것으로 모계로부터 혈연관계를 밝히고 동성(同姓)끼리는 서로 혼인할 수 없었다. 씨는 성에서 파생한 갈래로 부계씨족사회로 들어오면서 성과 씨는 부계씨족 또는 부락의 표지가 되었다. 계급사회로 진입한 후에는 씨로 귀천을 구별하고 귀족남성들만이 사용하는 칭호가 되었다.

성이란 혈통을 중시하는 개념이며, 여자라는 뜻의 여(女)와 태어나다 '생(生)'의 결합으로 이루어졌다. 갑골문에서도 '생'과 어머니를 나타내는 '모'의 결합이다. 이는 성의 결정이 모계로 이어지는 것을 의미하며, 여자가 주체가 된 것이 분명하다. 상고시대는 모계씨족사회로 당시 씨족조직은 생산력이 낮았기에 많은 사람들이 군집생활을 했고, 그 과정에서 세대를 모계로 계산하였던 시대이다.

씨족들은 자신들의 생산활동 및 생활과 밀접한 관계가 있는 동식물, 무생물을 그 씨족의 명칭으로 삼았다. 이러한 토테미즘의 과정에서 다른 씨족과 구별하게 되었고, 성이 생겨나게 된 것이다. 그리고 이후 성은 부계로 혈연관계를 따지게 된 이후에는 부계 혈연관계의 과정으로 발전했다.

옛 성인들은 모두 어머니가 하늘에 감응하여 낳은 아이였다. 그러므로 하늘의 아들 즉 천자(天子)라 일컫었다. '하늘의 아들이 덕을 세웠을 때는 그 태어난 곳을 따라서 성을 받는다'(『춘추·은공』8년, 左氏의 註解)라고 하였는데, 바로 그 어머니가 살았던 지명을 따서 그 성을 삼았다.

성(姓)은 모계사회에서 나온 족호(族號)로서 상고 시기의 성은 대부분 여(女)자를 따랐다. 염제신농의 어머니가 강수(姜水)에서 살았기 때문에 성은 강(姜)이며, 황제의 어머니가 희수(姬水)에서 살았기 때문에 성이 희(姬)이다. 또 순의 어머니가 요허(姚虛)에서 살았기 때문에 성은 요(姚)이다.

종족(宗族)들이 발전하고 점차 그 후손들이 번창함에 따라 종족은 분파되어 각지에 흩어져 살게 되었다. 각 분파마다 특수한 칭호를 표지로 삼았는데 이것이 곧 씨(氏)이다. 예를 들면, 상(商)나라 사람의 조상은 자(子)성인데 후에 분파되어 '은(殷)', '시(時)', '래(來)', '송(宋)', '공동(空同)' 등의 씨가 되었다고 한다. 성이 고유의 족호(族號)이고 씨는 나중에 생긴 족호이다. 『통감·외기』에 "성은 그 조상이 나온 바를 총괄하고, 씨는 그 자손이 분파된 바를 구별한다"라고 하였다.

씨(氏)의 개념은 성(姓)이 계통적으로 발전해나간 것으로, 그 자손의 갈래를 구별한 것이다. 씨는 모계 씨족사회에서 부계 혈연관계로 발전한 것으로, 계급사회에 진입한 후에는 씨를 기준으로 귀천을 구별하면서 귀족만이 사용하는 용어가 되었다. 춘추시대에는 시조의 성이 너무 오래된 것이어서 자신의 신분을 나타낼 수 없었기 때문에 자신의 '씨'를 드러내는 것이 본인의 귀천을 나타내는 중요한 수단이 되었다.

씨를 짓는 방법에는 대략 다음의 몇 가지가 있었다. 우씨(虞氏)·하씨(夏氏)·주씨(周氏) 처럼 제후가 봉작을 받은 나라의 이름을 씨로 삼는 방식이 있다. 경대부의 경우는 하사받은 식읍(食邑)을 씨로 삼았다. 예를 들면 제나라의 최씨(崔氏)·노씨(盧氏)·포씨(鮑氏) 등이 있다.(최·노·포 모두 제나라의 읍 이름) 또한 사씨(師氏)·사씨(史氏)·사마씨(司馬氏)·사공씨(司空氏) 등처럼 관직을 씨로 삼는 경우도 있었다.

제후의 아들은 공자(公子)라고 부르고 공자의 아들은 공손(公孫)이라고 불렀으며 공손의 아들들은 또다시 공손이라 하지 않고 조부의 자(字)를 씨로 삼았다. 예를 들어 정(鄭) 목공(穆公)의 아들 공자비(公子騑)는 자가 자사(子駟)였는데, 그의 아들은 공손하(公孫夏)라 불렸고 손자는 조부의 자를 따서 사걸(駟乞)이라 불렸다.

또 아버지의 자를 씨로 삼는 경우도 있었다. 한 예로 공자수(公子遂)의 아들 귀보(歸父)는 자가 자가(子家)이어서 그의 후손이 자가씨(子家氏)가 되었다. 이 밖에 거처(사는 곳)를 씨로 삼는 경우도 있었다. 이를테면 동곽씨(東郭氏)·남궁씨(南宮氏)·백리씨(百里氏)·유하씨(柳下氏) 등이 그런 경우 이다.

'성씨'라는 말은 현재에는 일반적으로 성을 지칭하는 말이다. 하지만 일반적으로 지금과 같이 성씨를 통칭하여 쓰는 시기는 진한시기 이후부터이며, 통일 진나라 이전에는 성과 씨를 따로 구분해서 사용했다.

주대의 성씨제도는 봉건제도·종법제도와 밀접한 관계가 있다. 귀족은 성과 씨가 있으나 평민은 성이나 씨가 없었다. 귀족 중에서 여자는 성을 부르고 남자는 씨를 부른다. 이는 씨가 귀천을 밝히는 것이고 성은 혼인을 구별하는 것으로 각각 그 역할이 다르기 때문이다.[51]

상고시대에는 동성끼리 혼인을 하지 않았다. 귀족부녀의 성은 명(名)에 비해서 중요하였으며, 시집갈 여자를 만약 구별해야 한다면 성위에 맹(孟)백(伯)·중(仲)·숙(叔)·계(季)를 덧붙여서 항렬을 표시하였다. 시집간 후에 만약 구별해야 할 경우 여러 가지 방법을 사용하였는데, 첫째는 성 위에 자신의 출신국 혹은 씨를 덧붙인다. 둘째는 다른 나라의 임금이나 경·대부 시집갈 때에는 성위에 남편이 받은 봉국의 이름 혹은 봉읍의 이름을 덧붙인다. 셋째는, 죽은 후에는 성 위에 남편이나 자신의 시호를 덧붙인다. 씨는 제후는 봉국의 이름을, 경·대부는 봉읍의 이름을 혹은 거주지의 이

51 주나라 왕실 및 그와 同姓國인 魯·晉·衛·虞·虢·吳·燕 등은 모두 '姬'성이고, 異姓國인 齊는 '姜'성, 秦은 '嬴'성, 楚는 '華'성, 宋은 '子'성, 越은 '姒'성이었다.

름이나 관직의 이름을 씨로 삼는 경우도 있었다.

현대의 중국에는 많은 인구와 종족이 있어 성씨의 수가 19,989에 달한다고 한다.[52] 현대 중국에서는 성씨를 간체화 시킨 정책이 있었다. 즉, 간체화와 합병 등으로 1,227개의 상용 성씨에서 370개나 감소하거나 바뀌었다.

송나라 초기 절강지역의 오(吳)·월(越)에서는 전숙(錢俶)이 운문식으로 성씨를 모은 백가상(百家姓)을 편찬하였다. 그 중에 438개의 외자 성(單姓)과 36개의 복성(復姓)이 있으며 모두 438개의 성씨, 468개의 글자가 수록되었는데 중복된 36개의 글자를 제외하고는 총 432자이다. 그 성씨의 대표적인 것을 예로 들면, 만(萬), 사(司), 마(馬), 구(歐), 양(陽), 하(夏), 후(侯), 제(諸), 갈(葛), 문(聞), 동(東), 방(方), 연(連), 공(公), 양(羊), 종(宗), 복(濮), 우(于), 단(單), 어(於), 신(申), 도(屠), 손(孫), 중(仲), 서(徐), 문(文), 모(慕), 용(容), 공(空) 등이 있다.

나. 자(字), 호(號), 피휘(避諱),시호(謚號)

명(名)이란 성씨 외에 개인이 사회에서 가지고 있는 고유한 아이덴티티이다. 즉 이름은 개인이 갖는 고유명사이다. 고대 초기의 중국인들은 일반적으로 매우 간단한 이름을 갖고 있었다. 예를 들어 하상시대에 있었던 공갑(孔甲), 반경(盤庚), 무정(武丁), 주신(紂辛) 등의 인명은 모두 간지(干支)에 따라 붙인 것이다. 아마도 시진(時辰)을 중시하던 당시 관념과 관련이 있는 듯하다.

이후 언어 문자와 문화 관념의 발전에 따라 인명도 점점 복잡해졌다. 처음에 이름이 쓰였을 때에는 모두 간지(干支)에 따라 붙였지만, 이후 사람의 이름을 쓰는 일도 점차 복잡해졌고, 또한 이름을 짓는 데에도 일정한

52 蔡信發, 「大陸姓氏回歸 '異體字' 或'繁體字'的省思 」(『한글한자문화』, 전국한자교육추진총연합회, 2010)의 각주 7에 의하면 〈중국시보〉94년 7월 11일, 판A14, 중국의 성씨는 19989개로 거의 2만개에 달한다. 이 가운데 지금까지 쓰이고 있는 한족 성씨를 통계해 본 결과 약 3500개이다.

규칙까지 있었다.

이러한 사항은 귀족들만의 사항일 뿐, 평민들은 별로 신경을 쓰지 않고 오히려 개(狗)나 종(奴)을 나타내는 천한 의미의 이름을 쓰기도 했다. 이후에는 사주 명리학 등을 비롯한 점성술의 발전과 더불어서 음양의 화평에 맞게 이름을 짓는 방식이 지금도 유래하고 있다.

자(字)는 이름 대신에 부르는 호칭이다. 이름은 함부로 부를 수 없지만 자의 경우는 그런 제약에서 벗어나 친구 사이에서 쉽게 부를 수 있는 호칭으로 남자 20세, 여자 15세가 되었을 때에 성년식을 한 이후에 가질 수 있었다. 이러한 자는 이름을 해석하고 보완하여 표리관계를 가지게 하도록 만들었다. 그래서 이를 표자(表字)라고 부르기도 하였다. 그러면서 이름의 의미를 확충해 나가는 것이 바로 자의 일반적인 원칙이다. 명(名)과 자는 의미에 있어서 관련이 있다.

대표적으로 제갈량(諸葛亮)이나 악비(岳飛), 관우(關羽), 조운(趙雲) 등의 자인 공명(孔明), 붕거(鵬擧), 운장(雲長), 자룡(子龍) 등도 이러한 명칭과 연관되어 있다.

반대로 이름의 음양을 갖추기 위해, 이름과 상반된 의미가 있는 자도 있다. 예를 들어 송대 이학의 집대성인 주희(朱熹)의 희(熹)는 밝다라는 의미인데, 자는 원회(元晦)이다. 그런데 회는 어둡다는 의미이다. 앞의 경우가 입신양명하거나 난세의 풍운아로 살아갈 경우의 사람이라면, 이번 경우는 내적인 수양에 좀 더 치중하여 음양화평과 조화, 중화를 도모하고자 한 뜻이 있는 것 같다.

그 밖에는 고전에 나오는 명구나 성어에서 이름과 자를 취한 경우도 있고, 가족 간의 위계와 항렬을 이름에 쓴 경우가 있다. 이 경우 대표적인 것은 맹(孟), 중(仲), 숙(叔), 계(季)가 바로 그것이다. 또는 형제의 이름이나 자에 같은 글자를 쓰거나 같은 부수를 넣어서 같은 항렬임을 나타내는 경우도 있다.

송대의 대표적인 문학가이자 정치가인 소동파 형제인데, 형인 소식(蘇軾)과 동생인 소철(蘇轍)의 경우 차(車)변의 글자를 써서 같은 항렬임을 나타냈다.

호(號)는 사람의 또 다른 별칭으로 달리 별호(別號)라고도 부른다. 호는 주로 그 사람이 지향하는 바와 그 기호를 반영하는 경우가 많다. 봉건제 사회의 사대부, 특히 문인들은 호를 갖고 있는 경우가 많았다. 예를 들어 세속적 이익과 관록을 천하게 여긴다는 의미에서 산인(山人)이나 거사(居士) 등 용어를 쓴 것이 대표적이다.

하지만 흔한 방법은 자신이 태어난 고향의 지명이나 산 이름, 자신이 오랫동안 살았던 지명을 따서 짓는 방법이었다. 한국의 경우, 퇴계 이황은 자신이 거주했던 토계리의 계(溪)자를 따서 퇴계(退溪)라고 하였다. 율곡은 밤 골 마을인 율곡리에서 율곡(栗谷)이라고 하였고, 화담 서경덕은 그가 제자들을 가르쳤던 곳에 있었던 연못 이름이 화담(花潭)이었다.

또 다른 방법은 그 사람을 오랫동안 지켜본 친구나 선배, 또는 스승이 그 사람의 특징을 가지고 호로 칭하는 방법이다. 또한 음양오행법(陰陽五行法)이 있다. 그 사람의 기질이 음양오행 상으로 어떤 부분이 강하고, 어떤 부분이 부족한지를 파악해서 강한 부분은 눌러주고 약한 부분은 보강해 주는 방법으로 이른바 보사(補瀉)와 생극제화(生剋濟化)의 방식이다. 이는 이름을 짓는 방식과도 궤를 같이 한다.

이름·자·호는 모두 한사람의 칭호라고 할 수 있지만, 각각은 사용할 때 그 차이가 드러난다. 일반적으로 이름과 자는 부모나 손윗사람이 지어주는 것으로(자는 본인이 짓는 경우도 있다). 그 속에는 나이 어린 사람에 대한 손윗사람의 기대와 생각이 들어 있다. 반면 호는 본인이 직접 짓는 것으로, 가족이나 항렬의 제약을 받지 않고 자유롭게 자신의 어떤 정서를 기탁하거나 표방할 수 있었다. 그래서 어떤 사람이 일생을 통해 사용하는 호의 변화를 통해 그의 사상이나 운명이 시기마다 변화하는 양상을 살펴볼 수 있다.

시호(諡號)는 죽은 사람에 대해 일생의 사적에 근거해서 평가를 하고 그에 따라서 부여하는 것이다. 시호에 쓰이는 글자도 그 사람이 생전에 했던 행위의 상태에 따라 미(美), 평(平), 악(惡)으로 구분하기도 하고, 또한 그

등급에는 褒(높임), 憐(동정함), 貶(낮춤)이 있었다. 이는 봉건적인 계급제도와 예교를 유지하기 위해서였다.

원래 시호 자체는 주나라 때 주나라 왕에게 만 짓도록 하였으나, 춘추시대 이후에는 제후들이 각자의 시호를 쓰게 되었다. 진나라 때에는 시호법이 폐지되었다가 전한 초기에 부활하였다. 이후 당송시대에는 시호의 엄밀함이 그 정점을 이루게 되었다. 그 이후 원대에는 시호가 너무 흔해지게 됨에 따라 기본적으로 나쁜 것을 표하는 시호도 없어지게 되었다. 이러한 시호법은 신해혁명으로 조정이 무너지면서 폐지되었다.

이러한 시호법 중에서 가장 중요한 부분은 왕조에서 내리는 시호였다. 또한 그 대상은 제왕과 문무백관 등이 대표적이다. 제왕의 경우에는 나라를 망쳐서 폐위당하거나 시해된 임금 등이 아니면 대체로 미호(美謚)를 붙여주었다.

제왕이나 제후·고관대신 등이 죽으면 그의 생애의 행적을 근거로 지었다. 봉건 황제의 경우는 또 묘호(廟號)가 있어 첫째 황제는 보통 태조·고조 등으로 불렀고, 이후의 임금들은 태종·세종 등으로 불렀다.

존호(尊號)는 당대 이후에는 있었는데 이것은 생전에 받들어 올리는 것이었다. 예를 들어 당 현종은 개원 27년(739)에 '개원성문신무황제(開元聖文神武皇帝)'라는 존호를 받았다.

연호(年號)는 봉건왕조에서 황제의 기년(紀年)의 명호로 한무제 때에 비로소 생겨났다. 새 임금이 즉위하면 반드시 연호를 바꾸었으며 이를 '개원(改元)'이라 했다.

피휘(避諱)란 봉건왕조 사회의 소산으로 휘(諱)란 제왕, 성인, 고급관료, 존경받는 사람들의 이름을 말을 하거나 글을 쓸 때 이들의 이름을 함부로 쓰지 않았다. 그래서 그 이름과 같은 글자가 나오면 아예 피하거나 바꾸어 썼다. 이것이 바로 피휘이다. 이는 당시 백성들과 관리들의 상식과도 같은 것이었다. 그 시작은 주나라 때부터이며, 진한시대 이후 유학이 지배적 위치를 차지함에 따라 피휘제도는 완비되어 갔다.

피휘의 종류는 황제를 비롯한 부친, 조부의 이름을 피하는 국휘(國諱), 친족 내부에서 제한하는 가휘(家諱), 성인들의 이름을 피하는 성인휘(聖人諱)가 그 대표적인 예였다. 피휘의 방법은 가장 일반적으로 제왕이나 성인들의 이름이 나오면 글자를 바꾸는 방법이다. 대신 본래 글자 외에 음이 비슷한 글자를 사용했다. 대표적인 예로 『삼국지』를 저술한 진수는 진(晋)나라의 토대를 닦은 사마의(司馬懿)의 휘를 피하기 위해 후한의 병주자사였던 장의(張懿)의 이름을 장일(張壹)로 고친 것이 대표적인 예이다.

그 다음에는 피휘해야 할 글자가 나오면 그 글자를 쓰지 않거나 모(某) 또는 구(口)를 붙이거나 직접 휘(諱)라고 쓰는 것이 대표적인 예이다. 예를 들어 당 태종 이세민(李世民)의 이름 때문에, 수당 교체기의 군벌이었던 왕세충(王世充)의 이름에서 세(世)를 빼고 왕충(王充)이라 썼던 것이 그 대표적인 예이다.

마지막으로는 획을 빼는 방법이 있는데, 이는 획을 일부러 덜 사용하여 피휘를 하는 방법이다. 당 초기에 시작하여 송대에 더욱 성행한 방법이다. 이러한 피휘법 자체는 봉건사회를 상징하는 역사적 유물이지만, 현재 역사를 고증하는 과정에서 중요한 방법론으로 쓰이고 있다. 그리고 이는 역사의 고증을 비롯한 동양학 연구에도 주요한 역할을 하고 있다.

참고문헌

이종규, 『중국문화개론』, 이재석 옮김, 동문선, 1991.

김원중, 『중국문화의 이해』, 을유문화사, 1998

이홍진, 「중국고대문화상식–성명·예속·종법–」, 『중국어문학 5』, 영남중국어문학회, 1982.

홍석표, 『현대중국, 단절과 연속』, 선학사, 2005.

왕순홍, 『중국의 어제와 오늘』, 김덕완, 정차근 옮김, 평민사, 1998.

육학예편, 『21세기 중국사회의 전망』, 김서희 옮김, 주류성, 1999.

김원중, 『중국의 풍속』, 을유문화사, 1997.

이재정, 『중국사람들은 어떻게 살았을까?』, 지영사, 1995.

허핑티, 『중국의 인구』, 정철웅 옮김, 책세상, 1994.

제8장

중국의 생활문화

中国历史文化

1. 중국인의 의식주문화

중국의 의식주 문화를 알기 위해서는 지역적으로 광범위하고 수적으로 많은 중국인들의 특수성을 알고 그것을 이해함으로써 중국인의 의식주 문화에 대한 이해를 공감을 할 수 있을 것이다. 그렇다면 중국인들의 일상적인 생활문화에는 어떤 것들이 있는가.

첫째, 중국인들은 차를 아주 많이 마신다. 차가 물이다. 어느 식당 할 것 없이 손님이 자리에 앉는 순간 바로 차가 나온다. 식사 도중에도 식사 후에도 끊임없이 찻잔을 채워준다. 이러한 모습은 가정에서도 물론 마찬가지다.

둘째, 중국인은 식탁 생활을 한다. 한국을 찾았을 때 불편한 점이 있다면 바로 방바닥에 앉아서 한국 음식을 먹어야 한다는 점을 꼽을 정도로 그들은 식탁 생활에 익숙해져 있다.

셋째, 술 문화가 반드시 식 문화에 속하는지 모르지만, 중국인은 술잔을 가득 채우는 것이 예의다. 만배주(滿杯酒), 반배차(半杯茶)라는 말도 있다. 술은 가득, 차는 반만 채운다는 말이다.

이 밖에도 몇 가지 재미있는 점이 있다. 책은 위에서 아래로 우에서 좌로 읽고 쓴다. 식당에서 식사 후 계산은 카운터가 아닌 앉은 그 자리에서 한다. 미국식이라 생각하면 된다. 중국인은 또 야참을 많이 즐긴다. 늦은 시간에도 가까운 야시장을 자주 찾는다.

이러한 몇 가지 특성들을 토대로 조금 더 자세히 중국의 의식주 문화에 대해 알아보겠다.

우선 중국인들의 생활에 있어서 '금기시'되는 것들에 대해서 알아보자.

첫째, 혼인금기, 혼인금기 중에 가장 중요한 것은 택혼(擇婚)에 있어서 씨족외혼(氏族外婚)습속이다. 씨족외혼의 습속은 고대로부터 있어온 정치적, 생물학적 경험의 결과이다. 즉 정치적으로는 군사적인 동맹관계나 연계를 위한 것이며, 생물학적으로는 열성(劣性)후손의 탄생을 막고자 했기 때문이다. 중국의 혼인금기 중에는 동성금혼 외에 등급혼금기(等級婚禁忌)가 있다. 이는 고대의 혼인이 남녀 당사자의 문제가 아니라 씨족간의 정치적, 경제적 결합으로서의 가치가 더 컸기 때문이다.

고대중국의 혼인금기 중에는 연애를 금기하고 중매만 허용했다. 모든 혼인은 중간의 매개자를 통해서만 진행되었는데, 이는 씨족과 씨족 간에 있을 수 있는 불편한 점을 미연에 방지하기 위한 것이다. 중매인의 존재가 중요한 이유 중 하나는 여성의 실정(失貞)을 크게 금기시했기 때문이다.

둘째, 언어금기, 언어금기 중 가장 두드러진 것은 주대에 시작된 호칭금기, 즉 피휘(避諱)이다. 피휘는 고대 정치인물들이 자신들의 권위를 나타내는 중요한 수단 이였으며 또한 가족 어른과 타 어른의 이름을 말할 때에도 적용되어 직접 거명할 수 없었다.

이러한 피휘는 자식의 이름을 지을 때에도 적용되었으며, 조상이나 어른의 이름과 동일한 글자는 쓰지 않았다. 특히 자식의 이름을 지을 때. 어렸을 때 소명(小名)을 지었다가 어른이 되면 이름을 바꾸었는데, 이때부터 소명은 부르지 못했다. 또 이름을 지을 때에는 오행의 극명(克名: 서로 상극이 되는 명칭)을 고려해서 이름자에 금(金)이 없는 경우는 화(火)를 넣지 못하는 등의 금기를 지켰다.

셋째, 숫자금기이다. 숫자의 금기는 동음에 의한 것과 문화적인 특수한 배경에 의한 나이와 관계되는 것이 많다. 동음에 의한 것으로는 사(四, 중국어로 Si)로 발음이 동일한 사(死, Si)의 음을 피하기 위해 사용을 꺼려 4월에는 혼인을 꺼린다든가 혼례 등의 축의금을 보낼 때 4단위 액수를 피했다. 반면에 좋아하는 숫자로는 팔(八, 중국어로는 Ba)이며 돈을 번다는 의미의 발재(發財)중 발(發, Fa)의 음과 유사하기 때문에 즐겨 사용했다.

숫자금기 중에는 또, 홀수와 짝수 금기가 있는데, 일반적으로 3, 6, 9 등 3의 배수를 선호하지만, 혼례 때의 축의금의 경우는 40이나 400을 제외한 짝수의 액수를 사용하고, 상례 때는 홀수의 액수를 사용하였다. 나이와 관계되는 금기 숫자는 45, 73, 84, 100세 등이 있다.

45세란 송대의 포공(包公)의 고사와 관련 어려움을 만나거나 죽음을 경험한 나이라 여겨 꺼린다. 73과 84세는 공자와 맹자의 나이와 관계가 깊다. 전설에 의하면 공자는 73세에 죽고, 맹자는 84세에 죽었는데, 성현들도 그 나이에는 죽음을 피하지 못한다는 것이다.

또 100세를 피하는 이유는 백을 보통 숫자의 만수로 생각하기 때문에 백 살이 되었어도 언제나 99세라고 말했다. 이 밖에 지역에 따른 나이금기도 있어서 산동 지역에서는 41세 때 아내에게 문제가 생긴다는 속설 때문에 남자들은 이 나이를 피해서 말한다. 남부지역에서는 9를 싫어하여 9세, 19세, 29세 등의 나이를 직접 말하지 않는다.

다음으로 의식주 금기에는 어떤 것들이 있는지 알아보겠다.

첫째, 복식금기, 중국에는 "십리에서 사람을 알아보고, 백리에서 옷을 알아본다."라는 속담이 있다. 이는 의복과 사회적 가치판단의 밀접함을 반영한다고 할 수 있는 것처럼 중국인들은 의복의 색상, 재료, 형태, 제작 등에 관한 많은 금기가 있는데 그 중 가장 두드러진 것은 색상이다.

중국인들이 가장 금기시하는 색상은 황색, 자색, 향색 등의 이른바 귀색이다. 이들 색상은 과거 신분제와 관련 대부분 황실이나 귀족을 대표하는 색으로서 민간에서 이색을 입으면 반역으로 오해를 받았다.

중국의 민간 색상 중 녹색, 벽색(碧色), 청색은 천색(賤色)으로 원·명·청대에는 창기와 배우 등의 천한직업에 종사하는 사람들만 입었다. 중국인들이 천색 외에 또 꺼리는 것은 흉색(凶色)이 있는데, 이것은 백색과 흑색으로 모두 상장례와 관계가 있다. 따라서 혼례 등에는 순백색과 순흑색을 절대 금기시하며 길함을 상징하는 붉은색을 주로 사용한다. 축의금역시 붉은 봉투에 담아 홍포(紅包)라고 하고, 상례에는 흰 봉투를 사용하여 백포(白包)라고 한다. 재료는 일반민간의 복식의 경우는 특별한 금기가 없었으나 수의를 만드는 경우는 먼저 단(緞: 비단의 종류)을 사용하지 않았다. 이는 단의 음이 단자절손(斷子絶孫: 자손을 단절시킴.)의 음과 동일하기 때문이다.

둘째, 음식금기, 중국음식은 단순한 영양소적인 측면이 아니라 음양의 배합과 관계가 깊다. 다시 말하면 각종 음식물의 물성(物性)을 양성과 음성, 즉 열성과 냉성으로 나누어 이해하면서 물성이 상반된 것은 함께 먹는 것을 꺼리고 있다. 이러한 관념은 한의의 기본원리와 상통하는 것으로 식물자체가 지닌 계절성 독성과도 밀접한 관계가 있다.

이 밖에 중국의 음식금기 중에는 접대에 관한 것이 많은데, 손님의 금기와 주인의 금기로 나눌 수 있다.

손님은 식탁에서 일어나 먼 곳의 음식을 집어 먹지 않는다. 요리 접시를 깨끗이 비우지 않고, 또 생선을 먹을 때 뒤집지 않으며, 음식찌꺼기를 개에게 던지지 않고, 먼저 일어나지 않는다. 음식접시를 깨끗이 비우는 것은 음식이 모자란다는 의미이며, 생선을 뒤집는 것은 어촌에서 특히 금기시 하는데 어선이 뒤집어진다는 연상 때문이다.

중국은 지역과 민족의 특성에 따라 의복구조가 천태만상이나 그 중 전통 복장을 대변하는 것으로 치파오와 중산복이 있다. 치파오는 원래 만주족의 전통복장이었는데 청나라 때 전국적으로 유행되기 시작하여 현재 중국 전통복장으로 되어 있다. 그러나 실용성이 없어 지금은 일상생활에서 입고 있는 중국인을 보기가 어려우며, 다만 고급식당의 복무원이나 매장의 안내원들은 많이 착용하는 모습을 볼 수 있다.

중산복은 손문선생이 생활에 편리하게 고안한 옷으로 지금까지 현대 중국인이 가장 애용하는 복장이었다. 현재는 농촌이나 나이가 많은 사람이 입은 모습을 볼 수 있으나 젊은 사람이 입은 모습은 보기가 힘들다.

중국에는 '백성이란 먹는 것을 하늘처럼 섬긴다(民以食爲天)'라는 말이 있다. 그래서 역대 천자의 최대 과제는 백성을 어떻게 먹이느냐에 있었다. 적어도 먹게만 해주면 태평성대라고 칭송받을 수 있었다.

사람들이 살아가는 데 가장 중요한 것으로 의·식·주 세 가지를 든다. 그 어느 하나도 빠져서는 살 수 없다는 뜻이다. 이 중에서 중국인들은 식을 가장 우선적으로 꼽는다. 그래서 중국인들은 먹는 것 외에는 그다지 신경을 쓰지 않는다.

중국 사람들의 결혼을 보면 재미있는 광경이 벌어진다. 한국처럼 엄숙하고 긴장되는 의식은 찾아볼 수가 없다. 그러므로 예식장은 없고 대신 음식점만 있을 뿐이다. 결혼은 공증을 통해 순식간에 해결하고 손님들에게 음식점의 약도와 전화번호가 적힌 청첩장을 보내는 것으로 끝낸다. 한국인의 관점에서는 결혼식이 아니라 먹기 위해 모인 구경꾼처럼 느껴질 수 있다.

중국에서는 요리가 한국처럼 한꺼번에 나오는 것이 아니라 순서대로 하나씩 나오는데 그야말로 세숫대야 만한 큰 접시에 요리를 내놓는다. 이것을 회전할 수 있는 탁자에 올려놓고 회전하면서 자기 앞으로 온 접시에서 적당한 양을 덜어 먹는다. 그러므로 한 가지 요리를 너무 많이 먹으면 그 다음의 요리는 그야말로 그림의 떡이 되고 만다.

한국에도 지방마다 독특한 요리가 있다. 그런데 중국의 경우는 넓은 대륙에 걸맞게 상상을 초월할 정도로 그 수가 다양할 뿐만 아니라 특성 또한 각양각색이다. 기후가 다르니 재료가 다를 수밖에 없고 결국에는 섭생까지 다르게 된 것이다.

중국 요리는 크게 양자강을 기준으로 하여 북방 요리와 남방 요리로 구분된다. 또한 일정한 지역을 기준으로 북방(북경·천진)·산동(청도·개봉)·강남(상해·남경·양주·영파·무한)·복건(복주·천주)·광동(광주·홍콩)·사천(성도·중경) 등 6대 권역으로 구분하기도 한다. 이 외에 동서남북의 사분법도 있는데 이에 따르면 동은 강남이, 서는 사천, 남은 복건·광동, 북은 북방·산동이 각각 해당된다.

북방에서는 주로 소·돼지·양·말 등 육류에다 콩·고량·옥수수·밀가루를 주식으로 하고 있다. 그래서 한국인이 잘 알고 있는 만두나 짜장면, 국수 따위는 모두 북방 요리에 해당한다. 반면 남방은 많은 강과 발달한 비옥한 평야로 해서 예로부터 쌀과 생선이 풍부하다.

특히 호남성 동정호 일대는 중국 제일의 곡창지대를 형성하여 어미지향(魚米之鄕)이라는 별명을 낳게 했다. 생선과 쌀이 풍부한 곳이라는 뜻이다. 따라서 남방의 주식은 자연히 쌀이며 생선과 조개 등 해산물도 풍부하며 육류는 닭고기나 오리고기 정도이다.

중국 사람들이 식사를 하는 광경은 왁자지껄하다. 워낙 먹는 것을 즐기는 민족이다 보니 먹는 장소가 가장 즐거운 곳이 된다. 그래서 점심시간도 중화민국의 경우는 두 시간이나 되며 저녁시간은 물론 제한이 없다. 그들이 식사하는 모습을 보면 한국과 다른 점이 있다. 한국인은 깨끗하고 정갈하게 먹어야 예의인 줄 알지만 그들은 최대한 난장판이 되도록 먹어야 주인에 대한 예의가 된다. 그래서 식사가 끝난 뒤 탁자를 보면 마치 전쟁이 지나간 폐허와도 같다.

중국 요리의 특징 중 특히 조리법이 다양한 반면에 조리기구가 간단한 까닭은 현실을 중시하는 실용성과 합리성에서 기인한 것이라고 할 수 있다. 중국인의 식생활 역시 무조건 겉모양이 아름답고 맛이 섬세한 것에 주목하기보다는 그 지방에서 생산되는 재료에 따라 조리법을 개발하고, 칼로리뿐만 아니라 양에서도 실속있는 요리를 선호한다.

중국인은 차 없이는 하루도 못 사는 민족이다. 4천 년의 역사를 가지며, 어느 장소에 가더라도 언제든지 차를 마실 수 있도록 끓는 물이 준비되어 있다. 중국인의 가정집을 방문하면 제일 먼저 나오는 것이 차다. 그것도 차에 관한 일체를 아예 세트로 마련하고 있는 집도 많다.

중국차의 종류는 수천 가지가 넘으며 차의 명칭도 다양하다. 차의 이름은 차를 채취하는 시기나 방법·색깔·형태·지명 등에 따라 다르다. 이를테면 사전차는 경칩 전에, 우전차는 곡우 전에, 명전차는 청명 전에 채취하는 차를 말하며, 홍차·녹차·백차는 색깔로 구분한 이름이다. 차의 형태에 따라서 직설차와 말차로 구분되며, 이외에 차의 맛은 토질과 기후의 영향을 받기 때문에 차의 이름에 지명을 딴 것이 많다.

차의 종류는 크게 여섯 가지로 나누는데, 일반적으로 가장 오래되고 생산량이 가장 많으며, 품종이 다양한 것이 녹차이다. 녹차 중의 명차는 용정차, 벽라춘차, 우화차 등 90여 종이 있다. 용정차는 중국 차 중에서 가장 으뜸으로, 청나라 건륭제 때에는 황실에서만 먹을 수 있었던 고급품이었다. 특산지는 항주에 있는 룽징이라는 차밭이다. 홍차는 국내총생산이 1/4를 차지하며, 수출량은 총수출량의 1/2를 차지한다. 홍차중의 명차는 기(祁)홍차, 기(淇)홍차, 영(英)홍차이다.

오룡차는 홍차처럼 향기가 짙으며 녹차처럼 맛이 산뜻하다. 종류에는 무이암영, 안계철관음, 봉황단총은 오룡차의 우등품으로 간주된다. 백차는 은빛 찬물색이 우아하고 담백하며 쓸개와 위에 좋다. 백호은침과 백호단은 백차의 진품이다. 화차는 중국의 독특한 차로서 향편차라고도 한다. 생화를 가지고 찻 잎을 훈제한 것이 화차다. 복주의 다리공정은 화차 중의 상등품이다.

긴압차는 보통 큰 차 잎이나 차나무 가지로 먼저 흑차, 홍차 또는 화차를 만든 다음, 그것을 원료로 하여 다시 만든다. 운남성의 보이(普耳), 광서성의 육보(六堡)차, 호남성의 흑전차(黑磚茶)가 긴압차(緊壓茶), 그리고 사천성의 타차(沱茶)[53]가 명품이다.

중국의 술은 크게 다섯 가지로 나눌 수 있는데, 증류수인 백주, 양조주인 황주, 한방약을 이용한 노주, 과일 등을 이용한 과실주, 그리고 맥주 등이 있다.

중국의 술 중에는 특히 독한 술이 많기 때문에 한국의 소주 마시듯이 마시면 술에 취하기 쉽다. 그들은 작은 술잔임에도 단숨에 들이켜는 법은 없다. 항음주례에는 여덟번을 나눠 마시라 했다. 그들에게는 술을 마시는 것이 목적이 아니다. 말을 끌어내고 소통하며, 생의 애환을 흥겨움 속에서 녹이고자 하는 도구다.

중국인은 술잔이 다 비기 전에 술을 첨잔하므로 한국의 습관과 다르다. 그리고 잔을 돌리는 습관이 없다. 중국인이 건배를 외치며 술을 권해올 때는 한 번에 다 들이켜는 건배의 의미로 중도에 내려놓으면 실례가 되며 술이 약한 사람의 경우 음주 전 양해를 구해놓는 것이 좋다.

---

53 현재 긴압차의 주산지는 중국의 사천(四川), 운남(雲南), 호남(湖南), 호북(湖北), 광서(廣西) 등지로서 내몽고를 포함한 중국 변방 지대의 소수 민족이 주로 소비하고 있다. 긴압차는 형상이 장방형, 타원형 등의 여러 가지 모양이 있으며 사용하는 원료에 따라서 녹차로 만든 녹전차, 홍차로 만든 홍전차, 포종차로 만든 청전차, 흑차로 만든 흑전차 등으로 구분하고 있다. 긴압차(緊壓茶)는 중국의 고형차의 하나로 긴차(緊茶)라고 한다. 긴압차는 역사상 가장 오래된 차 중의 하나로서 AD 220~265년에 긴압차류인 병차(餠茶: 떡차)의 제도에 대한 기록이 있으며 당송시대에도 병차가 차의 주류를 이루었다. 주로 호남, 호북, 사천, 운남, 광서, 광동의 각성에서 각각 옛날부터 특성을 지킨 것을 만들고 있고 최근이 되고 나서 역사의 새로운 것을 알았다. 증압(蒸壓)하여 고형으로 한 것으로 이차가 공차의 일종이라 해도 좋을 것이다. (차생활문화대전, 2012. 7. 10., 홍익재)

2. 중국의 의례문화

가. 혼례(婚禮)

중국 전통적인 혼례는 지역에 따라 다소 차이가 있으나, 주나라 때부터 존재한 육례(六禮)를 기초로 한다. 구성은 납채(納采)·문명(問名)·납길(納吉)·납징(納徵)·청기(請期)·친영(親迎)으로 구성된다.

① 납채: "납(納)"은 받아들임, "채(采)"는 선택의 뜻이다. 신랑측이 예물을 보내 구혼하는 절차. 예물을 안 받으면 거절의 의미이다.

② 문명: 납채 후 신랑측이 매파에게 홍첩(紅帖)과 예물을 보내 신부 성명과 사주를 홍첩에 써서 돌아오게 한다.

③ 납길: 신부의 이름과 사주를 신랑의 조상 위패 앞에서 궁합을 봄. 그 결과를 매파를 통해 예물과 함께 신부측이 통보한다.

④ 납징: 궁합 결과가 좋으면 신랑측은 좀더 정중한 예물을 보내 정식으로 결혼 성립을 알린다.

⑤ 청기: 신랑측에서 결혼일을 정한 후 예물과 함께 신부측에 보냄. 신부측에서 바꿀 수도 있다.

⑥ 친영: 결혼날에 신랑이 매파와 함께 예물을 가지고 신부집에 감. 신부를 가마에 태워 데리고 온다.

앞의 5단계는 부모들이 주관, 당사자들은 상면 불가하며, 양가가 결혼을 결정하는 것을 "명매정취(明媒正娶)"라 하고, 연애결혼은 "상풍패속(傷風敗俗)", "행위불궤(行爲不軌)"라 비난하였다. 예전에는 같은 수준의 집안끼리 결혼하는 것을 중시했기 때문인데 이것을 "문당호대(門當戶對)"라고 했다.

⑦ 시집에 오면, 천지신명-조상과 부모 그리고 신랑과 신부가 맞절한 후 합환주(合歡酒)를 마시고 신방에 들어간다.

1980년 개정 혼인법에는 남자 22세, 여자 20세이면 결혼이 가능하며 혼인방식의 간소화가 추진되었다. 결혼식 전에 먼저 혼인신고하고 부부는 자기 직장에서 미혼증명서를 발급받아 병원에 가서 신체검사, 진단서와 함께 관공서에 가서 결혼등기를 하고 결혼증서를 받는다.

중국인들의 결혼식에 참석해 보면 식장이 온통 붉은 색으로 도배되어진 걸 볼 수 있다. 결혼식장 바깥에서는 귀신을 쫓아낸다는 의미로 폭죽을 다발로 터뜨리는데 이 폭죽색깔도 역시 붉은 색이다. 결혼식 때 부조하는 봉투의 색깔도 역시 붉은 색이다. 우리나라 식으로 하얀 봉투로 부조하게 되면 끔찍한 실수를 범한 것이다. 흰색은 죽음을 의미하며 장례식때 사용하기 때문이다.

결혼 시기는 일반적으로 음력 5월·7월·9월 등은 피했다. 이 달들은 중국인들에게 있어서는 악월(惡月)로서 귀신들이 돌아다니는 달로 인식되었다. 날짜는 홀수일은 피한다. 경사스러운 날은 모두 짝수와 연결시키는 경향이 강하기 때문에 날짜는 홀수일은 피하는 것이 원칙이다. 특히 7월 7일은 견우와 직녀처럼 항상 떨어져 있어야 함을 걱정하기 때문에 피하는 경향이 있다.

나. 장례(喪禮)

장례는 성대하고 정성스럽게 거행해야 하며, 이를 못하면 불효로 간주한다.

① 부모가 운명하면 장자가 목욕·빗질 후 수의를 입히는 "소렴(小殮)" 실시. 망자 입에 돈·옥을 넣어 줌. 시신을 방 남쪽에 안치했다가 시간을 정해 입관(入棺)하는 "대렴(大殮)"실시. 봉관(封棺) 후 자녀와 친족은 상복을 입으나 요즘은 생략하거나 간소화한다.

② 조문(弔問)과 안장(安葬) 일시를 정하고 부고(訃告)를 돌린다. 문상객은 제물(祭物)·대련(對聯)·만장(挽章)·조의금을 가지고 와 영전에 절을 한다.

③ 장지(葬地)로 운구(運柩)하는 발인(發靷) 실시. 발인의 행렬은 자녀와 친

척, 상여꾼, 고수(鼓手), 취수(吹手) 등으로 구성된다. 장지까지 나팔을 불고 징을 치며 가는데 이는 망자의 영혼이 원한을 잊고 즐겁게 영계(靈界)에 들어가라는 뜻이다.

④ 100일간 음주 가무 삼가고, 어떤 연희나 다른 사람의 경사에도 참석하지 않는다.

⑤ 주로 토장(土葬)을 많이 하나, 현재는 화장(火葬)을 권장하고 있다. 도시는 화장율이 90%, 농촌은 아직도 10% 수준이다.

⑥ 화장 후 유골함을 집에 가져가거나 화장터 납골당에 맡기기도 하며, 매장 혹은 산이나 강에 뿌리기도 한다.

⑦ 제사는 거의 없으며, 청명절과 중추절에 성묘를 한다.

⑧ 소지(燒紙)는 장례식 때 태우는 종이 돈으로 이것으로 돈을 망자에게 주었다고 간주한다. "금전능통신사귀(金錢能通神使鬼)" 의식.

중국은 일반적으로 토장(土葬)을 하지만[54] 이밖에도 화장(火葬)·수장(水葬)·천장(天葬)·향료보존장(香料保存葬) 등이 있다. 중국에는 장례의 절차도 각 지역과 민족에 따라 다르다. 일반적으로 토장을 하며 유교문화의 영향으로 죽음의 문제도 예의 일부로 받아들여 일정한 규정이 있다. 상례(喪禮)에도 봉건사회의 계층관념이 여실히 반영되어있다. 사망한 사람의 신분, 결혼 자손의 유무 등에 따라서 예식의 규모가 결정되었다. 대개 지위가 높고 천수를 다 누리고 자손이 많을수록 성대한 상을 치른다.

중국은 모택동이 공산주의 혁명을 성공하기 이전까지만 하더라도 '거대한 묘지'라고 불릴 정도로 묘지가 곳곳에 빽빽이 들어차 있었다. 1933년 중국 남경 금릉대가 전국 22개성을 대상으로 조사한 결과 중국묘지의 총 면적이 10만 3천평방 키로미터로 남한면적보다 넓을 정도였다.

하지만 5.4 신문화운동이 전통적 풍속과 관례를 개혁함에 따라 옛 장

54 "흙으로 돌아가면 편안해진다" 는 고대인들의 보편화된 관념 때문이었다.

례 풍습은 많이 바뀌게 되었다.[55] 위생적이고 간편한 화장(火葬)이 사람들에게 널리 받아들여지면서 장례의식이 더욱 간소화되었다. 부고의 형태도 새로운 방식으로 바뀌었고 까다롭던 상례예법도 현대식으로 대체되었다. 번거로운 입관의식을 대신하여 추도회가 열리게 되었고 곡소리 대신 애도곡을 사용하게 되었다. 현대의 중국에서는 어디에서도 봉분을 한 무덤은 거의 찾아 볼 수 없다.

3. 중국의 주생활

가. 건축 재료

중국인들의 건축 재료는 다양하다. 중국의 면적 자체가 크기 때문에 각 지역의 지질과 기후 조건의 차이가 매우 크다. 따라서 가용할 수 있는 자연 재료 또한 다르다.

북부 지역에는 전통적인 기와 이외에 대량의 원목과 돌을 사용한다. 특히 동복 지역은 석재와 목재가 매우 풍부해서 돌로 만든 집과 나무로 만든 집이 무척이나 많다.

화북지역과 중원지역은 석재와 원목이 비교적 적어서 사람들은 인공으로 구운 벽돌과 기와로 집을 짓는다. 중원지역의 황토고원을 가보면 매우 특이한 정경을 보게 되는데 그것은 바로 돌과 원목을 찾기가 용이하지 않은 사람들이 황토 언덕에 동굴을 파서 그 안에 거주하는 모습이다.

---

55 세계인구의 20%가 넘는 12억의 인민들이 세계경작지의 7%밖에 안되는 땅에서 먹고 살아야만 하는 현실에 비춰 볼 때 묘지문제는 무엇보다 심각한 것이었다. 연간 평균 사망자 수가 6백만명에 달해 매년 엄청난 규모의 땅이 묘지터로 변하고 있는 상황이었다.

중국 서부지방의 대초원은 유목 생활을 위주로 하기 때문에 고정적인 집을 지을 필요가 없다. 그리하여 사람들은 양털 등으로 지은 천막집을 발명하게 되었다. 그 대표적인 경우가 몽고인의 '몽고포(蒙古包)'와 티베트인들의 '장방(帳房)'이다.

중국 남부의 험준한 산악 지방이나 수풀과 대나무가 무성한 밀림 지역은 대나무로 원두막 같이 올려서 아래에는 가축을 키우고 위에는 사람이 살게끔 된 주택을 고안해 내었다.

중국의 거주 주택은 일반적으로 폐쇄형으로 네면이 전부 담으로 둘러 싸여 있는데 북방 지역의 사합원(四合院)이라는 형태의 가옥을 예로 들겠다.

사합원의 규모나 배치는 일정하지는 않은데, 중간 규모 이상의 일반적인 형태는 앞뜰과 중간뜰 그리고 후원으로 구성되어 있다. 소규모의 사합원은 앞뜰과 후원의 구별이 없이 동서남북 각 방향으로 배치된 방들로 벽을 대신하고 있다. 전형적인 사합원 주택은 현재 북경에 주로 보존되어 있는데, 대문, 정방, 상방, 화원 등의 부분으로 구성되어있다. 이 형태의 주택은 조용하고 각 방의 앞 뒤 구별과 주와 부의 구별이 분명하기 때문에 봉건시대의 존비(尊卑)와 장유유서 및 남녀의 구별이 엄격한 중국 전통 문화의 특색을 나타내고 있다.

나. 건축 풍속

중국인들이 행복을 추구하고 사악한 기운을 몰아내고자 하는 심리는 주택의 구조나 장식등에도 두드러진다. 특히 전통 주택일수록 두르러지는데 팔보도(八寶圖)·정원수·풍수지리 등이 그 예이다. 팔보도는 중국인들이 좋아하는 모종의 사물 8가지들을 건축할 때 담장이나 병풍·문짝 등에 그려 넣음으로써 그 안에 담긴 좋은 의미를 통해 각종의 희망과 기원을 나타낸다.

또한 복을 가져다 준다는 귤나무, 감귤나무, 감나무 등이 정원수로 환영을 받았으며 장례의 의미를 가진 '상(桑)'과 음이 같아 불길한 느낌을 준다는 이유로 뽕나무 등은 정원수로 외면 받았다.

지금까지 중국과 우리나라는 오랫동안 끊임없이 접촉해온 만큼 서로의 생활문화에 영향을 주고 받는 밀접한 관계를 형성해왔다. 그 예로 춘절과 중추절이 우리나라의 설날과 추석에 해당되며, 전통적인 혼례와 장례절차에서도 우리나라의 문화와 흡사한 점이 많다는 점에서 양국 간 문화의 밀접한 관계를 다시 한 번 확인할 수 있다.

여기서 주의해야 할 것은 우리 민속의 일부 원형이 중화민속에 그 뿌리를 두고 있다는 것이 사실이라 할지라도 우리의 생활문화의 원형이 모두 중국문화에서 기원된 것으로 여겨서는 안 된다는 점이다. 또한 현재 중국 민간생활에서 우리 전통문화의 잔재를 찾아 볼 수 있다는 점도 염두에 두면 좋겠다.

상량의식

중국사람들은 예로부터 집을 지을 때 상량(대들보를 올림)을 아주 중시하여 일반적으로 상량의식을 거행한다. 먼저 주인은 지붕이 없는 집 안에 식탁을 놓고 식탁 위에 잉어, 돼지머리, 설떡, 찐빵과 사탕수수[56] 등을 올려놓고 제사를 한다. 주인의 제사가 끝나면 일손을 도와 나선 마을 사람들은 여러 가지 물건을 벽에 걸어 마귀를 쫓도록 한다. 그리고 '상량대길'이라는 글이 적힌 대들보를 들고 축사를 올린다. 상량의식의 하이라이트는 '보물받기'와 '들보에서 던지기' 행사인데, 목공 기술자는 주인이 집안에 펴 놓은 붉은 비단 안에 여러 가지를 던지며 여러 사람들은 그것을 줍는다. 전하는 말에 의하면 집주인이 꼭 이렇게 하여야 가문이 흥성하게 된다는 것이다.

이렇게 상량의식은 유구한 전통을 가지고 있으며 이 의식을 거쳐야만 집주인이

56 이런 물건들은 특정된 함의가 있다. 즉 가문의 흥성발달과 번영창성을 상징하며 생활이 갈수록 좋아 사탕수수처럼 달콤하기를 바란다는 뜻이다.

새 집에 들게 된 것으로 인정이 된다고 한다. 이러한 행사는 행복한 생활에 대한 염원과 모든 재앙을 없애고 자손이 잘 살기를 바라는 희망을 표현하는 것이다.

참고문헌

조용관, 『중국혁명과 가정윤리』, 고려원, 1994.

허핑티, 『중국의 인구』, 정철웅 옮김, 책세상, 1994.

이재정, 『중국사람들은 어떻게 살았을까?』, 지영사, 1995.

김인옥 편저, 『중국의 생활민속』, 집문당, 1996

김원중, 『중국의 풍속』, 을유문화사, 1997.

김원중, 『중국문화의 이해』, 을유문화사,1998.

괴대신, 기홍, 『중국민속학』, 박현규 옮김, 백산자료원, 1999.

장범성, 『현대중국의 생활문화』, 한림대출판부, 1999.

이익희 외, 『한 권으로 읽는 중국』, 일빛, 2003.

전병곤 외, 『한 권으로 이해하는 중국』, 지영사, 2004.

제9장

전통사상의 전개와 문화의 성숙과 발전

中国
历史
文化

1. 전통사상의 전개와 발전-중국문화의 사상적 토대

중국에 있어서 철학이라 함은 서양과 달리 형이상학적이기보다는 윤리적이고 사회적인 의미를 지닌다.[57] 중국철학과 서양철학의 관점은 시작되는 출발점이 다른 것이다.

사물에 대한 탐구와 자연현상의 원인규명으로 시작한 유럽 철학과는 달리 피상적인 자연현상과 사물에 집중하는 것이 아니라 인간에게 주어진 것에 대해서 대처방식과 그 순응에 주목한 것이 중국의 철학의 특징이라 할 수 있다.

그러나 오히려 중국의 철학과 유럽의 철학은 서로 대립각을 세우고 비교대상으로만 존재하지 않는다. 철학과 사상은 언제까지나 그 다양성을 존중받을 때 더 가치가 있는 것이기 때문이다.

중국문화에 있어서 사상적 토대라 함은 제자백가, 유가, 도가, 등을 들 수 있다. 중국 학술사상의 변천은 세 시기로 나누어 설명하는 것이

57 김용옥 著, 『절차탁마 대기만성』, 통나무, 1987, p.71.

중국 사상을 이해하기에 편리하다. 제1기는 춘추 말엽부터 후한말까지 즉 기원전 552년 공자의 탄생에서부터 기원후 183년 후한의 멸망까지의 735년간으로 이것을 상세기라고 이름 붙인다.

또한, 한대도 전한 경제 이전과 무제 이후의 두 시기로 나누어 생각할 수 있다. 전반기는 공자의 탄생을 출발점으로 하여, 노자, 장자, 양주, 묵적, 맹자, 순자, 한비자 등의 제자백가가 나타나 각기 주장을 펼쳤다. 이 시기를 제자백가의 시기라 칭한다. 후반기에는 전한 무제가 동중서의 건의를 수렴하여 유교 경전을 성립하여 유교를 국교로 지정하여 학문의 주류를 이루던 시기로 경학시대라 부른다.

제2기로는 위진남북조 초기(서기 184년)부터 당 현종 말년(서기 755년)까지 약 550년간으로 이를 중세기라 한다. 이 시기에도 역시 유학이 국가의 중요 사상이었으며 경학의 연구 또한 계승되어오고 있었다. 그러나 당대는 불교와 노장사상이주류를 이루었다.

한편으로는 외래에서 유입된 불교가 중국 고유 사상이라 할 수 있는 노장사상을 자극하여 도교라 칭해지는 일종의 종교 교단의 확립을 촉진하였다. 당 후기에 이르러서는 유, 불, 도 3교가 상호영향을 주면서 발전하였다. 삼교 중 사상과 이론적으로 가장 심오한 체계를 가지고 있었던 것은 불교였다. 그리하여 승려나 불교도 중에 당대 일류 사상가와 학자의 비중이 높았던 것은 우연이라고만은 할 수 없을 것이다.

제 3기는 당 현종(서기 756년)이후부터 현재에 이르는 약 1,200년간의 기간으로 이를 근세기라 한다. 근세기는 상당히 긴 시간대를 가지고 있으므로 이는 다시 네 시기로 구분하여 이해를 돕고자 한다.

첫 시기는 당 중엽부터 오대에 이르는 200여 년간의 기간으로 송학의 준비시기이다. 둘째 시기는 북송 초(서기 963년)부터 남송 말(서기 1279년)에 해당하는 시기로써 320년간 송학이 사상의 주류로 존재하던 시기이다.

셋째 시기는 1280년부터 1661년에 이르는 약 380년간의 원, 명시기로 사상의 중심은 명에 있었고 원은 그 과도기라 할 수 있다. 넷째 시기는 명말청초기로 소위 경세사상과 고증학의 전성기라 할 수 있는 시기로 급진적인 변화나 유례없던 새로운 사상이 나타나는 것과 같은 큰 변화는 있다고 보기 어려운 시기였다.

대체로 근세기는 둘째시기에 번성한 불교철학의 심원한 점에 비교되는 바가 있어 중국 고유의 유교를 개조, 새로운 체계를 구성하는 것에 주요한 목적을 두고 있다.

중국 사상의 시기구분은 공자의 탄생에서 시작하여 제자백가로 펼쳐지고, 한대에 이르러 유교로 통일되었다가 위진남북조와 수당시기에 이르러 불교의 영향이 강해지면서 도교의 성립을 촉진하였다. 이로 인해 유불도 삼교가 정립되었다. 그리고 불교의 영향이 유교에 미쳐 새로운 신유학을 만들어 내었고, 그리하여 신유학의 흐름 속에서 주자학과 양명학이 중국 사상에 큰 사조로써 나타났다.[58]

가. 선진 시기 사회와 제자백가

춘추전국시대는 주왕실의 약화에 따른 중앙통제력의 약화로 인한 제후들의 세력 확장이 일어나던 시대이다. 당시 각 제후와 왕실에서 제후간의 다툼에 명분과 실질적인 조력을 담당하거나 새로운 가치관과 세계관을 제시한 것이 제자백가들이다. 이들은 공자와 같이 전국을 돌아다니며 유세를 하는 사람뿐만 아니라 소진, 장의와 같은 종횡가라 불리는 사람들은 각 제후의 고문이나 재상의 역할을 맡기도 했다.

당시는 독특한 학설과 주장을 가진 학자들이 자신만의 유토피아적 구상을 가지고 활발히 움직였던 시대라 할 수 있다. 이른바 학문의 다양성이 중국에서 최초로 등장하였으며 이 시대의 사상은 후에 많은 사상과 정치담론의 기반이 되었다.

---

58 武內義雄 著, 李東熙 譯,『中國思想史』, 驪江出版社, 1987. pp.13-14.

분열과 경쟁 그리고 독립추구의 시대에는 항상 통일에 대한 열망이 강한 법이고 통일의 시대에는 분열과 독립에 대한 열망이 강한 것이 오히려 순리라 할 수 있을 것이다. 춘추전국시대는 이러한 점에서 분열과 독립에서 통일로의 지향이 강했던 시대이며 사회의 유동성이 매우 활발했다.

나. 유가

중국에서 체계적인 학술사상이 형성된 것은 공자로 부터라고 한다.[59] 그러므로 한대 유학이 관학되면서 학문과 정치가 일치를 이룬 이래 유가사상은 항상 학술사상의 주류로 자리하고 있다. 특히 중국 봉건왕조체제의 강화와 유지는 공자에 대한 존경과 숭배를 통해 유학이 제1사상으로 등장하는 배경이되었다. 이는 유가사상을 중국문화의 큰 줄기로 이해하기 때문이다.

공자는 정치적 질서와 가정의 질서를 융통성 있게 일치시키고 관에서 주도하는 교육기관이 아닌 자신과 제자들을 주축으로 한 민간 주도 학교를 만든 교육자라는 점에서도 중요한 의미를 가진다. 특히 사마천의 사기 중에서 공자는 왕공제후만 기재되어 있는 세가(世家)에서 제후가 아닌 사람으로는 중국 최초의 농민운동 주도자인 진승과 함께 실려 있기도 하다. 공자의 사상은 주(周)나라의 예제(禮制)와 깊은 관련이 있다. 공자가 제창하는 복고(復古)는 주대의 질서체계로 돌아가는 것을 의미한다. 춘추전국시대의 혼란은 주의 정치체제가 무너지면서부터 시작된 것으로 각자 명분을 잊고 자신의 위치와 분수(自分)를 지키지 않은데서 기인한 것이라 하였다. 공자는 이것을 군군신신부부자자(君君臣臣父父子子)라는 말로 표현하고 있다. 당시 혼란한 사회를 재정립하기 위해서 공자는 인(仁)을 제창하였다. 인은 사람들의 상호관계에 있어서 예(禮)를 근간으로 해서 행하

59 武內義雄 著, 李東熙 譯,『中國思想史』, 驪江出版社, 1987. p15.

는 가장 중요한 원칙으로 설명하였다.[60]

유교의 원리는 "신분에 맞는 적절한 행위"라는 사고를 강조하며 유교에서 말하는 군자란 고대 문헌에 교훈적으로 기록된 예를 따르는 사람이었다. 이런 이념은 원래 도덕적인 원리보다는 상벌에 의해 규제를 받는 일반 서민에게는 적용되지 않았으며 지배층의 체제를 규율하는데 효과적인 것이었다.[61] 이러한 유가의 도덕관념은 인간이 자기수양을 통해 도달할 수 있는 경지 즉, 성인과 군자의 위치를 강조하며 이 전 다른 사상가들에서는 찾아볼 수 없는 인본주의적 덕목을 강조했다는 것이다.

"군자가 인을 버리고 어찌 군자라는 이름을 얻겠는가?(里仁篇)[62]" 라고 한 것에 이어 "군자는 근본에 힘쓴다. 근본이 서야 도가 생긴다. 효도와 우애는 인의 근본이다."라고 밝히고 있다.

공자의 교육방식에 있어서 중요한 것은 시와 서라고 할 수 있는데 서는 역대 제왕들의 교훈이나 훈유를 모은 것으로 특히 주공대의 이야기가 많이 들어가 있다.

공자의 사상적 근원은 고대의 신앙에 그 뿌리를 두고 있으며 그 대표적인 예가 바로 천(天)에 대한 관념이다. 여기에는 인간을 포함한 우주 만물은 모두 하늘로 부터 생겨났다하는 중국 고유의 사상이 근간을 이루고 있다. 인간이 하늘에서 태어난 만큼 하늘은 항상 인간을 다스리기 위해 자신의 역할을 대신할 사람을 지상으로 내려 보내는데 이것이 바로 중국 정치와 사상의 정점인 최고주권자인 천자이다.

천자는 하늘의 명을 받아 인간을 다스리는 직책은 하늘을 받들어 제사를 지내고 그 명에 거스르지 않는 것이다. 공자는 이러한 사상을 가족중심적 사회윤리와 일치시켰다. 이는 전시대에 이미 확립되어 있던 조상숭배와 국가우선주의를 수용하여 개인의 지위나 의미에 대한 중요성을

---

60 인의 방법론으로 공자는 孝, 悌, 忠, 恕, 禮, 樂을 제시하였다.

61 페어뱅크 著, 김형종, 신성곤 譯,『신중국사』, 까치, 1994, p69.

62 武內義雄 著, 李東熙 譯,『中國思想史』, 驪江出版社, 1987. p22.

강조하였다.

앞서 설명했듯이 유가사상의 기조는 인본주의에 있다고 볼 수 있다. 인간이 예에 갖춰 행동하는 도덕성의 형성과 완성을 강조한다. 이러한 점은 오늘날 동아시아의 교육기조 속에서 그 명맥이 이어져 내려오고 있다. 그러므로 유가상은 사회적 보수주의와 그에 대한 복고로서 무엇보다 강한 윤리의식과 사회적 명분에 대한 합리적인 접근방법으로 규정될 수 있다.

다. 불교사상(佛敎思想)

전통 인도불교가 전래되는 과정에서 중국 전통사상들과 유합 흡수되면서 그대로 전래되지는 않았다. 불교의 전래에 대해 다양한 주장이 있지만 그중 가장 학계에 인정을 받는 학설은 이존(伊存)의 불교구수설(佛敎口授設)이다.

불교구수설은 전한 애제의 원수 원년(BC 2)에 경로(景盧)가 대월씨왕의 사자인 이존으로부터 부도경(浮屠經)을 구두로 전해 받았다고 하는 설이다. 이것은 진수(陳壽)의 『삼국지』, 『위지(魏志,西戎傳』에 위나라 사람 어환(魚豢)의 〈위략(魏略)〉을 인용하여 이 기사를 서술하고 있는데 사료로서는 가장 확실하며 또한 전래에 관한 가장 오래된 사료로서 그 가치가 높게 평가되고 있다.

이후 불교는 여러 왕조를 거치면서 다양한 모습으로 중국의 사회에 존재하며 시대의 흐름에 따라 발전되었다. 후한이 망하고 천하가 삼분되고 서진에 의해 통일되기까지 약 40여 년 동안을 삼국시대라 한다.

이후 서진시대에는 노장사상의 발달과 자유스러운 청담사상이 유행하면서 허무주의를 숭상하는 풍조가 출현하였다. 더불어 반야개공의 불교사상은 노장사상의 무(無)와 상통한다는점을 통해 일반인들이 쉽게 이해하게 되고 불교사상이 점차 폭넓게 자리잡아갔다. 이 시기 불교사상 중에서 특히 반야의 공사상이 중심이었다. 더욱이 승려들까지도 이러한 풍조를 따라 사람들에게 불교를 이해시키고자 할 때, 노장사상을 빌려 설명하기도 했다. 이것을 격의불교(格義佛教)라고 하며 서진 말부터 동진시대에 걸쳐서 크게 유행하였다.

동진시대 불교는 실로 급격한 발전으로 소위 불교연구 시대가 열리게 되었다. 이에는 여러 가지 계기가 있었다. 첫째는 고승들이 서역에서 많이 건너오기도 했으며, 중국에서도 많은 고승들이 배출되었다는 것이다. 둘째는 북방 5호 16국의 흥기와 불교보호정책이다. 이는 종래 낙양과 장안을 중심으로 전개하던 불교가 여러 주요 도시를 중심으로 각 지방에까지 보급되어 상당히 광범위하게 퍼져나간 듯하다. 물론 북방 부족국가들이 보호한 목적은 국가 번영을 위함이었지만 결과적으로는 불교 융성이라는 큰 효과를 가져 오게 되었다.

셋째는 서진나라의 남하이다. 한민족이 남쪽으로 대거 이동한 것은 중국문화가 남방에 전파되어 남방문화를 발전시킨 결과를 낳았다. 따라서 불교도 더욱 융성하게 된 것이다.

마지막으로 당시는 노장사상이 성행하여 청담 풍조가 유행하게 되었는데 이 같은 풍조는 격의의 형태로서나마 불교가 일반사회에 점차 침투하게 된 계기를 마련해 주었다고 할 수 있다.

또한 동진시대의 불교는 반야개공 사상이 중심이 된 격의불교였다. 이러한 것을 통하여 불교신앙은 점차 일반사회에 보급되기 시작하였다.

동진시대 이후 남북조 시대에 들어와 불교경전의 번역이 이루어지면서 불교가 본격적으로 연구되고 보급되었다. 담란의 정토교, 혜가의 선사상, 비담종, 성실종, 삼론종, 열반종, 천태종, 율종 등이 시기에 연구되고 발달하였다.

그 후 남북조시대를 통일한 수는 문화적으로 발전함과 동시에 불교계에서도 일대 전환점을 맞게 되었다. 폐불 이후 남북불교를 통합시켰을 뿐만 아니라 중국불교로서 새롭게 형성 되었다. 그리하여 불경의 번역, 해석, 연구가 결실을 맺고, 교단의 조직이 재편성되어서 여러 종파가 독립하게 되었다. 북주의 폐불정책 불교에 중대한 영향을 주었을 뿐 아니라

오히려 이 사건으로 인하여 수·당 불교가 융성하게 되는 결과를 가져오게 되었다.[63]

수대 불교의 특징은 종파불교의 형성이라고 할 수 있다. 수 대는 서역에서 전래된 불교에 대한 연구가 결실을 맺고 종파불교가 형성되기 시작하였다. 따라서 수대 불교가 명실공이 중국불교로서 정착되었다고 할 수 있다. 그 중에 수나라에서 천태종, 가상사 길장의 삼론종, 신행의 보법종은 종파 불교의 선구를 이루게 되었다.

이러한 종파불교의 번영은 당대에까지 계속되어 중국불교의 독자적인 면모를 갖추게 되었다. 이것은 당 왕실의 불교보호정책과 함께 고승석학들이 많이 출현한 결과였다. 도작·선도에 의한 정토교, 도선의 남산율종, 현장·규기의 법상종, 신수·혜능의 선종, 법장의 화엄종, 선무외·금강지·불공의 밀교 등 이 모든 것이 당대에서 독립되고 대성한 것이라는 것에서 잘 나타난다.

또한 당조의 불교정책은 수를 계승하면서 일찍이 없었던 대판도를 영유하였으며, 그 영향이 멀리 서역에까지 미쳤다. 정책은 세계통일주의로서 일체의 모든 문화를 포용하였다.

당 왕실이 도교를 특별히 대우하기는 하였으나 자유로운 입장에서 모든 종교를 동등하게 다루는 종교정책을 펼쳤다. 따라서 불교에 대해서도 도교와 마찬가지로 보호함과 동시에 경교를 비롯하여 새롭게 전래되어 온 요교, 마니고 회교까지도 당대에는 자유롭게 발전하였다.

송대 불교부흥의 원인은 먼저 송 왕실의 외호를 들어야 할 것이다. 송 태조는 즉위하자 후주 세종의 폐불사건 이후 침체된 불교계의 부흥사업에 착수하였다. 건융 원년(960)에 바로 폐불조칙을 폐지하고 행자 팔천 명을 출가시켰으며, 자주 상국사에 행차하여 석가탄생일에 축수도량을 세우고 천하에 덕이 높은 사문을 불러 내전에서 자의(紫衣)를 하사하였다.

63 북주 무제(北周武帝: 재위 560~578)의 폐불정책으로 말법(末法)사상이 보편화하고, 〈대집경〉의 5오백년설(五五百年說)에 의해 말법 악세(惡世)의 범부에게 실행가능한 염불법문을 확립하였다.

송대 불교의 큰 특징은 대장경의 조판 인쇄사업이다. 태조 때부터 대장경 5천여 권의 출판사업을 계획하고 완성한 것은 인쇄문화사에 있어서 놀랄 만한 업적이었다.

명왕조는 원대 라마교의 폐해를 경험하였기 때문에 불교에 대한 제한을 엄격히 하였다. 그리하여 명대 불교는 교학적으로 당송 이후의 사상을 계승하고 제종융합의 경향을 분명히 했으며 나아가서는 독특한 통합불교가 발생 하였다. 따라서 수·당 시대처럼 여러 종파가 논쟁을 통한 발흥의 기운은 없었고, 순수한 교파도 찾아볼 수가 없었다. 이것은 쇠퇴를 의미하기도 하지만 당시 일반사상계는 융합통일사상 바람을 일으켰기 때문에 불교도 당연히 이 풍조에 동화된 것이라고 볼 수 있다.

청조에 들어 국운이 융성함과 더불어 불교의 개화기를 맞이하였으나 원·명 이래의 쇠퇴의 조류는 어쩔 수 없는 일이었다. 또한 청조에 일어난 종교적 봉기로 인하여 불교는 더욱 몰락해 나갔다. 특히 도광년간에 발흥한 홍수전의 반란, 즉 장발적(長髮賊), 태평천국의 난으로 인하여 불교는 철저하게 폐멸되었다.

이상에서 중국에서 불교는 다양한 시대를 거쳐 당시 사람들에게 사상적·종교적으로 많은 영향을 끼쳤고 국가는 이러한 불교를 이용하거나 배제함으로서 국가 권력을 유지하려 하였다는 사실은 부정할 수 없는 사실이다.

동아시아의 질서를 구축한 중화사상의 의미와 역사적 맥락을 살핌으로써 어떠한 사고와 행동방식으로 중국의 질서가 구축되고 유지될 수 있었는지, 그리고 그 구심점으로써 황제의 연원을 따지는 것은 중요한 연구라고 할 수 있다.

특히, 정치, 문화적인 의미에 있어 중화사상은 동아시아에 있어 하나의 테두리로 작용하여 동아시아의 공통된 사상, 체제를 구축하는데 지대한 공헌을 했다고 할 수 있다.

그러나 중국문화와 역사발전의 단계에 있어 중화, 황제, 유·불교의 주제들은 중국의 역사의 변천과 발전과정에 구체적으로 적용하면 중국 역사와 문화적 배경이 어떠한 모습인지 규명하는 중요한 작업이 될 수 있을 것이다.

2. 중국의 인문학 발전과 문화의 성숙

송대문화는 위로는 한당을 계승하고 아래로는 명청으로 이어지는 중국역사 발전의 중요한 단계로 찬란하게 번성한 문화는 사람들의 주목을 끈다. 송대의 문화가 주목을 끄는 이유는 사회변혁과 전통문화의 축적과 새로운 문화의 창조라는 두 가지 이외에도 개방적이며 적극적인 문화정책을 채택하여 문화에 대한 전제정책을 펴지 않았다는 것이다. 구체적인 표현을 하자면 인재를 존중하고 유사(濡士)를 우대하며, 지식을 존중하여 문치를 창도하고 학교를 설립하여 독서를 제창하였으며 학문수학 여부가 관리등용의 중요한 수단이 되었기 때문이다.

송 초기 문화정책은 사회발전에 커다란 영향을 준 역사 현상이었다. 이 현상은 우연적으로 발생한 것이 아니며, 여러 가지 역사조건, 즉 역사발전의 필연성과 우연성이 상호 결합작용을 하여 형성된 것이다. 송대문화의 관용적이며 개방적인 정책은 다원화 문화정국과 개방문화정책이 전승되어 온 결과이다.

당말 오대를 거치면서 번진세력의 할거와 군벌 간의 전쟁이 문화발전에 커다란 파괴 요소였음은 의심할 바가 없다. 그러나 학술문화와 사상에 대한 관심과 정치적 분열은 문화 국면의 다원화를 심화하였다. 송조는 건립 후 오대(五代)의 혼란과 분열 시기를 극복하고 안정을 구하고자 절도사 세력의 권력을 삭탈하고, 전곡(錢穀)을 제어하며 정병(精兵)을 중앙

으로 집중화하는 등 무장들의 권한을 억제하는 데 중점을 두었다.[64]

그 결과 송조는 본래 5대 지역을 점차 통일하였으나 문화적인 면은 그리 변화되지 않고, 문화의 다원화 경향 기초 위에 관용과 개방정책을 계승하였다. 그리하여 주지하는 바와 같이 유교와 불교, 도교 3교가 정립하면서 상호 영향을 주고 발전하여 융합되었다.

송은 이상과 같은 비교적 개방된 문화정책을 실시하여 학술문화의 발전과 흥성에 관대하고 화해(和諧)한 사회환경을 제공하였다. 이러한 송 문화의 특징에 대해 요조여(姚兆余)는 「宋代文化的生成背景及其特點」에서 다음과 같이 몇 가지 방면으로 나누어 설명하였다.[65]

첫째, 송은 당말 오대 이래 정치질서체제가 혼란되고 문화가 상실된 상황을 중시하고, 행정, 군사, 재정에 이르는 개혁정책을 통해 황권을 강화하였다. 특히 무장들의 전권을 해제하여 번진할거 등 사회혼란의 근원을 제거하는 동시에 문치위주의 치국정책을 확립하였다.

송태조는 즉위 이후 개봉에 문선왕(文宣王) 묘사우(廟祠宇)를 증즙(增葺)하고, 선성(先聖), 선현(先賢), 선사(先師)의 상(像)을 그리도록 명하였으며, 친히 공자와 안연을 칭송하는 문장을 찬하였다. 태조 즉위 2년에는 공자 후예인 공선(孔宣)을 불러서 공씨 후사들의 안부를 묻고 벼슬을 내리고 부세를 면제해 주었다.[66] 태평흥국 8년(983) 또 다시 곡부의 공자묘를 중수하라고 하였다.

진종은 함평 4년(1001) 형병(邢昺: 932-1011)과 손석(孫奭: 962-1033) 등에게 『주례』, 『공양전』 등 7경(經) 주의(疏義)를 교정하라고 명하였다. 이러한 조처는 유가문화 중심의 전통문화를 부흥하고, 공자를 존중하는 동시에 유사

---

64 曹家齊「宋代文化政策寬明原因新探」『河北學刊』第21卷 第25期, 2001.9. p.90. 송대 무인세력를 억제하고 견제하는 방법으로 문인으로 하여금 병권을 장악하게 하고, 知州軍에 문인을 임명하고 문신들과 국사대사를 도모하는 등 과거에 무인천하에서 문인 천하로 바꿨다. 즉 '興文教, 抑武事, 以文化成天下'의 현상이 되었다.

65 姚兆余「宋代文化的生成背景及其特點」『甘肅社會科學』2001.第1期,歷史研究, pp.74-76.

66 『長編』卷19, 太平興國3年10月.世界書局, 1983.2, p.230.

들의 선발과 임용도 크게 중시하였음을 보여준다.

송은 고시내용을 고정화하였을 뿐만 아니라 고시규정도 완전히 정비하였다. 또한 응시대상도 완화 개방하여 수당시대에 있었던 응시자에 대한 신분제한을 철폐하였다. 그리하여 공상업 종사자와 승도들도 원칙적으로는 과거고시에 참가할 수 있었으며, 합격자 수도 점차 크게 증가하였다. 이상과 같은 조처는 사회 각 계층과 독서인들에게 관리로 진출할 수 있는 기회를 제공하였고 그에 대한 관심을 불러 일으켜서 문화의 상대적 보급을 확대하였으며 시부경의학이 전에 없이 크게 발전하도록 하였다.

둘째, 사상과 언론의 표현에 비교적 개방적이었다. 송은 무혈로 정권을 획득하여 건국한 후 정치상에서 많은 문명과 이성적인 방법을 채택하였다. 이런 경향은 송대의 정치가 관용적이며 개방적인 방향으로 나아가는 데 영향을 주었으며, 사대부와 더불어 천하를 다스리는 정치국면을 형성하였다.[67] 그리하여 송대는 전통 문장지학뿐만 아니라 과학기술의 연구와 발명 등에도 커다란 성과를 가져와서 학술문화와 과학기술이 고도로 발전한 시기였다. 이러한 배경에는 송대 정치의 문명화와 이성화가 직접적으로 관련되어 있다.

셋째, 송조는 학교의 흥건으로 중앙에 태학, 국자감, 그리고 몇 개의 전과(專科) 학교와 지방의 부(府), 주(州), 현(縣)에도 학교를 세우는 등 완전한 교육체계를 완성하였다. 송대 중앙관학에는 많은 과목이 설치되어 생원의 출신근원도 대단히 광범위했고, 지방관학의 건립도 많았으며 관리법제도 전례 없이 더욱 완비되었다. 이외에 민간사학도 크게 발달하였다.

송 정부는 민간교육에 대하여 비교적 개방적인 태도를 취해 사서(賜書), 사전(賜田), 사전(賜錢) 등과 같은 방식으로 민간교육을 지지해 주었다. 또한 덕이 높고 학문이 뛰어나 지명도가 높은 명사(名師)에게는 관직을 제수

---

67 『長編』, 卷221, 熙寧4年3月, pp.2336-2337.

하고 표창하여 관학교육의 부족한 점을 보충하고자 하였다.[68]

넷째, 문화전적의 수집과 정리 출판을 중시하였다. 문화사업 발전에는 반드시 전적의 수집과 출판을 중시하는 작업이 필요하다. 송은 건국 초기에는 장서가 지극히 제한적으로 소문관(昭文館), 사관(史館), 집현원(集賢院) 등 3관에 1만 2천여 권의 서적이 있었다. 그 후 여러 나라를 평정한 후 서적을 수집하여 점차 3관의 서적이 증가하였다. 태평흥국 3년(978) 숭문원(崇文院)을 건립하여 3관의 서적을 옮겨 놓았다.[69] 휘종시기 『비서총목』(秘書總目)을 편찬할 때는 총 권수가 55,923권으로 증가하였다. 그러나 이렇게 많았던 전적들이 1125년 정강지변(靖康之變)을 겪은 후 거의 전부 산실되었다.

그 후 남송정부의 수집을 통하여 전적도서(典籍圖書)의 장서량이 점차 북송시기의 수준으로 회복되었다. 효종 순희(淳熙) 4년(1177) 『중흥관각서목』(中興館閣書目)을 편찬할 때 총 권수가 44,486권에 달했다. 영종 가정(嘉定) 13년(1220) 『중흥관각속서목』(中興館閣續書目)을 편찬할 때 14,943권이 증가하였다. 이외에 조판인쇄술의 발달로 말미암아 민간서원과 개인도 대량의 도서를 소장하였다. 장서사업의 발달은 송조 문화전적을 정리하는 데 대단히 유리한 조건을 만들었다. 송대 4대 유서(類書)의 편찬과 관사(官私)가 찬한 사서(史書), 방지(方志)의 편수는 정부와 민간에서 풍부한 장서를 가지게 하는 데 도움이 되었다.[70]

송조는 많은 인재를 양성하기 위해서 교육을 대단히 중시하고, 학교를 인재를 양성하는 요람으로 삼고 많이 후원하는 등 교육제도를 완비하였다. 동시에 독서인들을 격려하며 문화발전을 위해 좋은 사회환경을 제공하였다.

송 초기 시행했던 문화발전을 위한 조처 몇 가지를 살펴보면, 태종 태

68 『송대관학교육과 과거』, 2010, 경상대출판부

69 『宋史』,卷202,「藝文1」,pp.5031-5034.

70 姚兆余「宋代文化的生成背景及其特點」『甘肅社會科學』2001.第1期,歷史研究, p.75.

평흥국 2년(977)에서 인종 보원(寶元) 원년(1038)간에 사전(賜田), 사편액(賜匾額), 사서(賜書), 개설을 장려하여 서원을 지원해 주었다. 그리하여 송대는 서원이 중요한 교육기관의 하나로 자리잡고 인재를 많이 양성하였다. 예를 들면, 응천서원(應天書院)은 20년간 계속해서 과거에 등제하는 인재를 많이 배출하였다.[71]

송대 저명한 학자 범중엄, 손복, 석개, 장방평(張方平: 1007-1091) 등도 관리에 진출하기 전에 서원에서 수학하였다. 또한 서원은 자유강학이 실행되어 자유로운 학문연구 풍조가 이루어져 학술문화 발전에 또 다른 좋은 조건이 조성되었다. 그 결과 관학과 함께 서원이 전국 각지에 분포되면서 송대 학술문화의 발전에 큰 공헌을 하였다.[72]

송대문화번영의 배경은 기본적으로 전대문화를 계승하고, 건국 통치자의 입국정책과 관련되어 추진되었고, 교육제도의 완성과 과거제도의 정형화, 경제발전 등은 문화번영에 양호한 조건을 제공하였다. 또한 중외문화 교류도 이러한 국면 형성에 일정한 자극제가 되었다.

일반적으로 문화는 발전성과 연속성을 가지고 있다. 송대문화 역시 역사진행 과정에 놓고 고찰해야지 단독으로 그 번영 원인을 고찰할 수는 없다. 송대문화의 번영은 철학, 사학, 문학, 예술, 교육, 그리고 과학기술 영역 등 모든 방면에서 이루어졌다. 이러한 번영의 근본적인 계기와 원인으로 사회발전 과정에 대응하여 학술문화가 발전되고 전개되었음을 들 수 있다.

당 중기 이래 사회구조에 변화가 발생하자 사회결집요인에 변화가 발생하였다. 당덕종(德宗) 건중(建中) 원년(780)에 양념(楊炎: 727-781)의 건의로 양세법을 시행하면서 토지소유관계에서 경제요인이 중요해지기 시작하였고,

71 『范文正公集』, 卷7.「南京書院題名記」"二十年間, 相繼登科, 而魁甲英雄, 儀羽台閣, 蓋翩翩焉未見其止.", p.56.

72 『蘇東坡全集』, 後集 卷15.「南安軍學記一首」世界書局, 1985.9."朝廷自慶曆, 熙寧, 紹聖以來, 三致意於學矣. 雖荒服郡縣, 必有學."p.624.

정치특권요인이 점차 하강하기 시작하였다. 이러한 사회변화는 명문귀족 계층에게는 커다란 충격을 주었다. 즉 호강지주도 아침에는 부호였으나 저녁에 궁민(窮民)이 될 수 있었다.[73]

당말 오대의 사회 혼란과 전란은 명문귀족 세력에게 타격을 주어 점차 쇠퇴하게 하였고, 빈민화 추세가 사회에 출현하였다. 이런 사회결합구조의 변화는 송대에 이르러 의식방면에 구조변화를 가져왔으며, 취사에 가세(家世)를 불문하는 새로운 국면이 출현하였다.[74] 그리하여 각 계층은 모두 교육을 받을 수 있었으며, 과거에 참가할 수 있었다. 교육이 서민계층에까지 개방되고, 문화가 광범위한 사회계층에 확대되어 문화번영에 좋은 사회환경과 배경을 제공하였다.

앞서 살펴보았지만 송대문화의 핵심은 학술사상에 있다고 할 수 있다. 송대 학술사상은 양한(兩漢) 경학(經學)과 위진시기 현학(玄學) 그리고 수당대 불학(佛學)의 전개와 발전을 이루고 문화에 대한 도전을 통해 송대에 새로운 학술사상인 이학(理學)을 창조하였다.

유학은 한대를 기점으로 발전하여 당대에 쇠퇴되었다. 당태종시기 공영달(孔穎達)이 『오경정의(五經定義)』를 편찬한 후 발전의 가능성을 보이기도 하였다. 당말 현종(玄宗)시기 안사의 난 이후 담조(啖助: 724–770)와 그 제자 조광(趙匡), 육순(陸淳: 724–806) 등이 『춘추(春秋)』학을 3전(傳)으로 분리하면서 새로운 학술사상의 단초를 제공하였다. 그 후 한유(韓愈: 768–824)와 이고(李翺: 772–844)가 『논어필해(論語筆解)』를 저술하고, 한유는 또 『원도(原道)』, 『원성(原性)』, 『원인(原人)』 등 3편을 저술하였으며, 이고도 『복성론(復性論)』을 저술하고 도통(道統)과 성명(性命)학설을 제창하여 송대 이학 발생의 단초를 열었다.

한편, 수당을 거치면서 불교가 크게 성하여 유학이 차지하던 정치적 지위를 불교가 차지하였다. 당 말기에 이르러 많은 지식인들에 의해 불교에

---

73 樓鑰, 『攻愧集』, 卷88 ,pp.807–818.

74 鄭樵 『通志』, 卷25, 氏族序, pp.196–198.

대한 배척논의가 형성되면서 점차 학술문화에 대해 새로운 명제가 제시되며 유학 부흥의 계기가 마련되었다. 당시 상황을 살펴보면, 『대학(大學)』과 『중용(中庸)』에서 내용을 선택하고 가려내어 치학과 치국의 정서를 천명하였다. 또한 추상적인 의리의 개념으로 불교와 도교에 대항하고, 유가학설을 옹호하며 정통지위에 두고, 이를 기반으로 불교와 도교를 배척하기도 하였다.

즉 유, 불, 도 삼교 간 장기간에 걸친 상호 배척과 논쟁을 통해 융합을 이루어 새로운 삼교 합일적인 새로운 유가학자들이 북송 초기에 출현하기 시작하였다. 이 학술사상은 한당 이래 장구에 얽매인 훈고학(訓詁學)적인 유학과는 크게 달랐다. 그들은 공자의 도통을 계승하였다고 자칭하고, 유학의 경서를 수학함으로써 성인의 도에 도달하고, 만물의 근원을 밝히고 인간의 본성을 추구하는 이른바 송학이라 칭하였다.

송학은 전통의 유학을 철저히 개조와 중건 회복을 거쳐 더욱 사변화하고 철학화하였다. 이학가들은 철학의 의리를 이용하여 봉건사회의 통치질서를 논증하였으며, 이후 봉건사회에 거대한 영향을 주어 송 이후 유학이 기본적으로 통치사상의 위치를 점하게 하였다.

한편, 송대 사학연구는 당대 사학 연구의 기초 위에 과거의 사학연구를 집대성하여 후대 사학도 미치지 못할 정도로 크게 발전하였다. 그리하여 기전체(紀傳體), 통감체(通鑑體), 기사본말체(紀事本末體) 등 다양한 역사서술체의 등장과 함께 연구 분야도 다양해졌다.[75]

송대 문학과 예술 방면은 당말 고문부흥운동의 기초 위에서 명백효창(明白曉暢)하고 평이근인(平易近人)하여 사람의 의지를 비교적 편하게 표현하는 산문(散文)이 발달하였다. 문학사상 당송 8대가라 칭하는 사람 가운데 당대에는 한유(韓愈)와 유종원(柳宗元: 773-819) 두 사람이 나머지는 북송 중기에

---

75 송대 사학연구는 관찬(官撰)과 사찬(私撰)이 점차 하나가 되었으며, 구체적인 표현에서는 두 가지의 장점을 모두 사용하여 비교적 완성된 방법을 사용하였다. 그리하여 송대는 사서(史書)의 편찬의 범위와 발행의 종류 그리고 수량이 대단히 많았다.

출현한 왕안석, 3소씨(蘇氏), 증공(曾鞏: 1019-1083), 구양수(歐陽修: 1007-1072) 등이 활동하여 중국 문학 발전에 큰 영향을 미쳤다.

송대 시(詩)는 그 내용이 현실적이고 서정적으로 인문학적인 경향이 짙었으며, 독특한 풍격을 지녔다. 특히 송대는 사(詞)라는 일종의 음악이 배합된 독특한 문학 형식이 유행하였다. 사(詞)는 당 말기 흥기하여 오대를 거쳐 송대에 크게 성하였고 그 형식과 내용이 대단히 다양하고 풍부하였다. 그 외 화본소설(話本小說)과 희곡도 발전하였으며, 회화(繪畵)도 크게 발전하여 많은 화가가 출현하였다.

송 초기는 문치주의를 기본국책으로 표방하여 후대 통치자들이 조종지법(朝宗之法)으로 삼아 객관적으로 사인들의 지위를 제고하였다. 송태조는 심지어 사대부 및 상서(上書)하는 독서인을 함부로 죽이지 말도록 규정하였다.[76] 이는 문신 사대부들에게 상대적으로 관용정책을 펼친 것으로 언론의 개방과 함께 자유로운 학문연구와 문화번영에 중요한 환경을 제공하였다. 그리하여 송대는 사대부계층들이 정치사회문제에 대해 적극성과 창조성을 가진 의견을 개진하여 소위 사대부계층의 사회라 칭하였다.

송대문화의 특징 가운데 또 하나는 정신문화의 발전이다. 학술사상에서 송학이 흥기하여 발전하였는데 송대 이학은 통치자의 치국이념과 정책책략에 작용하였으며, 문화발전이 사회와 학술변화의 영향을 가져온 결과이다. 송대문화의 번영은 문화정책과 학술적인 요소 이외에 서원설립과 자유로운 강학(講學)활동의 풍조가 형성되고 학술논쟁과 변론을 거쳐 새로운 학술사상과 문화를 발전하게 하였다.

이상의 서술로 보아 송대는 정신문화와 물질문명이 모두 획기적으로 발전한 시대로서 중국 사회발전사의 새로운 단계를 열었으며, 사회제도와 문화발전에 상호 연관성을 가지고 발전하였다.

---

76 陸游, 『避暑漫抄』, p.7

한시기 문화의 번영과 그 특징은 사회경제발전과 밀접한 관계를 가지고 진행된다. 송대는 농업, 수공업, 상업 등 사회생산력이 전 대에 비해 모두 커다란 발전을 이룩하여 문화번영에 물질적인 기초를 제공하였다. 특히 농업은 안정된 정치사회국면을 바탕으로 다양한 농업기술의 발전과 농지개간으로 가경농지가 크게 확대되었으며, 단위 면적당 생산량이 크게 증가하였다.

한편, 대외의 활발한 교류도 학술문화 발전을 촉진하였다. 송대 학술문화의 발전은 내재한 요인 이외에 외래문화와 교류를 통한 상호 영향도 중요한 요인 중 하나이다. 송대는 당대에 비해 대외교류가 지역적으로나 교류 국가 수에 있어 크게 증가하고 빈번하였다. 특히 대외무역을 진행하는 과정에서 문화교류도 활발하게 전개되었는데, 당시 고려가 그 좋은 예이다.[77]

송과 고려는 정치외교관계를 비롯하여 경제무역관계 그리고 학술문화교류 등 제 분야에서 밀접한 관계를 가지고 진행되었다. 그 가운데 고려는 송의 우수한 학술문화를 받아들여 크게 발전하였다. 특히 출판인쇄술을 받아들여 서적출판과 교류가 활발하게 진행되어 송철종시기에는 고려 사신에게 송이 출판하였던 서적 등 목록을 건네주며 전해 줄 것을 요구하기도 하였다. 또한 송은 고려의 우수한 종이 고려지(高麗紙)와 송연묵(松烟墨)의 제조기술을 받아들였다.[78]

양송시기는 농경문화와 유목문화라는 다른 두 가지 문화가 장기간 충돌하는 과정에서 상호 영향을 주고 융합되어 새로운 문화가 흥기하였다. 이러한 문화융합은 송대문화발전의 중요한 원천의 하나가 되었다. 예를 들면, 민속 문화상 북방 유목민족의 여러 가지 풍속과 습관이 한문

---

77 拙著『高麗與宋金經濟關係史論』, 臺北, 文津出版社, 2004.6. 共著,『韓中關係史硏究論叢』北京大學韓國學硏究中心韓國學叢書, 香港, 社會科學有限公司, 2003.1.

78 拙著『高麗與宋金經濟關係史論』, 臺北, 文津出版社, 2004.6.

화계통에 침투되었다. 그중에서 복식의 영향이 가장 눈에 띄었다.[79]

또한 수박과 같은 과일의 전래를 들 수 있다. 수박은 거란족이 서역으로부터 들여온 후 요와 금을 거쳐 중원과 남송지역에 전래되었다. 한편 여진족은 음식을 만드는 데 화강(火炕)을 사용하였는데, 여진족이 남천하면서 화북과 중원지역에 화강이 전래되어 오늘날에도 사용되고 있다. 이상의 예는 모두 송문화가 유목문화와 농경문화의 융합 결정체라는 것을 말해 준다.

한편, 외래문화의 유입은 송문화의 내용과 범위를 풍부하게 하였다. 송조는 외래문화에 대해 기본적으로 크게 배척하지 않고 받아들여 정신문화와 물질문명을 막론하고 적지 않은 외래문화의 요소들이 각종 문화계통 속에 유입되었다. 과학기술방면에서 보면, 대표적인 것이 활자인쇄술, 화약, 지남침 등 3대 발명품으로 당시 실제 생활에 사용되었으며, 세계문명 발전에 커다란 영향을 주었다.[80]

특히, 심괄(沈括)의 『몽계필담(夢溪筆談)』에는 석유(石油)와 지구의 자오선과 자침이 이루는 편각(偏角), 그리고 동(銅)의 제련법 등 과학기술에 관한 기록이 보인다. 이는 아라비아와 인도 등 국가에서 선진 과학기술이 유입된 것과 밀접한 관계가 있다. 수학방면을 보면, 아라비아의 대수(代數), 기하, 삼각(三角), 역산 등 수학적 성과가 광범위하게 수용되어 사용되었다. 이외에 물질방면에서도 서역의 음식, 약품 등 다양한 물품들이 송에 전래되었다. 그리하여 송대문화의 찬란한 번성은 외래문화를 받아들여 사용한 것과 밀접한 관계가 있다는 것을 알 수 있다.

이상을 종합해 보면, 송대문화는 과도기성, 의리성, 보급성(普及性) 그리고 겸용성 등과 같은 특징을 가지고 있다. 또한 송대문화는 정합성(整合性)과 무실성(務實性)이라는 특징도 가지고 있다. 전자는 외래문화와 한문화가 상호 융합한 것으로 한문화의 호화(胡化)라 할 수 있다. 이런 변화는

79 『宋會要』「輿服」,43之6. 世界書局, 1977.5,p.1744

80 楊昆「宋代文化繁榮探源」,『 遼寧大學學報』, 2002.1(第30卷第1期),p.39.

이미 문화요소의 결합뿐만 아니라 문화 핵심요소도 상호 침투되고 흡수 융합되었다.

중국역사와 문화를 연구하는 학자들은 송대 연구를 비교적 중시하고 있다. 이것은 송대가 역사 내용이 풍부하며, 역사와 관련된 원시사료가 풍부하고 사료의 가치가 높기 때문이다. 오늘날 사람들의 통계에 의하면 현존하는 송인 저작이 4,855종이며, 송인들의 문집도 741가(家)가 있다.[81]

송대는 중국 사회문화 변천에 있어서 중요한 관건인 시기이다. 중국 봉건사회의 정치체제와 경제체제, 학술사상, 문화의식 등 여러 방면에서 전대(前代)와 다른 특징이 나타났다. 전통의 중농억상(重農抑商)관념에 변화가 나타났으며, 의리지학(義理之學)이 한(漢)당(唐)의 장구훈고(章句訓詁)지학을 대신하였으며, 문신관료체제를 근간으로 한 황제지배체제가 출현하였다.

송은 중국 봉건사회의 특징이 이미 성숙되었으며, 근대 중국 이전의 신요소가 이미 출현하였다. 그리하여 중국 봉건사회에 대한 각종 문제를 연구하는 데 송대가 결정적인 시기이며 큰 의의를 가지고 있다.

등광명(鄧廣銘) 선생은 송대문화의 특징에 대해 "양송(兩宋)시기는 물질문명과 정신문명이 모두 최고조에 달했으며, 전 중국 봉건사회역사 속에서 전례 없이 발달하였다."라고 지적하였다.[82] 이것은 송대문화가 중국문화사상 차지하는 위치와 그 영향을 한마디로 표현한 것이다.

송대는 한당 이래 유지되어 오던 문벌정치가 종말을 고하여 과거에 상품(上品)의 관직에 한문(寒門)출신이 없고, 하품(下品)직에 세족(世族)출신이 없는 관직의 편중현상이 사라지면서 세가대족들이 정권을 농단하던 국면이 사라졌다. 또한 봉건정권의 개방이 대대적으로 제고되어 일반 평민자제들도 과거제도를 통해 관리로 진출하는 것이 가능해져 합법적인 신분이

81 胡昭曦「宋朝社會與中華文明」『中華文化論壇』1998.4.p.38.

82 鄧廣銘「談談有關宋史研究的幾個問題」『社會科學戰線』, 1986年第2期.pp.145-152.

동의 기회가 보장되었다.

또한, 경제적으로 상품경제의 발전은 전통의 토지제도인 균전제도의 붕괴와 함께 조용조세법의 붕괴를 가져오고, 자유로운 토지매매를 통한 대토지소유자가 출현하여 사유경제 형태가 형성되면서 경제활동영역의 확대와 더불어 사회생산력이 크게 제고되었다. 현물경제 위주에서 현금납(錢納)을 허용한 부세제도의 시행은 토지에 대한 인신의 예속관계가 완화되어 사회상에서 인간존중의식이 싹트게 되었다. 이러한 제 요인의 변화는 시민의식의 제고와 함께 서민문화의 형성과 발전을 가져왔고, 인간의 본성을 추구하는 학문을 연구하는 경향이 출현하게 되었다.[83]

송대 학술문화와 사상에서 이학의 출현은 가장 찬란한 성과라 할 수 있다. 이학은 유학부흥운동으로 대표되는 것과 그것에 의지하여 발전되어 온 기본사상이다. 당 중기의 신유학운동에서 직접적인 연원을 찾을 수 있는데, 기본적인 면은 인문학적인 경향이 그 근간이라고 할 수 있다.[84]

저명한 역사학자인 진인락(陳寅烙) 선생은 "화하(華夏) 민족의 문화는 수천 년을 지나면서 변화 발전하여 조송(趙宋)에 이르러 그 성함이 극에 달했다."라고 하였다.[85] 등광명(鄧廣銘) 선생은 "송대문화는 이미 최고봉에 달할 정도로 고도로 발달하였다. 또한 송대문화의 발전은 중국 봉건

---

83 송대는 일반적으로 통속활본소설과 민간표현예술이 중요한 내용인 시민문화가 비교적 크게 발전하였다. 그 연원은 소급해 보면 당대에 이미 출현하였음을 볼 수 있다. 송대 화본소설은 당대 화본의 연속으로 당대에 비해 그 내용이 더욱 풍부해지고 독자의 대상도 더욱 넓어졌다.

84 姚兆余,「簡評宋代文化的歷史地位」『理論學刊』2001.3月. 第2期, 總第12期.p.128.당 초기 『오경정본』(『五經定本』) 등이 과거고시의 내용과 표준이 되면서 어느 정도 사인(士人)들의 사유(思惟)의 자유와 유학 자체의 발전을 속박하였다. 그리하여 적지 않은 지식인들이 반대와 항의를 하였으며, 학문경향도 한당 이래 장구(章句)지학에서 의리(義理)지학으로 전환하는 데 명확한 사상과 방법을 제공하였다. 송대 이학가들은 당 말기 유학부흥운동을 계승 발전하였으며 진일보한 전통유학을 기초로 불교와 도교사상을 받아들인 박대정치(博大精致)하고 원융심수(圓融深邃)한 학술체계를 형성하였다. 이후 이학은 가장 완정되고 가장 박대한 정통철학체계를 이루었다.

85 陳寅烙『宋史職官志考證序』金明館叢稿二編, 上海古籍出版社,1980.p.245.

사회 역사시기 내에서 최고봉에 달했는데, 전대를 초월했을 뿐만 아니라 그 후 원명시대가 미치지 못했다. 이를 강조해도 이론이 없다."라고 하였다.[86]

송대문화의 가장 중요한 특색은 문화의 보급과 전체사회 민중들의 소양 제고이다. 문학예술이 미신적이며 종교적인 색채와 귀족계층의 전유물로부터 벗어나 평민화, 세속화, 보급화 추세로 발전하였다. 송대 학술문화는 중국문화사상 독특한 특징을 가지고 있으며, 인류문화 발전에 걸출한 공헌을 하였다.

송 정부의 중문정책은 교육의 보급과 대중화에 적극적이었다. '존사중교(尊師重敎)'의 풍조가 만연하였고 문화교육이 더 이상 호문귀족들이 농단하는 전유물이 아니었으며, 학교설치가 전국적으로 보편화되었다.[87] 정부는 흥학을 강조하였을 뿐만 아니라 사전(賜田)과 서적을 보급하여 전국적으로 문치를 크게 빛냈다.[88]

송대 교육기구는 중앙과 지방관학 그리고 각종 형식의 사학(私學)을 포함하여 저명한 서원이 있었다. 교육 내용도 유학경전의 경의(經義) 등 전통 교과목 이외에 산학(算學), 율학(律學), 서학(書學), 의학(醫學), 역학(曆學), 천문학, 그리고 민간의 몽학(蒙學), 교화, 훈속(訓俗), 여칙(女則) 등이 있었다. 그 결과 『삼자경(三字經)』, 『백가성(百家姓)』 등 어린아이 계몽 도서와 『순희삼산지(淳熙三山志)』와 『가정적성지(嘉定赤城志)』 등 방지(方志)와 권학과 유속(諭俗)을 위해 관에서 편찬한 책도 문화의 보급과 풍속교화를 통하여 시민의 소양을 질적으로 향상시키는 데 기초가 되었다.[89]

송대는 문학과 오락활동이 발전하여 새로운 단계에 이르렀다. 그 규모와 내용형식, 그리고 규범화와 상품화 정도가 모두 제고되었으며, 민

---

86 鄧廣銘「序列」見陳植鍔『北宋文化史述論』, 中國社會科學出版社, 1992.p1.p.7p.8.

87 蘇東坡全集』,後集 卷15."朝廷自慶曆, 熙寧, 紹聖以來, 三致意于學矣. 雖荒服郡縣, 必有學."

88 『宋會要輯稿』, 卷第54冊, 崇儒1, p.2163

89 葉坦,「宋代社會發展的文化特徵」,『社會學研究,』, 1996年第4期,pp.82-92.

간의 백희(百戲)와 곡예(曲藝) 등 서민문화가 크게 흥성하였다. 이런 경향은 이후 명청시기에 전해져 백화소설의 발전을 고조시켰다.

송대 정신문화의 중요한 특징은 세속화성향이다. 민간문화의 보급과 제고 이외에 사대부계층의 문화적 특색도 아속화(雅俗化)였다. 당시 사대부계층의 시사(詩詞)문장도 점차 통속적인 성향을 보이는 추세였고 산문은 상박(尚朴)하고 중산(重散)하여 치용적 풍조가 크게 흥성하였다. 송사(宋詞)도 염과(艶科)의 구습을 탈피하여 경탕뇌락(傾蕩磊落)이 결핍되지 않고, 기탄산하(氣呑山河)한 걸작이 오늘까지도 회자되고 있다. 이처럼 송대 서민문화는 질박하고 평이한 품격을 가지고 있어 많은 사람들이 추구하고 대중화되었다.

또한 송대 학술문화 발전의 중요한 특징은 학술문화의 집대성의식과 서민의 실생활과 밀접한 실용주의적 공리사상의 체현에 있다. 송대 역사 변천은 정신문화 중 3가지 방면의 의식을 반영하여 집대성하였다. 첫째, 과거의 문물전장제도를 모아 총결하였다. 둘째, 본조(本朝) 사실문헌을 체계적으로 정리하였다. 셋째, 여러 가지 규범을 수집하여 법식(法式)을 편찬하였다. 이러한 것은 모두 학술문화를 집대성하고 새롭게 창조한 시대의식을 체현한 것이다.[90]

송대 문관정치 특색은 사대부계층의 우환의식과 공리사상이 사회생활의 각 방면에 크게 반영되었다는 점이다. 송조가 문신사대부들을 우대한 결과, 그 적극적인 작용으로 사인(士人)들에게 천하의 어려움에 대한 책임론과 각성론을 갖도록 하였다. 즉 송대 사대부의 문풍은 사인들로 하여금 천하에 대한 책임론과 살신성인의 정신과 나라에 충성하는 마음을 갖게 하였다. 사회발전상에서 변혁을 주장하는 개혁파들이 주류를 이루었던 시기인 인종 경력, 가우년간에는 문신 사대부계층이 우환을 가지고 있

---

90 葉坦,「宋代社會發展的文化特徵」,『社會學硏究,』, 1996年第4期,pp.89-90.이런 전형적인 사례는 송 초기 편찬한 몇 권의 대유서(大類書), 즉『太平御覽』『文苑英華』『冊府元龜』등을 들 수 있다. 이 책들은 여러 종류의 서적들을 총망라하여 수집 집대성한 것으로 송대 전대의 문물제도를 중시하였던 정책을 엿볼 수 있으며, 사회변혁이 송대에 이르러 기본정형으로 발전되어 체현되었다.

었으나 법은 변화되지 않았다.[91]

심지어 수구파 대표자로 구별되는 사마광도 구습에 젖어 빠지면 더욱 대폐(大弊)를 이룬다고 지적하며 기강을 진거(振擧)하고 치도(治道)를 일신하여 오래된 폐단을 혁신·제거하자고 하였다. 그러므로 송인종시기 범중엄개혁이나 신종시기 왕안석 변법은 모두 이런 맥락에서 시행되었다. 이처럼 송대에는 정치경제를 비롯하여 학술문화에 이르기까지 모두 인간중심 의식이 짙게 깔려 있었으며, 이를 중심으로 전개되고 발전되었다고 볼 수 있다.[92]

다른 표현의 하나는 사림(士林)들 사이에서 비교적 보편적이던 의고정신(擬古惑經)이었다. 전통 유학체계는 당 중엽 이후 사회혼란과 변천 그리고 도가와 불교의 충격을 받아서 유가경전의 신성성과 선현들의 경전해석의 권위가 심각하게 동요되었다.[93] 현실사회에서 공리정신은 정치와 학술영역 이외에 경제사상에서 강한 시대적 특색을 갖추었다. '중본억말(重本抑末)'은 중국 전통경제사상의 핵심인데 송대에 이르러 인간중심의 학술문화가 발전함에 따라 서민의 실생활이 중시되면서 심각한 비판을 받았다.[94]

한편, 공리정신은 정치와 학술영역 이외에 경제사상 중의 반영이 더욱 강한 시대적 특색을 갖추었다. '중본억말(重本抑末)은 중국 전통경제사상의 핵심인데 송대에 이르러 비판을 받았다. 범중엄은 상인들 편에서 많은 옹호를 하였으며, 구양수도 상인들이 유리하게 상업을 할 수 있도록 하였다.[95]' 이구(李覯: 1009-1059)는 모든 통상은 관에서는 매매할 수 없게 하자고 하였다.[96] 또한 여도(呂陶: 1028-1104)는 각리(榷利)를 폐지하고 통상을 허용하자고 건의하였다.[97]

---

91 陳亮 『龍川先生文集』, 卷11. 策, 「銓選資格」河洛圖書出版社,1976.3, '方慶曆.嘉祐, 世之名士常患, 法之不變也.'p.128.

92 司馬光 『溫國文正司馬公文集』, 卷37 「衔前箚子」,p.308, 卷38「封書箚子」p.303..

93 葉國良「宋人擬經改經考」『文史叢刊』55, 臺灣大學文學院, 1980.6.

94 葉坦, 「宋代社會發展的文化特徵」, 『社會學研究,』, 1996年第4期,p.90.

95 歐陽修 『歐陽修全集, 居士集』,卷45.「通遜司上書」, pp.329-333.

96 李覯 『李覯集』卷'16,富國策10,"一切通商, 官勿買賣, 明其自爲",p.115

97 呂陶 『净德集』,卷3.奏狀, 中華書局, 叢書集成初編, 1991,p.29.

소식도 상인과 이(利)를 다투는 것을 반대하고 농업과 상업에 모두 이롭게 하자고 주장하였다.[98] 왕안석도 차의 전매법을 폐지할 것을 건의하였다.[99] 남송시기 사공학파인 섭적(葉適)은 "상업을 억제하고 농업을 후하게 하는 것은 정론이 아니다."라고 하였다.[100] 진부량(陳傅良)은 상인들이 비록 시장에서 물건을 팔지만 역시 유술(儒術)을 존경하였다고 기록하고 있다. 이는 전대에 비해 크게 변화된 사회현상이었다. 또한, 공상업자의 사회적 지위 제고는 그들의 자제들도 관직에 나아갈 수 있게 된 시대적 변화와 관련이 깊다고 하겠다.[101]

이상의 설명은 송대 경제사상이 사회생산력을 향상시켜 상품경제가 크게 발전하였고 이러한 사회의 풍조를 반영한 실용사상을 기반으로 서민문화가 크게 발전하여 학술문화의 보편화가 이루어졌음을 말해준다.

송대 서민문화는 서민사회 가운데서 발달되고 성취되었으며, 비약적으로 발전하여 사회 속에 광범위하게 전파된 일종의 문화체제이다. 그것은 사람들이 즐겁게 듣고 관습적인 형식으로 자기를 표현하며, 전파하는 언어 계통을 가지고 있으며, 표현과 활동행위 계통을 가지고 있다.

송대 서민문화는 무궁한 생명력을 가진 민간 통속 문화와 같이 광활한 사회시장을 가지고 있었다. 문화는 전파하는 과정에서 새롭게 만들어지며, 새롭게 창조되는 과정에서 포용되고 흡수된다. 송대 역사를 연구하는 전문가와 학자들 가운데서 서민문화에 대해 연구하는 사람은 아직도 그리 많지 않다. 송대는 사회생산력의 증가와 서민의 사회지위향상으로 광활한 지역을 토대로 민족 간의 교환 시장과 활동 무대를 가지고 있었다. 이러한 사회경제는 서민들의 이성(理性)과 정신문화 활동에 영향을 주었으며, 사회질서를 결합하여 서민생활을 조율하는 문화 재체(載體)한 특

98 蘇軾『蘇東坡全集』,續集,卷11,『奏議集』,卷12.

99 王安石『王臨川集』卷70.「論茶法」,p.446.

100 葉適,『習學記言書目』, 卷9,「漢陽軍新修學記」'抑末厚本,非正論也.'pp.109-110.

101 陳傅良『止齋文集』卷3.「送王南强赴紹興簽莫四首」,法仁出版社, 1989.5,p.33.

징을 가지고 있다.[102]

송대 사회사와 문화사를 연구하는 학자들은 기본상에서 모두 인식론을 강조하며 사회생활의 발전과정에서 중요성을 소홀히 하였다. 그리하여 송대문화의 특징에 관한 연구가 거의 없다. 송대 서민문화는 송대에 형성되어 전파되었고 의식적이든 무의식적이든 전 송대에 걸쳐 폭넓고 광범위한 서민사회를 통과하면서 일정한 작용과 변화를 이루어 고유한 문화특성을 형성하였다.

한편 송대 서민문화는 사대부와 서민계층이 생산과 생활하는 과정에서 행위와 사상(事象)이 상호 결합하고 전화(轉化)하여 형성된 것이다. 그러므로 송 문화는 창작과 활동 그리고 전달 방식에서 본질적으로 대중화 특징을 가지고 있었다. 송대는 대량의 관찬사료와 민간사료가 있다, 이 사료를 통해 보면, 보편적으로 모두 서민문화가 대중의 창작과 활동, 그리고 대중 간의 전파가 기록되어 있어서 서민들이 대중적으로 문화 활동에 참여하여 즐겼다는 것을 생각해 볼 수 있다. 이 점에서 송대 서민문화와 사대부의 문화가 명백하게 구별된다. 사대부문화는 그 창작과정에서 봉건지주계급인 지식분자 중심의 문화 성향과 방향으로 창작한 것이다.

송대 서민문화는 문화의 전파과정에서 전파 방법에 따라 달라질 수 있었으며, 전하는 사람과 지역, 그리고 사물의 발전 특징에 따라 달라질 수 있었다. 그러므로 송대 서민문화는 전파와 발전 과정에서 다양하게 변화하며 발전되었다. 그러므로 서민사회의 생활 속성을 깊게 가지고 있었으며, 대중이 직접 참여하고 새로운 문화를 창조하기도 하였다.

송대문화는 학술사상의 전개과정에서 사승(師承)관계를 중시한 경향과 학문형성 배경 등이 잘 나타나 있다. 또한 중국문화사상 전대(前代)를 계승하여 발전해 온 전통성이 짙은 문화이다. 당시 중국 국경 내의 여러 정권과 동아시아 유교문화권의 나라들은 주도적인 문화작용을 발휘하였

102 姚思陟 「宋代市民文化本體特徵的分析」『求索』2006.2.pp.205-209.

다. 송대문화는 전대문화를 계승 흡수하여 새롭게 발전시켜 이후 중국문화에 커다란 영향을 미쳤다.[103]

또한 송대는 문화보급의 정도가 대단히 높았으며 광범위하였다는 것을 알 수 있다. 이런 상황은 당시 사회에 학문이 보편화를 이루었으며, 인간 중심의 인문학이 크게 발전하였음을 말해 준다.

이상에서 살펴본 바와 같이 송대는 문화의 역사적 위치에 대한 인식과 평가를 제고하였다. 그것은 송대에 출판인쇄술의 발전과 사회경제생산력의 향상으로 공사(公私)문헌이 수량이나 질적으로 풍부하였다는 점을 들 수 있다. 또한 중국 봉건사회의 특징이 성숙하였으며, 근대 중국 이전의 새로운 요인이 이미 분명하게 나타났다. 그리고 송조가 중국 봉건사회의 상하를 연결해 주는 가교적인 위치를 차지하며, 사회의 각종 전환성 문제를 연구하는 데 결정적인 의의를 가지고 있는 시기라고 할 수 있다.

한편, 송대는 정치, 경제, 학술사상 그리고 교육문화 등 여러 방면에서 모두 커다란 변화가 이루어진 중요한 시기이다. 특히 정치적으로 황제권 강화를 중심으로 한 전제주의 중앙집권화를 고도로 강화하였다. 이러한 체제는 과거를 통해 등장한 문신관료 사대부계층을 기초로 전대의 세습 문벌귀족제 사회를 대신하였다. 이러한 제 방면의 변화는 중국 봉건사회 발전의 새로운 길을 열었다고 할 수 있다.

송대문화는 전통성이 짙은 문화의 특징 위에 수용성과 창신(創新)사상, 그리고 경세이념과 민족의식, 평등관념 등 시대적 특징을 갖추고 있다. 이러한 특징은 북방 유목민족과 동아시아 유학문화권의 나라에서 주도적인 작용을 발휘하였으며, 송 이후 중국역사와 문화의 생성과 발전에 깊은 영향을 미쳤다.

송대는 중국역사상 전후시기를 연결하는 중요한 전환시기이다. 송대문화는 전대문화를 계승 흡수하여 새롭게 발전시켜 이후 중국문화에 커

103 虞云國「略論宋代文化的時代特點與歷史地位」『浙江社會科學』2006年第3期, 2006.5. p.87.

다란 영향을 미쳤다. 진인락(陳寅烙)은 지적하기를 당대의 역사(史)는 전후 양시기로 구분할 수 있으며 전기는 남북조시기를 결속하고 계승하였으며, 후기는 송 이후 신국면을 열었다고 하였다. 정치사회 경제에 관한 것과 문화학술에 관한 것도 마찬가지였다고 하였다. 즉 송대문화는 중당 이후 점차 발전하여 온 새로운 형식문화로 학술계에는 이미 송 고유문화라 칭하여 문화를 분석하는 유용한 범주로 삼았다.[104]

이러한 송대문화는 다음과 같은 몇 가지 특징을 가지고 있다.

첫째, 송태조와 태종시기부터 문사를 우대하고, 사대부와 상서하는 사람들을 죽이지 말 것을 조종가법으로 삼아 정치 분위기를 관대하게 하였다. 문화에 대한 관리와 수용도 비교적 개방적으로 수용하였다. 문화나 학술사상에 대한 개방적인 수용은 송대 지식분자들의 가치취향으로 학문의 개방성과 자유적 경향에 충분히 표현되었다. 이런 경향은 송대에 서로 다른 학문과 학술사상을 허용하여 여러 학파의 출현을 가져와 다양한 학문적 경향을 기반으로 한 논쟁과 사상의 집대성을 통해 송대 독특한 학술문화가 출현하였다.[105]

송대 이학(理學)은 다른 학문의 수용성을 기반으로 형성되어 정주학파나 심학파(心學派)를 막론하고 모두 불교와 도교를 수학한 경력을 가지고 있었다. 또한 그들의 학문체계인 우주론과 인식론 형성에 불교와 도교적인 인식을 흡수하여 이론체계를 다시 세웠다. 그러므로 송대는 공공연하게 "삼교(三敎)의 학설은 그 뜻하는 바가 한가지이다."라고 하였다.[106]

송대는 이렇게 학문이 종합적으로 축적되는 과정에서 사농공상계층이 모두 부단히 수용하고 차감(借鑒)하며 융합하여 찬란한 문화를 창조하였다.

---

104 陳寅烙「論韓愈」『金明館叢稿初編』, 上海古籍出版社, 1980.p.296.

105 『河南程氏文集』, 附遺文 『朱子語類』卷130. 정주학파가 왕안석 학술에 대해 극렬한 비판적 태도를 가지고 있었다. 그러나 주자(朱子)는 왕안석(王氏)의 신경(新經)에도 장점이 있다고 생각하였다.

106 『續資治通鑑長編』卷81, 大中祥符6年11月庚午, p.781.

둘째, 송대문화는 개방적이고 비판적인 기조 위에 새로운 사조를 창출하였다. 송대문화는 보수적이거나 폐쇄적이지 않고 상당히 개방적인 성격을 가지고 있다. 이러한 새로운 문화의 창조정신과 경향은 각종 영역에서 독특한 색채를 나타내고 있다.

송유(宋儒)들은 전대 유가들이 이룩한 경전의 권위와 주석 등 고훈을 지나치게 믿고 따르는 전통과 권위에 얽매이지 않고 스스로 의론을 제기하고, 심득을 통한 학문성과를 제창하여 중국 사상사의 발전에 있어서 선진제자백가 이후 또 하나의 찬란한 학문발전을 이룩하였다.

송대문화의 특징은 실용을 중시하고 경세를 강조하며 근본적으로 인간이 어떻게 생존하고 발전하며, 국가가 어떻게 강성하고 안정되는가를 추구하는 인문주의적 학문이었다. 그리하여 송대 교육도 현실을 반영한 실학(實學)과 실천을 강조하여 결코 공담적이지만은 않았다. 이러한 경세치용학은 사대부계층에 의해 표현되어 천하에 대한 책임론과 각성론이 제기되고 개혁정책이 시도되기도 하였다. 이는 현실사회에서 인간존중사상이 근저하며 경제생활이 안정되어 민생안정을 기반으로 한 정치사회를 이룩하여 황권강화를 추구하려는 정치적 특징을 살펴볼 수 있다.[107]

송학의 흥기는 이성주의 발전을 촉진하였으며, 인문학에 대한 연구 분위기를 조성하였다. 송학은 자연, 사회, 인간을 일체로 조화롭게 집대성하여 정치, 사상, 인성, 교육 등 각 영역을 언급하였다. 송학은 장구(章句)학에 구속되지 않고 의리지학을 중시하여 송대문화의 성격형성에 중요한 작용을 하였다.

송대문화의 이성적인 태도는 인간성에 대한 연구를 통해 인간성의 회복을 추구하였으며, 사회상에서 학문의 보편화와 함께 사회적 지위향상을 가져왔다. 송대 이학가들은 모두 철리사변(哲理思辨)을 중시하였다. 그들은 이(理)를 천(天)이라 말하고, 천인합일(天人合一)의 사상을 새로운 차원

107 虞云國「略論宋代文化的時代特點與歷史地位」『浙江社會科學』2006年第3期, p.160.

의 위치에 올려놓았으며, 격물치지(格物致知)와 내성신독(內省愼獨)으로 인간의 본심을 발명(發明)하는 것을 추구하고 엄격한 도덕자율을 주장하였다. 또한 그들은 내성외왕(內省外王)의 학에 대해 이론적인 기초를 제공하여 내성(內省) 단지 천리(天理)를 밝히는 것이며, 외왕은 천리를 행하는 것에 지나지 않는다고 하였다. 이것은 송대 학술문화가 이성적인 특징을 가진 인문학 중심이라는 것을 반영해 준다.

송대문화의 이성주의 태도는 각 문화영역에 보편적으로 반영되었다. 즉 문학예술영역에서 말하면, 송대 사람들의 시(詩)는 이(理)를 중시하여 송시의 특성을 이루었으며, 당시(唐詩)와 구별되는 기본특징이다. 즉 이를 설명하고자 시도했으며 바로 이성주의가 주를 이루었다. 그리하여 송 문화의 이성(理性)정신은 부단히 내재적인 변천과정으로 전향되었다. 그 후 송학은 점차 내적 성찰을 통해 체득하는 방향으로 발전하였으며, 더욱 심성의리(心性義理)의 탐색을 중시하고 수신하는 수양공부 방법을 강구하고자 하였다.

참고문헌

민두기, 『중국사시대구분론』, 창작과 비평사, 1984.
한국 철학 사상 연구회, 『현대 신유학 연구』, 동녘, 1994.
이수웅, 『중국문화의 이해』, 대한교과서, 1997.
김대환, 백영서, 『중국사회성격논쟁』, 창작과 비평사, 1998.
이승환, 『유가사상의 사회철학적 재조명』, 고려대학교출판부, 1998.
정진일, 『유교의 이해』, 형성출판사,1 998.
송영배, 『중국 사회 사상사』, 사회평론, 1998.
최병철, 『공자가 살아야 나라가 산다』, 시아출판, 1999.
중국철학회, 『역사속의 중국철학』, 예문서원, 1999.
채방록, 『유학-전통과 현대화』, 서광사, 1999.
조남욱 외, 『현대인의 유교 읽기』, 아세아문화사, 1999.
이재정, 『중국사람들은 어떻게 살았을까』, 지영사, 1999.
함재봉, 『유교 자본주의 민주주의』, 전통과현대, 2000.
이강수, 『중국 고대 철학의 이해』, 지식산업사, 2000.
손창무, 『중국불교문화』, 우재호 옮김, 대구, 중문, 2001.
존K. 페어뱅크, 『신중국사』, 김형종 옮김, 까치, 2004.
존K. 페어뱅크 외, 『캠브릿지 중국사』, 김한식 옮김, 새물결, 2007.
이중톈, 『이중톈, 제국을 말하다』, 심규호 옮김, 에버리치 홀딩스, 2008.

제10장

중국의 교육제도

1. 중국의 교육제도 변화

가. 고대의 교육

교육은 국가의 백년지대계로 인재의 양성과 국민의 자질향상과 연관되어 있고 과학·문화 및 사회의 발전과도 연관되어 있기 때문에 어느 시대의 정부든지 모두 교육을 중시 하였다.

중국 고대에 이미 '상(庠)'이라는 교육기관의 형태가 있었는데, 가장 원시적인 교육 형태라고 볼 수 있다. 상대에 이르러 정식 학교가 생겨나기 시작했으며, 그 후 노예사회와 봉건사회 동안 학교의 규모와 명칭에는 변화가 있었지만 교육의 기본형식에는 큰 변화가 없었다. 고대 중국의 교육기구는 주로 관학·사학·서원이라는 3가지 유형으로 존재했다.

1) 관학교육

관학교육은 서주초기에 시작되었으며 정부에서 설치한 학교교육으로 국학과 향학으로 구분된다. 국학은 주 왕조와 각 제후국의 도읍에 설치되었고 향학은 지방에 설치되었다. 교육의 내용은 예(禮: 예의)와 악(樂: 음악)을 중심으로 활쏘기·수레몰기·글쓰기·수학(射御騎書數樂)을 포함하고 있는데 그것을 통칭하여 '육례(六禮)'라 하였다.

춘추전국 시기에는 귀족의 관학이 쇠락하였고 개인의 학교 운영이 흥기하였다. 한대에 이르러 관학은 또다시 흥기하였는데, 그것은 중앙관학과 지방관학으로 나누어졌다. 한무제는 백가를 배척하고 오직 유학만을 존중하여 태학에 오경박사(博士)를 두고 유가경전을 전문적으로 강의하게 하였다.

수당시기에는 사회경제적으로 안정되면서 문화적 번영을 이룩하여 교육도 크게 발전하였다. 중앙관학에서 지방관학, 관학에서 사학에 이르기까지 비교적 완비된 교육체계가 형성되었으며, 송·원·명·청으로 이어졌다. 수(隋)조 이후는 과거제도를 시행하고 규정된 고시과목에 대한 시험을 통하여 관리를 선발하였기 때문에 후대의 관학은 완전히 과거제도에 종속되어 관리가 되기 위한 준비기관이 되어버렸다.

2) 사학교육

서주 이전에는 단지 관학만 있었을 뿐 사학은 없었다. 춘추시대에 들어와서 공자(孔子)가 개인이 학문을 강의하는 기풍을 처음으로 열었다. 그는 귀족과 평민을 가리지 않고 모두 교육을 받을 수 있도록 개방하였다.(有教無類)

전국시기에 유가·묵가·도가·법가 등의 학파가 '백가쟁명' 하였는데, 자신들의 사상과 정치적 주장을 교육하였다. 이리하여 사학은 관학과 병립하는 교육 장소가 되었다. 춘추전국 시기의 사학은 학술과 문화의 번영을 촉진시키고 많은 인재를 배출하여 후대의 사학을 위한 모델을 마련해 주었다. 한대 이후부터 사학은 중국 봉건 교육제도의 중요한 구성 부분이 되었다.

3) 서원교육(書院教育)

서원교육은 당대에 시작되어 송대에 성행한 상당히 체계적인 형식의 사학교육이다. 서원교육은 기구·제도·교육상에서 규칙적이고 완비된 편으로 장기간의 학교운영 과정 속에서 독특한 학풍을 형성하였다.

서원의 학생들은 일반적으로 과거시험에 참가하는 것이 목적일 뿐만 아니고 저명한 학자에게 학문을 배우는 것도 중요한 목적이었다. 송대 '4대 서원'인 백록당서원(白鹿洞書院: 강서 여산), 악록서원(岳麓書院: 호남 장사 악록산), 석고서원(石鼓書院: 호남 형양 석고산), 응천부서원(應天府書院: 하남 상구) 등은 오늘날에도 여전히 그 명성을 누리고 있다.

서원교육은 중국 고대교육의 주요 형식의 하나로 인재양성과 학술발전에 중요한 역할을 하였다. 그렇지만 명청 시대에 이르러 서원교육은 여전히 흥성하긴 하였지만 관학화의 경향이 심해져 대부분은 과거시험 준비 장소가 되어 버렸다. 청대 말기 1905년에 근대교육의 흥기와 함께 과거제도가 폐지되고 1천여 년 동안 지속된 서원교육의 역사도 종결되었으며, 옛날의 서원은 신식학당으로 바뀌었다.

중국의 고대교육의 유형은 서로 다른 점도 있지만 기본적인 특징은 같다. 즉 교육의 핵심 내용은 공자를 존중하고 유가경전을 공부하는 것이고, 교육의 주요 대상은 귀족 계층이며, 교육의 방법은 암기와 토론 위주이며, 교육의 목표는 관료와 어용 문인을 양성하는 것이었다. 이외에 서양에 비해서 중국의 고대 교육은 정치사상·윤리도덕 교육을 근본으로 하고 있으며, 수학·이학·화학 등의 자연과학 내용이 결핍되어 있었다.

수천 년에 이르는 중국의 고대 교육사상, 공자·맹자·순자·동중서·한유·주희·왕부지·대진 등과 같은 많은 걸출한 교육가들이 출현하였으며, 그들의 풍부한 교육사상은 중국뿐만 아니라 세계 교육사·문화사에도 많은 공헌을 하였다.

2. 근현대의 교육제도

1840년 아편전쟁부터 이후 중국교육도 변화되어 봉건교육의 쇠락과 개혁유신 사조의 등장 그리고 서구 자본주의 영향으로 중국의 교육은 근대교육으로 탈바꿈하기 시작하였다.

아편전쟁 이후 청조는 계속적으로 봉건주의 교육을 추진하였다. 이와 함께 유럽에서 온 선교사들은 중국에서 교당과 학교·병원을 설립하고 간행물을 발행하여 근대 자본주의 교육을 널리 보급하기 시작했다.

당시 청 정부 내부에 개혁파가 출현하여 서구를 학습하고 중국의 사회와 문화교육을 개혁하자는 주장을 하였다. 1862년 양무파는 북경에 최초 "양학당(洋學堂)"인 북경동문관을 설립하였으며, 외국어학교·군사학교·기술학교 등과 같은 몇몇 신식학교도 속속 개설되었다. 그뿐만 아니라 청 정부는 국외로 유학생도 파견하기 시작하였다. '무술변법' 중에 강유위·양계초·담사동·엄복(嚴復) 등 유신파는 신식학당을 설립하고 자본주의 교육제도를 수립하자는 일련의 주장과 개혁방안을 내놓았다.

20세기 초에 이르러 중국에는 신식학당이 잇달아 설립되어 지식인의 수가 신속하게 증가하여 외국 유학이 붐을 이루었다. 1890년에 이르러 일본으로 유학을 떠난 인원만 해도 34,000명에 달했으며, 미국 등 기타 국가로 간 사람을 합치면 모두 약 4만 명이 외국 유학을 하였다.

1911년 신해혁명의 성공으로 중국에는 자산계급 공화국이 수립되었다. 1912년 임시정부에서는 교육부를 설립하고 저명한 교육가 채원배(蔡元培)를 교육부 장관에 임명되어 몇 가지 중요한 교육개혁령을 공포하였는데 주요 내용은 다음과 같다.

봉건적 교육제도와 교육내용을 철저하게 폐지하고 새로운 교육지표를 반포하여 덕(德)·지(智)·예(體)·미(美) 등의 '4육균형발전(四育平均發展)'의 방침을 제기하였다. 또한 새로운 학제를 제정하여 초등소학(初小) 4년, 고등소학(高小) 3년, 중학(中學) 4년, 대학(大學) 6-7년(預科 3년 포함)으로 하고, 대학에 문과 이과 법과 상과 의과 공과 등을 설치하며, 교육과정과 교학방법의 개혁에 나섰다.

이 결과 중국 교육체제는 기본적으로 근대학교의 특징을 갖추게 되었다. 그러나 신해혁명의 실패와 함께 교육개혁의 성과도 상실되었다.

'5·4 신문화운동' 중에 일부 진보적 성향의 지식인과 교육가들은 백화문사용, 남녀공학, 교육보급, 대학 학점제 실행, 교육관리 체제 개혁 등과 같은 각종 교육개혁을 제창하고 추진하였다. 1922년 국민정부 교육부는 새로운 학제를 공포하여 '5·4운동'과 그 이전의 교육개혁의 종합적인 성과를 실현하였다. 당시에 미국의 듀이(Dewey) 등의 실용주의 교육사상이 중국에 전해져 학제 교육과정 교재 교학방법의 개혁에 대하여 촉진적인 역할을 하였다.

중국공산당 창설 이후 중국에는 두 개의 교육체계가 출현하였는데, 하나는 공산당이 영도하는 혁명근거지의 교육체계이고, 다른 하나는 국민당 통치 지구의 교육체계였다.

중국공산당은 처음부터 교육을 중시하였다. 처음에는 주로 보습학교(補習)학교 자수학교(自修)학교 등을 설립하여 교육을 실시하면서 혁명사상을 선전하였다.

그 후에 중앙혁명근거지를 설립하여 정식적으로 교육을 시행하기 시작하였다. 당시에는 여가교육과 정규교육이 있었고, 간부를 양성하는 학교와 일반적인 문화학교가 있었으며, 초등·중등교육과 고등교육, 문맹퇴치 교육이 있었다. 특히 섬감녕(陜甘寧: 섬서·감숙·영하) 항일혁명근거지를 설립한 이후, 연안 등지에 항일군정대학·섬북공학·노신예술학원·연안대학 등을 잇달아 창설하였다.

제2차 국공내전 시기(1946~1949)에 중국공산당 해방구의 교육사업은 더욱 확대되었다. 중국공산당이 영도하는 혁명근거지의 교육지표는 혁명진영과 민중의 교육수준과 정치의식을 향상시키고 인민과 민족해방을 위하여 투쟁하는 것이 지표였다.

공산당이 영도하는 혁명근거지 외의 교육사업은 대부분 국민당 정부가 관리하고 있었다. 기본적으로는 1922년 국민당 정부의 교육부에서 공포한 '6·6·5' 학제의 계속적인 시행으로, 초등소학·고등소학·6년, 중학·고등학교 6년, 대학은 예과(預科)를 포함하여 5년이었다.

1937년 7월, 일본은 중국에 대하여 전면적인 중국으로, 당시 중국전제의 108개 대학 중 91개가 전쟁의 피해를 입었고, 40%의 중학이 일본의 침략 지구에 들어갔다. 그리하여 북방의 주요 대학은 내륙으로 이전할 수 밖에 없었으며, 예컨대 북대(北大)·청화(清華)·남개(南開) 등 세 개의 대학은 곤명(昆明)으로 이전하여 서남연합대학으로 창립되었다. 항일전쟁에서 승리한 이후 대학들이 회복되기 시작했다.

전반적으로 중국의 근·현대교육은 비교적 복잡한 양상을 띠고 있다. 근대교육의 체계를 수립하고, 현대 과학문화 지식의 전파를 촉진시킴으로써 역사적인 발전을 이룩하였다. 한편, 제국주의의 침략과 봉건주의 교육의 깊은 영향, 전쟁 파괴로 말미암아 사회는 불안하고 빈곤하여 교육여건은 여전히 매우 낙후되었다.

1949년 10월 중화인민공화국 수립 이후 중국의 교육은 새로운 발전단계로 진입하였다. 전체적 중국의 교육은 신속하게 발전하여 큰 성과를 거두었지만 그 행로는 결코 평탄하지 않았다. 중화인민공화국 수립 초기에 낙후된 교육현실을 혁신하고 진흥시키기 위하여 국민경제를 적극적으로 회복 발전시키는 동시에 교육정책에 대한 정리와 개혁을 단행하였다.

1952년부터 1956년까지 점진적으로 전국 사립학교를 공립학교로 전환시키는 등 교육제도에 대한 개혁을 단행하였다. 또한 고전적인 교육사상을 일소하고 민족적·과학적·대중적인 문화 교육을 수립하였다.

1957년 이후 중국 정부에서는 더욱 교육개혁을 시도하였지만 개혁사상에 오류가 발생하였다. 생산노동과 정치운동을 지나치게 강조하고 교육발전 목표를 맹목적으로 확정하여 많은 지식인들을 비판 공격함으로써 불필요한 손실을 가져왔다.

교육개혁 중에 나타난 오류를 시정하기 위하여 1961년부터 1963년까지 정부에서는 교육정책에 대한 조정 작업을 벌여 교육제도 다시 안정적인 발전을 이룩했다.

그러나 1966년에 발생한 문화대혁명으로 중국의 교육제도는 매우 심각한 타격을 받았다. 문혁 10년 동안 전문가와 교수를 비롯한 많은 지식인들이 박해를 받았다. 대학교는 4년간 신입생 모집을 중단하여 교육의 질이 저하되었으며 많은 학교가 철폐되었다. 10년간 고작해야 전국적으로 약 10만 명의 대학원생, 100여만 명의 대학 전문대학 졸업생, 200여만 명의 중등 전문학생을 양성하였다. 따라서 사회 전반적으로 인재의 공백 상태, 지식의 심각한 결핍 상태를 초래하였다.

특히 1978년 말 이후 중국은 문화대혁명의 오류를 시정하고 교육의 전략적 위상을 새롭게 확립하여 지식인 정책을 명시하였으며, 대학입시 등의 유효한 교육제도를 부활하고 교육에 대한 정부의 투자와 지도를 강화하였다.

이와 동시에 직업학교의 발전을 가속화하고, 유아교육·성인교육·소수민족 교육과 대학원생 양성을 강화하는 교육구조에 대한 조정 작업을 진행하였다. 1986년 전국인민대표대회에서는 '중화인민공화국의무교육법'을 통과시켜 9년 의무교육을 단계적으로 실행하였다.

현대 중국의 교육정책은 우여곡절을 겪기도 했지만, 구 중국에 비해 교육의 면모가 근본적으로 변화되는 등 커다란 성과도 이룩하였다.

첫째, 학교의 수가 매우 많이 증가하였다. 중화인민공화국 수립 직전에 전국에는 단지 일반대학교 205개에 학생 11.7만 명, 중고등학교 약 5천개에 학생 100여만 명, 초등학교 27만여 개에 학생 약 2,500만 명뿐이었다. 전국 약 5억 인구를 환산하면 이는 평균 1만 명 중 대학생 3명, 중고등학생 38명, 초등학생 486명이고, 적령 아동의 입학률은 20% 정도에 불과한 수치다.

그러나 1949년 중화인민공화국 수립 이후 1989년까지 40년간 대학은

1,075개에 대학생 208.21만 명으로 13배나 증가하였고, 중·고등학교는 8.96만 개에 재학생 4454.02만 명으로 44배나 증가하였으며, 초등학교는 77.72만개, 재학생 12373.1만 명으로 5배가량 증가하였다. 그리고 유아원은 17.26만개에 원아는 1847.66만 명에 이르렀다. 1992년 초등학교 적령 아동의 입학률은 이미 97.95%에 이르렀으며, 초등학교 졸업생의 중학교 진학률은 79.61%에 달하였다. 기본적으로 농촌에는 초등 교육을 보급하고, 일반 도시에는 중학 교육을 보급하였으며, 대도시에는 기본적으로 고등학교 교육을 보급하였다. 현재 중국은 80%에 이르던 성인의 문맹률이 크게 낮아졌다.

둘째, 비교적 완비된 교육체계를 수립하였다. 중화인민공화국 수립 이전에 중국의 학교는 그 수가 적을 뿐만 아니라 구조도 불완전하고 배치도 불합리하였으며, 대학의 종류도 적고 학과도 매우 완비되지 못하였다. 게다가 대부분의 학교가 대도시와 연해도시에 집중되어 있었으며, 중학교는 단지 일부의 현(縣)정부 소재지와 현(縣) 이하의 도시에만 있었고, 많은 내륙 변방 낙후 지역에는 초등학교조차 없었다.

그러나 중화인민공화국 수립 이후 50여 년의 발전을 거치면서 중국의 모든 성·시·자치구에는 대학 몇 개씩과 많은 중등·고등 전문대학이 설립되었으며, 모든 현·구에는 중학교가 몇 개씩 생기고, 모든 도시의 주택단지와 마을에는 초등학교가 생기게 되었다.

학교의 종류도 다양해져서 대학교·중고등학교·초등학교 외에, 최근 국민경제와 사회발전의 수요에 따라 직업기술교육·전문교육·성인교육·특수교육이 크게 발전하였다. 1992년에 이르러 중등 직업기술학교는 중등전문학교·기공학교·직업중학을 포함하여 모두 18,155개에 재학생은 739.2만 명에 이른다. 그 중 고등학교 과정에 해당하는 직업기술학교의 신입생 모집 정원은 고등학교 신입생 모집 정원의 53.8%를 차지하고 재학생은 49.2%를 차지한다.

1992년 전국에 각 유형의 성인학교는 모두 453,195개이고 재학생은

4,911.21만 명에 달한다. 그 중 성인 고등학교로는 TV방송대학, 직공대학, 직공업여자대학, 농민고등학교, 간부관리대학, 교육대학, 통신대학, 야간대학 등 1,200여 개가 있다.

전국 1,071개의 대학교 중에서 종합대학교와 문과·이과·공업·농업·임업·의과·재경·정법·사범·체육·예술·외국어 등 십여 종류의 단과대학으로 나눌 수 있다. 그뿐만 아니라 학과의 종류가 매우 크게 늘어났다. 1955년 전국의 대학에는 249종의 전공분야만 있었으나, 1988년에는 870종으로 증가, 전공 수는 모두 13,358개에 이르렀으며 최근 몇 년 사이에는 다시 증가하였다. 학과의 종류가 비교적 완비되었을 뿐만 아니라 새로 증설된 많은 학과는 세계 선진 수준을 갖춘 신형 학과이다.

셋째, 교원 확보를 강화하였다. 1991년 통계에 의하면, 대학 교수는 이미 1949년의 1.6만 명에서 39.08만 명으로 24.4배 증가하였고, 고등학교 교사는 1.4만 명에서 57.33만 명으로 41배 증가하였으며, 중학교 교사는 5.3만 명에서 약 251.67만 명으로 47.5배 증가하였고, 초등학교 교사는 83.6만 명에서 553.22만 명으로 6.6배 증가하였으며, 유아 교사는 1950년의 1,700만 명에서 76.89만 명으로 452.3배가량 증가하였다.

이외에도 기타 각급학교 교사가 90여만 명이 있다. 1992년에 이르러 전국의 전임 교원은 이미 1,090.35만 명에 이르렀다. 교원의 충분한 양성과 자질 향상을 위하여 80년대 이래로 중국 정부에서는 사범교육의 발전을 더욱 중시한 동시에 각급 학교 재직교사의 육성사업을 강화하였다.

넷째, 국가를 위하여 많은 인재를 양성하였다. 중화인민공화국 수립 이후 40여 년 동안 대학에서는 620만 명의 졸업생이 배출되었는데 이는 구중국의 30.5배에 해당한다. 1991년에 이르러 성인고등교육의 졸업생이 추가되어 1만 명당 대학생 수는 원래의 3명에서 35.4명으로 늘어났다. 최근 몇 년 사이에 전국의 대학에서는 매년 60-70만 명의 대학생을 모집하고, 성인고등학교에서는 매년 60만 여명의 학생을 모집하였다. 동시에 전국에서 매년 석사과정 3만여 명, 박사과정 3천명 이상의 대학원생을 모집하였다.

1992년 통계에 의하면, 대학과 성인고등학교에서 배출된 그 해 졸업생은 이미 112.19만 명에 달하였다. 여기에 중등 전문학교와 기공학교의 졸업생 120만 명을 더하면 매년 배출된 전문 인력이 230만여 명에 이른다. 현재 중국의 각 분야에서 종사하고 있는 많은 지식인들은 각 방면에서 배출되는 많은 우수한 인재를 포함하여 거의 대다수는 중화인민공화국에서 양성한 인력이다.

다섯째, 교육의 대외 교류가 끊임없이 확대되었다. 먼저 중국 유학생의 파견을 들 수 있다. 1951년부터 시작하여 1965년까지 15년간 중국은 모두 29개국에 1만여 명의 유학생을 파견하였다. 문화대혁명 전기에 유학생 파견은 한 차례 중단되었다가 1972년에 부활되었다. 1978년 이래로 대외 개방정책의 중요한 구성 부분으로써 중국의 해외 파견 유학생 수는 급격히 증가하여 국비 파견 유학생 인원만 해도 매년 평균 3천명 이상을 파견하였다.

1992년 말에 이르기까지 국비와 자비의 해외 유학 인원은 이미 19만 명에 달하고 86개 국가와 지역에 분포되어 있는데, 그 중 6만 명은 이미 학업을 완수하고 귀국하여 국가를 위해서 지대한 공헌을 하였다.

그 다음으로 중국 정부에서는 외국 유학생을 받아들이기 시작하였는데, 1950년부터 70년대 말까지 중국은 60여개 국가의 유학생 9,757명을 받아들였다. 개혁·개방정책을 시행한 이후 중국에서 유학한 학생 수와 국가는 급격히 증가하여 1992년 한 해에만 126개국의 유학생 1.3만 명을 받아들였는데, 이는 개혁·개방 이전 30여 년간의 총합계보다도 더 많다.

유학생을 받아들인 대학도 원래의 20여 개에서 약 200개 대학으로 증가하여 매년 장기 유학생 7천 명 단기 유학생 6천 명이 재학 중이다. 이외에도 중국은 외국과 상호 전문 학자를 파견하여 학교에서 강의나 강연을 개최하고, 상호 대표단을 파견하여 시찰 방문을 후원하며, 국제적 규모의 학술회의에 참가하거나 그것을 개최하여 학교간의 교류관계를 수립하고 있다. 그리고 UN의 교육 과학 문화 등의 기구에 참가하여 교육의 국제교류 협력을 광범위하게 확대하고 있다.

참고문헌

구자억, 『중국교육사』, 원미사, 1997.

구자억, 『현대중국교육의 심층적 이해』, 문음사, 1998.

구자억, 『중국 전통교육사사의 이해』, 문음사, 1999.

강길중 외 2인, 『중국역사의 이해』, 경상대학교출판부, 2004.

제11장

중국 역사와 사회문화의 이해를 위한 몇 가지 기본지식과 제언

1. 중국의 정치체제의 변화

정치체제란 정권의 조직형태를 가리키며, 일반적으로 다음 두 가지 요소를 포함한다. 하나는 국가 최고 권력기관의 구조 및 조직체계와 직권 배분의 문제이고, 다른 하나는 국가기구의 구성원리에 대한 것이다. 고대 중국의 정치체제는 종법(宗法)적 귀족군주제와 봉건(封建)적 전제(專制)군주제 두 가지가 있었으며 여러 단계를 거치면서 발전해왔다.

종법적 귀족군주제의 특징을 보면, 중국이 국가와 사회계급의 관계가 발생하게 된 경로와 방식은 고대 서양의 아테네·로마·게르만 등과 다른 조건과 배경을 가지고 있다. 중국 전삼대(前三代)라 칭하는 하(夏)·상(商)·주(周)대의 사람들은 대체로 황하 유역에서 살았다. 이 지역은 경제생활하기에 자연조건이 비교적 좋았기 때문에 생산기술수준은 나무와 돌을 주요 도구로 사용하는 비교적 낮은 단계에 머물러 있었다.

또한 강한 혈연적 유대관계를 기초로 한 가부장적 가족공동체의 기초

위에 씨족집단의 리더(부족장)의 역할이 세습되면서 사회상에 계급과 국가가 발생하고 각 부족의 족장들은 다양한 등급의 통치집단을 이루고 있었다.[108]

정치체제는 국가구조의 형식에 제한되고 영향을 받았다. 국가구조의 형식이란 중앙기관과 지방기관의 관계를 가리킨다. 하·상·주 삼대의 국가구조는 방국(方國)연맹과 분봉제(分封制)였다. 주나라 사회의 구성원은 대부분 겸직을 하고 있었는데, 주 왕실의 관리인 동시에 분봉국의 제후였다. 이 때문에 분봉국의 정치적·경제적·군사적 세력이 왕실을 능가하게 되면서 천자의 지배에서 벗어나고자 했으며, 귀족 대신들은 주 천자의 명령에 복종하지 않았다.[109]

춘추전국시대에 이르러서 철기와 우경으로 상징되는 생산력의 발전으로 제후들이 새로운 징세방식을 채용하면서 노예제 생산관계가 봉건제 생산관계로 전환하여 정치적·경제적·군사적 역량이 날로 커짐에 따라 차츰 정권을 장악해갔다. 분봉제의 폐단을 절감하던 신흥계급은 분봉제를 군현제로, 귀족세습제를 관료제로 대체해갔다. 진시황(秦始皇)이 6국을 통일한 이후 2천년이라는 세월을 지속하게 될 중앙집권적 전제군주제가 확립되었다.

한편, 중국 봉건적 전제군주제는 대체로 다음과 같은 특징이 있다. 첫째, 황제의 권한은 지고무상하며 분할할 수 없고, 국가의 최고권력은 황제 한 사람에게 집중되었다. 둘째, 황권은 양도될 수 없으며 죽을 때까

108 그 특징은 다음과 같다. 첫째, 최고 국가권력을 행사하는 주체가 군주와 원로 귀족들로 이루어진 의사회(議事會) 둘로 이루어졌다. 이 군주와 의사회는 각각 원시사회의 '군사지도자'와 '귀족의사회'에서 변화해온 것이다. 둘째, 군주와 귀족관료는 모두 종신제이거나 세습제였다. 이는 원시사회의 '세습왕권'과 '세습귀족'에서 유래된 것이다. 셋째, 군주와 귀족위사회의 관계는 상호 의존적인 동시에 상호 제약적인 것이었다. 군주는 귀족관료의 임면·승진·강등에 관한 권한을 가지고 있었다. 귀족들은 과실이 있는 군주에 대해 간언을 하거나 축출 또는 시해하기도 했다. 넷째, 국가구성의 원칙은 종법적·혈연적인 유대로서, 혈연의 친소관계가 정치적 지위를 결정했으며, 정권의 계통은 곧 가족의 계통과 일치했다.

109 『논어』「계씨」에 의하면, "예악과 정벌은 전차로부터 나온다"는 원칙이 무너지고 제후나 대부들이 이를 멋대로 일삼는 상황이 전개된 것이다.

지 그 지위를 유지하도록 했다. 셋째, 제위는 아버지가 죽으면 아들이 계승하는 것으로 엄격한 세습제를 따랐다. 반면 관리의 임기제도에는 세습·종신(終身)·상임(常任)·한임(限任)등이 있어 황제는 관리에 대해 생사여탈의 권한을 행사 할 수 있었다. 넷째, 국가 정권기구의 조직은 임금을 높이고 신하를 낮추는 것을 원칙으로 했다.

중국은 진대부터 원대까지는 재상제 전제군주제가 행해졌고, 이후 명청시기에는 재상제가 폐지되고 황제가 직접 중앙정부의 각종 권력을 행사했다. 재상제 전제군주제에서 재상은 정부수반으로서, 황제는 국가원수로서 직책을 분담했으며, 중앙기구는 황제를 보좌하여 명령을 내리고 전국의 정무를 총관리하는 '상신'(相臣)과 각 부문의 권력을 분담하여 관장하는 관리와 같이 두 계통으로 분리되었다.

황제는 국가기구의 원활한 운영을 위해 재상에게 일련의 행정권을 부여하여 황제가 상궤를 벗어난 행위를 할 경우 견제할 수 있도록 했다. 그 가운데 가장 중요한 권한이 '봉환조서'(封還詔書)와 '불긍평서'(不肯平署)이다. 황제가 조서를 내려 재상에게 어떤 일을 처리할 것을 명령했으나 재상이 옳지 않다고 판단할 경우에는 조서를 봉해두고 처리하지 않을 수 있었는데, 이것을 '봉환조서'라고 한다. 그러나 재상의 이런 권한도 결국은 황제가 부여한 것이었으므로 만일 황제가 어떤 일을 고집할 경우에는 아무도 막을 수 없었다.

명대 주원장(朱元璋)은 1380년 호유용의 난을 계기로 재상제를 폐지하였다. 이로써 재상의 권리까지도 황제가 장악하여 재상 밑에서 구체적인 사무를 분담하던 이(吏)·호(戶)·예(禮)·병(兵)·형(刑)·공(工) 육부(六部)가 황제 직속의 최고집행기관이 되고, 육부의 장관은 황제에게 직접 책임을 지게 되었다. 이런 정치체제는 청대까지 그대로 답습되다가 신해혁명기에 이르러 폐지되었다.

2. 황제 칭호와 제위(帝位) 계승 방식

중국의 역사를 이해하기 위해서는 황제지배체제를 도외시할 수 없다. 황제를 정점으로 한 중국의 관료제는 정치뿐만 아니라 사회, 문화 전반에 큰 영향을 끼쳤다.

황제는 역대 왕조에서 천자의 존호로서 사용되었다. 황제와 관료에 의해 국가와 사회가 지배되고 유교 통치이념을 기반으로 한 황제지배체제는 진시황제로부터 이후 2천년간 계속되었다는 사실은 중국역사의 특수한 면이라 할 수 있다.

진시황제는 기원전 221년, 전국칠웅으로 나뉘어 군웅할거와 약육강식의 국면을 통일하여 봉건제 대신에 군현제라는 정치단위로 통치하는 중앙집권적 정치형태를 통해 중국 최초의 통일제국을 건설하였다.

진시황이 사용하기 시작한 황제의 글자 의미는 먼저 '황(皇)'은 태양처럼 빛난다는 뜻이고, 제(帝)는 천제(天帝), 자연계와 인간계를 지배하는 최고의 신을 뜻한다. 중국에서 황제 칭호의 기원은 진시황제가 '황제'라는 존호를 정하는 동시에 '짐'이라 자칭하고 신민은 '폐하'라 존칭한 것에서 시작한다. 명(命)을 '제(制)'라하고 령(令)은 '조(詔)'라 하는 등 황제용어를 정했다. 거마, 의복, 궁전, 인새에도 규정을 두어 이를 위반하는 것을 금지함으로써 권위를 부여하고, 자신을 시황제라 하는 등 만세에 걸쳐 그 지위를 전하려고 하였으나, 진왕조는 3세(世)로 멸망하였다.

군주의 권위는 종묘의 제기나 청동 솥(鼎)으로 표현되고 있었다. 옥새제도는 진시황에 의하여 시작되어 한대에 그 제도적인 완성을 이루어 운영하게 되었다. 옥새는 황제의 절대적 권위를 상징하는 것으로 황제의 조제가 법적으로 효력을 발휘하기 위해서는 옥새로 날인해야만 했다. 특히 황위계승의 합법화는 선제의 영전이나 고묘(太祖의 廟)에서 옥새를 인수하여야만 황제위를 계승하는 정통성을 인정받고 황제의 권위를 발휘할 수 있게 된다.

그런데 이러한 황제의 옥새는 한가지만 있는 것이 아니라, 도장에 새긴 글귀에 따라 여섯종류로 구분되며, 이를 황제육새라고 한다. 황제육새제도는 진나라를 거쳐 한나라에 가서야 정착되는데 그 쓰임새는 다음과 같다. 황제행세(行璽)는 일반행정 결재시, 즉 가장 많이 사용되는 도장이다. 황제지새(之璽)는 황제가 제후에게 글을 보낼 경우이다. 제후는 대체적으로 개국공신이나 황위계승자를 제외한 왕자들 그리고 전통적인 세력가로 황실과 우호관계를 유지하고 있는 귀족들이 임명된다. 황제신새(信璽)는 병력을 징발하거나 신하들을 부를 경우 사용한다. 천자행세(天子行璽)는 외국 혹은 봉건국에게 황제의 명령을 전달하는 경우 사용한다. 천자지새(天子之璽)는 천지신에 제사를 지낼 경우 사용된다. 천자신새(天子信璽)는 사용처가 분명하지 않다. 다만 황제신새와 연관지어 볼 때, 봉건국의 병력을 징발하거나, 봉건국의 왕자들을 불러 들일 때 사용할 것으로 보인다. 이렇게 보면 황제라는 직인이 찍힌 경우는 국내용으로, 천자라는 직인이 찍힌 경우는 대외용으로 사용하였음을 알 수 있다. 이처럼 옥새는 천하의 중심인 중국에서는 황제(皇帝)라는 고유호칭으로 군림하고, 대외적으로는 천자(天子)로서 군림하겠다는 중화사상을 반영한 것이다.

중국의 옥새는 대권을 계승하는 황제의 정통성과 함께 천명을 받드는 천자의 권위와 정치의 수장으로서 황제의 절대권을 상징한다. 황제(皇帝)는 고대 중국의 전제군주의 호칭 가운데 하나로 갑골문과 금문(金文)그리고 상고시대의 전적에 '제(帝)', '황(皇)' 등의 칭호가 여러 군데 보인다. 허신의 『설문해자』(說文解字)에는 '황'을 '크다'는 뜻으로 해석했고, 『풍속통의(風俗通義)』에서는 '황'이란 '가운데', '빛나다'의 뜻이라고 했다. 따라서 '황'은 지극히 높고 찬란함을 의미하는 신성한 칭호이다.

또 '제'에 대해 『설문해자』는 '천하에서 왕 노릇 하는 이의 호칭'이라고 했으며, 『백호통의(白虎通義)』에서는 '덕이 천지와 합치하는 사람을 제라고 부른다'고 했다. 즉 '제' 역시 만민을 통치하고 제어하는 권력을 상징하는 호칭이라고 볼 수 있다.

그러나 하·상·주 시대까지 '제'는 인간 군주에 대한 호칭이 아니라 대체로 상제(上帝)나 천상의 신만을 의미했다. 상주시기에는 최고통치자를 일반적으로 '왕(王)'이라고 불렀다. 문왕(文王)·무왕(武王)이라는 호칭에서 알 수 있듯이 주대(周代)에 '왕'은 군주의 가장 존엄한 칭호였다. 그런데 춘추 전국시대에 이르러 주 왕실이 점차 쇠락하자 각 제후국들이 스스로를 왕이라 칭하였고, 이로부터 왕이라는 호칭은 보편화되어 독존적인 위상을 상실했다.

그 후 세력이 강대해진 몇몇 대국의 군주들은 왕이라는 칭호에 더 이상 만족하지 못하고, 이전까지 천신(天神)이나 고대 성현을 뜻했던 '제'라는 호칭을 사용하게 되었다. 예컨대 당시 진(秦) 소왕(昭王)은 스스로를 서제(西帝)라 일컬었고, 제(齊) 민왕(湣王)은 동제(東帝)라고 부르게 했다. 진나라가 전국을 통일하자 승상 왕관(王綰)과 어사대부 풍겁(馮劫), 정위(廷尉) 이사(李斯) 등은 의논 끝에 왕인 정(政)에게 '태황'(泰皇)이라는 칭호를 권했다. 그러나 왕은 이에 만족하지 않고 자신의 공이 삼황오제보다도 크다고 자부하여 "태황(泰皇)에서 '태'자를 빼고 상고의 '제'라는 호칭을 붙여 황제(皇帝)라고 부르라"고 명령했다.

아울러 "짐이 시황제가 되었으니 후세에는 이로부터 헤아려 2세·3세·만세에 이르도록 끝없이 전하도록 하라"[110]고 선언했다. 이후로 '황제'라는 칭호는 청대에 황제제도가 무너지기 전까지 2천여 년간 중국 전제군주의 호칭으로 사용되었다.

황제제도의 수립은 전제군주통치가 지속적으로 발전하게 되었음을 의미한다. 이러한 황제제도에서 제위의 계승과 교체는 핵심적인 문제였다. 제위 계승의 형태는 대략 동성(同姓)계승의 세습형과 이성(異姓)계승의 교체형 두 가지로 나뉜다.

동성계승은 같은 시조를 둔 부계 후손에 한정되어 대대손손 제위가 계

---

110 『史記』「秦始皇本紀」

승되는 세습형태이다. 예컨대 한나라의 제위는 오로지 유방(劉邦)의 후손에게만, 당나라의 제위는 이연(李淵)의 후손에게만, 명나라의 제위는 주원장(朱元璋)의 후손에게만 전해질 수 있었다. 이런 세습제는 그 발전과정에서 혼란과 쟁탈이 난무했으나 제위 계승에서 대대로 주류를 이루었다. 제위 계승방법에는 다음과 같은 몇 가지 유형이 있었다.

첫째, 태자를 미리 책봉하는 경우: 제위의 계승은 세습을 위주로 했는데, 아버지가 죽으면 아들이 그 자리를 대신하는 것이 정통이었다. 그런데 역대 황제들은 여러 처첩을 두어 자손이 너무 많았기 때문에 자식들간 제위 쟁탈로 인한 내란을 막기 위해 태자를 미리 지정하는 것이 제위 세습제의 핵심이 되었다. 한 대부터 명대까지 모든 왕조에서 태자책봉을 국가의 대사로 여겨 책봉 때마다 극히 성대한 의식을 거행했다. "태자는 천하의 근본이니 근본이 흔들리면 천하가 흔들린다"고 할 만큼 태자의 위치는 중요했다. 태자를 세우는 법도에는 "적자를 세우며(立嫡不立庶), 능력 본위가 아니라 맏아들을 세운다(立長不立賢)"고 하는 두 가지 기본원칙이 있었다.[111] 따라서 제위 세습제는 기본적으로 적장자(嫡長子)를 중심으로 이루어졌다고 볼 수 있다.

둘째, 태자를 비밀리에 내정하는 경우: 태자를 미리 정해가 제위 계승자의 신분임을 공개적으로 확정하기 위한 것이었다. 그러나 다른 황자들이나 후궁·외척·권신 등 이익집단의 불만을 사서 궁정 내 분쟁을 야기했다.

청 성조(聖祖) 강희제(康熙帝)는 일찌감치 태자를 세웠지만 폐위하고 다시 세우기를 반복하다 끝내는 태자들 사이의 제위쟁탈전을 불러왔다. 이에 강희제는 태자제도를 폐지하고, 황제가 살아 있을 때 비밀리에 황태자를 정해 유서로 남겼다가 죽은 후 대신들이 만방에 이를 선포하면 곧바로 옹립하여 황태자가 즉위하도록 했다.

셋째, 생전에 아들에게 선양(禪讓)하는 경우: 제위계승의 역사에서 몇몇

---

111 『漢書』「叔孫通傳」

황제들은 생전에 제위를 자식에게 물려주고 자신은 태상황(太上皇)의 지위에 오르기도 했다. 예컨대 당 현종(玄宗)이 안사(安史)의 난을 피해 성도(成都)로 도망가자, 영무(靈武)에서 태자 이형(李亨)은 제위에 오르고 현종을 태상황으로 추존했다. 안사의 난이 평정된 뒤에 현종은 사천(四川)에서 장안(長安)으로 돌아왔으나 이 사실을 묵인하지 않을 수 없었고 태상황으로 만족해야 했다.

또 청대 고종(高宗)은 건륭 60년(1795)에 제위를 인종(仁宗) 가경제(嘉慶帝)에게 물려주고 스스로 태상황이라 칭하며 영수궁(寧壽宮)에서 여생을 즐기다 가경 4년(1799) 정월에 승하했다. 이렇게 생전에 아들에게 제위를 선양하는 제도는 사실상 황제의 사후에 그 아들이 제위를 계승하는 제도의 변형일 뿐 고대에 있었다는 선양제도와는 다르다.

넷째, 황실을 핍박해 제위를 쟁탈하는 경우: 봉건제사회에서 제위는 지극히 존귀한 것이었던 만큼 노리는 사람도 많았다. 그래서 역사적으로 부자·형제·사이에도 제위 쟁탈로 인한 살육이 끊이지 않았다. 유명한 현무문(玄武門)의 변(變)은 후에 당 태종이 된 이세민(李世民)이 친형제인 이건성(李建成)과 이원길(李元吉)을 살해하고 아버지인 당 고조 이연(李淵)을 핍박하여 제위를 내놓게 했던 사건이다.

또 오대시기에 후량(後梁)의 태조 주온(朱溫)은 아들 주우규(朱友珪)에게 살해당했으며, 제위에 오른 주우규는 다시 동생인 양(梁) 말제(末帝) 주우정(朱友貞)에게 살해되었다. 이런 경우는 일일이 거론할 수 없을 만큼 비일비재했다.

한편, 제위계승의 또 다른 유형인 이성(異姓)계승은 같은 성씨내에서 이루어진 것이 아니고 농민봉기나 이민족의 침입으로 조대(朝代)가 바뀌는 것도 아니며, 외척이나 권신 등이 제위를 찬탈하여 잇는 경우를 가리킨다. 역사상 외척이나 권신으로서 제위를 빼앗은 사람으로는 전한 말의 왕망(王莽), 후한 말의 조비(曹丕), 남조(南朝)의 유유(劉裕), 북주의 양견(楊堅) 등이 있다. 이들은 선양의 형식을 빌려 각각 신(新), 위(魏), 송(宋), 수(隋) 왕조를 건립했다. 또한 측천무후(則天武后)는 황태후의 신분으로 당나라 이씨 황실을 몰아내고 스스로 황제의 지위에 올라 국호를 주(周)로 고치고 중국 역사상 유일한 여황제가 되었다.[112]

3. 중국 정치발전 과정에서의 사(士)와 환관(宦官)

중국에서 사(士)의 의미와 역할은 시대마다 달랐다. 그러므로 이 사(士)들에 대해 한 마디로 정의하기는 매우 어렵지만, 후대로 갈수록 사는 점차 문인 지식인계층을 의미하는 말이 되었다.

고대에는 사가 매우 다양한 의미를 가지고 있었다. 먼저 여성(女)과 대응관계에 있는 남성을 지칭하는 말이기도 했다. 또한 상주시대에는 제후를 포함한 여러 등급의 귀족을 지칭하는 말로 쓰였다. 그러나 그 언어적 의미에서 볼 때, 사는 농경생산을 토대로 자신의 생계를 유지하는 계층을 말한다.[113] 이는 『국어(國語)』「진어(晉語)」편[114]에 의하면, 고대에는 사란 주로 직접적인 생산 활동에 종사하는 계층을 지칭한 것으로 볼 수 있다.

그 밖에 고대사회에서 사의 사회적 지위를 살펴보면 다음과 같다. 당시 종법제에 의거한 신분질서는 왕(王), 공(公), 대부(大夫), 사(士), 조(皂), 여(輿), 료(僚), 복(僕), 대(臺) 등의 순서로 10등급이 있었다. 여기서 사는 중간등급으로써 지배자와 피지배자 사이의 계급이기도 했다.

당시의 사는 가장 하급의 귀족과 자유민, 피지배계층 등 여러 영역을 아우르기도 했지만, 피지배계급과 자유민들 가운데서는 그 지위가 가장

---

112 상해고적출판사(박소정역)『中國文化史三百題, 문답으로 엮은 교양중국사』, 이산, 2005.11

113 士는 곧 十과 一이 결합된 것으로, 흙 속에 도구를 집어넣는 모양을 본뜬 것이다. 또한『설문해자』에서는 士란 곧 事라 했는데, 여기서의 事는 농사를 의미한다.

114 『國語』「晉語」(公食貢, 大夫食邑, 士食田, 庶人食力, 工商食官, 皂隸食職, 官宰食加.)/공(公)은 공물로 먹고 살고, 대부는 식읍으로 먹고살며, 사는 밭을 갈아 먹고 살며, 서인은 힘을 써서 먹고 살며…

높았다. 그러므로 이들은 당시의 법에 따라 병역과 부역의 의무를 가지는 대상이기도 했다.

그러나 춘추전국시대 중기 이후, 철제 농기구의 사용으로 사회생산력이 크게 발전하면서 빈부격차가 발생하여 종법제가 유명무실해지고 사회계층이 분화되기 시작하였다. 이에 피지배계층에 속했던 사들이 지배층인 경대부들을 살해하고 정권을 탈취하기도 했다. 이렇게 신분질서체계가 혼란해지고 변화되면서, 사의 개념도 점차 변하고, 서인이나 공인, 상인출신들도 사의 계열에 편입되기 시작하였다.

이러한 정치적인 사 외에도, 제자백가(諸子百家)들 중에서도 새로이 유세지사(遊說之士)와 문인지사(文人之士)들이 등장한 것은 사(士)의 개념이 문인·지식인 계열로 변화하는데 있어 결정적인 영향을 미쳤다. 이러한 유세지사들 중 대표적인 사람으로는 소진(蘇秦), 장의(張儀)가 있다. 이들은 자신들의 논변과 정치적 책략을 가지고 군주들에게 중용되기도 했고 또 그리되지 못하기도 했다. 그러나 분명한 것은 이러한 유세지사들이 당시의 정치에 많은 영향을 미쳤고, 역사도 그들의 논변과 계략에 따라 전개되기도 하였다.

그 밖에 문인지사들은 자신의 학문을 제자들에게 전수하는, 이른바 사학(私學)을 흥기시키는데 결정적인 영향을 미쳤다. 이를 대표하는 것이 제나라의 직하학파(稷下學派)나 우리가 잘 알고 있는 공자(孔子), 맹자(孟子) 또한 대표적인 문인지사였다. 이 시기를 전후하여 사의 개념도 기존의 문무일체의 개념에서 문사(文士)와 무사(武士)의 개념으로 나누어지게 된다.

진한시대 이후 사의 의미는 문사, 즉 문(文)을 통해 지식과 공명을 추구하는 지식인 계열이나, 출세하는 관료집단을 대표하는 용어가 된다.[115] 총체적으로 진한시대 이후로 사(士)는 지속적으로 문인·지식인·문신관료를 포괄하는 언어로 고정되었던 것이다.

---

115 물론 이 시기에도 문인, 지식인, 관료를 의미하는 士의 개념이 또다시 사인(士人), 사대부(士大夫), 처사(處士), 사족(士族) 등으로 분화, 변화하기도 했다.

환관(宦官)이란 일명 황제를 보좌하는 남성 시종들로 인위적으로 거세를 하였다는 것이 특징이 있다. 영어로는 Eunuch라고 부르기도 하며, 달리 내시(內侍), 태감(太監), 시인(寺人), 엄인(閹人), 정신(淨身), 내수(內豎), 중관(中官), 혼시(汚寺), 환시(宦寺), 환자(宦者), 황문(黃門) 등으로 불렀다.

환관제도가 처음 생겨난 시기는 대략 진(秦)나라 시기 또는 그 이전인 춘추전국시대까지로 거슬러 올라간다. 대체로 환관들은 후한(後漢: 23~220) 시대 이전까지는 거세를 하지 않은 남성들도 포함되었으나, 후한 이후에 거세된 남자들만 환관으로 채용되었다. 수 이전까지 환관들은 죄를 지어서 궁형에 처해진 환관들이 대다수였으나, 수 이후에 궁형을 금지함에 따라 지원자를 받아서 거세 후에 환관으로 삼았다.

환관을 거세한 목적은 황제를 보좌하고 후궁을 돌보기 위함이였다. 후궁들은 황제의 독점 소유물이었기 때문에 황제와 비교할 만한 남성의 성을 제거해야 할 필요가 생겼다. 그리하여 거세한 남성들이 환관으로 임명되었다. 이들은 황제 비서와 몸종의 역할을 수행하면서 황제들의 총애와 태후들의 총애를 한 몸에 받았다.

이들 환관은 지위는 낮으나 왕과 가까이 있었기 때문에 왕에게 많은 영향력을 미칠 수 있었고, 또한 일부 환관들은 역사에 이름을 남기기도 했다. 대표적으로 종이를 제작한 채륜(蔡倫: 50~121)과 명나라(明: 1368~1644) 성조 영락제 때 남해 대원정을 이룩한 정화(鄭和: 1371~1434)를 들 수 있다.

하지만 대부분의 환관들은 왕의 측근에서 영향력을 미칠 수 있다는 점을 악용하여 정권을 농단하기도 했다. 예를 들면 지록위마(指鹿爲馬)라는 고사성어로 유명한 진의 환관 조고(趙高: ?~BC 207)가 있다. 또한 황제가 외척이나 신권을 제압하는 과정에서 환관세력에 기대는 경우가 있었다. 대표적인 것이 후한시대와 당나라(唐: 618~907) 시대, 특히 환관의 폐단이 가장 강했던 시기인 명나라 때를 들 수 있다.

후한시기 4대 황제인 화제(和帝) 이후 환관의 전횡이 시작되었다. 화제는 외척인 두(竇)씨의 전횡이 극심해지자, 이들을 제압하기 위해 환관의 힘을 빌려 두씨 세력을 제거하였다. 하지만 후한시기의 모순은 점차 격화되었다. 그 결과 청류(清流)로 지칭된 지방 호족세력들은 정치개혁운동을 전개하였다. 이 과정에서 십상시(十常寺)로 대표되는 환관들이 환제(桓帝)와 영제(靈帝) 시기에 당고의 화(黨錮之禍)를 일으키면서 청류파를 탄압하였다. 그 결과, 지방 호족세력들은 중앙정부에 대해 실망하게 되고, 184년에 발발한 황건적의 난을 계기로 군웅할거의 시대가 전개되면서, 삼국시대(三國時代)로 분열되었다.

당 현종 개원의 치(開元之治)시기 내시성(內侍省)에서 일반 정무를 처리한 환관 고력사(高力士)와 안사의 난 때 숙종을 옹립한 환관 이보국(李輔國)을 시작으로 환관이 점차 정사에 간섭하기 시작하였다. 이러한 양상은 덕종(德宗) 시기에 이르러 점차 노골화되기 시작한다.

덕종은 군사정변에 대비하여 신책(神策), 위원(威元) 등 금병(禁兵: 왕실 친위대)을 설치하고, 그 총 책임자를 환관으로 임명하여 모든 병권을 환관에게 귀속시켰다. 이 사건을 계기로 환관의 권한이 강해져서, 지방 군벌세력인 번진(藩鎭)들이 환관에 귀속했을 뿐만이 아니라, 황제를 암살하고–당나라 헌종(憲宗), 경종(敬宗)–, 또한 황제를 멋대로 옹립–목종(穆宗), 문종(文宗), 무종(武宗), 선종(宣宗), 의종(懿宗), 희종(僖宗), 소종(昭宗)–시키기도 했던 것이다.

이러한 환관의 전횡은 지방 번진의 할거 외에도 당조가 무너진 큰 원인 중 하나가 되었다. 이후 절도사 출신으로 당을 멸망시키고 후량(後梁)을 건국한 주전충(朱全忠: 852~912)은 황소의 난을 진압하고 정권을 잡는 과정에서 이러한 환관세력들을 일소하기도 했다.

그러나 중국의 역대 왕조 중에서 환관의 전횡이 심했던 시기는 명조이다. 명 태조 주원장은 역대 왕조의 멸망의 원인을 분석하고 답습하지 않기 위해 환관전횡의 막고 정치참여를 금지하기 위해 환관들의 문자습득을 금지하였다.

그러나 주원장이 죽고 손자인 혜제(건문제,주윤문(建文帝 朱允炆: 1377~?)가 즉위하고 기본의 봉왕들에 대한 삭번정책을 실시하자 넷째 아들인 연왕(燕王)

주체(朱棣: 1360~1424)가 혜제를 몰아내기 위해 일으킨 정난의 변(靖難之變)에 적극적으로 동조하였다. 이를 계기로 환관세력이 다시 정치일선에 나서게 되면서 그 폐단을 전례없이 심했다.

이러한 상황에서 정권을 농단한 명대의 환관들은 토목보의 변을 일으킨 왕진(王振: ?~1449)이나, 무종(武宗) 시기에 정권을 농단하고 황권을 찬탈하려다가 뒤에 6,000번의 능지(陵遲)형벌을 당한 환관 유근(劉瑾: ?~1510), 명나라 후기 정권을 농단하고 동림학파(東林學派)에 대해 박해를 일으킨 위충현(魏忠賢: 1568~1627)등 이 대표적이었다.

이렇듯 명대 환관들의 세력은 환관들로 구성된 기관은 총 24아문(12감, 4국, 8사)으로 이루어질 정도로 비대해졌다. 이후 환관제도는 1912년 청나라가 멸망하면서 없어지고, 한국에서는 1894년 갑오개혁을 계기로 완전히 폐지되었다.

참고문헌

르언홍, 『중국 고대의 환관』, 이상천 옮김, 울산대학교출판부, 2009.

컬툰스토리, 『중국 황제의 그림자 환관과 외척』, 태믹스, 2015.

홍승현, 『사대부와 중국 고대 사회』, 혜안, 2008.

김영진, 『중국, 대국의 신화』, 성균관대학교출판부, 2015.

이규갑, 『중국문화산책』, 학고방, 2006.

전순동, 「명초 환관의 외교활동 실태와 그 특성」, 『중국사연구77권』, 2012.

안효성 외 3인, 「중국문화사에서의 사(士)의 지위」, 『철학과 문화15권』, 2007.

서대원, 「士의 탄생」, 『한국학연구35권』, 2014.

제12장

도면으로 본 현대 중국의 정치조직

1. 현대 중국 정치조직의 기본 개황

2012년 시진핑은 중국 최고지도자가 되면서 중국 정치체제에 대한 개혁을 계속 진행하고 있다. 특히 2018년 3월 헌법 수정안이 통과된 이후 형성된 중국 정치와 공산당 체제는 1949년 이후 역사상 가장 복잡한 양상이다.

그 가운데서 군사체제에 대한 재편성은 이전의 흔적을 모두 개편하는 것처럼 보인다. 군사위원회의 원래 4개 기관을 15개로 바꾸었을 뿐만 아니라 3개 군종(軍種)을 5개[116]로, 7개 군사지역을 5개[117]로, 18개 군단을 13개로 바꾸고, 기왕에 있던 모든 군사학교, 병원, 연구소, 군수공장 등 부설기관들이 모두 재조정하였다. 또한 중국 현역 200만 명 군인들이 모두 재취업이 되었다. 그뿐만 아니라 국가정부, 지방정부, 공산당 중앙조직, 지방조직에 대한 개편도 본격적으로 진행하고 있다.

116 육군, 해군, 공군…→육군, 해군, 공군, 미사일 군, 전력지원 군

117 심양(瀋陽), 북경(北京), 난주(蘭州), 제남(濟南), 남경(南京), 광주(廣州), 성도(成都) 7개 군구(軍區)…→동부, 서부, 남부, 북부, 중부 전구(戰區)

한 가지 중요한 것은 중화인민공화국에서 정부조직 외에 공산당조직이 존재하고 있으며, 두 조직이 합쳐서 정치체제가 구성되었다. 정부조직, 또는 준(準)정부조직이 있는 곳에는 국영기업, 국립학교 등에도 공산당원을 위주로 구성된 '공산당위원회'가 있다.

현대 중국정치의 특징은 정부조직과 공산당조직은 사실 서로 융합(融合)된 관계로 보인다. 정부조직의 최고 장관은 보통 'xxx 장(長)', 'xxx주임(主任)', 'xxx위원장(委員長)'이라고 하고, 공산당 조직의 최고 장관은 모두 '서기(書記)'라는 소련(蘇聯)식 명칭으로 한다. 공산당 조직 중에 서기(書記) 이하, 또한 '정법위원회(政法委員會)', '조직부(組織部)' 등이 있다. 이 부문들의 장관들은 같은 급의 정부조직에서 관련 기관의 장관을 겸임한다. 반대로 관련기관의 부장관은 이 부문의 부서기를 겸임한다. 이것은 바로 정부조직과 공산당조직의 '이원제(二元制)' 지도 체제이다.[118]

또한 동급의 정치조직 속에 공산당 서기는 정(正) 장관이며, 정부의 '장(長)'은 부(副)장관으로 당서기가 최종결정권을 갖고 있다.[119] 예를 들어 북경시에 시장과 공산당 서기(書記)가 있다. 두 사람의 등급은 똑같지만 서기가 최종결정권을 갖고 있는 사람이다. 시장은 보통 부서기(副書記)를 겸임한다. 이어서 정(正)서기가 다른 곳으로 가거나 자리에 비울 때, 시장(부서기)는 최고 행정권을 수행한다. 또한 공산당 조직의 '정법위원회 서기'는 북경시 정부의 공안국(公安局)[120] 국장을 겸임하고, '조직부 부장'은 북경시 정부의 인사국(人事局) 국장을 겸임한다.

---

118 중국으로 말하면 소위 "两个班子, 一套人马" 라는 원칙이다.

119 그러나 예외가 있었다. 국립학교(대학교, 고등학교, 중학교)의 경우는 다르다. 특히 대학교의 경우는 교장(校長)과 원장(院長)을 담당하는 사람은 대부분 학교의 교수나, 연구분야에서 뛰어난 성취를 얻는 사람이다. 반면에 서기는 공산당이 직접 임명하고 학술연구와 관계가 없는 사람이다. 이어서 학술계 출신의 교장과 원장들이 학교의 구체적인 교육활동에서 서기보다 더 높은 신뢰와 존경을 받아서 더 높은 실권을 갖게 되었다. 그러나 시진핑 시대에 이르러 대학교에서 개혁을 실시하였다. 당원(黨員) 신분을 갖고 있는 교수, 원장, 학과장 중에 서기를 선발하고 임명한다. 이어서 공산당조직이 학교의 주도권도 잡게 되었다.

120 즉 경찰청

그러나 이 융합 현상은 대부분 지방에서만 보인다. 중국 뉴스와 신문을 자주 보면, '중앙'과 '지방'이라는 용어가 자주 나온다. 현재 중국의 정치개념에서 쓴 '중앙'과 '지방'의 의미는 고대의 '중앙'과 '지방'의 개념과 완전히 다르다. 간단하게 말하면, 현재 중국의 정치에서 '중앙'은 정부가 아니라 '공산당 중앙위원회'를 지칭하는 뜻이다. '지방'은 '지방 정부와 지방 공산당위원회'를 지칭하는 의미이다. 그리고 중국뉴스에서 중앙정부는 보통 '국무원(國務院)'을 지칭한다. 즉 '중앙정부'라는 말은 '공산당중앙위원회 + 국무원'이라는 의미이다.

이한 차이는 중앙과 지방에서 정부조직과 공산당 조직의 관계가 다르기 때문이다. 앞서 말하는 것처럼 대부분 지방에는 정부조직과 공산당 조직은 서로 융합돼 있으나 중앙에서는 그렇지 않다. 중앙 정치체제에서 정부조직 안에 공산당조직이 있지만 정부조직의 관원과 공산당조직의 관원 사이에 서로 겸임하는 경우가 많지 않다.

또한 중앙 정치체제에서 정부조직의 장관은 같은 기관에 있는 공산당 조직의 장관보다 실권(實權)을 많이 갖고 있다. 예를 들어 중국 외교부, 재정부, 국방부 등 국무원 소속들이 있는데 각 부문 안에 부장과 서기가 따로 있다. 그러나 지방의 부문과 달라 국무원의 각부문에서 부장은 최고이며 서기는 상징적인 존재이다. 또한 국무원의 장관, 즉 국무총리는 바로 국무원의 최고장관이다. 공산당 총서기가 있지만 국무원 안에서 공산당의 서기가 따로 설치되지 않는다.

이렇게 된 이유는 다음과 같이 몇 가지가 있다.

첫째, 국무원의 총리, 부총리, 각 기관의 장관, 부장관 등 임명을 공산당 중앙회의를 통과해야 임명할 수 있다. 또한 공산당 중앙위원회 밑에 국무원의 부문 설정과 같은 구조로 된 기관들이 설치돼 있다. 이러한 기관들의 장관들이 각 관련 부문에서 '상징적인' 서기를 담당하고 있다. 또한 이미 국무원을 철저히 장악하고 있어서 국무원 안에 더 이상 복잡한

당조직이 필요하지 않다.[121]

둘째, 만약 중앙정부의 각 부문에서 지방처럼 '이원제(二元制)'을 확실하게 실행한다면, 관원의 인원수가 급증할 뿐만 아니라, 중앙기관의 한 부문에서 지도자가 2명이 나타나서, 중앙정부의 각 부문에 대한 통제력이 오히려 떨어질 수 있다.

셋째, 중앙정부의 각 부문 장관들, 예를 들어 국무총리, 외교부장, 국방부장 등 관원들은 외국과 왕래가 많이 필요한 사람이다. 국제 외교 대등 원칙으로, 그들보다 더 높은 사람(서기)이 있으면, 국제활동에서 많은 불편이 발생할 수 있다.

이상에서 중국 현대 정치의 특징, 특히 2018년 3월 이후 새롭게 개편된 중국 정치체제의 변화 중에서 외국사람들이 항상 헷갈리는 점과 잘 모르는 부분을 위주로 간단하게 설명하였다. 다음은 여러 가지 표(表)를 통해서 중국 공산당의 기본적인 구조와 중국 정치기구의 최신 변화, 중국 행정구역의 도면 그리고 중국 관직과 공무원의 대표적인 등급 등 내용을 살펴보겠다. 모든 내용은 2018년 3월에 개정한 중국 헌법과 정부조직법, 공무원법 등 관련 법률에 근거해서 작성한 것이다.

---

121 예를 들어 정치체제의 원칙에 의하면 국무원 총리 외에, 국무원 서기도 있어야 하는데, 실제로는 국무원 서기라는 자리가 없다. 대신 총서기(總書記)가 있다. 또한 지방정부의 장관은 보통 같은 급의 공산당 조직에서 부서기를 겸임해야 하는데, 중앙정부의 국무총리는 부총서기를 겸임하지 않다. 사실상 부총서기 자리도 없다.

2. 중국 공산당 조직도

중국 공산당 기본 구조도

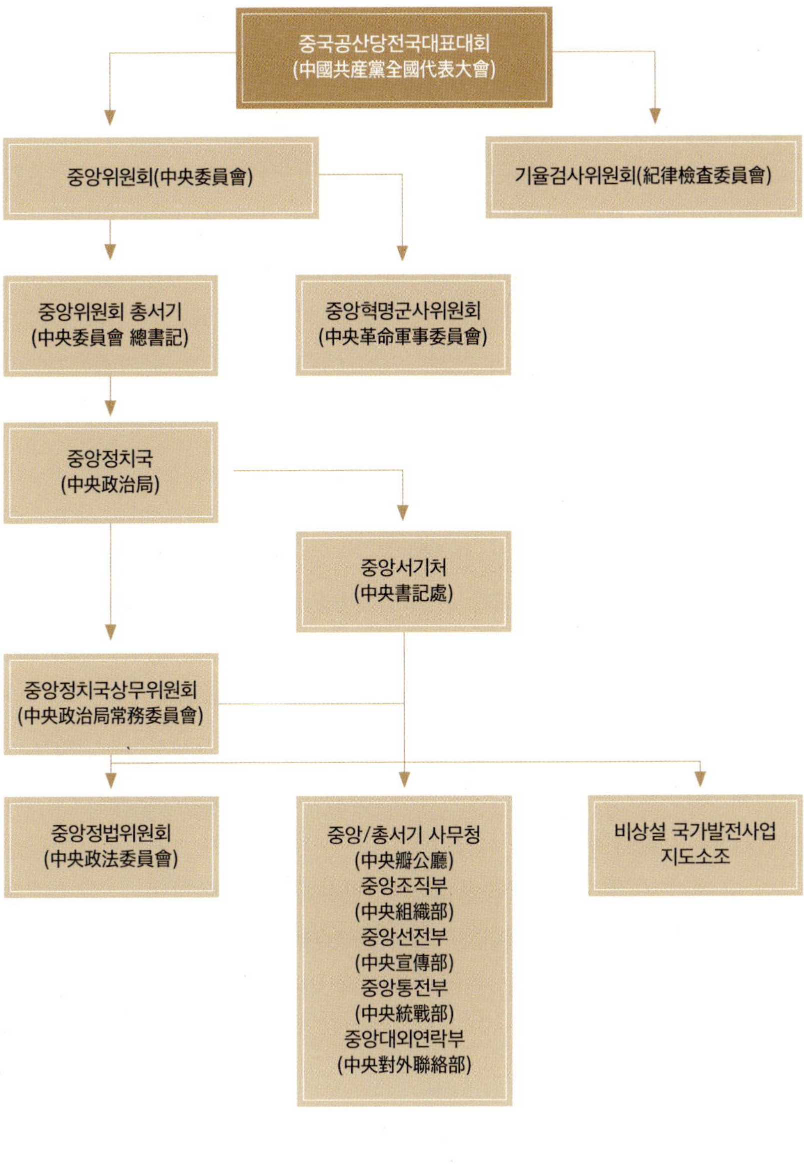

보충설명

중국 공산당전국대표대회는 공산당의 최고 권력기관이다. 그러나 이 기관은 상설기관이 아니고, 5년마다 한번씩 전국의 대표들을 소집해서 회의를 통해 중앙위원회의 결정과 지방에 공산당 서기들의 요구에 따라서 거행여부를 결정할 수 있다.[122] 현재 거행하고 있는 대회는 제19회이다.

중앙위원회는 중국 공산당 최고권력자들의 모임이다. 현재 중앙위원회(제19기)는 주로 국가 지도자, 당의 지도자, 중앙 직속 기관 책임자, 국무원 각 부문의 책임자, 각 부대사령부 사령관, 성, 자치구, 직할시의 서기와 행정장관 그리고 민간단체의 책임자 등 총 204명으로 구성돼 있다. 이외에 또한 172명의 후보 위원이 있다. 그들은 회의에서 표결권이 없이 발언권만 갖고 있다. 중앙위원회 전체회의는 매년 최소 한번씩 거행한다. 비상상황에서는 2번, 3번을 거행할 수 있다. 이어서 제XX회 제XX차 회의(XX届XX中全会) 라고 한다.

기율검사위원회는 공산당 내부의 '검사와 경찰'이다. 그러나 실제로는 고대의 '8의(議)'제도와 비슷한 존재이다.

중앙정치국은 중앙위원회의 최고기관이다. 현재 중앙정치국은 상무위원 7명(즉 중앙정치국 상무위원회)과 일반 위원 18명으로 구성돼 있다. 총서기는 시진핑이다. 7명의 상무위원회를 중국의 최고 지도부라고 한다.

중앙서기처는 중앙정치국의 실무기관이다. 현재 중앙서기처는 7명으로 구성돼 있다. 중앙정법위원회는 전국 경찰, 호위부대, 등 준(準)군사조직을 관리하고 있다.

이 표에서 가장 복잡하고 중요한 기관은 '중앙사무청'이다. 뉴스에서 항상 '중판(中辦)'이라고 약칭한다. 별명 '총서기 사무실'로 된 중판은 사실 중앙위원회의 비서기관이자, 총서기 개인의 비서처(秘書處)이다. 행정등급으

122 예를 들어 1955와 1985년에 비상 회의를 소집한 적이 있었다.

로 말하면 '중판'은 외교부, 국방부, 재정부 등과 같은 부(部)급이다. 현임 장관(주임) 딩쉐샹(丁薛祥: 2017년 취임)은 역시 대내총관(大內總管)이라는 별명이 있다.

중판의 책임과 권한은 중앙지도자를 중심으로 전개되는 거의 모든 면을 포함한다. 그의 핵심 사무는 중앙과 지방간의 문서 전달, 전국 기밀문서, 기록, 통신, 비밀코드의 관리, 국가지도자의 안보 및 의료와 보건, 중앙지도자를 위한 각종 정보의 수집 및 활용, 중앙지도자 개인을 위한 생활보장 그리고 지도자가 직접 내린 기타 사항 등이다.[123] 그 구성은 다음과 같다.

중앙사무청(판공청) 기구도

기관 이름	직능
내부 기관	
조사실(調研室)	조사, 연구, 정보수집 임무 담당, 1–8 조사 소조가 있다.
비서국(秘書局)	왕래문서의 관리, 감수, 출판, 간행 등 담당
법규국(法規局)	공산당의 최고 '법무부'
경위국(警衛局)	또한 '연합참모부경위국, 제 9국'이라고 하며, 중앙지도자의 안보 등 담당
기요국(機要局)	국가 기밀, 관리, 비밀코드 관리 등 담당
기요교통국(機要交通局)	기밀 통신 관리 등 담당
특별회계실(特別會計室)	특별 재무, 비밀 자금 관리 등 담당
점검실(督促檢查室)	내부 점검 등 담당
노간부국(老干部局)	은퇴 정치노인 관리 등 담당
인사국(人事局)	인사 관리 등 담당
총서기 사무실	총서기의 사무실 관리 등 담당
직속 기관	

123 직능으로 보면 현재의 "중앙사무청"은 명나라 시대의 한림원, 금의위, 동창, 서창, 내행창, 사례감 등 여러 기관들의 합체와 같다.

중앙당안관	즉 '국가당안국'
중앙기밀보호위원회	즉 "국가기밀국"
중앙 비밀코드 지도소조	즉 "기요국"
중앙 직속기관 사무관리국	중앙 직속 기관의 자금, 재산 및 기타 사항의 관리 등 담당
직속 사업 단체	
모택동기념당 관리국	
북경전자과학기술대학	

3. 중앙정치 기구 조직도

가. 중앙 권력기관 기구도(전국인민대표회의, 정국정치협상회의 생략)

전국인민대표회의 기본 기구도

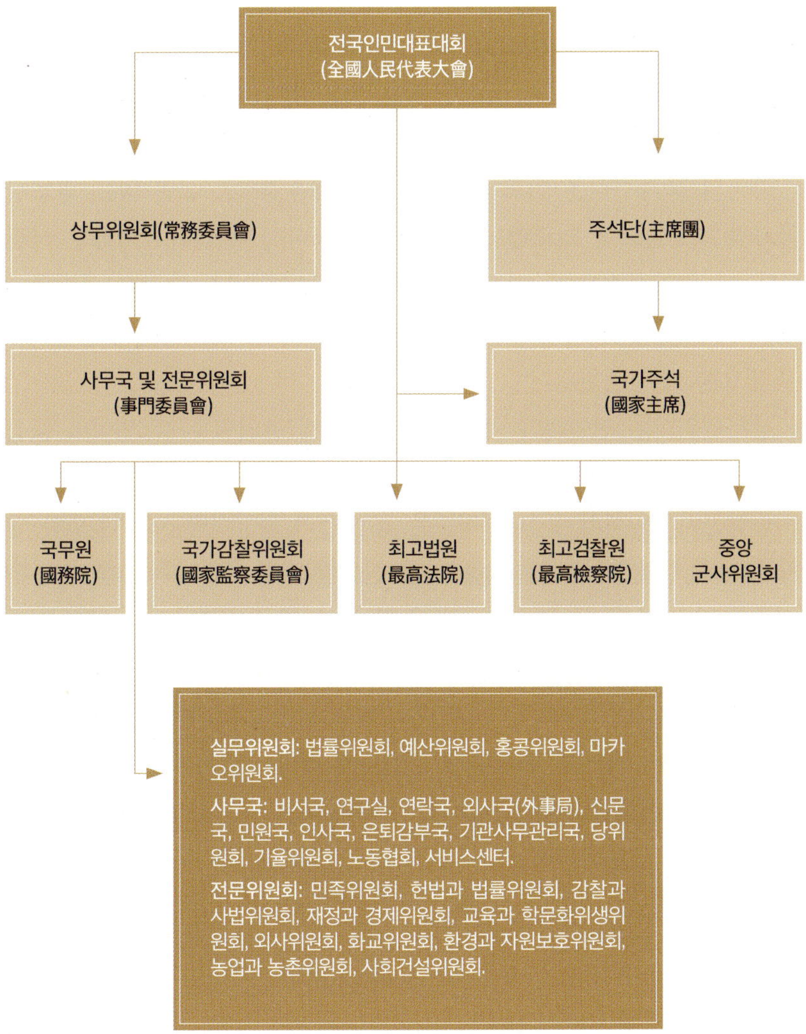

보충설명

전국인민대표대회(전인대)는 중국 최고의 권력기관으로 상설기관이 아니다. 원칙적으로 매년 한번씩 소집하며 5년마다 한번씩 전원 선거로 선출한다. 그러나 상무위원회와 지방 대표의 결정에 따라 개최 여부를 결정할 수 있다. 예를 들어 문화대혁명시기에는 중단된 적이 있었다. 또한 회의 날짜, 내용, 시간도 고정된 것이 아니라, 매년 2월 말까지 정하고 발표한다. 2018년 3월 4일에 열린 제13회 전인대 제1차 회의에서 총 2,980명 대표가 참석하였다. 그 중에 공산당원은 2,119명, 기타 당파 861명, 무소속 479명이었다.

중국의 국가주석은 인도 대통령, 독일 대통령처럼 실권 없는 명목상 국가원수로 필요한 외교활동에 국가를 대표하여 행사를 참석하는 사람이다. 단 국가주석은 한 사람이 아니고, 기관이름이다. 단순한 국가주석은 국가의 행정, 군사에 대한 지도권이 없다. 부주석은 상설기관이 아니고 필요할 때 선출한다.

상무위원회는 전인대의 최고기관으로 현재 총인원은 175명이며 공산당원 121명, 기타 당파 54명, 무소속 11명이 있다.

중앙군사위원회의 구성과 직능은 공산당의 중앙혁명군사위원회와 일치하다. 국가감찰위원회는 2018년에 신설한 감찰기구이다. 그의 직능은 홍콩의 ICAC와 비슷하다. 설치한지 얼마 안 돼서 기구자체가 아직 성숙하지 않다.

정치협상회의는 실권없는 기관이다. 매년 전인대와 같이 전국회의를 소집한다. 헌법에 의하면 이 기관이 전인대에 대해서 감독하는 권력이 있었으나 실제로 실행한 사례는 거의 찾을 수 없다.

나. 중앙 행정기관 기구도(국무원)

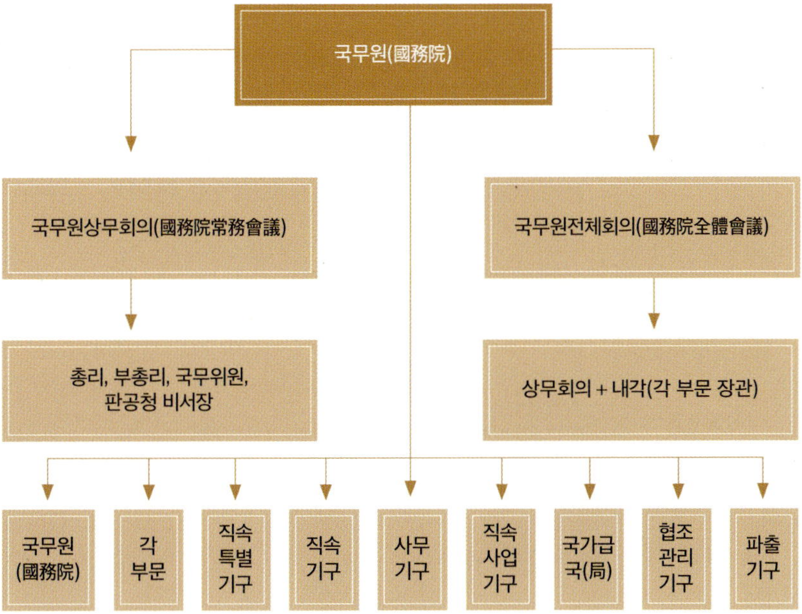

다. 국무원 주요 실무 기구 표

유별	명칭
각 부문(26개)	외교부, 국방부, 반전과 개혁위원회, 교육부, 과학기술부, 공업과 IT부, 민족사무위원회, 공안부, 국가안전부, 민정부, 사법부, 재정부, 인력자원과 사회보장부, 자연자원부, 생명환경부, 주택과 도시/농촌 건설부, 교통운수부, 수리부(水利部), 농업농촌부, 상무부(商務部), 문화와 관광부, 위생건강위원회, 전역군인사무부, 응급관리부, 인민은행, 심계서(審計署)
직속 특별 기구(1개)	국유자산감독관리위원회(국영기업 관리)
직속 기구(12개)	정(正) 부급(部級): 해관총서(海關總署), 세무총국, 시장감독관리총국, TV방송총국, 체육총국, 참사실(參事室) 부(副) 부급(部級): 통계국, 국제발전합작서(國際發展合作署), 의료보장국, 국가기관사무관리국 중앙 직속과 일체: 신문출판총서(新聞出版總署), 종교사무국

사무 기구(6개)	홍콩/마카오 사무실, 연구실; 중앙 직속과 일체: 화교사무실, 신문사무실 중앙 직속 기구: 대만 사무실, IT안전사무실
직속 사업 기구(10개)	정(正) 부급(部級): 신화통신사, 중국과학원, 사회과학원, 공정원, 발전연구센터, 중앙방송사, 은행 및 보험 감독발전위원회, 증권 감독발전위원회 부(副) 부급(部級): 기상국 중앙 직속 사업 기관: 중앙당교(中央黨校, 즉 국가행정대학)
국가급 국(局)(20개)	민원국(信訪局), 식량 및 물자저축국, 능원국(能源局), 국방과기공업국, 연초국, 이민관리국, 산림 및 초원 국, 철도국, 민용항공국, 우편국, 문물국, 중의약국, 석탄감독관리 국, 외환관리국, 약품감독관리국, 지식권국, 중앙 직속과 일체: 국가공무원국 중앙 직속 사업 기관: 중앙당안관, 중앙기밀사무국, 중앙 비밀코드 사무국
협조 관리 기구(45개)	생략
파출기구(2개)	주 홍콩 연락 사무실 주 마카오 연락 사무실

라. 중앙 사법기관(최고법원, 최고검찰원 등)

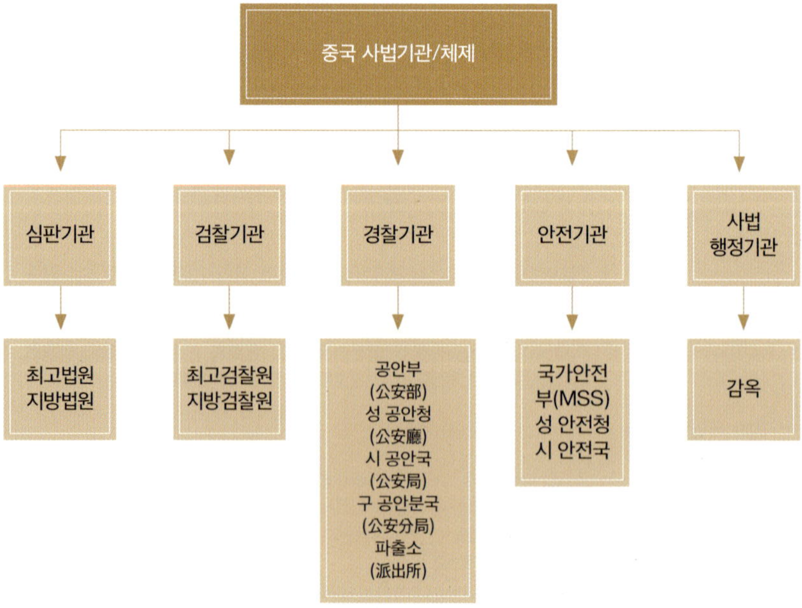

4. 행정구역 구성도

가. 행정구역 등급의 기준 조직(4등급)

성(省)급 행정구역: 성, 직할시, 자치구, 특별행정구

↓

성(省)급 행정구역: 성, 직할시, 자치구, 특별행정구

↓

지(地)급 행정구역: 시, 지구, 맹(盟), 자치주(自治州) 등

↓

향(鄕)급 행정구역: 향, 거리, 진(鎭), 민족향(民族鄕), 현구(縣區)

본 구조는 중국 현재 행정구역의 기본적 모습이다. 그러나 역사적 이유로 몇 가지 곳에서 다음과 같은 예외가 있다.

나. 행정구역 등급의 특수 조직 1(3등급)

성(省)급 행정구역: 성, 직할시, 자치구, 특별행정구

↓

~~지(地)급 행정구역: 시, 지구, 맹(盟), 자치주(自治州) 등~~

↓

현(縣)급 행정구역: 현(縣), 구(區), 자치현(自治縣), 기(旗)

↓

향(鄕)급 행정구역: 향, 거리, 진(鎭), 민족향(民族鄕), 현구(縣區)

특례 1: 성과 현 가운데 시가 없는 경우(8개 곳)

4개 직할시: 북경, 상해, 천진, 중경

하남(河南)성: 현(縣)급 시 1개 직할

호북(湖北)성: 현(縣)급 시 3개, 산림 구1개 직할

해남(海南)성: 현(縣)급 시 5개, 현(縣) 4개, 자치현 6개 직할

신강(新疆) 자치구: 현(縣)급 시 9개 직할.

해남성의 경우는 매우 특수하다. 해남성의 시(해구, 삼아, 경주 등) 밑에 현(縣)이 없다. 모든 현은 성의 직할이다.

다. 행정구역 등급의 특수 구조 2(3등급)

성(省)급 행정구역: 성, 직할시, 자치구, 특별행정구

↓

지(地)급 행정구역: 시, 지구, 맹(盟), 자치주(自治州) 등

↓

현(縣)급 행정구역: 현(縣), 구(區), 자치현(自治縣), 기(旗)

↓

향(鄕)급 행정구역: 향, 거리, 진(鎭), 민족향(民族鄕), 현구(縣區)

특례 2: 시 밑에 구(區)가 없는 경우(5개 곳)

광동(廣東)성 중산(中山)시: 구가 없이 거리 6개, 진(鎭) 8개 직할

광동(廣東)성 동완(東莞)시: 구가 없이 거리 4개, 진(鎭) 28개 직할

감숙(甘肅)성 가욕관(嘉峪關)시: 거리 8개, 진(鎭) 3개 직할

해남(海南)성 삼사(三沙)시: 밑에 행정구역이 없음

라. 행정구역 등급 종합도

중국의 행정구역 이름과 관계도

<table>
<tr><th colspan="5">중국행정구역의구조</th></tr>
<tr><th>성(省)급
행정구역(1급)</th><th>지(地)급
행정구역(2급)</th><th>현(縣)급
행정구역(3급)</th><th>향(鄉)급
행정구역(4급)</th><th>촌(村)급
행정구역(비정식)</th></tr>
<tr><td rowspan="3">성(省)</td><td>부성(副省)급 시
지(地)급 시
자치주(自治州)
지구(地區)</td><td>시의 직할 구(區)
민족구
특별구
현(縣)급 시
현(縣)
자치현(自治縣)</td><td rowspan="5">거리
진(鎭)
향(鄉)
민족향
현의 지할 구
소목(蘇木)[124]
민족소목</td><td rowspan="5">촌
아파트 구(社區)</td></tr>
<tr><td colspan="2">부지(副地)급 시</td></tr>
<tr><td colspan="2">산림 구</td></tr>
<tr><td>자치구(自治區)</td><td>부성(副省)급 자치주(自治州)
지(地)급 시
자치주(自治州)
지구(地區)
맹(盟)</td><td>시의 직할 구(區)
현(縣)급 시
현(縣)
자치현(自治縣)
기(旗)
자치기(自治旗)</td></tr>
<tr><td>직할시(直轄市)</td><td colspan="2">부성(副省)급 시의 직할 구(區)
구(區)
현(縣)
자치현(自治縣)[125]</td></tr>
<tr><td>특별행정구</td><td colspan="4"></td></tr>
</table>

124 소목: 몽골어의 행정구역 이름이다. 각 소목에서 인구 약 3,000명이다.

125 중경 시 밑에 자치현 4 개 직할

마. 현재 중국 행정구역 통계표(2017년 6월 기준)

	유별	전국 수량	합계
성(省)급	성	23	34
	직할시	4	
	자치구	5	
	특별행정구	2	
지(地)급	지(地)급 시	293	334
	지구	8	
	자치주	30	
	맹	3	
현(縣)급	시의 직할 구	954	2,851
	현(縣)급 시	366	
	현	1,360	
	자치현	117	
	기	49	
	자치기	3	
	특구	1	
	산림 구	1	
향(鄕)급	거리	8,122	39,862
	진	20,942	
	향	9,660	
	민족향	985	
	소목	152	
	민족소목	1	
	구공소(區公所)	2	

중국 행정구역의 최(最)

면적

면적이 최대의 성(省)급 행정구역

신강(新疆)자치구 1,665,000km²

면적이 최대의 성(省)

청해(青海)성 721,000km²

면적이 최소의 성(省)급 행정구역

마카오 특별행정구 115.5km^2

면적이 최소의 성(省)

해남(海南)성 35,354km^2

면적이 최대의 지(地)급 시

내몽골 후룬베이얼 시 262,062km^2

면적이 최소의 지(地)급 시

해남성 삼사(三沙)시 10km^2

면적이 최대의 현(縣)

신강 자치구 약강현[(若羌縣) 202,300km^{2}한반도과 같다]

면적이 최소의 현(縣)

산동(山東)성 연대(煙臺)시 장도(長島)현 56km^2

인구

인구가 최대의 성(省)

광동(廣東)성 1.09억

인구가 최소의 성(省)

티베트 자치구 2,740,000, 마카오 자치구 560,000

인구가 최대의 시(市)

사천(四川)성 성도(成都)시 1,404만, 중경(重慶)시 2,884만

인구가 최소의 시(市)

해남(海南)성 삼사(三沙)시 3,000

인구가 최대의 현(縣)

안휘(安徽)성 임천(臨泉)현 2,300,000

인구가 최소의 현(縣)

티베트 자다(札達)현 6,400

5. 공무원 직급체계도

가. 중국 공무원 개설

현재 중국의 공무원체제는 2005년에 시행된 「중화인민공화국공무원법」에 의해서 형성된 것이다. 헌법 제 2 조에 의하면, 공무원은 국가 행정체제 내에 속하여 국가재정에 의해서 대우를 받는 사람이다. 또한 공공사업기관(국영 병원, 학교, 연구소, 방송사, 일부 국영기업 등)에서 복무한 정규직 직원은 공무원의 신분이 없으나 공무원과 같은 권리와 책임을 갖고 있다.

현재(2018) 중국 공무원 총원은 약 8,000,000여 명으로 총 인구(14억)의 비중은 약 8.7%를 차지고 있다. 공공사업기관 정규직 직원은 약 30,000,000여 명이다. 또한 공공기관과 공공사업기관에서 퇴임한 사람은 9,000,000여 명이 있다. 따라서 현재 정부재정으로부터 대우를 받고 있는 사람은 약 50,000,000여 명이다.

「공무원법」에 의해서 중국 공무원을 크게 지도자(領導職務)와 비지도자(非領導職務) 2가지 유별로 구분할 수 있다. 군대의 장교와 부사관의 관계와 비슷하여 지도자는 회의를 소집하고 결정을 내리는 자이며, 비지도자는 구체적인 임무를 수행하는 자이다. 고대의 관(官)과 리(吏)의 관계보다 조금 차이가 있다. 공무원의 등급은 총 27급부터 1급까지 있다. 비 지도자는 27급부터 8급까지만 있다.[126]

공무원의 등용시험은 국가직과 지방직으로 나누어서 따로 거행한다. 국가직 시험은 보통 매년 10월 말에 거행하고 지방직 시험은 보통 3, 4, 5월에 거행한다. 국가직 시험의 경우 매년 4월에 접수가 가능한 직위의

126 그러나 실제로는 일부의 비 지도자의 권력은 지도자보다 높은 경우가 있다. 예를 들어 앞에서 말하는 중앙사무청의 조사국 밑에 여러 가지 조사팀이 있다. 그의 팀장은 보통 비 지도자이며 최고 8급까지 진급할 수 있는데, 총서기 바로 옆에 잇는 사람이라서 그들의 실제권력은 지방의 성, 시의 장관보다 더 높다.

정보들이 표로 나온다. 시험의 형식은 똑같으며 과목은 2개로 정한다. 하나는 〈행정능력점검〉이고 하나는 〈논술 쓰기〉이다. 그 중에 결정적인 과목은 〈논술 쓰기〉이다. 사회의 문제, 국가의 정책, 국제관계와 정세에 관한 주제로 3,000자의 작문을 쓰는 것이다.

필기시험에 합격한 수험생은 접수한 기관에 가서 면접시험을 친다. 공평성을 보장하기 위해 면접시험의 참가자는 최소 등용예정 정원의 1.1–1.3배로 뽑는다. 만약 필기시험의 접수 인원수가 이 기준에 달하지 못하면 시험을 거행하지 못한다.

면접시험에 합격하면 준(準)공무원이 된다. 직장마다 다르지만 보통 1–3개월의 업무훈련, 3–6개월의 시용(試用)기간, 12–18개월의 평가기간을 통과해야 정규직 공무원이 될 수 있다. 만약 이 절차를 통과하지 못하면, 사퇴, 전근, 좌천 등에 처해진다.

최근에 학력은 공무원 등급 인정에 중요한 기준이 되었다. 박사 학위 보유자는 처음부터 22급(주임), 석사는 24급, 복수전공 학사는 25급부터 시작할 수 있다.

일반 공무원 외에 특수공무원 제도도 있다. 예를 들어 특수임무를 수행한 국가안전국, 해외로 많이 나간 국영 항운(航運) 회사 그리고 국영 건축공사, 세관, 소방사 등이다. 그들은 외국어, 조종사, 기사 등 특수 능력이 있는 인재를 많이 뽑는다. 시험의 절차도 역시 일반 공무원과 다르다. 일부 특수한 국가자격증을 갖고 있는 사람이 시험 면제의 특혜를 받을 수 있다.

나. 공무원 등급 기준도

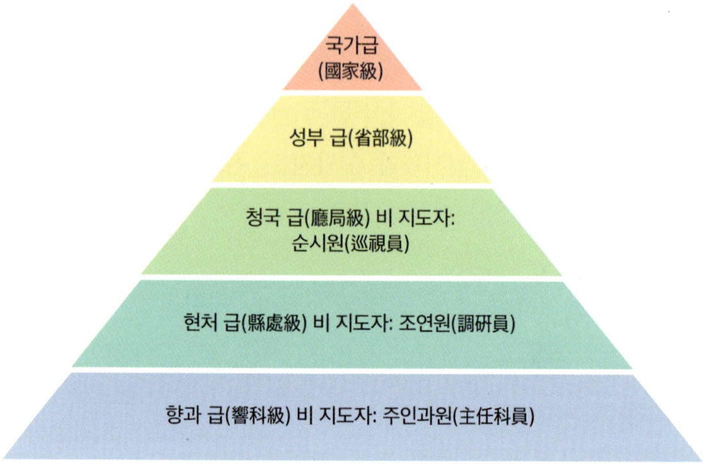

다. 중국 공무원 등급과 직업 대응 표

등급 번호	지도자 등급	비 지도자 등급	중앙의 경우	지방의 경우
1급	국가 급(정)		공산당총서기 정치국상무위원 국가주석 국무총리 전인대위원장 정협회의주석	
4급-2급	국가 급(부)		중앙정치국위원 중앙서기처서기 국가부주석 국무부총리 국무위원 감찰위원회주임 전인대부위원장 최고법원원장 최고검찰장 정협회의부주석	

8급-4급	성부 급 (정)		국무원 각 부문 장관	성 급 행정구역 서기/장관
10급-6급	성부 급 (부)		국무원 각 부문 부 장관 국가급 국 장관	성 급 행정구역 부서기/ 부장관
13급-8급	청국 급 (정)	순시원 (정)	국무원 소속기관 장관	지 급 행정구역 서기/장관
15급-10급	청국 급 (부)	순시원 (부)	국무원 소속기관 부 장관	지 급 행정구역 부서기/ 부장관
18급-12급	현처 급 (정)	조연원 (정)	국무원 하급기관 장관	현 급 행정구역 서기/ 장관
20급-14급	현처 급 (부)	조연원 (부)	국무원 하급기관 부 장관	현 급 행정구역 부서기/ 부장관
22급-16급	향과 급 (정)	주임과원 (정)	국무원 하급기관 과장	향 급 행정구역 서기/ 장관
24급-17급	향과 급 (부)	주임과원 (부)	국무원 하급기관 부 과장	향 급 행정구역 부서기/ 부장관
26급-18급		과원(科員)		
27급-19급		판사원(辦事員)		

제13장

중국의 여행 및 관광

中国历史文化

1. 중국 여행관광 개황

수많은 유적지와 관광지 중에서 역사적으로 의의가 있거나 특징이 명확하고 누구라도 가볼 만한 곳을 '명승고적'이라 한다. 1985년에 중국 정부의 공식매체이자, 관광여행 전문잡지인 〈중국여유보(中國旅遊報)〉가 '중국 10대 명승고적 선발대회'를 개최하여 그 해 9월 9일에 결과를 발표하였다.

중국의 동, 남, 서, 북 등 각 지역, 그리고 자연풍경과 인문유적 등 여려 면에 대표적인 관광지 10곳이 중국의 10대 명승고적 관광지로 선정되었다. 그의 지역은 다음과 같다.

만리장성(북경), 자금성(북경), 계림산수(광서), 항주서호(절강), 소주정원(강소), 황산(안휘), 삼협(호북), 일월담(대만), 피서산장(하북), 병마용(서안) 등이다.

이상 중국 10대 명승고적을 통해서 각 지역의 자연과 인문의 특징 그리고 중국문화와 사회의 모습을 충분히 느낄 수 있다. 그 후 〈중국 명승고적〉 리스트가 계속 확대되고 있다. 그러나 처음 지정된 10개 명승고적보다 인기가 높은 곳은 아직 보이지 않는다.

1978년 개혁 개방 이후, 중국정부는 경제발전을 가속시키고 세계에 중국문화를 소개하기 위해서 외국인들에게 중국의 자유관광을 허락하였다. 40년의 성장을 거치면서 관광사업은 중국경제에 이미 중요한 분야가 되었다. 2007년 중국문화부와 국가 관광총국(현 문화관광부)가 각 지방의 관광 명소에 대해서 통일적으로 평가를 실시해서 66개 곳을 5A등급을 수여하였다.[127] 그 후 매년 한 번식 평가를 실시하여 5A등급인정의 추가와 취소도 하였다. 2018년까지 중국에서 총 285개 곳은 5A등급의 인정을 가지고 있다.

또한 1987년부터 UNESCO가 중국 관광지에 대한 평가를 실사하여 2018년까지 세계문화유산으로 인정받은 곳이 총 53개 곳(處)이다.[128] 그 중에 인문 계열은 36개 곳, 자연 계열은 13개 곳, 인문과 자연 두 가지 인정 받은 곳이 4곳이다.[129]

그 가운데 자금성, 만리장성 등은 중국문화를 대표하는 곳으로 여전히 외국인들 주목을 많이 받고 있는 곳이지만 남경, 상해, 광주 등 도시들도 외국인이 관심을 많이 갖는 곳이다.

2018년 중국 상업연구소의 보고서 〈2018년 중국 관광사업시장 전망연구〉에 의하면, 2017년 관광사업을 통해서 산출된 GDP는 약 9.13만억 위안(약 1,491.93조 원)으로 전국 GDP의 11.04%에 달하였다. 그 중에 외국인 관광객 연인원은 1.394억 명이며, 이전해보다 약 0.8% 증가되었다. 국제관광을 통해서 얻는 관광수입은 약 1,234억 달러(약 140.59조 원)로 약 2.9% 증가되었다.

또한 중국관광연구원의 〈중·일·한 관광빅데이터 보고서 2018〉에 의

---

127 5A 관광지(또는 AAAAA 관광지)는 중국문화와 관광부가 〈관광지 품질등급의 규명과 평가〉기준에 의해서 전국의 관광지에 대해서 등급을 구분해서 선정한 중국 최고의 관광지다. 그 외에 4A, 3A 등 등급이 있다. 관광지의 역사, 문화, 인기를 뿐만 아니라 주변의 교통, 안전, 가격, 그리고 관련 서비스 등 요소도 평가의 기준이다. 5A 관광지에 대해서 수시 평가가 실시하여 불합격의 결과가 나오면 5A 인정이 상실될 수 있다. 최근에 발표한 5A 관광지 명단은 2018년 10월 29일에 평가결과에 의해서 나온 것이다.

128 명단은 뒤에 붙임.

129 명단은 뒤에 붙임.

하면, 2017년 중국, 한국, 일본 간의 국제 관광 연인원은 이미 1.06억 명이 돌파하였으며 전 세계 국제관광 총 연인원의 8%에 달하였다. 총 1,774억 달러의 수입을 얻는 관광산업은 이미 한, 중, 일 3 개국의 중요한 경제 발전 원동력이 되었다.

오늘날에는 국제여행의 방식과 내용도 많이 변하고 있다. 단순한 관광과 여행보다는 바쁜 직장생활을 벗어나 다른 나라의 사회, 문화, 역사를 깊게 느끼는 새로운 관광형태가 젊은 사람들에게 인기가 많다. 특히, 더욱 편리해진 국제교통으로 인해 개인의 자유관광이 빠르게 성장하고 있다. 또한 그들의 관심과 시선도 관심 국가의 특수한 역사문화에도 주목하기도 한다.

앞서 언급한 10대 명승고적을 제외하고도 중국은 가볼만한 곳이 대단히 많다. 중국의 전통 문화와 역사를 소개할 때, 물론 만리장성과 자금성 등도 좋지만, 중국의 사회와 문화, 특히 현대 사회의 새로운 모습을 더 깊게 체험하고 싶은 사람들에 대해서 다음과 같은 관광지에 한 번 구경해보면 더 좋은 추억을 가져갈 수 있다.

다음에는 지역과 계절에 따라 현재 중국에서 인기가 많아 점차 성장하고 있는 대표적인 인문과 자연풍경의 관광지를 소개하도록 한다.

2. 가 볼 만한 중국 관광지

가. 지역별

중국 관광지도를 보면, 현재 관광지 분포의 기본적인 모습을 볼 수 있다. 전체적으로 보면 관광지가 주로 동부와 남부 지역에 집중되어 있다.

자세하게 구분해보면 크게 4개 구역으로 나눌 수 있다. 즉 북방(북경), 중부(서안, 낙양), 동남부(절강, 강소, 안휘, 광동, 광서) 그리고 서부(사천, 귀주)이다. 그 중에 관광지가 가장 집중적으로 분포된 곳은 동남부 지역, 특히 동남 연안의 경제가 발달한 지역이다.

이어서 각 지역 별로 가장 대표적이고 볼 만한 곳을 소개하도록 한다.

1) 북경지역

북경과 중국 동북지방은 마지막 왕조인 청나라가 발흥하여 전국을 지배하였던 곳으로 고유한 정치적 분위기는 다른 지역에 비해 훨씬 강해 보인다. 북경은 현재 중국의 수도로서 정치적 핵심이라는 존재감을 어느 시대보다도 강조하고 있다. 이 때문에 북경은 자연스럽게 중국 사회와 문화의 핵심이 될 수밖에 없다.

북경 여행지도

또한 이 지역을 탐방하고 관광하는 사람들 중에는 이러한 분위기를 실제로 체험하기 위해서 온 사람들이 많다. 그러므로 중국의 고대 정치문화를 더욱 깊게 이해하기 위해서는 자금성과 만리장성이외에 명(明) 13릉(陵)과 이화원도 놓치면 안 되는 곳이다.

2) 명(明)13릉(陵)

명 13릉은 북경시 창평구(昌平區) 천수산(天壽山)에 있고 명나라 시대 황제의 무덤이다. 영락제 7년(1409)부터 공정을 시작해서 숭정황제의 사릉(思陵)

中国世界遗产名录

文化遗产 万里长城 故宫 敦煌莫高窟 秦始皇陵及兵马俑坑 周口店"北京人"遗址 承德避暑山庄及周围庙宇 孔庙、孔林、孔府 布达拉宫 武当山古建筑群 丽江古城 平遥古城 苏州古典园林 颐和园 天坛 大足石刻 明清皇家陵寝(明显陵、清东陵、清西陵、明十三陵、明孝陵、盛京三陵) 龙门石窟 青城山—都江堰 皖南古村落 云冈石窟 高句丽王城、王陵及贵族墓葬 澳门历史城区 安阳殷墟 开平碉楼及村落 福建土楼 五台山 "天地之中"历史建筑群 杭州西湖

自然遗产 九寨沟 黄龙 武陵源 三江并流 四川大熊猫栖息地 中国南方喀斯特(云南石林、贵州荔波、重庆武隆) 三清山 中国丹霞(浙江江郎山、福建泰宁、江西龙虎山、湖南崀山、广东丹霞山、贵州赤水)

文化和自然双重遗产 泰山 黄山 峨眉山—乐山大佛 武夷山

文化景观遗产 庐山

国家级风景名胜区(208处)

北京市 八达岭-十三陵 石花洞
天津市 盘山
河北省 秦皇岛北戴河 避暑山庄及外八庙 野三坡 苍岩山 嶂石岩 西柏坡-天桂山 崆山白云洞
山西省 五台山 恒山 黄河壶口瀑布(与陕西共有) 北武当山 五老峰
内蒙古自治区 扎兰屯
辽宁省 千山 鸭绿江 金石滩 兴城海滨 大连海滨-旅顺口 凤凰山 本溪水洞 青山沟 医巫闾山
吉林省 松花湖 八大部-净月潭 仙景台 防川
黑龙江省 镜泊湖 五大连池 太阳岛
江苏省 太湖 南京钟山 云台山 蜀岗-瘦西湖 三山
浙江省 杭州西湖 富春江-新安江 雁荡山 普陀山 天台山 嵊泗列岛 楠溪江 莫干山 雪窦山 双龙 方岩 百丈漈-飞云湖 仙都 江郎山 仙居 浣江-五泄 方山-长屿硐天 天姥山
安徽省 黄山 九华山 天柱山 琅琊山 齐云山 采石矶 巢湖 花山谜窟-渐江 太极洞 花亭湖
福建省 武夷山 清源山 鼓浪屿-万石山 太姥山 桃源洞-鳞隐石林 金湖 鸳鸯溪 海坛 冠豸山 鼓山 玉华洞 十八重溪 青云山 佛子山 宝山 福安白云山
江西省 庐山 井冈山 三清山 龙虎山 仙女湖 三百山 梅岭-滕王阁 龟峰 高岭-瑶里 武功山 云居山-柘林湖 灵山
山东省 泰山 青岛-崂山 胶东半岛海滨 博山 青州
河南省 鸡公山 洛阳龙门 嵩山 王屋山-云台山 石人山 林虑山 青天河 神农山 桐柏山-淮源 郑州黄河
湖北省 武汉东湖 武当山 大洪山 隆中 九宫山 陆水
湖南省 衡山 武陵源 岳阳楼-洞庭湖 韶山 岳麓山 崀山 猛洞河 桃花源 紫鹊界梯田-梅山龙宫 德夯 苏仙岭-万华岩 南山 万佛山-侗寨 虎形山-花瑶 东江湖
广东省 肇庆星湖 西樵山 丹霞山 白云山 惠州西湖 罗浮山 湖光岩 梧桐山
广西壮族自治区 桂林-漓江 桂平西山 花山
海南省 三亚热带海滨
重庆市 缙云山 长江三峡(与湖北共有) 金佛山 四面山 芙蓉江 天坑地缝
四川省 峨眉山 黄龙寺-九寨沟 青城山-都江堰 剑门蜀道 贡嘎山 蜀南竹海 西岭雪山 四姑娘山 石海洞乡 邛海-螺髻山 白龙湖 光雾山-诺水河 天台山 龙门山
贵州省 黄果树 织金洞 潕阳河 红枫湖 龙宫 荔波樟江 赤水 马岭河峡谷 都匀斗篷山-剑江 九洞天 九龙洞 黎平侗乡 格凸河穿洞 平塘 榕江苗山侗水 石阡温泉群 沿河乌江山峡 瓮安江界河
云南省 石林 大理 西双版纳 三江并流 昆明滇池 丽江-玉龙雪山 腾冲地热火山 瑞丽江-大盈江 九乡 建水 普者黑 阿庐
西藏自治区 雅砻河 纳木错-念青唐古拉山 唐古拉山-怒江源
陕西省 华山 临潼骊山 宝鸡天台山 黄帝陵 合阳洽川
甘肃省 麦积山 崆峒山 鸣沙山-月牙泉
青海省 青海湖
宁夏回族自治区 西夏王陵
新疆维吾尔自治区 天山天池 库木塔格沙漠 博斯腾湖 赛里木湖

이 준공될 때까지(1645) 약 230년 동안 계속되었다. 그 중에 황제의 무덤 13개, 후비의 무덤 7개 그리고 환관의 무덤 1개가 있다. 무덤 안에 황제 13명, 황후 23명, 황태자 2명, 후비 30명 그리고 환관 2명이 매장되어 있다.[130] 13릉 전체 규모가 매우 방대해서 지금까지 관광객에게 개방한 곳은 장릉(長陵: 영락제), 정릉(定陵: 만력제), 소릉(昭陵: 융경제) 그리고 일부 지상 궁전으로 2003년에 UNESCO 세계문화유산에 등재되었다.

명 13릉 중에 장릉은 성조 영락제(1403–1424 재위)의 무덤으로 그 규모도 제일 크다. 또한 장릉의 지상궁전 건축들도 거의 보존하고 있으며, 현재 13릉을 관광하는 코스도 대부분 장릉부터 시작한다.

만력제(1572–1620 재위)의 정릉은 13릉 중 유일한 발굴된 무덤이다. 지상 건축들은 대부분 파괴되었지만, 1960년대의 대규모 고고 발굴을 통해서 그의 묘실과 수장품들을 볼 수 있다. 이 거대한 묘실과 그 중에 수만은 황금, 진주, 옥석으로 만든 소중한 수장품을 통해서 당시 황제들의 무궁한 권위와 사치스런 생활을 실감할 수 있다.

130 명 13릉 이외, 명대의 황릉은 6 개 곳이 더 있다. 명황릉(주원장 부모와 형제의 무덤, 현 안휘에 있음), 명조릉(주원장 고조, 증조, 조부의 무덤, 현 강소에 있음), 명효릉(주원장 본인의 무덤, 현 남경에 있음), 명동릉(주원장 장남 주표의 무덤, 현 남경에 있음), 경태릉(명 영종의 동생, 대종의 무덤, 현 북경 시내에 있음), 명현릉(가정제 부모의 무덤, 현 호북에 있음)

3) 이화원(頤和園)

이화원은 청나라 시대 준공된 황실정원이며 북경의 서쪽에 있고, 시내와 거리는 약 15km이다. 이화원은 곤명호(昆明湖)와 만수산(萬壽山)을 기반으로 항주 서호(西湖)의 기본 모습을 모방하여 만든 황실 정원(園林)으로 서태후의 여름별장이 있다.

명나라 때부터 주변 지역에 대한 공사를 이미 시작하여 청 건륭 15년(1750)에 건륭제가 이 지역에 원래 있었던 정원 4개를 합하여 청의원(清漪園)을 건축하여 1764년에 준공하였다. 함봉제 10년(1860)에 영국, 프랑스 연합군이 북경에 입성하여 원명원(圓明園)을 파괴하면서 청의원도 파괴하였다. 그 후 광서제 10년에서 21년(1884-1895) 사이에 서태후를 모시기 위해서 광서제가 청의원 재건설의 명을 내렸다. 이어서 정원의 이름도 '이화원(頤和園)'으로 개명하였다.

청말부터 지금까지 약 100년 동안 전쟁, 화재, 도난 등 여러 번의 난을 거쳤으며, 현재의 이화원은 옛날 모습과 많이 달라졌다. 소주가(蘇州街), 만수산(萬壽山), 사대부주(四大部洲), 지혜해(智慧海), 불향각(佛香閣), 장랑(長廊), 곤명호(昆明湖), 대희루(大戲樓), 청안방(清晏舫), 17공교(十七孔橋) 등 곳은 현재 이화원 안에 있는 주요 관광지다.

4) 798 예술 단지

북경은 중국문화의 중심지로 고대 전통 문화가 존재할 뿐만 아니라, 현대문화 또는 패션예술의 중심지이기도 하다. 798 예술단지는 바로 전국에서 온 현대예술가들이 모여서 운영하는 중국에서 제일 큰 예술관광단지이다.

798 예술단지(ArtDist)는 북경 조양구(朝陽區)에 있다. 이곳은 원래 중국 798 국영전자공업 단지였는데 2000년 12월에 산업 발전을 위해 다른 공업 단지들과 합병해서 이 지역에서 떠났다.

2002년 2월에 미국에서 온 예술품 사이트 경영자인 Robert가 여기에 있던 식당 건물을 임대해서 예술품 회사를 운영하기 시작하였다. 이어서 중국, 그리고 다른 나라에서 온 예술가들이 점차 여기에 상점이나 회사를 세웠다.

2005년까지 798 단지에서 설립한 회사와 개인 가게는 이미 100개 곳이 넘었으며, 여기서 상주하고 활동한 예술자도 300명이 넘으면서 798 예술 단지가 형성되었다.

전통문화가 위주인 북경시내에 매우 현대적이고, 활발하고 젊은 예술단지가 존재하게 되어 유고한 역사문화만 볼 수 있는 것이 아니라, 현대예술도 구경할 수 있는 것은 북경시민의 자랑이라고 한다.

2004년 798 예술 관광단지가 형성된 이후, 중국에 방문해서 온 스웨덴 수상, 스위스 수상, 독일 총리, 프랑스 대통령 등 외국 국가원수들도 798 단지를 관람한 적이 있다.

현재 798 예술관광단지에서 인기가 제일 많은 곳은 주로 음식점, 카페, 술집, 서점, 미술관 등 곳이 있다. 사람들이 자주 간 곳 중에 '미종산해(味從山海)'라는 음식점이 있다. 중국 전통의 식재료를 이용해서 서양식 디저트를 만든 것이 그 특징이다. 그리고 PACE BEIJING, 목목미술관(木木美術館), 방관서사(旁觀書社) 등 특별한 전시공간이 있다.

5) 중부지역(서안, 낙양)

중국의 서안(西安)과 낙양(洛陽)은 중부지역 도시로 옛날부터 정치적 지리적 핵심지역이며 관중(關中)지역으로 유명하다. 그리고 역대 왕조가운데 서안에서 수도를 설치한 왕조는 13개가 있었으며, 주변 도시에 수도를 설치한 왕조와 나라는 매우 많다.[131] 그러므로 서안 일대 지역에는 고대 왕조의 유적, 그리고 왕릉의 분포가 밀집되어 있다고 할 수 있다. 북경, 남경 등 중국 고대의 수도나 역사문화로 유명한 도시와 비교하면, 서안과 낙양은 아직도 고대 도시의 기본적인 구조가 유지되어 있고, 특히 서안 시내에는 옛날의 성벽을 아직도 보존하고 있다.

이에 비해서 1954년 이후 소련식 정치수도를 건설하기 위해 북경의 옛날성벽들을 대부분 제거하여 고대 도시배치 국면이 거의 다 없어졌다. 전쟁의 피해를 많이 당한 남경도 마찬가지다. 현재 볼 수 있는 소위 고대 건물은 대부분 1980년에 문화유산 복원 공정을 통해서 재건한 곳이다.

물론 병마용(兵馬俑), 종루(鐘樓), 대안탑(大雁塔) 등 관광 명소는 이미 다 알고 있는 곳이지만, 서안과 낙양 일대지역에서 외국에서 온 관광객들이 잘

131 13 개 왕조는: 서주(西周: 약 268년), 진(秦: 145년), 전한(前漢: 208년), 신(新: 15년), 후한(後漢: 6년), 서진(西晉: 7년), 전조(前趙: 10년), 전진(前秦: 35년), 후진(後秦: 32년), 서위(西魏: 23년), 북주(北周: 25년), 수(隋: 26년), 당(唐: 266년)

모르고, 여행사가 제공한 여행코스에는 없는 곳도 있다. 그 하나가 법문사이다.

6) 법문사(法門寺)

법문사는 서안 서북쪽 부풍현(扶風縣)에 있는 불교 사원이다.[132] 후한 명제 11년(68)에 준공된 2,000년 역사가 있는 절이다. 위진남북조 이전에는 인도 고대 아소카왕의 한자 이름과 같이 '아육왕(阿育王) 사(寺)'라고 하였다. 수당시대에 이르러 '법문사(法門寺)'로 개명되었다.

법문사는 '불지사리(佛指舍利)' 때문에 세계적인 명소가 되었다. 후한 명제 11년(68) 인도에서 온 석가모니(釋迦牟尼)의 사리(舍利)를 보존하기 위해 4층 목제 사리탑이 설치하였다.[133] 탑의 지하에 지궁(地宮)이 있고 사리는 그 안에 모시고 있다. 이 목탑을 중심으로 절을 만든 것이 법문사의 시작이다.

기원전 300년에 아육왕이 인도를 통일하고 불교를 전파하기 위해 석가모니의 84,000개 사리를 전 세계로 보냈다. 〈법원주림(法苑珠林)〉의 기록에 의하면 당시 중국으로 보낸 사리는 총 19개 곳에서 모시고 있다고 한다.[134] 그러나 법문사에서 모시고 있는 사리는 지금까지 실제로 발견된 유일한 불지사리(佛指舍利)다.[135]

그러나 법문사는 남북조시대 북위의 멸불(滅佛) 정책에 의해 많은 절과 보탑 등이 없어졌다. 555년에 서위(西魏) 공제(恭帝)가 사리관람식 등 의식을 거행하고 558년에 절과 보탑이 재건되면서 전국의 불교 명소가 되었다. 618년에 현재의 이름, 법문사로 개명하였다.

132 서안 시내와 거리는 약 110km이다.

133 목탑의 이름은 "진신사리보탑(眞身舍利寶塔)"이다.

134 〈법원주림〉 문헌에 의해서 중국의 19개 사리 모시는 장소는 다음과 같다. 西晉會稽鄮縣塔､東晉金陵長幹塔､後趙青州東城塔､姚秦河東蒲阪塔､周岐州岐山南塔(즉 法門寺塔)､周瓜州城東古塔､周沙州城內大乘寺塔､周洛州故都西塔､周涼州姑藏故塔､周甘州刪丹縣故塔､隋益州福感恩寺塔､隋懷州妙樂寺塔､隋並州淨明寺塔､隋並州榆杜縣塔､隋魏州臨黃縣塔

135 한 2010년에 남경 대보은사(大報恩寺: 명대)에서 세계의 유일한 불정사리(佛頂舍利)가 발견되었다. 이어서 남경의 대보은사는 제 2의 법문사라는 별명이 생겼다.

수당시대에는 불교문화를 배척하지 않아서 법문사와 불지사리가 황제와 황족뿐만 아니라, 전국적으로 중요한 신앙의 근거지가 되었다. 당대 고종, 무후, 중종, 속종, 덕종, 헌종, 의종 그리고 희종은 모두 사리를 영접하고 봉환하는 의식를 거행한 적이 있었다. 이어서 희종(僖宗) 함통(咸通) 15년(874) 1월 4일에 봉환 의식을 마치고, 불지사리와 다른 보물들을 보관하는 문이 영원히 잠겼다.

청 말기 그리고 중화민국 시대에는 전쟁 때문에 법문사의 지상건물들이 대부분 파괴되었으며 지궁이 존재한 흔적도 밝혔다. 1987년 법문사 지상건물 복원 공정이 진행되고 있었을 때, 폭우와 번개 때문에 당나라 시대의 지궁의 입구가 출현되었다. 이에 즉시 발굴을 시작해서 사리가 발견하였다. 당시 출토한 사리는 총 6개가 있었다. 하나는 사리의 진신(眞身)이며 나머지 5개는 육사리(肉舍利)와 옥재나 은으로 만든 영골(影骨)이다. 영골은 전시용 사리뿐만 아니라, 멸불(滅佛) 운동이 당시 진신을 대신해서 사용한 것이다.

현재 법문사는 보관하고 있는 불지사리 때문에 중국의 가장 중요한 불교 성지가 되었다. 복원된 진신보탑, 발굴된 지궁, 그리고 새롭게 만든 박물관, 불광대도(佛光大道)와 합십사리탑(合十舍利塔)는 그의 주요한 구성이 되었다.

7) 서안성벽

서안(西安)은 중국 13개 왕조의 고도(古都)로서 중요한 역사문화도시이다. 병마용(兵馬俑), 아방궁(阿房宮), 려산(驪山), 화산(華山) 등 관광지는 이미 중국 국내·외 관광객에게 인기가 많은 곳이 되었다. 사실상 서안성벽(西安城墻) 자체도 하나의 역사문화의 유물이다.

현재의 서안성벽은 주로 명나라 때 축조한 것이다. 주원장(朱元璋)은 장안(長安)을 점령하고 성벽을 강화하는 공정에 착수하였다. 홍무 7년(1374)에 장안성벽의 축조를 시작해서 홍무 11년(1378)에 준공하였다. 주로 당대에 축조했던 황성(皇城)을 기반으로, 동과 북쪽에 황토와 흙을 이용해 새로운 성벽을 만들었다. 융경(隆慶) 2년(1568)에 성벽을 강화하기 위해 그 위해 다시 큰 돌을 붙였다. 숭정(崇禎) 9년(1636)에 이자성(李自成)의 공격을 방어하기 위해 4개 성문(城門) 주변에 옹성(甕城)을 만들었다. 청대에도 성벽에 대한 보완 공정을 계속 진행하여 성벽의 규모를 통일하고 그 기능을 강화하게 되었다.

중화민국 시대에는 서안성의 확대 및 기차역 신축 공사를 위해서 기차역 앞의 성벽을 일부 없애고 중정문(中正門)을 만들었다. 1952년에는 기차역을 확대하기 위해 중정문 옆의 성벽도 없앴다가 2004년에 그 성벽을 다시 복원하였다.

1954년 이후 일부 사람들이 북경처럼 서안의 성벽 전체를 없애자고 중앙정부에게 건의하였다. 당시 모택동도 1958년에 중앙회의에서 옛날의 성벽을 모두 없자고 하였다. 그러나 현지 출신의 관료들과 시진핑의 아버지인 시중훈(習仲勛) 등이 성벽 보호를 강력하게 지지하였다. 또한 문화대혁명시대에 소련과 전쟁 위기가 확대해지면서 성벽을 철거할 때 필요한 대형기계가 부족하여 성벽은 그대로 보존되었다. 대신 성벽안과 지하에 약 41km의 방공시설을 만들었다. 시중훈 등 사람들의 의견을 접수해서 1961년에 서안성벽은 중국의 유물보호기관에 선정되었다.

개혁개방 이후 지하철 건설 때문에 성벽 철거계획이 다시 논의되었으나

예산부족의 문제와 1981년 이미 중앙서기처서기(中央書記處書記)라는 고위관료가 된 시중훈이 서안성벽의 보호를 직접 간섭하면서 성벽 철거작업은 다시 무산되었다. 1979년에 성벽관리사무실이 설치되었으며 성벽에 대한 복원이 시작하였고, 성벽은 서안의 중요한 관광지가 되었다. 1993년 11월 7일에 성벽 마라톤 대회가 거행되었으며, 그 후 매년 11월에 정기적으로 거행되고 있다.

현재 서안성벽의 실제 규모는 동서남북의 실제길이가 약 2,683*2,626*4,194*4,134 로 되어있다.(단위: m 이하) 한 바퀴의 길이는 약 13.74km이다. 성벽 안에 총 면적은 약 $12km^2$이며 당나라 시대 장안성의 1/7정도이다. 성벽의 높이는 약 12m이고, 하부의 넓이는 약 15-18m이며 상부의 넓이는 약 12-14m이다. 성벽의 재료는 주로 석회, 황토 그리고 찹쌀로 만든 삼합토(三合土)이다.

현재 보이는 성문은 총 4개가 있다. 즉 장락문(長樂門: 동대문), 안정문(安定門: 서대문), 영녕문(永寧門: 남대문) 그리고 안원문(安遠門: 북대문)이다. 문 밖에는 모두 옹성(甕城)이 설치돼 있다. 군사방어를 위해서 성벽 외에 넓이는 20m, 깊이는 10m로 돼 있는 호성하(護城河)가 있다. 성벽 위해 사격, 관찰 등 용도로 설치 된 타구(垜口)는 총 5,894개 처가 있고, 적대(敵臺) 총 98개 처가 설치되어있다.

8) 용문석굴(龍門石窟)

용문석굴은 하남성 낙양시에 있으며 UNESCO 세계문화유산으로 등재되었다.[136] 현재 관람 할 수 있는 석굴은 주로 낙양시와 12km 거리가 있는 용문산(龍門山)과 향산(香山)의 석벽에 있다. 총 2,100여개의 석굴 중에 불상(佛像) 약 100,000개가 있고, 비석(碑石)과 역대 문인들의 글이 약 3,600여개가 있다. 용문석굴의 규모는 중국 불상석굴 중 최대이며, 그 중에 '용문12폼'이란 서예 비문(碑文)은 당대 유명한 서예대사 저수량(褚遂良: 596-658)의 작품이다.[137]

용문석굴의 축조는 북위(北魏)부터 북송까지 약 400년 동안 진행되었다. 북위 효문제(孝文帝) 태화 18년(494) 수도가 평성(平城)에서 낙양(洛陽)으로 이동되었다. 용문석굴의 공정도 태화 시대에 시작한 것으로 추정된다.[138] 그 후 동위(東魏), 서위(西魏), 북제(北齊), 북주(北周), 수(隋), 당(唐), 오대(五代), 북송(北宋) 그리고 명(明)은 석굴의 건축 및 확대 작업을 계속 진행하였다. 그 중에 북위와 당대는 석굴 작업이 가장 활발한 시대였다.

당 무종(武宗: 840-846 재위) 시대 폐불(廢佛) 운동은 용문석굴에 큰 영향을 주었다. 그러나 청 말기부터 1940년대까지 석굴에 대한 도난과 파괴 때문에 많은 유적과 불상들이 피해를 입었다. 그 중에 많은 보물들은 불법으로 판매되어 미국, 일본까지 유출되었다. 또한 항일전쟁 시대 중화민국 정부가 남경에서 낙양으로 수도를 옮기려는 계획이 있었는데 이를 준비하기 위해서 용문산에 있는 많은 동굴들을 폭발하였다. 문화대혁명 시대에 젊은 홍위병들이 석굴에 있는 불상을 파괴하여 일부 불상의 얼굴이 없어졌다.

---

136 중국에서 unesco가 인정된 세계문화유산 석굴은 총 4 개 곳이 있다. 즉 용문석굴(하남), 막고굴(莫高窟, 甘肅), 맥적산석굴(麥積山石窟, 甘肅) 그리고 운강석굴(雲崗石窟, 山西)이다. 또한 대족석각(大足石刻, 重慶)는 세계문화유산으로 인정된 비 불교 석굴이다.

137 소실산 산림 안에 있는 사(寺)라는 뜻으로 소림사가 되었다.

138 용문석굴 중에 있는 고양동(古陽洞)은 가장 먼저 출현한 동굴로 알고 있는데 그의 출현한 시각에 대해서 알 수 없다. 〈위서(魏書)〉의 기록에 의하여 작업은 대략 북위 태화 시대에 시작한 것으로 추정되었을 뿐이다.

2000년 세계문화유산으로 등재된 이후, 석굴에 대한 복원과 관리가 강화되었다. 얼굴이 파괴된 석굴의 핵심 불상인 노사나대불(盧舍那大佛)의 복원 공사가 2007년 3월 28일에 마무리 되었다.

현재 개방된 용문석굴은 주로 용문산의 동과 서쪽 2개 부분으로 나누어져 있다. 석굴의 주요한 부분은 대부분 서쪽에 집중돼 있다.

서쪽에 가장 대표적인 곳은 봉선사(奉先寺)에 모시는 노사나대불(盧舍那大佛)로 역시 용문석굴의 얼굴(名銜)이다. 당 고종(高宗) 함형(咸亨) 4년(672)에 만든 이 불상의 높이는 17.14m 이고, 당시 무후(武后)의 이미지를 근거로 만든 불상이다. 봉선사 이외, 고양동(古陽洞), 빈양동(賓陽洞), 연화동(蓮花洞), 약방동(藥方洞) 등 북위시대의 석굴과 잠계사(潛溪寺), 간경사(看經寺), 만불동(萬佛洞), 대만오불동(大萬伍佛洞) 등 당대 석굴이 있다. 동쪽의 석굴은 주로 당에서 북송까지의 석굴이다. 동쪽의 지형과 지질은 동굴의 작업에 불리한 조건이 많아서 석굴의 규모와 수량도 서쪽과 비하지 못한다.

9) 소림사(少林寺)

소림사는 중국 하남성 등봉(登封)시 숭산(嵩山)[139] 오유봉(五乳峰)에 있는 절이다. 이 지역은 또한 소실산(少室山)이 있어서 소림사(少林寺)라는 이름이 생

---

139 즉 중국의 5 악의 중악(中嶽) 숭산이다.

졌다.[140]

소림사는 중국 불교의 한 사원일 뿐만 아니라 중국 상무정신(尙武精神)의 상징, 그리고 민간 신앙의 대표이다. 소림13곤승(棍僧), 소림72절기(絶技), 장경각(藏經閣) 등 이야기는 중국인의 마음속에 신성(神聖)함으로 자리잡고 있다.[141]

북위 태화(太和) 19년(495) 효문제가 인도에서 온 승려 발타(跋陀)을 위해서 숭산 소실산에 절을 하나 세웠는데 바로 소림사였다. 그 후 인도 승려들이 이 절에 상주하면서 불교경전을 만들고 직접 포교하여 그 후 100년 동안 소림사의 규모가 계속 확대되었다.

그러나 북주(北周)무제(武帝) 건덕(建德) 3년(574)의 폐불(滅佛)운동으로 소림사가 훼손되었다. 6년 뒤에(580) 정제(靜帝)가 절을 다시 복원하였으며 척호사(陟岵寺)로 개명하였다.

수당 시대에 이르러 불교가 다시 흥하게 되면서 수문제 시대에 소림사의 이름이 회복되었다. 문제(文帝)가 소림사에게 100경(頃)의 땅을 하사하여 많은 토지와 재산을 소유한 당시 최대 규모의 절이 되었다. 이 때문에 수당교체기에 소림사는 호강세력들과 도둑들의 공격 목표가 되었다.

이런 상황속에서 소림사는 절과 스스로를 보호하기 위하여 호사승병(護寺僧兵) 등 조직을 만들었다. 그 중에 소림13곤승(棍僧)의 이야기가 가장 유명하다.[142] 당의 통일 전쟁과정에서 도움을 제공했던 소림사는 당 황제로부터 많은 배려를 받았다. '천하제일명찰(天下第一名刹)'[143]의 공식적 인정을 받고 승병 등 준군사조직도 상설적으로 유지할 수 있도록 허락되었다.

---

140 소실산 산림 안에 있는 사(寺)라는 뜻으로 소림사가 되었다.

141 뿐만 아니라 소림사는 불교의 차원보다, 예술, 의학 등 차원에서 중국문화의 명함이 되었다.

142 양계초의 〈중화신무술곤술과(中華新武術棍術科)〉에 의하면 이세민(李世民)이 왕세충(王世充)을 공격하였을 때 소림사 출신의 곤승(棍僧)13명이 이세민을 위해서 불세지공(不世之功)을 세웠다. 그러나 이 이야기는 역사책에서 기록하지 않는다. 다만 〈황당숭악사비(皇唐嵩嶽寺碑)〉 등 비문에서 소림사 승인 13명이 반군(叛軍)을 잡다는 기록만 있다. 그러나 이세민이 황제가 되었으며 소림사에게 많은 은사와 배려를 주는 것은 확실하다.

143 이 강패는 오늘날까지 소림사 정문에 붙이고 있다.

소림사의 승병조직은 중국 불교의 유일한 합법적인 군사조직이며 향후 소림사 무학(武學) 전통의 시작이다.

소림사 사이트에서 소개하는 글에 의하면 당 나라 시대 소림사의 규모는 매우 컸다. 땅은 약 14,000무(畝)이고, 전(殿)은 약 5,000간이고, 승려가 2,000명이었으며, 속인(俗人) 수행자는 계산할 수도 없었다. 남쪽(지금 복건성)에 소림사의 분사(分寺)를 개설하여 남소림(南少林)이라고 하였다.

명대에 이르러 왜구의 난 때문에 소림사의 승병이 다시 동원되었다. 당시 절강과 강소지역에 왜구와 전쟁하고 있는 척계광(戚繼光)이 소림사(주로 남소림)에 승병의 파견과 군인의 훈련을 요청하자 소림사가 승병을 전선에 파견하였다. 왜구의 난을 평정한 후에 조정(朝廷)은 소림사의 공헌을 감사하기 위해 땅과 돈을 많이 하사하였을 뿐만 아니라 세금도 면제하였다. 그 후 소림사의 승병들이 여러 차례의 대외 전쟁에 참전하였다. 그리하여 소림사는 중국 무학의 중심이라는 명망(名望)을 얻게 되었다.

청대 만주족 출신의 황제들은 한인(漢人)들이 무술을 수련하는 것을 일절 금하였다. 그러나 소림사 불교문화의 발전은 계속 지지하였다. 강희(康熙)제는 친히 '소림사(少林寺)'라는 친필을 써서 소림사에 하사하였다.[144] 옹정(雍正)제와 건륭(乾隆)제는 소림사의 규모를 확대하기 위해 소림사를 방

144 이 친필은 지금 산문(山門)에 있다.

문해서 공사의 진도를 직접 관리하였다.

항일전쟁 시대(1931-1945)에는 국민의 상무정신(尙武精神)을 일으키기 위해서 정부가 소림사, 악비(岳飛) 그리고 주원장(朱元璋)[145]을 중국인의 모범으로 삼았다.

공산당이 정권을 잡고 나서 처음에는 불교를 부인해서 소림사의 승인에게 관심이 없었다. 그러나 1996년 이후 소설, 영화, 드라마 등 매체를 통해서 소림사가 국민들 사이에 유명해지자 국가 중점 역사유적으로 선정하였다. 1997년 소림사실업발전회사가 성립되었으며 2010년에 UNESCO는 소림사를 세계문화유산으로 선정하였다.

소림사의 관광 코스는 산문(山門), 천왕전(天王殿), 대웅보전(大雄寶殿), 장경각(藏經閣), 방장원(方丈院), 입설정(立雪亭) 그리고 천불전(千佛殿)으로 되어 있다. 또한 탑림(塔林), 초조암(初祖庵) 등 관광지가 있다. 그 중에 장경각(藏經閣)의 인기가 가장 많다. 전설 중의 소림사 비밀 경문과 72절기(絶技)가 여기서 소장돼 있다고 한다. 또한 천불전의 실내서 48에 구멍이 있다. 각 깊이는 약 20cm이다. 이곳은 청대 승려들이 무술을 수련하면서 남긴 흔적이다.

10) 동남부(절강, 강소, 안휘, 복건, 광서)

중국 동남지방은 인구와 도시가 집중된 곳으로 개혁개방 이후 40년 동안 경제가 가장 발달한 지역이다. 교통시설, 숙박시설, 음식 종류는 중국에서 가장 높은 수준이며, 경제의 발전과 국내 수요의 성장에 따라 관광산업도 최고 수준에 달하였다.

남부지방과 북방지역 사이에는 지리적, 인문적 차이가 매우 크게 보인다. 남부에는 북경의 자금성과 만리장성처럼 방대한 궁전과 대규모 고대 유적은 많지 않다. 그대신 아열대의 정원, 강남의 전통마을, 신비한 산악과 계곡 등 자연 풍경, 그리고 상해, 광주, 항주 등 모던시티들이 이 지역

145 주원장이 몽골(이민족)의 손에서 한인왕조를 지키기 때문이다.

의 대표적인 관광지이다.

게다가 경제의 대대적인 발전을 덕분에 남부, 특히 동남연안 지역의 관광서비스는 다른 지역보다 훨씬 뛰어나다. 물론 호텔의 수량과 품질, 비행기, 고속열차, 버스, 지하철 등 교통 종류와 편리성 등도 모두 최고 수준이다. 이 가운데 가장 중요한 점은 다른 지역의 음식은 남방음식, 특히 동남연안 지역의 음식과 비교할 수 없다. 중국의 8개 전통 음식 시스템 중에 7개가 남방 음식을 바탕으로 형성되었다.[146]

11) 디즈니랜드(상해)

상해는 중국 최대의 도시이며 많은 관광지를 가지고 있다. 그 중에 디즈니랜드는 최근에 새롭게 만든 관광지로 상해의 현대적인 도시 분위기에 걸맞는 곳으로 현재 상해 뿐만 아니라 동부 중국에서도 인기가 급증하고 있다.

상해 디즈니랜드는 디즈니 리조트 안에 있는 영화, 애니메이션 등 배경을 바탕으로 만든 세계에서 가장 성공적인 놀이공원이다. 상해에 디즈니 리조트를 만든 것은 상해를 현대적이고 국제적인 도시로 인정하는 의미

146 남방의 음식 시스템은 광동음식, 호남음식, 절강음식, 강서음식, 안휘음식, 복건음식, 강소음식이다. 북방의 음식 시스템은 단 하나, 즉 산동음식이다. 그러나 산동 성도 그의 일부 지역은 남방지역과 가까운 곳이다.

가 있을 뿐만 아니라 관광 발전 전략에 있어서도 중요한 사건이다.[147]

2016년 6월 16일에 개업한 상해 디즈니랜드는 상해 푸동구에 있다. 세계에서 가장 최근에 개장한 디즈니랜드이자 가장 큰 디즈니랜드이다. 파리의 1.6배, 홍콩의 2.5배, 도쿄의 1.75배인 세계 유일한 실내 롤러코스터(TRON Lightcycle Power Run)와 유일한 중국어 애니메이션 뮤지컬(Tarzan of the Apes), 그리고 가장 긴 거리의 퍼레이드 등 9가지 세계 제일의 관광시설과 행사를 운영하고 있다.

12) 남경시

남경시는 중국 강소성의 도청이며 남중국의 중요한 정치, 경제와 문화 도시이다. 현재 총 면적은 6,582km^{2}이며 시내 면적은 1,125km^{2}이고, 인구는 833.5만 명(2017)이다.

남경시는 2,500년의 도시 역사와 500년의 수도 역사를 가지고 있는 곳이다. 남경은 삼국시대의 오나라, 동진(東晉), 남조의 송, 제, 양, 진(陳), 남당(南唐), 명, 태평천국 그리고 중화민국 등의 수도였다.

오늘날 남경시는 중국 IT기술과 LED기술, 그리고 AI기술의 핵심 도시이며 이를 바탕으로 도시의 경제사회가 발전하고 있다. 또한, 남경 시립도서관과 남경박물관은 중국 3대 도서관 및 박물관이다. 남경대학, 남경농업대학, 남경사범대학, 남경공업대학 등 많은 유명한 대학이 여기에서 캠퍼스를 개설하였다.

남경시도 역시 많은 관광 명소를 가지고 있다. 시내·외에는 가볼 만한 곳이 100여 개 곳이 있고 그 중에 종산(鐘山)과 진회하(秦淮河)는 가장 중요한 곳이다.

종산은 남경시 동부에 있으며 그 안에 자금산(紫金山), 남산, 북산, 현무

---

147 상해는 역사의 전통과 분위기가 강하지 않는 곳이다. 관광여행의 발전 전략에서 도시의 역사, 사회, 문화 등 전통적인 인문의 요소를 강조하면 오히려 상해의 현대적인 도시의 역할과 맞지 않는 것이다. 이어서 2005년에 디즈니 리조트 발전 계획이 무산되었으나 4년 뒤에, 즉 2009년에 이 계획은 통과되었다.

호(玄武湖) 그리고 명나라 성벽 등이 있다. 자금산 지역의 국부 손문(孫文)의 무덤인 중산릉(中山陵)과 명 주원장의 무덤인 명효릉(明孝陵) 2곳은 관광객들이 반드시 가야 하는 곳이다. 현무호는 항주의 서호, 그리고 가흥(嘉興)의 남호(南湖)과 함께 '강남 3대 명호'로 합칭한다.

남경 시내의 중요한 관광지로 진회하를 따라서 가면, 옆에 부자묘(夫子廟), 정해사(靜海寺), 연자기(燕子磯) 등 명소가 있다. 그 외에 우화대(雨花臺), 국화대(菊花臺) 등 도 가볼 만하다.

남경에는 명대의 건물과 유적이 대단히 많다. 그 중에 남경의 성벽이 가장 유명하다. 남경의 성벽은 중국에서 가장 완벽하게 보존하고 있는 고대 성벽이며 그의 규모도 제일 크다. 현재 보존하고 있는 성벽의 길이는 약 25km이며 가 가운데 중화문(中華門), 한서문(漢西門) 등 성문이 있다. 명대의 고궁(故宮) 유적도 볼 수 있다. 지상건물들이 모두 훼손되었으나 석벽 등 유적은 아직 보인다. 남경 고궁은 북경고궁의 기반이다. 명효릉은 주원장과 황후 마씨의 공동 무덤으로 UNESCO 세계문화유산에 선정되었다.

1994년부터 남경시는 한국의 대전시와 자매관계를 맺었다.

13) 시디 마을(西遞), 홍촌 마을(宏村: 안휘)

시디 마을과 홍촌 마을은 중국 안휘성 황산(黃山) 시 안에 있는 마을이

다. 명·청시대의 강남(양자강 남쪽 지역) 수향(水鄕)의 건축과 생활 모습을 유지하고 있는 두 마을은 경제가 발달한 동남부의 현대 도시 군락(群落) 중에 특별한 풍경으로서 고대 소교유수(小橋流水)의 세외도원(世外桃源) 생활을 체험하고 싶은 사람들에게 인기가 많은 곳이다.

또한 황산(黃山) 바로 밑에 있는 두 마을은 동남부의 다른 고대 마을, 예를 들어 유명한 주장(周莊)보다 더욱 신비적인 느낌이 있다. 2000년에 UNESCO가 시디와 홍촌을 고대마을의 특징을 지닌 세계문화유산에 선정하였다.

시디 마을(한자 이름은 西遞)은 북송 철종 원우(元祐: 1086-1094) 년간에 형성된 마을이다. 본래는 서천(西川) 마을인데 그의 서쪽에 '포체소(鋪遞所)'라는 역소(驛所)가 있어서 '서체(중국어 바름은 시디)'라고 개명되었다. 마을이 형성되었을 때 여기에 거주한 사람들은 주로 호(胡) 씨였다.

그들의 시조는 당 소종(昭宗) 이엽(李曄: 888-904 재위)의 아들이다. 궁중의 난을 피하기 위해 이곳으로 도망하였으며 성씨를 호(胡)씨로 바꿨다. 15세기 중반에 호씨가 상업 경영을 통해서 많은 재산을 모아서 마을의 건설 및 확장을 본격적으로 시작하였다. 호씨의 후손 중에 유명한 사람들이 많이 나왔다. 그 중에 가장 유명한 사람은 호적(胡適: 1891-1962)이다.

홍촌 마을은 남송 소흥(1131)에 형성된 마을이며 본명은 홍촌(弘村)이다. 여기서 주로 살고 있는 가족은 왕(汪)씨이다. 명 영락제 시대에 왕씨가 마을의 건축국면을 크게 바꾼 적이 있었다. 청 건륭제의 이름 홍력(弘歷) 때문에 굉촌(宏村: 중국어 바름은 홍촌)으로 개명하였다. 마을 안에는 명, 청 시대의 건물이 약 102곳 있고 근현대의 건물은 약 34곳이 있다.

14) 하문시

하문시는 중국 동남연한 지역 복건성에 있는 도시이며, 총면적은 1,865km^{2}이고 시내 면적은 1,699km^{2}이다. 인구는 401만 명(2017)이고 복건성 뿐만 아니라 동남연해 지역의 정치와 경제 핵심도시이다.

하문의 관광지 중에서 하문시내에 있는 섬 고랑서(鼓浪嶼)는 가장 유명하다. 시내와 직선 거리로 약 1,000m 떨어진 곳에 있는 섬으로 명·청시대의 건축 군락과 근현대의 건물, 외국양식의 건물들이 함께 있는데, 이것은 다른 곳에서 보지 못하는 기관(奇觀)이다. 이 때문에 UNESCO가 2017년에 특별한 인문 풍경으로 고랑서를 세계문화유산으로 선정하였다. 그 중 고랑서에서 일광암(日光巖), 호월원(皓月園), 숙장화원(菽莊花園) 등은 중서양의 건물들이 융합된 정원으로 유명하다.

하문시는 다른 도시에 비해서 고대, 근대, 현대 모습이 융합된 곳으로 도시 개발에 불편이 많다. 2006년 하문시정부가 하문시내에 역사문화전시구역, 역사문화보호구역 그리고 일반구역을 따로 구분해서 역사문화구역에 대해서는 상업이나 현대적인 개조를 일체 금지하여 관광산업을 발전시키는 동시에 역사문화에 대한 보호도 강조하고 있다.

15) 양삭(陽朔: 광서)

계림(桂林)의 산수(山水)는 천하에서 최고이다(桂林山水甲天下)라는 말은 계림 지역의 자연경치에 대한 평가이다. 그러나 외국 관광객들이 잘 모르는 것은 계림의 자연풍경보다는 양삭(陽朔)의 산수가 훨씬 아름다운 존재라는 점이다.

양삭은 계림에 소속한 현(縣)이다. 면적은 약 1,428km^2이고 인구는 317,500명(2013)이다. 계림산수 풍경은 대부분 양삭에 있어서 양삭은 역시 '계림의 갑(甲)'이라는 별명이 있다.

계림시에서 배를 타고 리강(漓江)을 따라서 내려오면, 양삭에 도착한다. 계림의 산수풍경은 반드시 주파(竹筏)를 타고 구경해야 한다. 주파는 중국 남방지역에서 자주 쓰는 교통도구로 가림막이 없어서 강물 양측의 산과 하늘을 모두 볼 수 있다.

양삭의 흥평진(興坪鎭)에서 주파를 타고 강수의 흐름에 따라서 조금만 내려가면 '구마화산(九馬畵山)'이라는 경관을 볼 수 있다. 이 지역의 본명은 불자암(佛子巖)으로 석벽에서 뛰고 있는 준마(駿馬) 9마리의 모습이 보인다 하여 구마화산이라는 별명이 생겼다. 중국 20위안의 지폐(紙幣)에서 바로 구마화산의 그림이 있다.

양삭에 와서 하루, 이틀 안에 구경하고 가버리면 이곳의 진정한 매력을 느낄 수 없다. 현지의 관광회사가 리강 옆에 그리고 산 안에 작은 호텔이나 팬션을 만들어서 숙박서비스를 제공한다. 배낭여행을 좋아하는 관광객들은 팬션을 예약하고 자전거를 렌트해서 양삭 그리고 주변 지역에서 1달 동안 여행한다.

16) 서부지역-구채구(九寨溝)

구채구는 사천성 아파(阿壩) 티베트족 자치구 구채구 현에 있다. 이 지역은 산악 가운데 있는 계곡 지형으로 그 가운데에 树正、荷叶、则查洼、盘信、黑果、盘亚助、故洼、彭布、尖盘 등 9개 티베트족 마을이 있어서 '구채구(九寨溝)'라는 이름이 생겼다. 호수, 산림, 설산은 구채구의 주요한 경관이다. 1992년에 UNESCO가 구채구를 세계자연유산으로 선정하였다.

구채구는 주로 樹正景區、日則景區、長海景區、寶鏡崖景 등 지역으로 나누어져 있다. 다양한 모습을 가진 호수는 그 중에 가장 아름답고 신비한 곳이다. 현지 사투리와 티베트의 민족 언어 중에 호수는 '해(海)' 또는 '해자(海子)'라고 한다. 그래서 구채구 안에 있는 호수의 이름은 모두 XX해라고 한다. 그 중에 인기가 가장 많은 '해'는 경해(鏡海), 화화해(火花海), 오화해(五花海) 그리고 오채지(五彩池) 등이다.

특히 오채지는 아름다운 풍경과 변하고 있는 색깔 때문에 관광객의 시선을 사로잡을 뿐만 아니라 중요한 드라마 촬영지로 선정되었다. 호수 외에 구채구의 폭포(瀑布)도 대단히 유명한 경관이다. 그 중에 진주탄 폭포(珍珠灘瀑布), 诺日朗瀑布는 인기가 많다.

17) 범정산(梵淨山)

범정산은 귀주성 동인(銅仁)시에 있는 불교 명산으로 2018년 7월 UNESCO의 세계자연유산에서 등록되고 인기가 많아지고 있는 관광지다.

중국 귀주성은 고원과 산악 지형으로 이루어진 지역이다. 그중에서 범정산이 "귀주의 제일 명산"으로 정상인 봉황금정(鳳凰金頂: 2,572m)은 운귀고원(雲貴高原)의 최고봉이다. 카르스트 지형은 귀주 산악의 특징이며 범정산도 마찬가지다. '버섯 암', '수리 암', '만권 책 암', '장군 머리 암' 등 산봉우리들은 범정산의 대표적인 명소이다. 특별한 지형 때문에 범정산은 '황산(黃山)의 신비감, 아미산(峨眉山)의 아름다움, 화산(華山)의 험준(險峻), 태산의 장려(壯麗)' 등 명산의 특징들을 모두 구비하고 있어서 '천하명악의 시조'라는 별칭도 있다.

아름다운 풍경 외에 범정산은 중요한 자연환경 보호 구역으로(1982) 7,000만 년 전의 희한한 생물 유별이 살고 있고, 총 유별의 수량은 2,601 중이 있다. 그 중에 가장 소중한 생명체는 "귀주 들창코원숭이"와 "손수건나무"이다. 특히 원숭이는 전 세계에서 오직 범정산 지역에서만 서식하여 그 수량은 국보(國寶)인 판다보다 적은 존재이다.

범정산에 당나라 시대 재식한 배롱나무가 하나 있다. 그의 나이는 1,300년이 넘어서 높이는 30m이다. 중국의 '배롱나무 왕'이라고 기록돼 있으며 범정산의 신목(神木)이라는 별명도 있다.

범정산은 역시 중국 서남지방의 불교 명산이다. 송태조 건덕(乾德) 3년(965)에 서암사(西巖寺)을 건축하고 불교를 설파하였다. 명대에는 이 지역을 '범천정토(梵天淨土)'라고 불러서 '범정산(梵淨山)'이라는 이름이 생겼다.

그러나 귀주 사천지역은 중국 역대의 농민봉기, 군사반란이 다발한 곳으로 범정산 불교건축과 문화가 큰 피해를 입었다. 명 융경(隆慶) 원년(1567)에서 청 광서(光緖) 22년(1896)까지 잦은 전쟁때문에 불교 건축들이 여러 차례 훼손되었으며, 약 5차례의 중건(重建)을 진행하였다.

명·청시대 이래 범정산은 불교의 미륵보살과 관련을 가지게 되어 미륵보살의 도장(道場)이라는 설도 출현하였다. 중국 불교학회는 범정산을 보타산(普陀山), 구화산(九華山), 아미산(峨眉山), 오대산(五臺山)과 함께 중국 제5대 불교명산으로 인정하였다.[148]

18) 석림(石林)

석림은 중국 운남성 이족(彝族) 자치현에 있는 관광지다. 중국 서남지역의 카르스트 지형의 특별한 모습 때문에 2007년 UNESCO에 세계자연유산으로 선정되었다.

석림은 운남성 곤명(昆明)시에서 120km 거리에 있다 전 구역 면적은 40만 무(畝)이다. 주로 '소석림(小石林)', '대석림(大石林)', '석림장호(石林長湖)', '기풍동(奇風洞)', '지운동(芝雲洞)' 등 기이한 돌과 나무의 조화는 이 지역의 주요한 풍경이다.

148 미륵보살의 도장 위치는 논쟁이 있다. 절강의 설두산(雪竇山)도 미륵보살의 도장으로 인정되었다.

또한 석림은 소수민족의 문화도 중요한 볼거리이다. 그 중에 석림 지방의 특별하고 다양한 음식의 인기가 최근에 급증하고 있다. '석림 전골'과 '유병(乳餅)'은 가장 유명한 유별이다. 이족(彝族)은 이 지역의 주요한 현지인이며 밥, 특히 고기를 같이 먹는 것은 이족 사람들의 민족 관습이다. 이 때문에 양고기, 소고기 등 각종의 고기들을 전골로 만든 음식은 이족 사람들이 잘하는 요리로 당나귀고기가 가장 유명하다.

유병은 양의 젖을 치즈로 만들어 병 모습으로 가공한 음식이다. 치즈 맛뿐만 아니라 고기나 채소와 섞어서 먹을 수도 있다.

나. 계절별

1) 봄과 여름(춘하계)

청도 국제 맥주 페스티벌

청도시의 국제 맥주 페스티벌은 연간의 최대 행사이며 전세계 관광객들이 주목하는 여름의 대행사이다. 1991년부터 시작한 페스티벌은 매년 8월 두 번째 주말부터 8월 말까지 거행하는 행사로 중국에서 술을 주제로 한 최대의 페스티벌이다.

제1차 세계대전 전후 독일과 긴밀한 관계가 있는 청도는 독일의 맥주

문화를 받아들여 '청도맥주'라는 유명한 맥주 브랜드를 만들었다. 그 후 청도맥주회사가 본 행사를 거행하기 위해 이 지역에서 '청도맥주랜드'를 만들었다.

페스티벌에서 청도맥주를 마실 수 있을 뿐만 아니라 독일맥주, 일본맥주 등 전 세계 유명한 술과 현지의 해산물을 체험할 수 있다.

최근에는 청도에서만 페스티벌의 분위기를 느낄 수 있을 뿐만 아니라 2013년부터 여름 방학 때, 산동의 다른 지방, 그리고 태원(太原), 온주(溫州), 하얼빈, 복주(福州), 하문, 상해, 서주(徐州), 대련(大連) 등 중국의 여러 도시에서 청도맥주 페스티벌 행사가 거행하고 있다.

2) 가을과 겨울(추동계)

하얼빈 국제 스노우 페스티벌

하얼빈은 중국 북방 흑룡강성에 있는 도시이며 겨울의 평균 온도가 영하 16.8도이다. 또한 영하 35도의 극한 기온도 많이 보이는 얼음의 세계이다.

1963년부터 하얼빈에서 얼음을 주제로 유등행사를 거행하기 시작하였다. 50년간 발전을 거치면서 하얼빈 국제 스노우페스티벌은 이미 세계 최대 규모의 겨울 주제행사가 되었다. 매년 1월 5일부터 2월 25일까지 거행하는 행사는 중국 전통의 춘절 날짜와 같은 시간에 진행한다. 태양도(太

陽島)와 얼음세계는 행사의 중요한 지역이다.

지금 페스티벌의 주요 행사는 현대 동계 체육 경기들과 결합해서 주로 국제 얼음조각 전시회, 얼음 유등 전시회, 동계 수영 대회, 하키 경기 대회, 얼음 축국 경기대회, 스키 경기대회 등이 있다. 더불어 동계 주제로 된 촬영전시회, 도서전시회, 영화관람회, 그리고 특별한 단체 웨딩 등 행사도 진행한다.

이상 관광지는 중국의 역사와 문화를 대표할 수 있는 장소로 최근 중국에서 인기가 많아지고 있는 곳이다. 그 외 중국에서 갈 만한 관광지는 표를 통해서 중국의 5A 관광지와 UNESCO가 인정한 세계문화유산을 정리하고자 한다.

중국 5A 등급 관광지

(2018년 10월 29일 기준, 총 285개 곳)

지역	관광지
북경(北京, 7)	故宮博物院、天壇公園、頤和園、八達嶺-慕田峪長城、明十三陵、恭王府景區、奧林匹克公園
천진(天津, 2)	天津古文化街旅遊區（津門故里）、天津盤山風景名勝區
하북(河北, 8)	保定市安新白洋澱景區、承德避暑山莊及周圍寺廟景區、保定市野三坡景區、石家莊市西柏坡景區、唐山市清東陵景區、邯鄲市媧皇宮景區、邯鄲市廣府古城景區、保定市白石山景區

산서(山西, 8)	大同市雲岡石窟、忻州市五臺山風景名勝區、晉城市皇城相府生態文化旅遊區、晉中市介休綿山景區、晉中市喬家大院文化園區、晉中市平遙古城景區、忻州市雁門關景區、臨汾市洪洞大槐樹尋根祭祖園景區
내몽골(5)	鄂爾多斯市響沙灣旅遊景區、鄂爾多斯市成吉思汗陵旅遊區、滿洲里市中俄邊境旅遊區、阿爾山·柴河旅遊景區、赤峰市阿斯哈圖石陣旅遊區
요녕(遼寧, 5)	瀋陽市植物園、大連老虎灘海洋公園·老虎灘極地館、大連市金石灘景區、遼寧省本溪市本溪水洞景區、鞍山市千山景區
길림(吉林, 6)	長春市偽滿皇宮博物院、長白山景區、長春市淨月潭景區、長春市長影世紀城旅遊區、敦化市六鼎山文化旅遊區、長春市世界雕塑公園旅遊景區
흑룡강(黑龍江, 5)	哈爾濱市太陽島公園、黑河市五大連池景區、牡丹江市鏡泊湖景區、伊春市湯旺河林海奇石景區、黑龍江省漠河北極村旅遊區
상해(上海, 3)	上海東方明珠廣播電視塔、上海野生動物園、上海科技館
강소(江蘇, 23)	南京市鐘山風景名勝區—中山陵園風景區、蘇州園林（拙政園、留園、虎丘山）、蘇州市同裡古鎮風景區、蘇州市周莊古鎮景區、蘇州市金雞湖國家商務旅遊示範景區、中央電視臺無錫影視基地三國水滸景區、無錫市靈山大佛景區、南京市夫子廟—秦淮風光帶景區、揚州市瘦西湖風景區、鎮江市金山焦山北固山景區、常州市環球恐龍城休閒旅遊區、南通市濠河景區、薑堰市溱湖旅遊景區、蘇州市吳中太湖旅遊區、無錫市黿頭渚景區、常熟沙家浜·虞山尚湖旅遊區、常州市天目湖景區、鎮江市句容茅山景區、淮安市周恩來故里旅遊景區、鹽城市大豐中華麋鹿園景區、徐州市雲龍湖景區、連雲港市花果山景區、常州市中國春秋淹城旅遊區
절강(浙江, 17)	杭州市西湖風景名勝區、溫州市雁蕩山風景名勝區、舟山市普陀山風景名勝區、杭州市千島湖風景名勝區、寧波市奉化溪口—滕頭旅遊景區、嘉興市桐鄉烏鎮古鎮旅遊區、金華市東陽橫店影視城景區、嘉興市南湖旅遊區、杭州市西溪濕地旅遊區、紹興市魯迅故里·沈園景區、開化縣根宮佛國文化旅遊景區、湖州市南潯古鎮景區、台州市天臺山景區、台州市神仙居景區、嘉興市西塘古鎮旅遊景區、衢州市江郎山·廿八都景區、寧波市天一閣·月湖景區
안휘(安徽, 11)	黃山市黃山風景區、池州市九華山風景區、安慶市天柱山風景區、黃山市皖南古村落—西遞·宏村、六安市金寨縣天堂寨、宣城市績溪縣龍川景區、阜陽市潁上八裡河景區、黃山市古徽州文化旅遊區、合肥市三河古鎮景區、安徽省蕪湖市方特旅遊區、六安市萬佛湖景區
복건(福建, 9)	廈門市鼓浪嶼風景名勝區、南平市武夷山風景名勝區、福建土樓（永定·南靖）旅遊景區、三明市泰寧風景旅遊區、泉州市清源山、甯德屏南白水洋鴛鴦溪旅遊景區、寧德市福鼎太姥山旅遊區、福州市三坊七巷景區、龍岩市古田旅遊區
강서(江西, 11)	九江市廬山風景旅遊區、吉安市井岡山風景旅遊區、上饒市三清山旅遊景區、鷹潭市龍虎山旅遊景區、婺源縣江灣景區、景德鎮古窯民俗博覽區、瑞金市共和國搖籃旅遊區、宜春市明月山旅遊區、撫州市大覺山景區、上饒市龜峰景區、南昌市滕王閣旅遊區

지역	관광지
산동(山東, 11)	煙臺市蓬萊閣旅遊區、濟寧市曲阜明故城（三孔）旅遊區、泰安市泰山景區、青島市嶗山景區、煙臺市龍口南山景區、威海市劉公島景區、棗莊台兒莊古城景區、濟南市天下第一泉風景區（趵突泉-大明湖-五龍潭-環城公園）、沂蒙山景區、濰坊市青州古城旅遊區、威海市華夏城旅遊景區
하남(河南, 14)	登封市嵩山少林寺景區、洛陽市龍門石窟景區、焦作雲臺山—神農山—博愛青天河風景名勝區、開封市清明上河園、洛陽市白雲山景區、安陽市殷墟景區、平頂山市堯山—中原大佛景區、洛陽市欒川老君山·雞冠洞旅遊區景區、洛陽龍潭大峽景區、南陽市西峽伏牛山老界嶺·恐龍遺址園旅遊區、駐馬店市嵖岈山旅遊景區、安陽市紅旗渠、太行大峽旅遊景區、永城市芒碭山旅遊景區
호북(湖北, 11)	武漢市黃鶴樓公園、武漢市東湖生態旅遊風景區、宜昌市三峽大壩-屈原故里旅遊區、宜昌市三峽人家風景區、宜昌市清江畫廊風景區、十堰市武當山風景區、恩施巴東神龍溪縴夫文化旅遊區、神農架生態旅遊區、武漢市黃陂木蘭文化生態旅遊區、恩施州恩施大峽景區、咸寧市三國赤壁古戰場景區
호남(湖南, 8)	長沙市嶽麓山—橘子洲景區、衡陽市南嶽衡山旅遊區、張家界武陵源—天門山旅遊區、岳陽市岳陽樓—君山島景區、湘潭市韶山旅遊區、長沙市花明樓景區、湖南省郴州市東江湖旅遊區、湖南省邵陽市崀山景區
광동(廣東, 13)	廣州市長隆旅遊度假區、深圳華僑城旅遊度假區、廣州市白雲山風景區、梅州市雁南飛茶田景區、清遠市連州地下河旅遊景區、深圳觀瀾湖休閒旅遊度假區、韶關丹霞山景區、南海西樵山風景名勝區、惠州市羅浮山景區、陽江市海陵島大角灣海上絲路旅遊區、中山市孫中山故里旅遊區、惠州市惠州西湖旅遊景區
광서(廣西, 6)	桂林市灕江景區、桂林市樂滿地度假世界、桂林市獨秀峰－王城景區、南寧市青秀山旅遊區、桂林市兩江四湖·象山景區、崇左市德天跨國瀑布景區
해남(海南, 6)	三亞市南山文化旅遊區、三亞市南山大小洞天旅遊區、呀諾達雨林文化旅遊區、分界洲島旅遊區、保亭縣檳榔谷黎苗文化旅遊區、三亞市蜈支洲島旅遊區
중경(重慶, 7)	重慶大足石刻景區、重慶巫山小三峽—小小三峽、武隆喀斯特旅遊區（天生三橋、仙女山、芙蓉洞）、重慶酉陽桃花源景區、黑山谷景區、重慶市江津四面山景區、雲陽龍缸景區
사천(四川, 12)	成都市青城山—都江堰旅遊景區、樂山市峨眉山景區、阿壩藏族羌族自治州九寨溝旅遊景區、樂山市樂山大佛景區、阿壩藏族羌族自治州黃龍景區、南充市閬中古城旅遊景區、阿壩州汶川特別旅遊區、綿陽市北川羌城旅遊區、廣安市鄧小平故里旅遊區、廣元市劍門蜀道劍門關旅遊區、南充市儀隴朱德故里景區、甘孜州海螺溝景區
귀주(貴州, 6)	安順市黃果樹瀑布景區、安順龍宮景區、畢節市百里杜鵑景區、黔南州荔波樟江景區、貴陽市花溪青岩古鎮景區、銅仁市梵淨山旅遊區
운남(雲南, 8)	昆明市石林風景區、麗江市玉龍雪山景區、大理崇聖寺三塔文化旅遊區、中科院西雙版納熱帶植物園、麗江古城景區、迪慶州香格里拉普達措國家公園、昆明市昆明世博園景區、雲南省保山市騰沖火山熱海旅遊區

티베트(4)	拉薩市布達拉宮景區、拉薩市大昭寺、林芝巴松措景區、日喀則紮什倫布寺景區
섬서(陝西, 9)	西安市秦始皇陵兵馬俑博物館、西安市華清池景區、延安市黃帝陵景區、西安大雁塔·大唐芙蓉園景區、渭南市華山景區、法門寺佛文化景區、商洛市金絲峽景區、寶雞市太白山旅遊景區、西安市城牆·碑林歷史文化景區
감숙(甘肅, 4)	嘉峪關市嘉峪關文物景區、平涼市崆峒山風景名勝區、天水市麥積山景區、敦煌鳴沙山月牙泉景區
청해(青海, 3)	青海湖景區、湟中縣塔爾寺、海東市互助土族故土園景區
영하(寧夏, 4)	石嘴山市沙湖旅遊景區、中衛市沙坡頭旅遊景區、銀川市鎮北堡西部影視城、銀川市靈武水洞溝旅遊區
신강(新疆, 12)	烏魯木齊市天山天池風景名勝區、吐魯番市葡萄溝風景區、阿勒泰地區喀納斯湖景區、伊犁哈薩克自治州那拉提旅遊風景區、富蘊縣可可托海景區、喀什地區澤普金湖楊景區、烏魯木齊市天山大峽景區、巴州博斯騰湖景區、喀什噶爾老城景區、伊犁州喀拉峻景區、巴音州和靜巴音布魯克景區、新疆生產建設兵團第十師白沙湖景區

UNESCO가 인정한 중국의 세계유산(총 53개 곳)

시간	인문	자연	2종
1987			태산(泰山)
1987	만리장성		
1987 (2004 추가등록)	북경 자금성 심양 고궁(2004)		
1987	막고굴(莫高窟)		
1987	진시황릉		
1987	주구점(周口店) 유적		
1990			황산
1992		구채구(九寨溝)	
1992		황룡(黃龍) 공원	
1992		무릉원(武陵源) 고우원	
1994	피서산장(避暑山莊)		
1994	곡부 공묘, 공부, 공림		
1994	무당산(武當山) 건축		
1994 (2000, 2001 추가등록)	布達拉宮(1994) 大昭寺(2000) 羅布林卡(2001)		

시간	인문	자연	2종
1996	노산(盧山)국가공원		
1996			아미산, 낙산(樂山) 대불상
1997	여강(麗江) 고성		
1997	평요(平遙) 고성		
1997(2000 추가등록)	소주(蘇州) 정원		
1998	이화원		
1998	천단(天壇)		
1999			무이산(武夷山)
1999	대족석각(大足石刻)		
2000	청성산(青城山) 도강언(都江堰)		
2000	시디 홍촌 마을		
2000	용문석굴		
2000(2003, 2004 추가등록)	명, 청 황릉		
2001	운강석굴		
2003		운산 3강(江) 보호구	
2004	고구려 왕성, 왕릉		
2005	마카오 역사 거리		
2006		사천 팬더 기지	
2006	은허(殷墟)		
2007 2014 추가등록	카르스트 지역		
2007	개평(開平) 碉楼와 마을		
2008	복건 토루(土樓)		
2008		삼청산(三清山) 국가공원	
2009	오대산(五臺山)		
2010	등봉(登封)역사건축		
2010		단하(丹霞)	
2011	항주 서호		
2012	원 상도 유적		
2012		澄江化石地	
2013		천산(天山)	
2013	紅河哈尼梯田文化景觀		

2014	대운하		
2014	실크로드 국내 부분		
2015	토사(土司)유적		
2016	左江花山岩畫文化景觀		
2016		신농가(神農架)	
2017		가가서리(可可西里)	
2017	고랑서		
2018		범정산	

참고문헌

다케우치 미노루, 『절대지식 중국고전』, 양저관 옮김, 이다미디어, 2015.

전송림, 『중국민속관광지리』, 한국학술정보, 2005.

고영근 외 2인, 『중국지역문화의 이해』, 부산외국어대학교출판부, 2013.

왕옥지, 『불변의 나라 중국』, 문운당, 2010.

권덕영, 「고대 동아시아인들의 국외여행기 찬술」, 『동국사학49』, 2010.

김수희, 「송대 여행문화와 사(詞)의 공간인식 변화」, 『중국어문학지54』, 2016.

제14장

중국의 음식 및 요리

1. 중국 음식 개황

중국음식은 프랑스음식 그리고 인도음식과 함께 세계에서 가장 복잡한 요리시스템으로 유명한 3대 요리체제이다.

중국음식을 말할 때 다음과 같은 몇 가지 중요한 점이 있다.

음식의 종류별로 보면, 곡물이 음식의 주재료이며, 다양한 채소, 고기와 과일의 조화는 반찬의 기본적인 모습이다. 자세히 보면 곡물은 주로 쌀과 밀이다. 남방 지역은 쌀을 주식으로 하고, 북방은 밀로 만든 가루음식을 위주로 먹는다.

당 이전에는 밀을 어떻게 먹어야 하는지 몰라서 쌀과 같은 식으로 밥을 만들었다. 그러나 쌀밥과 '밀밥'의 식감(食感)이 완전히 달라서 사람들이 밀을 많이 먹지 않았다. 그 후 진(晉)때부터 북방 유목민족들이 중원지역에 와서 살기 시작하였다. 그들도 역시 농업경제를 경영하였으나 그들은 말을 타고 이동할 때 편하게 먹기 위해서 밀을 가루로 만들어 병이나 지금의 빵처럼 생긴 것을 만들어 먹었다. 당 이후 초원 민족의 밀 가공법이 역시 중원에 들어오게 되었다. 처음에는 '호병(胡餠)'이라고 불렀으며, 점차 가루음식이 중원에서 유행하게 되었다.

중국 음식의 가장 자랑스러운 점은 그의 요리법이다. 요리의 재료, 조화, 소스, 순서 등 절차는 한 번만 틀려도 실패한 요리가 나온다. 심지어 불에 대한 조종도 매우 중요한 기술이다. 소위 화후(火候)라는 중국 요리법에서 자주 쓴 용어가 있다. 요리를 평가할 때 "색(色), 향(香), 미(味)"라는 3가지 기준이 있다. 색(色)은 요리의 모습으로 색깔만 아니라 고기의 대소 및 형태, 채소의 위치를 말하는 것이다. 보기 좋은 요리가 맛도 좋을 것이다. 향(香)은 향기를 말하는 것이 아니라 요리의 고유한 냄새다. 역시 먹기 전에 먼저 파악해야 하는 점인데, 고추 볶음은 매운 냄새가 나야 하고, 위샹유슬(魚香肉絲)은 물고기 냄새가 나야 한다. 미(味)는 당연히 요리의 맛이다. 프랑스 음식의 복잡한 테이블 매너와 비슷하여 중국 음식의 식사 예의도 대단히 중요한 부분이다. 당 이전에는 각자의 자리에서 밥을 먹는 분식(分食)제가 중요한 문화였다. 당 이후 호인(胡人)의 영향을 받아서 한 책상을 중심으로 모여서 같은 접시에서 반찬과 밥을 함께 먹는 회식(會食)제가 유행했다.

회식제와 어울리는 예절문화는 오늘날 중요한 테이블 매너가 되었다. 일단 자리의 순서부터 시작한다. 대부분의 경우는 원형 테이블 옆에 앉지만 가장 귀한 사람, 혹은 손님은 문을 향하여 앉고, 주인은 그 옆에 앉는다. 술을 마실 경우라면 주인 집에서 술을 제일 잘 마시는 사람이 손님과 상대편에 앉고 주량이 두번 째인 사람과 세번 째인 사람은 손님과 90도 각도의 자리에 대각선으로 앉는다. 나머지 사람들은 편하게 앉으면 된다.

요리는 차가운 요리(涼菜)부터 나온다. 그 다음에는 보통 고기, 국물(합쳐서 딱딱한 요리, 硬菜라고 한다) 그리고 밥, 만두, 국수의 절차이며, 마지막에는 과일이 나온다. 손님부터 시작해서 다 같이 먹는다. 원래 식사를 할 때도 예절이 많지만 '신문화운동'과 '문화대혁명' 때문에 지금까지 남은 것 중에 특별한 것은 거의 없다. 대부분 음식점에서 회전식 테이블을 사용하기 때문에 모든 요리를 다 자유롭게 먹을 수 있다. 단 정식 연회에서 술을 마실 경우는 조금 복잡하다. 일반적인 경우는 주인이 연회가 시작할 때 전원을 대표해서 손님에게 술 1잔을 드리며 다들 같이 마신다. 손님도 역시 주인에게 1잔을 드리고 다들 같이 마신다. 다음 단계는 술을 마시는 사람들 사이에서 서로 권하는 것이다. 단, 한 사람에게 3잔의 한도가 있다.

다음에서 중국의 8대 요리시스템이라는 요리유형을 살펴보고자 한다. 현재 중국에서 가장 유명한 음식/요리 '브랜드', 또는 새롭게 나타난 음식가게(음식점)와 요리를 소개하도록 한다.

2. 8대 요리 시스템

대부분 중국인이나 외국인이 소위 8대 요리시스템이라는 개념에 대해서 이미 익숙하거나 모르는 내용도 많다. 일단 8대 시스템은 지역별로 말하는 것이다. 북에서 남까지는 산동요리(魯菜), 절강요리(浙菜), 강소요리(蘇菜), 호남요리(湘菜), 안휘요리(徽菜), 사천요리(川菜), 복건요리(閩菜), 광동요리(粵菜)이다. 여기까지는 사람들이 모두 익숙한 부분이다.

사람들이 잘 모르는 부분은 8대 요리시스템은 사실 역사 개념이 아니며, 문화적 요소도 전혀 없는 것이라는 사실이다. 요리 시스템이채계(菜系)라는 용어는 중국 고대에 없는 단어였으며 그 역사도 40년 밖에 안 됐다.[149] 1975년 당시 중국 국가 부총리 요의림(姚依林: 1917-1994)이 외국 손님에게 중국 음식을 소개하였을 때 채계(菜系)라는 용어를 처음으로 썼다. 이어서 채계를 어떻게 구분할 것인지는 화제가 되었다. 1980년 6월에 중국 최

149 식재와 조미품의 부족 때문에 청나라 이전에 중국 각 지역의 요리들 사이에는 큰 차이가 없었다. 청나라 말기부터 외국인의 진입과 음식을 공급한 가계와 주점의 증가에 따라서 각 지역 사이에 요리들 만드는 법과 맛이 점차 달라졌다. 이어서 "幇菜"라는 개념이 생겼다. 그러나 1949년 이후, 특히 문화대혁명 시대에 이르러, 봉건 잔여로 인한 방채라는 이름은 폐지되었다.

대의 신문 〈인민일보〉에서 왕소전(汪紹銓)이 쓴 문장 〈우리나라의 8대 채계(我国的八大菜系)〉가 발표되었을 때 8대 채계의 개념이 처음으로 제시되었다.[150]

그러나 문제는 평가한 기준과 선정한 이유 등 일련의 근거를 밝히지 않았다는 점이다.[151] 선정된 8개 지역 사람들은 당연히 즐겁겠지만 나머지 지역사람들이 마음속으로 대단히 불만이었다. 그리하여 지금까지 중국 요리의 지역별 구분과 순위가 정해지지 못하였다. 그러나 〈인민일보〉의 영향력과 외국인에게 소개하는 것 때문에 8대 채계에 대한 인식이 사람들 머릿속에 다소 고정되었다.

산동요리(魯菜)

8대 채계 중에 유일한 북방 요리의 하나인 산동 요리는 중국 북방 음식의 대표자다. 산동요리는 기본적으로 담백한 국물과 가루음식을 위주로 만들어진 것이다. 밀가루, 쌀가루, 계란 등을 만든 다양한 병(餠)은 산동요리의 핵심이다. 해안지역으로서 해물도 이 지역의 중요한 식재료이다. 대표적인 요리는 당초물고기(糖醋魚), 왕새우구이, 조개 볶음 등이다.

절강요리(浙菜)

절강 요리는 항주, 영파 등 지역을 대표한다. 절강요리의 제조는 매우 세밀하고 절차도 역시 가장 복잡하고 어렵다. 튀김은 이 지역 요리의 정신이다. 대표적인 음식은 용정차, 새우구이, 동파육, 서호초어(西湖醋魚) 등이다.

강소요리(蘇菜)

강소 지방의 요리는 남경, 양주, 진강(鎭江)의 요리를 위주로 된 것이다.

---

150 〈인민일보〉 1980년 6월 20일 No. 4

151 중국에서 임의적으로 "x대" 를 정하는 사례가 매우 많다. 그 중에 가장 유명하고 가장 설득적인 것은 "4대문명"설이다. 중국에서 중국, 이집트, 고 인도, 고 바빌론을 세계 4대 문명으로 구분한 사람은 양계초였다. 그가 자신이 지은 시에서 처음으로 이 관점을 제시하였다. 근거를 역시 밝히지 않았다. (《양계초문집》 권 18, 〈二十世紀太平洋歌〉 p.5426.)

중국 남방 지역의 대표적인 음식으로서 강소요리는 강에서 나온 물고기와 대게를 활용해서 만든다. 대표적인 요리는 담백한 오리구이, 남경 전골, 남경 소금 오리구이 등이다.

호남요리(湘菜)

호남요리는 매운 편이다. 사천요리보다는 기름을 많이 사용한다. 조미소스에 양초와 간장을 많이 써서 색이 매우 어둡게 보인다. 대표적인 요리는 매운 닭갈비, 설탕 국수, 고추 고기 볶음 등이다.

안휘요리(徽菜)

안휘요리는 산악과 양자강에서 나온 식재를 위주로 요리한다. 짠 것과 단 것이 안휘요리의 대표적인 맛이다. 기름도 많이 쓰지만 식재의 원래 맛을 최대한 유지한다. 대표적인 요리는 야생닭구이, 연화 닭구이 등이다.

사천요리(川菜)

사천요리는 사천과 중경지방에서 유행한 요리이다. 맵고 얼얼한 느낌은 그의 대표적인 맛으로 특이한 요리이다. 분지라는 지형 때문에 이곳 사람들이 매운 것을 잘 먹어서 요리도 대부분 매운 것으로 만든다. 대표적인 요리는 마파두부, 괴미(怪味) 닭고기, 매운 소고기 등이다.

복건요리(閩菜)

복건요리는 모양이 매우 예쁘고 식재도 매우 신선하다. 해물을 이용해서 만든 것이 많고 단백질을 중요한 음양요소로 섭취한다. 대표적인 음식은 눈꽃 닭고기, 매운 오징어 탕 등이다.

광동요리(粤菜)

광동요리는 광동과 조주(潮州) 요리를 위주로 된 것이다. 남송 시대에 궁전 요리의 영향을 받아서 형성된 것이며, 외국과의 교류를 통해 요리 시스템이 점차 풍부해졌다. 모든 것을 달게 만드는 것은 광동요리의 기본적인 원칙이다. 그리고 광동사람들은 비행기, 배 그리고 의자를 제외한 공중에 있는 것, 물에 있는 것과 지상에 있는 것을 모두 먹는다는 이야기가 있다. 대표적인 음식은 어린 돼지구이, 고양이 고기구이, 개고기 구이 등이다.

3. 음식/요리 '브랜드'

지역별로 구분된 음식/요리의 시스템 외에, 시간의 흐름과 함께 중국에서 계산하지 못한 음식/요리 '브랜드'가 형성되었다. 특히 21세기 이후 인터넷과 SNS 등 신형 매체를 통해서 원래 숨겨져 있던 유명한 요리들이 전국에 알려졌다. 외국인이라면 중국 어느 지역에 갈 때 그 지역의 특별한 음식/요리를 꼭 먹어야 그 지역의 '맛'을 느낄 수 있다. 더불어 그 지역에 살지 않고 잘 모르고 현지인들만 잘 다니는 진짜 현지의 '맛집'에서 그 가계의 대표적인 요리를 먹어봐야 이 지역에 대한 추억을 더욱 깊게 남길 수 있다. 다음과 같은 내용에서 음식의 종류별로 현재 중국에서 유행하거나 최근에 나온 음식/요리 '브랜드'를 정리하였다. 기본적인 분류 기준은 밥류, 면류, 만두류, 고기류, 음료, 종합류로 하였다.

밥류

叉燒飯
돼지고기/닭고기/소고기/오리고기 베이컨 + 계란 후라이 + 야채 + 밥

蓋澆飯
반찬 + 소스 + 밥

黃燜雞米飯
닭 야채 볶음 + 밥

揚州炒飯
계란 + 소시지 + 오이 + 밥 볶음

臘腸炒飯
베이컨 소시지 + 야채 + 계란 + 밥 볶음

煲仔飯
고기볶음 + 야채 + 계란 + 밥

老北京炸醬麵
간장 고기 유슬 + 야채 + 면

山西刀削麵
칼로 절삭한 면

陝西褲帶面
벨트만큼 넓은 면

武漢熱乾麵
간장, 고추소스만 있는 볶음면

新疆拌面
신강 특산 양고기로 만든 볶음면

四川擔擔麵
사천식 매운 국수

東北打鹵麵
동북지방의 특수한 소스로 만든 면

蘭州拉麵
중국에 인기가 가장 많고 대표적인 소고기 면

雲南桂林米粉
운남의 특수한 쌀 가루로 만든 국수

가루 음식 류

天津狗不理包子
중국식 대형 고기만두 대표

天津煎餅果子
젠빙궈즈: 중국의 국민 조식 1

豪華手抓餅
고기가 많이 있는 병

山東雜糧煎餅
자량전빙: 중국의 국민 조식 2

山東雞蛋灌餅
계란과 병의 융합: 중국의 국민 조식 3

肉夾饃
병 가운데 고기가 들어 있음

南京小籠包
소룡포: 중국 남방지역의 국민 조식

上海城隍廟蟹黃包
대게 만두

東北大花卷
꽃빵, 중국 국민 조식 4

廣東叉燒包
광동의 고기 만두

燒麥
소매: 중국의 국민 조식 5

고기 류

北京烤鴨
북경 오리

南京鹽水鴨
남경 오리

武漢鴨脖
무한 오리 목

新疆羊肉串
신강 양 꼬치

青島鐵板魷魚
청도 철판 오징어 구이(대단히 싸다)

炸雞架
닭 가슴 튀김

麻辣香鍋
마라샹궈

四川麻辣湯
사천 마라탕

重慶雞公煲
중경 닭고기 전골

음료 류

酸梅湯
산미탕: 차가운 것/따뜻한 것, 여름/겨울의 선택

豆漿
두장: 두장 + 유티오 = 조식

珍珠奶茶
진주밀크 티

椰子汁
야자 우유: 중국에서만 마실 수 있는 야자우유 음료

冰紅茶
빙홍차: 여름의 최선적 선택

营养快线
영양 쾌선: 우유 맛 국민 에너지 음료수, 한 병 = 조식

健力寶
젠리보: 중국 사이다,
무조건 초록 색 병(전통식)을 마셔야 함

王老吉
왕로자: 중국 박카스, 숙취 때 제 1 추천

참고문헌

이해원, 『중국의 음식문화』, 고려대학교출판부, 2010.

왕런샹, 『중국음식문화사』, 주영하 옮김, 민음사, 2010.

윤창준, 『문화로 보는 중국』, 어문학사, 2014.

이규갑, 『중국문화산책』, 학고방, 2006.

박은경, 「중국음식의 역사적 의미」, 『한국문화인류학26권』, 1994.

Patricia Eborey 외 1인, 「주자가례 속의 중국 음식 문화」, 『국학연구16』, 2010.

이철원, 「중국의 음식문화와 정치」, 『중국문화연구6권』, 2005.

상기숙, 「중국 세시풍속을 통해 본 민간신앙 제양상」, 『동방학18』, 2010.

서재선, 「중국 고대 결혼제도와 풍속 그리고 후대에 미친 영향」, 『중국학연구논총1권』, 2008.

제15장

중국인의 관습 및 결혼식

어느 나라 민족이나 모두 특별하게 좋아하는 것과 싫어하는 것이 있다. 이 점은 풍속습관을 형성하고 일상생활을 하는 데 중요한 내용이다. 또한 외국인들이 현지인과 소통하거나 생활할 때 매우 주의해야 하는 점이다. 중국에 여행이나 유학할 생각이 있는 분들이 중국인의 관습을 조금만이라도 이해하면 더 자연스런 소통을 할 수 있을 것이다.

여기서 말하는 관습 또는 취향은 일상생활에서 사람들 간에 소통하는 과정에서 중국인들이 일반적으로 선택하고 선호하는 것을 말한다. 그런 관점에서 중국인이 평소 좋아하는 것과 싫어하는 것, 혹은 피하고 싶어하는 숫자, 언어(말) 그리고 물품 등을 살펴보도록 하겠다.

1. 숫자에 대한 관습과 선호

중국인들 뿐만아니라, 세계에서 아라비아 숫자를 쓰는 나라와 민족들은 모두 숫자에 대한 선호가 있다. 중국인들은 자주 쓰는 숫자에 다양한 의미를 부여하며 시간이 흐름에 따라 국민들의 공통적인 인식과 관습이 되었다.

중국인이 대체로 좋아하는 숫자를 정리해보면, 먼저 3, 6, 7, 8, 9가 있다.

3은 오래 전부터 중국인들에게 중요한 의미가 있는 숫자이다. '一生二, 二生三, 三生萬物', '도원삼결의(桃園三結義)', '삼타백골정(三打白骨精)', 맹모삼천(孟母三遷)', '삼고모노(三顧茅盧)', 등 중국인들이 잘 알고 있는 역사 이야기에서 숫자 3이 자주 나오기 때문이다. 3은 중국어에서 '다, 다수, 대부분"이라는 의미와 무궁(無窮)하다는 의미도 있다.

그러나 3이 항상 좋은 뜻으로 쓰이는 것도 아니다. 현재 중국어 관용어 중에 3을 포함한 가장 대표적인 욕은 '小三'이다. 남의 혼인 혹은 가정을 개입하거나 남의 남편을 유인하는 여성을 '小三'라고 부른다. 여기서 3은 다만 제3자라는 뜻이다.

6은 대부분 중국인들이 싫어하지 않는 숫자이다. 6은 중국어 속에 '순(順)'과 비슷한 뜻을 가지고 있어서 가장 좋아하는 숫자 중 제2위에 해당한다. 사자성어에서도 '육육대순(六六大順)'[152]이라는 말이 있다.

8은 대다수 중국인이 거절하지 못하는 숫자이다. 발음이 '발(發)'과 비슷해서 '발재(發財)', 돈을 많이 번다는 뜻을 가지고 있어서 중국인들이 좋아하는 숫자 제1위다. 특히 6와 8이 같이 나올 경우, 중국인은 이를 길조(吉兆)라고 생각한다.

9는 구(久)와 발음이 비슷해서 역시 환영을 받는 숫자다. 이 때문에 중국인 사이에 생일, 새해 그리고 설날 등 명절 때 보낸 축하 메시지에서 6, 8, 9가 나오는 빈도가 제일 많다. 이 세 숫자 중에 역시 9가 제일 많이 나온다. 왜냐하면 사람들은 다 오래 살고 싶기 때문이다.

그러나 9가 안 좋을 때도 있다. 여자가 19, 29, 39살 때 결혼을 피하는

---

152 이 말은 계속해서 크게 순조로워라 는 뜻이다.

옛날 습관이 오늘날에도 중요한 풍속이다. 남자가 19, 29, 39 살 때 이상한 일이 나올 수 있다는 믿음도 있다.

한편, 싫어하는 숫자도 있다. 그 중에 가장 대표적으로, 민족, 지역, 나이와 관계없이 모두 싫어하는 숫자는 4이다. '사(死)'와 같은 발음 때문에 4는 언제라도 최대한 피하는 숫자이다. 4명이 같이 밥을 먹는 것을 피하고, 선물을 줄 때도 4가 들어 있는 선물은 안 된다. 결혼식에 가면 축의금을 보낼 때, 400, 4,000위안은 안 된다.[153]

4 외에 중국인들이 싫어하는 숫자는 일상생활에서 보면 12, 24, 36, 48, 60, 72 등을 싫어한다. 사실은 이들 숫자를 싫어하는 것이 아니고 12, 24, 48살 즉 '본명년(本命年)'때 대단히 조심해서 생활해야 한다는 것이다. 이 나이에 해당되는 사람은 설날 자신의 방이나 집에서 절대 나오면 안 된다. 그렇지 않으면 그 해에 분명히 화(禍)가 온다고 믿는다. 그러나 설날에 친척 집에 가서 명절을 같이 보내는 것은 중요한 관습인데 혼자서 집에 있으면 외롭다. 이 때문에 요즘에 '나가지 못한 사람'의 집에 가족들이 다 모여서 명절을 보내는 관습도 생겼다.

2. 용어에 대한 취향

누구나 자기에 대해 친절하고 좋은 말을 하는 것을 좋아할 수밖에 없다. '신체건강(身體健康)', '만사여의(萬事如意)', '공희발재(恭喜發財)' 등은 명절이나 특별한 날에 인사할 때 가장 많이 쓰는 말이다. 또한, 시대의 발전과 함께 관습도 변화가 이루어지고 있다. 이러한 내용을 조금만 알아도 중

153 그러나 4를 좋아하고 추구한 사람도 있다. 그는 바로 모택동(毛澤東)이다. 모택동이 1928년 4월에 남창(南昌)에서 봉기의 첫 걸음이 시작하였을 때 장악하고 있는 첫 부대를 "중국공농홍군(中國工農紅軍) 제 4 군단"을 명명하였다. 위대한 인물의 머리가 우리와 다르다.

국 사람들과 더욱 가깝게 지낼 수 있다.

류(溜)

류(溜)자는 6과 같은 발음이라서 '순리적이다는 뜻'을 가지게 되었다. 사람이 일을 너무 잘할 때, 기술 실력이 매우 뛰어날 때 칭찬하는 말이다. 또한 인터넷에서 한자(漢字)를 입력하기가 불편할 때 류(溜)자를 대신하여 6을 입력해서 사용하는 경우가 많다.

급력(给力)

원래는 '힘이 된다'는 뜻인데 2010년 이후 갑자기 확산된 말이다. 뜻도 '잘한다', '잘된다', '퍼펙트' 등 의미로 바꿨다. 왜 갑자기 확산되었는지를 모르지만, 사람들이 이야기할 때 사용할 뿐만 아니라, 뉴스, 신문, 공식 문서 등에도 사용한다.

우(牛)

우(牛)는 사람을 칭찬할 때 자주 쓰는 말이다. 소는 힘이 있고 농사지을 때 많은 도움을 제공하는 '인간의 친구'라고 할 수 있다. 특히 농업발전의 역사가 오래되고 중요한 중국에서 소에 대한 감정이 만만하지 않다. 또한 사람에게 '우(중국어 발음은 '뉴')'라고 하면 그 사람의 능력을 인정하고 칭찬한다는 뜻이다.

叔叔、阿姨

중국에서 조심해야 하는 호칭은 아저씨와 이모이다. 옛날 전통의례에서 모르는 사람(나이는 20-40대)을 아저씨나 이모를 부르는 것은 당연한 일이었다. 그러나 오늘날에는 변하였다. 사람들은 특히 20-30대는 어리게 보이면 좋다고 해서 아저씨와 이모란 호칭을 싫어한다. 이 때문에 哥哥, 姐姐라고 부르는 관습이 나타났다.

그러나 남자는 호칭에 대해서 신경을 안 쓰지만, 여자는 나이를 무겁게 생각한다. 姐姐(누나, 언니)는 아무래도 자기보다 나이가 많은 분을 부르는 호칭이다. 이어서 小哥哥, 小姐姐라는 호칭이 최근 2년 동안 나타났다. 따라서 거리에서 길을 묻거나 레스토랑에서 주문을 하거나, "여기요"보다는 小哥哥, 小姐姐라고 부르면 더 많은 우대를 받을 수 있다.

3. 물품에 대한 취향

선물을 보내는 것은 언제라도 골치 아픈 문제다. 중국인에게 선물을 보내면 어떤 것을 보내야 적당할까?

일단 간단하고 기본적인 것을 보면, 결혼식과 돌잔치 등에는 직계 가족이 아니면 특별한 선물을 준비할 필요 없이 축의금만 보내면 된다. 축의금은 그냥 보내면 실례이고, 금액과 보내는 방식 등에도 방법이 있다.

먼저 금액을 보면 최소금액 200위안(34,000원)부터 짝수 금액으로 보내야 한다. 단 400위안을 보내면 안 되고, 200, 600, 800, 1000, 1200 등의 금액을 보내면 좋다. 그리고 999, 1001 등 금액도 환영 받는다. 부모가 자기 집에 처음으로 온 며느리에게 보통 10,001위안의 금액을 준다. 그의 뜻은 "내 며느리는 만 명에서 택일이다(萬里挑一)"는 의미이다.

축의금을 내는 방식도 신경써야 하는 점이다. 옛날에는 빨간색 봉투에 축의금을 놓고 결혼식 당일에 신혼부부에게 직접 전해주었다. 그러나 오늘날은 위차트 등 SNS를 통해서 송금하는 것도 보편적인 현상이 되었다.

생일파티에 초청을 받으면 생일선물을 준비해야 한다. 보통 주인공에게 미리 물어보고, 취향에 맞는 선물을 주면 제일 좋다. 중국에서 생일선물은 '만능 선물'이라는 초콜릿이 제1위이며, 실용성이 있는 생활용품의 인기도 많다.

또한, 절대 보내지 말아야 하는 것도 있다. 제1위는 시계(鐘)이다. 시계의 발음이 종말 종(終)자랑 같아서 사람에게 시계를 보내는 것은 "죽는다.(송종, 送終)"는 것과 비슷한 뜻이다. 그래서 중국에서 시계를 보내면 절대 안 된다.

꽃을 보낼 때도 국화와 나리꽃을 피해야 한다. 국화는 보통 장례시장에서 쓰는 것이고, 나리꽃은 원래 좋은 선물이었는데, 요즘에는 동성애와 관련되어 있어서 나리꽃을 보낼 때에는 고려해야 한다.

4. 취향과 관련된 재미있는 이야기

중국인들은 동물에 대해서 특별한 감정과 의미를 가지고 있다. 호랑이는 용맹하고, 여우는 교활하고, 강아지는 충성스럽고, 뱀은 위험하고, 원숭이는 똑똑하다는 것은 동물에 대한 기본적인 인식이다. 여기서는 중국인의 일상생활과 가장 긴밀한 관계가 있는 소와 곰 두 동물에 대해 언급하겠다.

중국에는 주식에 투자하는 사람이 대단히 많다. 특히 일반인들이 주식투자를 통해서 부자가 되고 싶은 사람이 많다. 주식시장의 상황은 국가정세와 같이 국민생활과 매우 긴밀한 관계가 있다. 주식시장이 좋을 때 '소시장(牛市)'이라고 부르며, 안 좋을 때 '곰시장(熊市)'이라고 한다. 이 때문에 소는 좋아하는 사람이 많아지고, 곰을 싫어하는 사람도 많아졌다.

북경시 서성구 금융거리 33호는 중국 경제의 핵심 구역이다. 중국 경제기관들이 대부분 여기에 본부가 있기 때문이다. 그중 가장 핵심기관은 중국 증권감독관리위원회(CSRC)이다. '증감위'는 주식시장을 관리하는 최고기관으로 중국 경제의 흐름을 장악하는 기관이다. 여기서 일하는 사람은 '소'와 '곰'에 대한 감정이 누구보다도 민감하다.

2016년 5월 31일에, 중국 어린이 날(6월 1일)의 행사를 위해 증감위 맞은편에 있는 북경금융거리쇼핑센터 정문 앞에 대형 곰인형을 설치하였다.

곰의 손이 바로 증감위건물을 가리키고 있었다. 그러자 설치한 지 1시간 후에 증감위가 쇼핑몰에게 곰을 치우라고 전화하였다. 쇼핑물은 즉시 공이 가리키는 방향을 바꿔 옆에 있는 은행을 향하도록 하였다. 은행도 그 쇼핑몰에게 연락해서 치우라고 하였다. 마지막에 그 곰이 사라졌다.

'곰 사건'이후 2016년 11월 같은 쇼핑몰에서 연말세일을 위해 정문에 다시 흑고니 조각 한 개를 설치하였다. 주지하는 바와 같이 흑고니도 별로 안 좋은 뜻을 가지고 있는 것이라서 당일 오후에 증감위가 쇼핑몰에 직접 사람을 파견해서 그 흑고니를 가져갔다.

5. 전통 결혼식

결혼은 인생에서 가장 중요한 행사로 어느 지역, 어느 문화권에서도 중요한 일이다. 중국에서 결혼식은 전통문화 한 부분이었다. 그러나 시대와 사회가 변화함에 따라 결혼식의 절차와 내용도 계속 변하고 있으나 오늘날까지도 매우 중요한 의미를 갖고 있으며, 민간의 중요한 행사가 되고 있다.

중국결혼식은 주로 전통혼례/중식혼례(中式婚禮), 현대혼례/서식혼례(西式婚禮) 그리고 중·서융합형 혼례와 소수민족 혼례 등 4가지 유형이 있다. 결혼할 남녀와 그들의 부모들이 지방의 풍속과 선호를 고려해서 결혼식의 유형과 날짜를 정한다.

오늘날은 지역과 문화와 상관없이 대부분 신혼부부들이 중·서 결합형 혼례를 선택한다. 고유한 결혼풍속이 있는 소수민족들은 물론 민족결혼식을 취하는 경향이 높다. 전통의 중식혼례는 행사절차가 복잡하고, 시간이 길고, 비용도 많이 소요되기 때문에 전통적의식과 사상이 강한 집안 혹은 농촌에 오래 살고 있는 사람들이 행한다.

요즘 젊은 사람들 중에는 심지어 해외에 가서 성당이나 공원잔디에서 결혼식을 거행하는 경우도 많아지고 있다. 그들이 다녀온 곳 중에 1, 2, 3, 위는 몰디브, 태국의 푸껫 그리고 스위스이다.

결혼식(혼례)는 혼인의 중요한 시작이다. 중국 전통 결혼식과 대응하는 것이 바로 전통 혼인제도이다.

중국 고대에는 일부일처(一夫一妻)가 중요한 원칙이었다. 단지 권력과 재력을 가진 집안에서는 여러 명의 첩을 두는 것도 가능하였다. 이러한 현상은 일부일처다첩(一夫一妻多妾)라고 한다.

남성의 권위과 사회적 지위가 매우 높은 고대에는 남성을 위주로 된 여러 가지의 혼인 유형이 있었다. 일반 절차를 통해서 맺은 혼인관계 외에 전방혼(轉房婚),[154] 매매혼(賣買婚),[155] 입췌혼(入贅婚),[156] 동양혼(童養婚),[157] 전처혼(典妻婚)[158] 그리고 명혼(冥婚)[159] 등이 있다.

중국 전통사상에서 여성은 '음(陰)'이고 남성은 '양(陽)'이다. 따라서 남녀의 결혼도 음양의 결합이라고 한다. 또한 하루의 모든 시간 중에 '황혼(黃昏)'은 '양왕음래(陽往陰來)'의 의미가 있는 시각이다. 이 때문에 결혼식도 황혼의 시간을 맞아서 거행했다. 그래서 결혼식이 처음에는 '혼례(昏禮)'라고 불렀다. 혼례는 전통의 5례(禮)[160]에 있어서 가례(嘉禮)의 일종이다. 혼례는 관례(冠禮)와 계례(笄禮)를 받는 남녀들은 인생의 2번째 중요한 순간을 맞이하는 행사이다.

중국 전통결혼식은 은주(殷周)시대부터 시작되었다. 처음에는 '빙례(聘禮)'의 절차만 있었다가 그 후에 '부모에게 고지(必告父母)' 등 절차가 추가되었다. 의례를 강조한 주(周)대에 이르러 결혼식의 절차와 내용은 풍부해졌다.

전통사상의 영향을 받는 전통혼인의 목적은 남녀사이의 사랑을 중시할 뿐만 아니라 가족의 상속과 제사를 목적으로 이루어졌다. 그 후 결혼식 절차와 내용도 계속 풍부해져서 주나라 왕의 결혼식은 전후 1 년의 시간이 필요하였다. 민간의 결혼식은 왕실보다 매우 간략하였으나 중요

154 전방혼: 재혼(再婚)의 일종이다. 재산계승과 신분유지를 위해 남동생이 죽는 형의 부인과 재혼 또한 여동생이 죽은 언니의 남편과 재혼하는 것이다.

155 매매혼: 화재의 거래를 통해서 맺은 혼인관계이다.

156 입췌혼: 남자는 여자와 결혼하고 나서 여자의 집안에 가서 일하는 것이다. 자녀의 성씨도 여자 집안에 따라서 하며, 일부 지방의 풍속에 따르면 남자도 여자의 성씨로 바꿔야 한다는 규칙이 있다.

157 동양혼: 두 가지 경우가 있다. 하나는 어린 아들이 있는 집안이 어린 소녀를 입양해서 나리가 되면 결혼시킨 것이다. 또 하나는 아들이 없는 집안이 어린 소녀를 입양해서 나중에 아들이 나와서 나이가 되면 결혼시킨 것이다.

158 전처혼: 절강, 복건, 감속, 요녕 등 지방에 남자가 경제적 이유 또한 다른 이유로 자신의 부인을 다른 사람에게 빌려준 것이다. 사전에 계약을 맺어야 한다.

159 명혼: 두 가지 경우가 있다. 하나는 남녀가 모두 사망해서 결혼식을 거행하여 시체를 같은 무덤에서 매장하는 것이다. 또 하나는 약혼관계가 있는 남녀 중 한 명은 미리 죽는데 사전에 약속에 따라서 결혼식을 거행하는 것이다. 명혼은 정상적인 결혼식보다 더 많은 비용과 시간이 필요해서 고대에도 금지된 일이다.

160 5례: 군례(軍禮), 길례(吉禮), 흉례(凶禮), 빈례(賓禮), 가례(嘉禮)

한 절차는 생략할 수 없었다. 한나라 평제(平帝)시기 유흠(劉歆: 전 50-후 23)이 혼례절차와 내용을 정리하면서 전통 결혼식의 모델이 형성되었다. 중국 전통 결혼식은 다음과 같은 3가지 단계가 있다.

혼전례(婚前禮): 약혼이다. 즉 3서6례(三書六禮)이다.
정혼례(正婚禮): 결혼식 당일에 진행하는 절차이다.
혼후례(婚後禮): 친척과 친구들이 떠나고 부부와 부모들 사이에 진행하는 의례이다. 이 부분이 마치면 결혼식의 모든 절차가 끝난다.

당 이전의 결혼식은 예(禮)를 중시해서 즐거운 분위기보다는 엄숙하고 장중(莊重)하였다. 당조부터 북방 유목민족 풍속의 영향을 받아 악기의 연주와 즐거운 분위기가 형성되기 시작하였다. 명청시대에 이르러 전통 결혼식의 절차가 많이 간략해졌으며 6례 중에 문명(問名), 납채(納采), 친영(親迎)만 남았다. 현재 의 전통결혼식의 모습은 당시의 절차나 내용과 큰 차이가 없다.

혼전례(婚前禮)

결혼식 전에 3서6례(三書六禮)의 절차가 있다. 3서는 빙서(聘書), 예서(禮書)와 영서(迎書)이며 6례는 납채(納采), 문명(問名), 납길(納吉), 납징(納徵), 청기(請期), 친영(親迎)이다. 3서를 통해서 6례를 상대 집안에게 전달하는 것은 결혼식 전에 필요적인 절차이며 6례에 대한 상의 결과는 결혼여부를 결정할 수 있다.

여기서 매인(媒人)이라는 중요한 역할이 등장할 것이다. 매인은 전통결혼식에 있어서 양측 부모만큼 중요한 사람이다. 남녀의 집안에 상대방을 소개할 때부터 3서의 전달과 6례의 진행을 포함한 결혼식의 모든 절차에서 매인의 역활이 있다.

'문당호대(門當戶對)'는 중국 혼인관계에서 가장 중요한 개념이며, 양가 집안의 혼사이기 때문에 결혼결정 중요한 판단 기준이다. 혼전례도 여기서 부터 시작한다.

제친(提親): 납채, 문명, 납길

남녀의 집안은 매인(中媒)을 통해서 상대방과 연락하는 것이 제친(提親)이다. 매인을 통해서 양측은 남녀의 생일, 나이 그리고 팔자(八字)를 적은 '경첩(庚帖)'을 교환한다.

다음에는 점복(占卜)이 필요하였다. 점복자는 남녀의 생일, 나이, 팔자 등 정보를 보고 둘이 결혼한 장래에 대해 판단한다. 특히 나이와 띠는 가장 중요한 기준이다. 예를 들어 남자나이가 짝수의 경우, 여자나이는 19살이라면, 불길(不吉)이 나타날 수 있다. 또한 닭띠와 개띠, 용띠와 호랑이띠, 호랑이와 양띠, 뱀과 쥐는 모두 불길한 조화이다. 점복을 통해서 이상이 없다면 결혼에 대한 상의를 시작할 수 있다.[161]

의친(議親): 납징, 청기

먼저 빙례(聘禮)의 내용과 수량을 상의해야 한다. 이 부분은 각 지역의 풍속에 따라서 구체적 차이가 있지만 기본적인 기준이 있다. 청나라 후반기의 기준은 다음과 같다.

비단 의류 4-6건(洋紅)
금제 반지 2개
금제 귀걸이 2개
은원(銀圓) 36/64/120개
각종 음식 64개
술 2–8통 등

남자가 여자에게 빙례를 보내고 여자의 집안이 빙례에 대해서 이이가 없으면 선물을 보내야 한다. 선물은 보통 여자가 친히 만든 음식이나 자수(刺繡)이다.

여자의 선물을 받는 남자는 여자에게 다시 '과서(過書)'라는 편지를 보내

161 문명을 하기 전에 양 측 부모가 상대방에게 선물을 미리 보내야 한다. 또한 매인과 점복하는 사람에게도 소중한 선물을 보내야 한다. 이것은 바로 납채이다.

야 한다. 이 편지는 보통 초록색의 종이에 글자를 쓰고 빨간 색 봉투에 담아서 보낸다. 여자는 남자가 보낸 '과서'를 받으면 남자에게 '회첩(回帖)'을 보내야 한다. 이것은 남녀와 그들의 집안이 이 두 사람의 결합을 모두 인정하는 뜻이다. 다시 매인과 점복자 통해서 결혼식을 거행할 날짜를 선택하면 혼전례가 모두 마친다.

정혼례(正婚禮)

결혼식의 날은 '호일(好日)'라고 한다. 남녀의 친척과 친구들이 모여서 두 사람의 혼인을 축하는 것이 결혼식의 목표이다. 호일 전에 신랑이 호일 날짜와 장소를 표시한 초청장(知單)을 가지고 집안의 어른들과 친척에게 전달한다. 친척들이 만약 이 혼인을 동의하고 결혼식도 참석한다면 자신의 이름 밑에 '지(知)'를 쓴다.

결혼식 전에 신랑은 신부의 집에 가서 그의 부모를 정식으로 만나 본다. 부모는 5개의 견과(堅果)와 고기요리를 만들어 신랑을 초대한다. 이것은 '오자등과(五子登科)'의 뜻이다. 신랑은 신부가 준비한 혼수를 자기 집으로 옮긴다.

결혼 당일 아침에 신랑이 먼저 자기 집에서 '천, 지, 군, 친, 사'를 제사해야 한다. 아침 식사도 간단한 국물과 과일을 먹는다. 이어서 친영(親迎)의 시간이 된다.

친영할 때 신랑은 장원복(壯元服)을 입고 말을 타고 맨 앞에서 간다. 그의 뒤에 빨간색 가마가 따라간다. 가마를 메는 사람은 8명이며 모두 같은 색깔로 된 비단 복장을 입는다. 가마 뒤에는 노래를 하는 사람과 폭죽(爆竹)을 가진 사람이 따라간다.

가마는 신부 집 앞에서 세워둔다. 이 때 신부 집에서는 이미 송별 연회가 시작되고 있다. 신부는 시집에 가기 전에 부모님와 함께 식사를 한다. 식사를 마치면 어머니가 울면서 친히 신부를 가마에 올린다.[162] 신부는 가

162 신부의 오빠가 신부를 가마에 올리는 경우도 있다.

마에 들어가면 엉덩이가 움직이면 안 된다. 모든 일이 순리대로 안정하게 진행된다는 뜻이다.[163]

가마가 신랑의 집에 도착하면 신부는 바로 내리지 않고. 신랑 집에서 나온 5, 6살의 소녀가 가마의 문을 열어주면 나와서 신랑이 신부의 손을 잡고 함께 문에 들어간다.

두 사람은 먼저 신랑의 부모를 참배한다.[164] 그 다음에는 모든 친척과 친구들의 주목을 받으면서 서로 인사 한다. 이상이 결혼식의 핵심 의식(儀式)이다.

배당(拜堂) 의식을 마친 후에 신랑과 신부는 함께 방으로 들어간다. 입동방(入洞房)할 때까지 신부는 머리를 비단으로 막고 있다. 신랑이 자기의 부모 혹은 다른 노인 부부한테 받는 대저울을 이용해서 커버(蓋頭)를 제거하고 나야 신랑의 얼굴을 드디어 볼 수 있다. 그 후 편한 복장을 바꿔 입고 신랑과 신부가 다시 나오고 연회가 시작된다.

연회에서는 신랑과 신부가 함께 이동해야 한다. 친척들이 앉는 자리에 가서 한 명씩, 한 명씩 인사를 한다. 친척들도 신혼부부에게 축하하고 준비한 축의금을 준다.[165] 모두 인사를 마치면 부부는 자기의 자리에 앉을 수 있다.

연회가 마치고 친한 친척과 친구만 남아서 신혼부부의 방에 가서 같이 놀면서 준비한 과일과 간식을 모두 소진하고 간다. 이것으로써 결혼식 당일의 모든 행사가 마무리된다.

혼후례(婚後禮)

결혼식 다음날에 신랑이 먼저 일어나서 방문을 연다. 이 날은 신랑이 장인의 집을 방문하는 날이다.(回門)

163 한 여자가 평생 동안 이 가마를 2 번 타면 안 된다.

164 일부 지방에서는 신랑과 신부의 부모들이 같이 참배하는 경우도 있다.

165 미리 보내거나 들어올 때 미리 줄 경우도 있다.

신랑은 먼저 장인, 장모에게 선물을 드려야 한다. 장모는 신부와 함께 요리를 만든다. 요리에는 물고기 음식이 반드시 있어야 한다. 장인 집을 떠나기 전에 장인과 장모가 신혼부부에게 축의금을 준다. 그리고 장인 집을 떠나오면 결혼식의 모든 절차가 마무리된다.

중국역대왕조 및 황제의 기본 정보

「이름」과「주요지역」은 모두 현재 칭호와 지역의 기준으로 기술
「연도」는 모두 공식 연구출판물의 기준으로 기술「인구」는 최대인구로 기술

이름		연도(년)	최대영역 (km²)	건국자 망국자	도성	지배자 인수	인구	비고
하 夏		약전 2100 –1604	하남성 산서성 산동성 하북성 호북성 일부 지역	우(禹) 혹은 계(啓) 걸(桀)	명확한도성 개념이 없음	16/17 우(禹)은 왕으로 인정여부 분쟁	240 –270만	고고의 증거와 문헌자료의 부족 때문에 하대의 기본 상황에 대한 파악은 매우 모호적이다.
은 商		약전 1604 –1050	동해 섬서성 요녕성 하남성 일부 지역	탕(湯) 제신(帝辛)	명학한 도성이 없음 대략 하남성 하북성 일부지역에 있음	30	1,000만	은대는 문헌기록이 생기는 시대였다. 중국 문자체제의 시작한 시대이며 여러 가지 유적지에서 풍부한 유물이 출토한 적이 있는 시대였다.
주 周	서주 西周	약전 1050 –771	산동성 하남성 섬서성 산서성 주변 제후국 등 지역	무왕(武王) 유왕(幽王)	호경(鎬京)	12	미상	
	춘추 春秋	전 770 –403						
	전국 戰國	전 403 –221						

<table>
<tr><td colspan="2">진 秦</td><td>전 221
–207</td><td>만리장성
요녕성
사천성
광동성
광서성
내부
지역</td><td>진시황

자영
(子嬰)</td><td>함양(咸陽)</td><td>3</td><td>3,000
만</td><td>중국 역사상 첫 번째 통일왕조였다. 황제제도가 탄성한 왕조였으며 중앙 집권체제가 전면적으로 전개된 왕조였다.</td></tr>
<tr><td colspan="2">서초 西楚</td><td>전 206
–202</td><td></td><td>초의제

항우
(項羽)</td><td>팽성 (彭城)</td><td>2</td><td></td><td></td></tr>
<tr><td rowspan="3">한
漢</td><td>전한
前漢</td><td>전 202
–기원9</td><td>서역
해남도
베트남
등 지역
까지
지배
600만</td><td>유방
(劉邦)

유자영
孺子嬰</td><td>장안(長安)</td><td>15</td><td>5,760
만</td><td rowspan="3">한대는 중국 역사상 첫번째 성세(盛世)왕조였다. 전후 총 422년의 역사 속에 당시 최대 인구(6,000만)의제국까지 성장되었다. 유목민족과의 전쟁과 결합은 한대의 역사적 중요한 특징이다.</td></tr>
<tr><td>신조
新朝</td><td>9년 1월
–23년 10월</td><td>전한과
비슷함</td><td>왕망
(王莽)

왕망
(王莽)</td><td>장안(長安)</td><td>1</td><td>5,600
만</td></tr>
<tr><td>후한
後漢</td><td>25년 8월
–220년 12월</td><td>650만
(100년)</td><td>유수
(劉秀)

유협
(劉協)</td><td>雒陽
長安
許昌</td><td>14</td><td>5,325
만</td></tr>
<tr><td rowspan="3">삼국
三國</td><td>위 魏</td><td>220년 12월
–263년 2월</td><td>400만</td><td>曹丕

曹奐</td><td>낙양(洛陽)</td><td>5</td><td>4,430
만</td><td></td></tr>
<tr><td>오 吳</td><td>222년
–280년 5월</td><td>동부지역
광동성
광서성
호남성
호부성
일부
지역</td><td>손권
(孫權)

손호
(孫皓)</td><td>무창(武昌)
건업(建業)</td><td>4</td><td>2,567
만</td><td></td></tr>
<tr><td>촉 蜀</td><td>221년 4월
–263년 11월</td><td>사천성
운남성
귀주성
일부
지역</td><td>유비
(劉備)

劉禪</td><td>성도(成都)</td><td>2</td><td>108 만</td><td></td></tr>
<tr><td>진
晉</td><td>서진
西晉</td><td>266년 2월
–316년 12월</td><td>310만</td><td>사마염
(司馬炎)

사마업
(司馬鄴)</td><td>낙양(洛陽)

장안(長安)</td><td>4</td><td>3,500
만</td><td></td></tr>
</table>

이름		연도(년)	최대영역(km²)	건국자 망국자	도성	지배자 인수	인구	비고
진 晉	동진 東晉	317년 4월 -420년 7월	280만	사마예(司馬睿) 사마덕문(司馬德文)	건강(建康)	11		
십육국 十六國	전조 前趙	304-329						
	성한 成漢	304-347						
	전량 前涼	314-376						
	후조 後趙	319-351						
	전연 前燕	337-370						
	전진 前秦	351-394						
	후진 後秦	384-417						
	후연 後燕	384-407						
	서진 西秦	385-431						
	후량 後涼	386-403						
	남량 南涼	397-414						
	남연 南燕	398-410						
	서량 西涼	400-421						
	하 夏	407-431						
	북연 北燕	407-436						
	북량 北涼	397-439						
남조 南朝	송 宋	420-479	주 20 개	劉裕 劉準	건강(建康)	9	517만	
	제 齊	479-502		蕭道成 蕭寶融	건강(建康)	7		
	양 梁	502-557		蕭衍 蕭方智	건강(建康) 강릉(江陵)	6		

남조	진 陳	557–589		陳霸先 陳叔寶	건강(建康)	5		
북조 北朝	북위 北魏	386–534	200만 (450년)	拓跋珪 元脩	성락 평성 낙양 장안	15		
	동위 東魏	534–550	100만 (550년)	元善見	낙양	1		
	북제 北齊	550–577	100만 (550년)	高洋 高恆	업성	6		
	서위 西魏	535–557	130만 (557년)	元寶炬 拓跋廓	장안	3		
	북주 北周	557–581	150만 (577년)	宇文覺 宇文衍	장안	5		
수 隋		581년 3월 –618년 6월	190개 군	양건 양동	대흥 낙양	4	4,601만	
당 唐		618년 6월 –907년 5월	1,170만	이연 이주 (애제)	장안	22	5,291만	
오대 五代	후량 後梁	907년 5월 –923년 11월		朱溫 朱友貞	낙양 개풍	3		
	후당 後唐	923년 5월 –937년 1월		李存勖 李從珂	위주 낙양	4		
	후진 後晉	936년 11월 –947년 1월		石敬瑭 石重貴	진양 낙양 개풍	2		
	후한 後漢	947년 3월 –951년 1월		劉知遠 劉承祐	진양 개풍	2		
	후주 後周	951년 2월 –960년 2월		郭威 柴宗訓	변경	3		
십국 十國	오월 吳越	907–908(893년 할거 시작)						
	민국 閩國	909 –945(893년 할거 시작)						
	남평 南平	924 –963(907년 할거 시작)						
	마초 馬楚	907 –951(896년 할거 시작)						

<table>
<tr><th colspan="2">이름</th><th>연도(년)</th><th>최대영역
(km^2)</th><th>건국자
망국자</th><th>도성</th><th>지배자
인수</th><th>인구</th><th>비고</th></tr>
<tr><td rowspan="6">십국 十國</td><td>남오
南吳</td><td>907
–937(902년
할거 시작)</td><td></td><td></td><td></td><td></td><td></td><td></td></tr>
<tr><td>남당
南唐</td><td>937
–975년 12월</td><td></td><td></td><td></td><td></td><td></td><td></td></tr>
<tr><td>남한
南漢</td><td>917–971년 3
월(905년 할
거 시작)</td><td></td><td></td><td></td><td></td><td></td><td></td></tr>
<tr><td>북한
北漢</td><td>951–979년 6
월</td><td></td><td></td><td></td><td></td><td></td><td></td></tr>
<tr><td>전촉
前蜀</td><td>907–925(891
년 할거 시작)</td><td></td><td></td><td></td><td></td><td></td><td></td></tr>
<tr><td>후촉
後蜀</td><td>934–965년 2
월(925년 할
거 시작)</td><td></td><td></td><td></td><td></td><td></td><td></td></tr>
<tr><td colspan="2">북송 北宋</td><td>960년 2월
–1127년 3월</td><td>2,800만</td><td>조광윤
조환</td><td>동경</td><td>9</td><td>1.18억</td><td rowspan="2">양송은 총 319년의 역사 속에 황제 18명이 있었다.</td></tr>
<tr><td colspan="2">남송 南宋</td><td>1127년 6월
1279년 3월</td><td>2,000만</td><td>조구
조병</td><td>임안부</td><td>10</td><td>8,060
만</td></tr>
<tr><td colspan="2">요 遼</td><td>916년 3월
–1125년 3월</td><td></td><td>야율아보기
야율연희</td><td>임황부</td><td>9</td><td></td><td></td></tr>
<tr><td colspan="2">서하 西夏</td><td>1038년 11월
–1227년 8월</td><td></td><td>이원호
이현</td><td>중흥부</td><td>10</td><td>300만</td><td></td></tr>
<tr><td colspan="2">금 金</td><td>1115년 1월
–1234년 2월</td><td></td><td>완안아골타
완안승림</td><td>회녕
대흥
개퐁
채주</td><td>10</td><td>5,353
만</td><td></td></tr>
<tr><td colspan="2">몽고 蒙古</td><td>1206년
–1271년 12월</td><td></td><td></td><td></td><td></td><td></td><td></td></tr>
<tr><td colspan="2">원 元</td><td>1271년 12월
–1368년 9월</td><td>1,400만</td><td>원세조
원순제</td><td>대도
(북경)</td><td>14</td><td>8,714만</td><td></td></tr>
<tr><td colspan="2">명 明</td><td>1368년 1월
–1644년 4월</td><td>650만</td><td>홍무제
숭정제</td><td>남경
북경</td><td>16</td><td>6,659
만</td><td></td></tr>
<tr><td colspan="2">후금 後金</td><td>1616년 2월
–1636년 5월</td><td></td><td></td><td></td><td></td><td></td><td></td></tr>
<tr><td colspan="2">청 清</td><td>1636년 5월
–1912년 2월</td><td>1470만</td><td>천명제
선통제</td><td>북경</td><td>12</td><td>3.01억</td><td></td></tr>
</table>

중국 주요 황제 기본 정보

주요 황제 연호 표

왕조	황제	연호	연도(년)	시간(년)	비고
한	한무제	建元	전 140–135	6	중국 역사상 첫 번째 공식적 황제 연호
		元光	전 134–129	6	
		元朔	전 128–123	6	
		元狩	전 122–117	6	
		元鼎	전 116–111	6	
		元封	전 110–105	6	
		太初	전 104–101	4	
		天漢	전 100–97	4	
		太始	전 96–93	4	
		征和	전 92–89	4	또는 延和
		後元	전 88–87	2	연호가 아닐 수도 있음
수	수문제	開皇	581년 2월–600년	20	
		仁壽	601–604	4	4년 7월 양제 즉위, 미 개원
	수양제	大業	605–618년 3월	14	보통 대업 13년까지 기록이 있다.
당	당고조	武德	618년 5월–626	9	9년 8월 당태종 즉위, 미 개원
	당태종	貞觀	627–649	23	또는 正觀
	당고종	永徽	650–655	6	650년부터 신라가 중국연호를 사용 시작함
		顯慶	656–662년 2월	6	당중종 이현의 이름을 피휘하기 위해明慶 光慶로사용
		龍朔	661년 3월–663	3	
		麟德	664–665	2	개월 날짜 미상
	당고종	乾封	666년 1월–668년 2월	3	
		總章	668년 2월–670년 2월	3	개원 날짜 미상
		咸亨	670년 3월–674년 8월	5	
		上元	674년 8월–676년 11월	3	
		儀鳳	676년 11월–679년 6월	4	
		調露	679년 6월–680년 8월	2	
		永隆	680년 8월–681년 9월	2	당현종 이룡기를 피휘하기 위해 永崇라고 함
		開耀	681년 9월–682년 2월	2	
		永淳	682년 2월–683	2	
		弘道	683년 12월	1 개월	
	당중종	嗣聖	684년 1월–2월	2 개월	
	당예종	文明	684년 2월–8월	7 개월	
		光宅	684년 9월–12월	4 개월	
		垂拱	685–688	4	
		永昌	689년 1월–11월	11 개월	
		載初	689년 11월–690년 8월	2	원년부터 子正 사용
	무후	天授	690년 9월–692년 3월	3	원년 9월부터 국호를 주(周)로 바꿈
		如意	692년 4월–9월	6 개월	
		長壽	692us9월–694년 5월	3	
		延載	694년 5월–12월	8 개월	
		證聖	695년 1월–9월	9 개월	
		天冊萬歲	695년 1월–9월	3 개월	

왕조	황제	연호	연도(년)	시간(년)	비고
당	무후	萬歲登封	695년 12월-696년 3월	4 개월	
		萬歲通天	696년 3월-697년 9월	2	
		神功	697년 9월-12월	4 개월	
		聖曆	698-700년 5월	3	
		久視	700년 5월-701년 1월	2	
		大足	701년 1월-10월	10 개월	
		長安	701년 10월-704	4	
		神龍	705-707년 9월	3	원년월부터 당(唐)국호 회복함
	당중종(2)	景龍	707년 9월-710년 6월	4	
	이중무	唐隆	710년 7월-7월	2 개월	또는 唐元 唐興 唐安
	당예종(2)	景雲	710년 7월-712년 1월	3	
		太極	712년 1월-4월	4 개월	
		延和	712년 5월-8월	4 개월	
	당현종	先天	712년 8월-713년 11월	2	
		開元	713년 12월-741	29	
		天寶	742-756년 7월	15	
북송	송태조	建隆	960-963년 11월	4	
		乾德	963년 11월-968년 11월	6	
		開寶	968년 11월-976	9	
	송태종	太平興國	976년 12월-984년 11월	9	
		雍熙	984년 11월-987	4	
		端拱	988-989	2	
		淳化	990-994	5	
		至道	995-997	3	
	송진종	咸平	998-1003	6	
		景德	1004-1007		
		大中祥符	1008-1016	9	1016년부터 고려가 북송연호를 사용 시작
		天禧	1017-1021	5	
		乾興	1022	1	
	송인종	天聖	1023-102년 11월	10	
		明道	1032년 11월-1033	2	
		景祐	1034-1038년 11월	5	
		寶元	1038년 11월-1040년 2월	3	
		康定	1040년 2월-1041년 11월	2	
		慶曆	1041년 11월-1048	8	
		皇祐	1049-1054년 3월	6	
		至和	1054년 3월-1056년 9월	3	
		嘉祐	1056년 9월-063	8	
	송영종	治平	1064-1067	4	
	송신종	熙寧	1068-1077	10	
		元豐	1078-1085	8	
	송철종	元祐	1086-1094년 4월	9	
		紹聖	1094년 4월-1098년 5월	5	
		元符	1098년 6월-1100	3	

북송	송휘종	靖中建國	1101	1	
		崇寧	1102–1106	5	
		大觀	1107–1110	4	
		政和	1111–1118년 10월	8	
		重和	1118년 11월–1119년 2월	2	
		宣和	1119년 2월–1125	7	
	송흠종	靖康	1126–1127년 4월	2	
남송	송고종	建炎	1127년 5월–1130	4	
		紹興	1131–1162	32	
	송효종	隆興	1163–1164	2	
		乾道	1165–1173	9	
		淳熙	1174–1189	16	
	송광종	紹熙	1190–1194	5	
	송녕종	慶元	1195–1200	6	
		嘉泰	201–1204	4	
		開禧	1205–1207	3	
		嘉定	1208–1224	17	
	송이종	寶慶	1225–1227	3	
		紹定	1228–1233	6	
		端平	1234–1236	3	
		嘉熙	1237–1240	4	
		淳祐	1241–1252	12	
		寶祐	1253–1258	6	
		開慶	1259	1	
		景定	1260–1264	5	
	송도종	咸淳	1265–1274	10	
	송공제	德祐	1275–1276년 4월	2	
	송단종	景炎	1276년 5월–1278년 4월	3	
	조병	祥興	1278년 5월–1279년 2월	2	
원	원세조	中統	1260년 5월–1264년 8월	5	
		至元	1264년 8월–1294	31	
	원혜종	元統	1333년 10월–1335년 11월	3	
		至元	1335년 11월–1340	6	
		至正	1341–1370	30	
명	명태조	洪武	1368–1398	31	1370년부터 조선이 명 연호를 사용 시작
	명혜종	建文	1399–1402년 6월	4	4년 6월 명성조가 건문제 연호를 폐하고 홍무 35년을 사용함
	명성조	永樂	1403–1424	22	
	명인종	洪熙	1425	1	
	명선종	宣德	1426–1435	10	
	명영종	正統	1436–1449	14	
	명대종	景泰	1450–1457	7	
	명영종(2)	天順	1457–1464	8	
	명헌종	成化	1465–1487	23	
	명효종	弘治	1488–1505	18	
	명무종	正德	1506–1521	16	
	명세종	嘉靖	1522–1566	45	
	명목종	隆慶	1567–1572	6	
	명신종	萬曆	1573–1620년 7월	48	
	명광종	泰昌	1620년 8월–1621년 1월	4 개월	

왕조	황제	연호	연도(년)	시간(년)	비고
명	명희종	天啟	1621–1627	7	
	명사종	崇禎	1628–1644	17	
청	청태조	天命	1616–1626	11	공식 연화 아님. 후래 사람이 정함
	청태종	天聰	162–1636년 3월	10	공식 연화 아님. 후래 사람이 정함
	청태조(2)	崇德	1636년 4월–1643	8	
	청세조	順治	1644–1621	18	조선이 청 연호를 사용 시작
	청성조	康熙	1662–1722	61	
	청세종	雍正	1723–1735	13	
	청고정	乾隆	1736–1795	60	
	청인종	嘉慶	1796–1820	25	
	청선종	道光	1821–1850	30	
	청문종	咸豐	1851–1861년 7월	11	
	청목종	同治	1862–1874	13	원래 祺祥를 사용 예정, 신유정변 이후 동치로 바꿈
	청덕종	光緒	1875–1908	34	
	선통제	宣統	1909–1912	3	

재위 시간 순위표 (30 년 이상)

순위	왕조	황제	제위(년)	시간(년)	비고
1	청	聖祖 康熙	61	1661–1722	실제 제위 62년, 권한수행53 년
2	청	高宗 乾隆	60	1735–1795	
3	전한	武帝 劉徹	54	전 141–87	
4	요	聖宗 耶律隆緒	49	982–1031	
5	명	神宗 萬曆	48	1572–1620	
6	남조 양	武帝 蕭衍	47	502–549	
7	요	道宗 耶律洪基	46	1055–1101	
8	명	世宗 嘉靖	45	1521–1566	
9	당	玄宗 李隆基	44	712–756	안사의 난 당시 숙종 즉위, 현종이 태상황이 됨
10	송	仁宗 趙禎	41	1022–1063	
11	삼국 촉	後主 劉禪	41	223–263	
12	송	理宗 趙昀	40	1224–1264	
13	진	秦始皇	37	전 247–210	시황제로 재위 11년
14	원	惠宗	37	1333–1370	명대 시호 원순제
15	송	高宗 趙構	35	1127–1162	1162년 퇴위, 태상황이 된지 25 년
16	당	高宗 李治	34	649–683	
17	원	世祖 忽必烈	34	1260–1249	
18	청	德宗 光緒	34	1875–1908	
19	후한	光武帝 劉秀	32	25–57	
20	후한	獻帝 劉協	31	189–220	
21	남한	高祖 劉岩	31	911–942	
22	후촉	後主 孟昶	31	934–965	
23	송	寧宗 趙擴	30	1194–1224	
24	삼국 오	大帝 孫權	30	222–252	
25	명	太祖 洪武	30	1368–1398	
26	청	宣宗 道光	30	1820–1850	

순위	왕조	황제	재위	시간	비고
1	금	末帝 完顔承麟	만 12시간 미만	1234년 2월 9일	
2	북위	元氏	만 1일 미만	528년 4월 1일	위 효명제 딸, 황제신분 인정 안 됨
3	전조	劉和	6일	310년 7월 18일–7월 24일	
4	당	殤帝 李重茂	17일	710년 7월 8일–7월 25일	
5	북제	幼主 高恒	25일	577년 2월 4일–2월 28일	
6	전한	昌邑王 劉賀	27일	전74년 6월 1일–6월 28일	
7	명	光宗 泰昌	29일	1620년 8월 2 8일–9월 26일	
8	원	順帝	30일	1328년 10월 16일–11월 14일	
9	명	紹武帝	30일	1646년 10월 16일–11월 15일	
10	북위	幼主 元釗	45일	528년 4월 2일–5월 17일	태후와 함께 낙수로 사망
11	진	子嬰	46일	전207년 8월–206년 10월	진대 역법, 10월은 첫 달
12	요	耶律術烈	2개월	1123년 10월–11월	
13	중화제국	袁世凱	83일	1916년 1월 1일–3월 22일	
14	북요	宣宗 耶律淳	97일	1122년 4월 25일–7월 29일	
15	후한	后少帝 劉辨	136일	189년 5월 15일–9월 28일	
16	후한	沖帝 劉炳	155일	144년 9월 20일–145년 2월 15일	
17	요	梁王 耶律雅里	6개월	1123년 5월 29일–10월	

중국 본토 행정구역 정보(2017년 기준)

이름	면적(KM²)	인구(만)	경제(GDP $, 억)	1인당GDP($)
北京	16411	2172.9	3757.81	17295.5
上海	6340.5	2419.7	4180	17275
天津	11920	1546.95	2692	17406
重慶	82400	2884.6	2438.7	8084.52
內蒙古	1183000	2511.04	2741	11171
廣西	237600	5580	2684	5595
寧夏	66400	632	448.02	6810
新疆	1664900	2181.3	1508.12	6611
西藏	1202369	300.2	149.9	4762
黑龍江	473000	3812	2263	5936
吉林	187400	2753	2190	7951
遼寧	184000	4382	3241	7396
河北	188800	7287.51	4789.53	6509
河南	167000	9480	5906	6230
山東	157126	9847	10088	10245
山西	156700	3576	2077	5708
陝西	205800	3775.12	2879.78	7639.68
湖北	185900	5834	4675.4	8117
湖南	211829	6783	4594.8	6774
江蘇	102658	7950	11455	14355
浙江	104141	5508	6836	12635
安徽	139400	6600	3504	5676
江西	166900	4457	2557.24	5642
福建	124000	3839	4194	11184
廣東	179800	11000	11693	11034
四川	486000	9132.6	4806	5858
貴州	176000	3529	1727	4872
甘肅	454430	2763.65	1112.73	4302
青海	721000	588.7	374.6	6452
雲南	394000	4742	2186.76	4644
海南	35354	911	594.78	6530

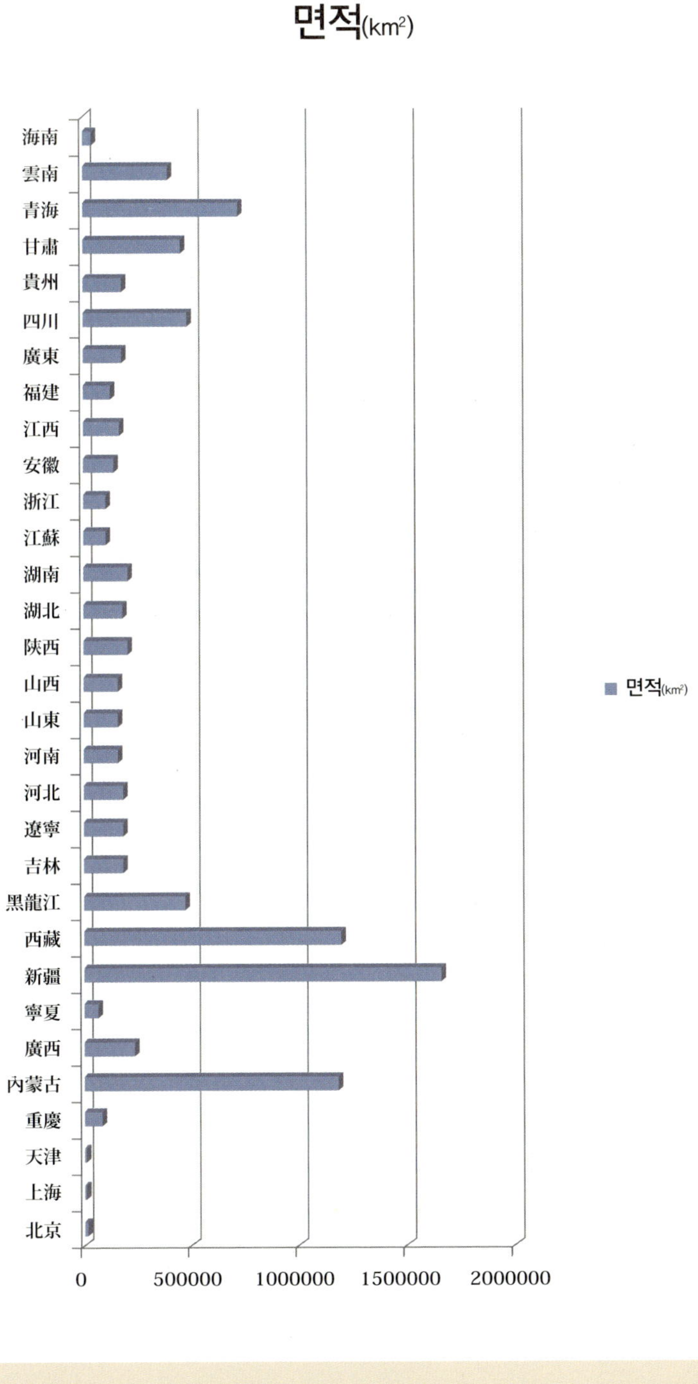
면적(km²)
海南
雲南
青海
甘肅
貴州
四川
廣東
福建
江西
安徽
浙江
江蘇
湖南
湖北
陝西
山西
山東
河南
河北
遼寧
吉林
黑龍江
西藏
新疆
寧夏
廣西
內蒙古
重慶
天津
上海
北京
0
500000
1000000
1500000
2000000
면적(km²)

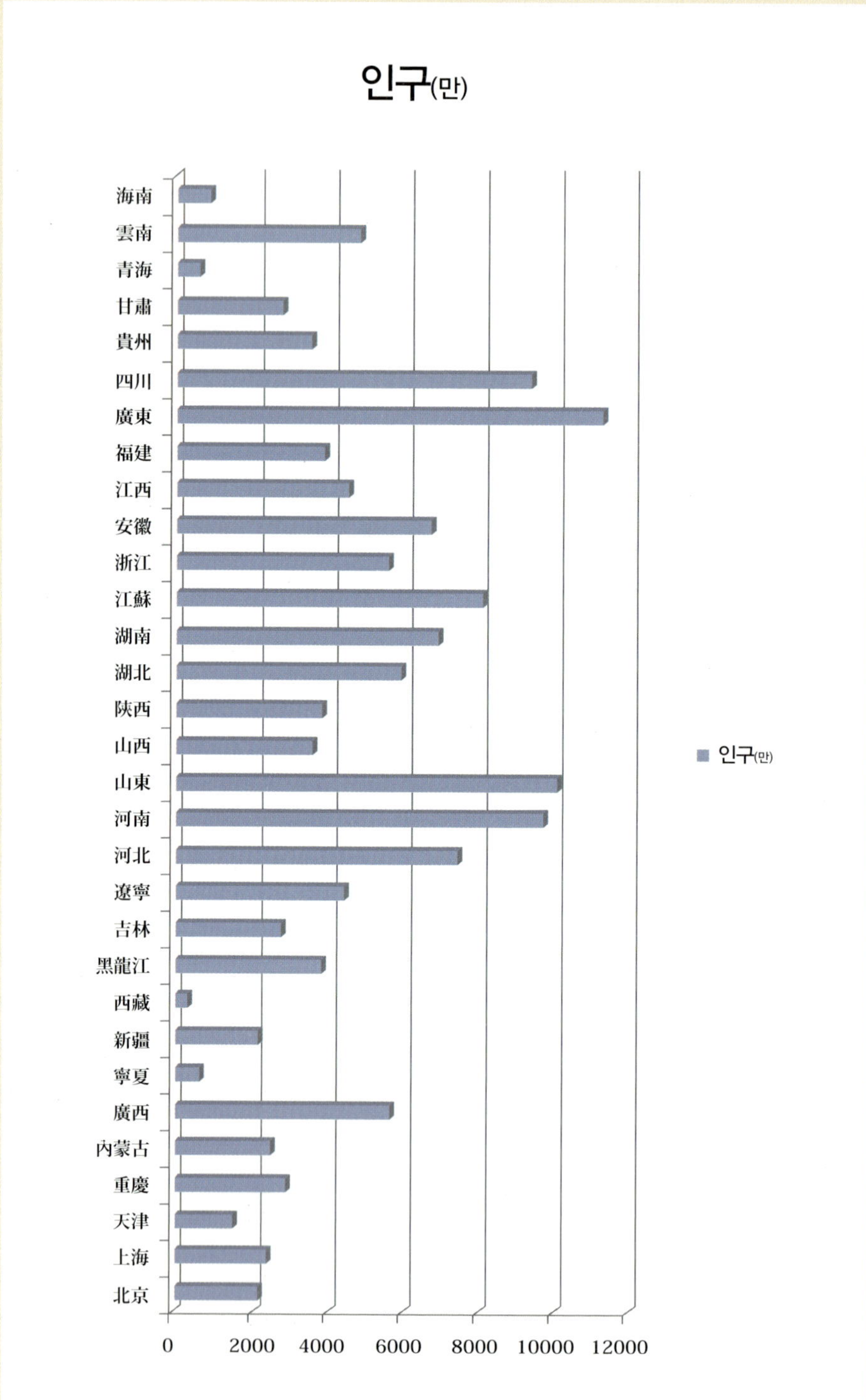
인구(만)
海南
雲南
青海
甘肅
貴州
四川
廣東
福建
江西
安徽
浙江
江蘇
湖南
湖北
陝西
山西
山東
河南
河北
遼寧
吉林
黑龍江
西藏
新疆
寧夏
廣西
內蒙古
重慶
天津
上海
北京
0
2000
4000
6000
8000
10000
12000
인구(만)

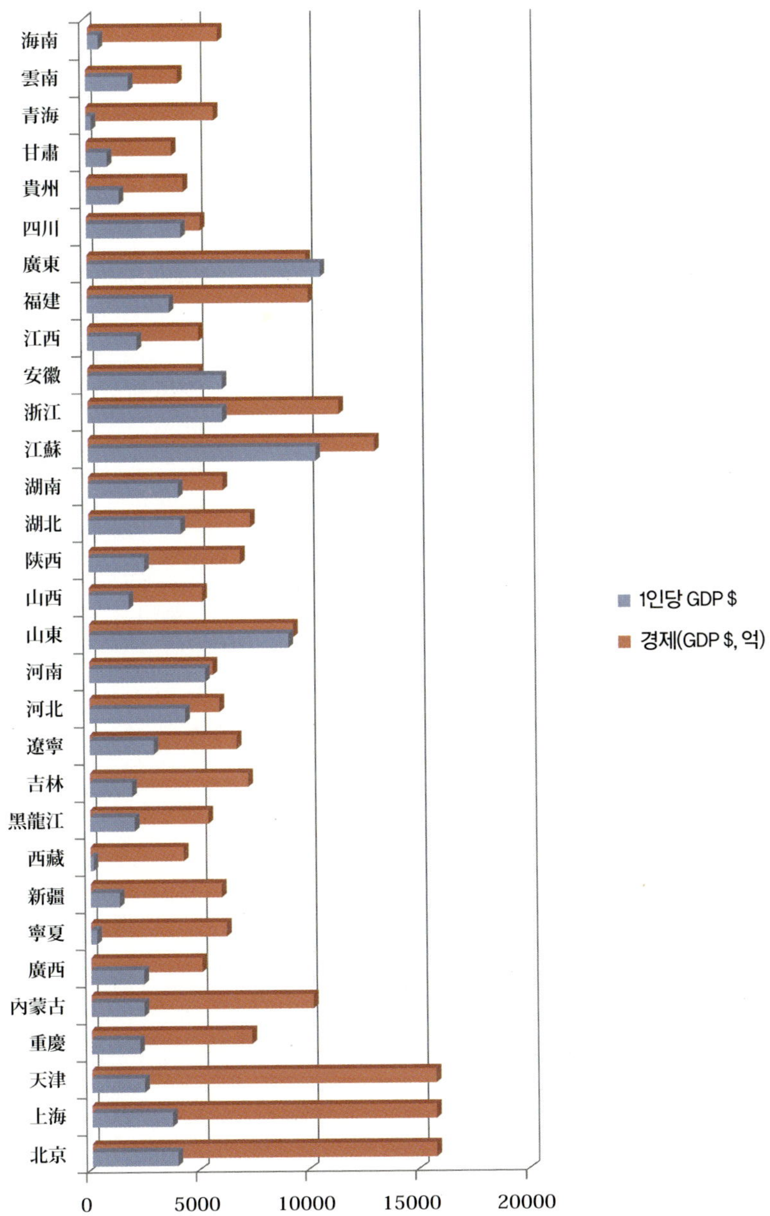
海南
雲南
青海
甘肅
貴州
四川
廣東
福建
江西
安徽
浙江
江蘇
湖南
湖北
陝西
山西
山東
河南
河北
遼寧
吉林
黑龍江
西藏
新疆
寧夏
廣西
內蒙古
重慶
天津
上海
北京
0
5000
10000
15000
20000
1인당 GDP $
경제(GDP $, 억)

부록

숫자로 본 중국의 대학 및 대학생활

1	중국의 대학교 입학 점검 시험은 1년에 단 **1**번이다. 매년 6월 7, 8일에 시험을 친다. 7일 아침에 9시부터 11시 30분까지 국문, 오후 3시부터 5시까지 수학, 8일 아침 9시부터 11시 30분까지 문화/이과 종합, 그리고 오후 3시부터 5시까지 영어이다. 물론 시험에 떨어지면 재수가 가능하지만, 누구나 원하는 것은 아니다. 따라서 한 번에 이 선을 넘어야 한다.
2	수능시험을 치기 전, 고**2** 때, 먼저 학업수준점검 시험을 친다. 이 시험은 수능시험의 참가 자격증이며, 시험에서 떨어진 사람은 고3으로 진급하지 못 한다. 시험의 내용은 고2까지 배운 모든 지식이다. 국문, 수학, 영어, 역사, 지리, 정치, 물리, 화학, 생물 그리고 컴퓨터와 실험능력 등 총 11개 과목이다. 시험 시간은 3일이며 고2 과정을 마치기 2주 전에 친다. 시험 문제가 정말 쉽지만 떨어진 사람도 있다. 떨어지면 후배가 될 수밖에 없다.
3	중국의 수능시험 수험생은 **3**가지 유별이 있다. 문과 수험생, 이과 수험생 그리고 예술/체육과 수험생이다. 물론 수능시험 당일에 모든 수험생이 다 똑같은 시험문제를 풀겠지만, 그 전에 시험 준비 절차와 시험 후에 평가 절차가 다르다. 문과와 이과생 사이에는 큰 차이가 없으며 학교에서 열심히 공부를 하면 된다. 예술/체육 수험생은 시험 1년 전부터 자기의 주특기를 결정해야 하며 1년 동안 주특기를 위주로 훈련해야 한다. 시험 반년 전부터 지원한 대학에 가서 미리 필기시험과 면접 시험을 쳐야 한다. 그동안 학교공부를 포기면 안 된다. 예술/체육과 합격선을 넘어야 대학에 합격할 수 있기 때문이다. 그래서 중국에서 배우나 운동선수가 되는 것은 쉽지 않다.
4	중국의 99%의 대학과 학과는 **4**년제이다. 1, 2학년에는 공동과목, 교양과목을 배우고, 3, 4학년에는 필수 전공과목을 공부한다. 대부분의 학교에서는 중간고사와 기말고사가 있다. 학생의 수가 많은 학교에는 먼저 공동과목을 다 치고 필수전공 과목을 친다. 시험 기간 동안 수업은 모두 휴강이다. 이때가 가장 행복하지만 한편으로는 고민이 가장 많은 시기이기도 하다. 특히 종합대학에 있는 외국어학과 학생의 공동과목은 1, 2개밖에 없다. 시험을 치고 필수 전공 시험 때까지 1주 정도 기다려야 한다. 만약 의학대학이나 건축학과를 선택하면 축하받아야 한다. 다른 학생보다 더 길게 학교에 있을 수 있다. 5년제이기 때문이다. 한의과에 합격한 학생에게 더 깊은 축하를 보내야 한다. 지금 중국 학부 교육 중 제일 긴 과정인 7년제이기 때문이다.

5	**5**개월이다. 대학의 한 학기는 보통 5개월이다. 학교의 소속 지역마다 구체적인 기간이 다르지만 평균 5개월이다. 중간에 있는 산동(山東)성 대학의 경우를 보면, 춘계학기는 3월 초에 시작해 7월 말에 마친다. 대략 5개월정도다. 남부지방은 여름이 너무 더워서 여름방학과 추계학기가 길다. 북방지역의 학교는 이와 반대로 학기를 정한다. 왜 1년 동안 쉬는 기간을 2개월밖에 안 주는 걸까? 어차피 집에 있는 동안의 시간은 그냥 지나가는 것이니까 학교에 있으면, 적어도 공부를 할 수 있기 때문일 것이다. 그러나 일부 대학들은 대학생들의 자기계발을 위해 여름방학을 2, 3개월로 연장해 준다.
6	전체 기상 시간이 **6**시이다. 스마트폰, 컴퓨터, 게임 등 기계들에 덕분에 학생의 생활이 편해졌지만 체중은 올라가고 체질은 떨어졌다. 이 때문에 일부 대학들이 군대의 경험을 배워서 학교 안에서 "군포"를 실시한다. 대부분은 6시나 6시 30분에 실시한다. 처음에는 당연히 학생들이 불만을 토로하겠지만 계속 하다 보면 개인의 습관이 되며, 학교의 전통이 된다. 그러나 요즘에 미세먼지로 인해 공지가 나빠지고 있다. 특히 아침 햇빛이 직사하기 전에 공기가 진짜 최악이다. 그래도 괜찮다. 마스크를 쓰고 뛰자.
7	하루에 수업시간은 최대 **7**시간이다. 대부분의 대학은 수업이 아침 8시부터 시작한다. 12시까지 오전 수업 시간을 마치면 점심시간이다. 2시부터 오후 수업이 다시 시작한다. 보통 5시에 마친다. 일부대학에서 6시나 7시까지 수업하는 경우도 있다. 대신 매일 수업이 있는 것도 희한하다. 1, 2학년 학생은 수업을 스스로 선택할 수 없고 모두 정해져 있다. 시간표에 따라서 수업에 참여하면 된다. 교양수업은 보통 저녁에 한다. 7기부터 9시까지다. 결석은 용납되지 않는다. 그러나 교양 수업의 경우, 사람이 너무 많아서 한 명씩 출석을 부를 수가 없다. 이 때문에 시험만 치고 한 학기동안 수업을 출석하지 않는 학생도 있다. 그러나 교수도 역시 만만한 사람이 아니다. 중간고사나 기말시험에서 다음과 같은 문제를 낸다. '다음의 사진 중 본 수업 담당교수의 얼굴을 고르시오…….'
8	유학생이 가장 많이 가고 가장 많이 나가는 대학 외국어 대학이다. 중국에 현대 **8**대 외국어대학이 있다. 즉 북경 외국어대학, 북경 제2외국어대학, 상해 외국어대학, 천진 외국어대학, 서안 외국어대학, 사천 외국어대학, 광동 외국어대학 그리고 대련 외국어 대학이다. 그중 북경 외국어대학이 제일 좋다. 이곳을 외교관의 출발점이라고도 한다. 북경 제2외국어 대학은 사립이다. 천진 외국어대학의 캠퍼스는아 아름답기로 유명하여, 유명 중국드라마를 촬영했다. 대련 외국어대학은 중국 최고 수준의 대학 기숙사가 있다.
9	교사의 출발점, 중국의 **8**대 사범대학이다. 즉 북경사범대, 화동사범대(상해), 동북사범대(장춘), 화중사범대(무한), 섬서사범대, 남경사범대, 호남사범대 그리고 화남사범대(광주)이다. 북경에는 2개의 사범대학이 있다. 하나는 북경사범대이며 하나는 북경 시립대학인 수도사범대이다.
10	2018년 영국 QS Ranking에 의하면 중국의 **10**대 대학의 최신 순위는 다음과 같다. 청화대학, 북경대학, 복단대학, 중국과학기술대학, 절강대학, 상해교통대학, 남경대학, 중산대학, 하얼빈공업대학이다.

그리고 이 표 이외 중국 대학과 관한 중요한 숫자는 또한 "211"와 "985"이다.[122]

211 Project: 중국 교육부의 자국 대학 발전전략이다. 21세기 전국에서 100개 유명한 대학을 건설하는 의미로 '211'로 약칭한다. 현재

'211' 사업에 선정한 대학 총 116개이며 명단은 다음과 같다.

북경(26): 청화대학, 북경대학, 중국인민대학, 북경교통대학, 북경공업대학, 북경항공항천대학, 북경이공대학, 북경화학공업대학, 북경과기대학, 북경우전대학, 북경림업대학, 중국농업대학, 중국전매대학, 중앙민족대학, 북경사범대학, 대외경제무역대학, 북경외국어대학, 중국광업대학, 중국정법대학, 화북전력대학, 중앙음악대학, 북경중의약대학, 중국지질대학, 중국석유대학, 중앙재경대학, 북경체육대학.

상해(9): 상해외국어대학, 화동사범대학, 동화대학, 화동이공대학, 상해교통대학, 복단대학, 상해대학, 상해제경대학, 동제대학.

천진(4): 남개대학, 천진의과대학, 천진대학, 하북공업대학.

중경(2): 중경대학, 서남대학.

하북(1): 화북전력대학(하북 캠퍼스)

산서(1): 태원이공대학

내몽골(1): 내몽골대학.

요령(4): 대련이공대학, 요령대학, 동북대학, 대련해사대학.

길림(3): 길림대학, 연변대학, 동북사범대학.

흑룡강(4): 하얼빈공업대학, 동북농업대학, 하얼빈공정대학, 동북림업대학

강소(11): 남경대학, 소주대학, 중국광업대학, 하해대학, 강남대학, 남경항공항천대학, 동남대학, 남경사범대학, 중국약과대학, 남경이공대학, 남경농업대학.

절강(1): 절강대학.

안휘(3) 중국과학기술대학, 합비공업대학, 안휘대학.

복건(2): 하문대학, 복주대학.

강서(1): 남창대학.

---

122 2003년 이전에 중국 수능시험의 날짜는 7월 7, 8일이었다. 2003년에 교육부가 7월에 시험을 친다면 날씨가 너무 더워서 수험생에게 불편을 가질 수 있다고 고려하였으며 2003년부터 시험날짜를 6월 7, 8로 바꿨다. 또한 6월 7, 8일의 대응 숫자 6, 7, 8은 중국어 속에 "순리하다"는 뜻도 있다.

산동(3): 산동대학, 중국석유대학(산동 캠퍼스), 중국해양대학.

하남(1): 정주대학.

호북(7): 무한대학, 무한이공대학, 화중사범대학, 중국지질대학(무한 캠퍼스), 화중과기대학, 중남재경정법대학, 화중농업대학.

호남(3): 호남대학, 호남사범대학, 중남대학.

광동(4): 중산대학, 화남이공대학, 기남대학, 화남사범대학.

광서(1): 광서대학.

사천(5): 사천대학, 전자과기대학, 서남재경대학, 서남교통대학, 사천농업대학.

운남(1): 운남대학.

귀주(1): 귀주대학.

섬서(7): 서북대학, 서북공업대학, 서북농림과기대학, 서안전자과기대학, 서안교통대학, 장안대학, 섬서사범대학.

감숙(1): 난주대학.

해남(1): 해남대학.

영하(1): 영하대학.

청해(1): 청해대학.

신강(2): 신강대학, 석하자대학.

군교(3): 해군군의대학, 공군군의대학, 국방과기대학.

'985 Project'는 1998년 5월 강택민이 북경대학 100년 개교기념일 강연에서 "세계 일류 대학을 건설하라"는 뜻에 따라 설립한 대학 발전 전략이다. 현재까지 총 39개 대학이 선정되었으며 명단은 다음과 같다.

청화대학, 북경대학, 중국과학기술대학, 복단대학, 중국인민대학, 상해교통대학, 남경대학, 동제대학, 절강대학, 남개대학, 북경항공항천대학, 북경사범대학, 무한대학, 서안교통대학, 천진대학, 화중과기대학, 북경이공대학, 동남대학, 중산대학, 화동사범대학, 하얼빈공업대학, 하문대학, 서북공업대학, 중남대학, 대련이공대학, 사천대학, 전자과기대학, 화남이공대학, 길림대학, 호남대학, 중경대학, 산동대학, 중국농업대학, 중국해양대학, 중앙민족대학, 동북대학, 난주대학, 서북농림과기대학, 국방과기대학.

부록

중국사회와 24절기(二十四節氣)

중국을 중심으로 하는 동양사회는 토지를 매개로 하는 자연경제가 중심을 이루는 사회였다. 그러므로 토지의 생산성 확대는 당시 사회에서 가장 중요한 화두였다. 이러한 현상은 춘추전국시대에 서로 다른 인문·지리적 조건을 지녔던 각 제후국이 자국의 부국강병을 위해 추진하였던 변법개혁사상도 이와 같은 맥락에서 생각해 볼 수 있다. 그 가운데 음양오행과 농가 등은 춘하추동의 변화를 생산 활동과 밀접한 관계를 가지고 이해하였다. 그리하여 중국을 비롯한 동양사회에서는 절기에 따라 춘묘(春苗), 하장(夏長), 추수(秋收), 동장(冬藏)의 농업생산 활동을 통한 경제생활과 밀접한 가지고 이해하였다.

소위 농업과 수산업 등에서 사용하는 음력(陰曆)은 농력(農曆)이라고 칭하며 생산 활동과 밀접한 관계를 가지고 이해하고 태양년(太陽年)을 태양의 황경(黃經)에 따라 24등분한 기후의표준점이 24절기이다. 또한 시령(時令)·절후(節候)라고도 한다.

여기서 황경이란 태양이 춘분(春分)에 지나는 점(춘분점)을 기점으로 하여 황도(黃道 : 지구에서 보았을 때 태양이 1년 동안 하늘을 한 바퀴 도는 길)에 따라 움직인 각도를 말하며, 이 황경이 0°일 때를 춘분, 15°일 때를 청명(淸明) 등으로 구분하는데, 15° 간격으로 24개 절기의 시기와 날짜가 구분한다.

즉 태양의 황도상 위치에 따라 계절적 구분을 하기 위해 만든 것으로, 황도에서 춘분점을 기점으로 15° 간격으로 점을 찍어 총 24개의 절기로 나타낸다.

중국역법은 달의 위상변화를 기준으로 하여 역일(曆日)을 정하고, 태양의 위치에 따른 계절변화를 참작하여 윤달을 둔 태음태양력이었다. 그러나 이 역법으로는 계절의 구분이 뚜렷하지 않아 특별한 약속하에 입춘·우수·경칩·춘분 등 24기의 입기일(入氣日)을 정한다. 그것을 정하는 방법에는 두 가지가 있는데 하나는 평기법(平氣法)이고, 다른 하나는 정기법(定氣法)이다. 평기법은 장구한 세월에 걸쳐서 사용해왔다. 이것은 1년의 시간적 길이를 24등분하여 황도상의 해당점에 각 기를 매기는 방법인데, 동지(冬至)를 기점으로 하여 순차로 중기·절기·중기·절기 등으로 매겨나가는 방법이다. 따라서 동지의 입기시각을 알면 이것에 15.218425일씩 더해가기만 하면 24기와 입기 시각이 구해진다.

정기법은 6세기반 경에 북제(北齊)의 장자신(張子信)에 의해 태양운행의 지속(遲速)이 발견된 후, 수(隋)의 유탁(劉倬)이 정기법을 쓸 것을 제창하였다. 그후 1,000년 이상이나 방치되었다가 청나라 때 서양의 천문학이 들어오면서 사용하기 시작한 시헌력(時憲曆)에서 처음으로 채택되었다. 정기법은 황도상에서 동지를 기점으로 동으로 15° 간격으로 점을 찍고 태양이 이 점을 순차로 한 점씩 지남에 따라서 절기·중기·절기·중기 등으로 매겨나간다. 이 경우 각 구역을 지나는 태양의 시간간격은 다르게 된다.

24절기의 시기와 내용 및 풍속을 표로 나타내면 다음과 같다.

절 기	일 자	내 용	주요 세시풍속
입춘(立春)	2월 4일 또는 5일	봄의 시작	설빔, 성묘, 세배, 복조리, 쥐불놀이, 토정비결 보기, 널뛰기, 윷놀이, 연날리기, 오곡밥 먹기, 달불이, 안택고사, 부럼 깨물기, 귀밝이술, 더위 팔기, 용알뜨기, 개보름 쇠기, 달맞이, 줄다리기, 석전, 답교, 볏가릿대 세우기
우수(雨水)	2월 18일 또는 19일	봄비 내리고 싹이 틈	
경칩(驚蟄)	3월 5일 또는 6일	개구리 겨울잠에서 깨어남	영등할머니, 볏가릿대 허물기, 머슴날, 콩볶기.
춘분(春分)	3월 20일 또는 21일	낮이 길어짐	
청명(淸明)	4월 4일 또는 5일	봄 농사준비	한식 묘제, 화전놀이, 장담그기.
곡우(穀雨)	4월 20일 또는 21일	농사비가 내림	
입하(立夏)	5월 5일 또는 6일	여름의 시작	초파일, 연등놀이, 줄불놀이.
소만(小滿)	5월 21일 또는 22일	본격적인 농사시작	
망종(芒種)	6월 5일 또는 6일	씨 뿌리기 시작	단오, 천중부적, 단오치장, 창포, 그네뛰기, 씨름, 봉숭아물 들이기.
하지(夏至)	6월 21일 또는 22일	낮이 연중 가장긴 시기	
소서(小暑)	7월 7일 또는 8일	더위의 시작	유두천신, 삼복, 천렵.
대서(大暑)	7월 22일 또는 23일	더위가 가장 심함	
입추(立秋)	8월 7일 또는 8일	가을의 시작	칠석고사, 백중날놀이, 호미씻이, 두레길쌈.
처서(處暑)	8월 23일 또는 24일	더위 식고 일교차 큼	
백로(白露)	9월 7일 또는 8일	이슬 내리기 시작	벌초, 추석차례, 거북놀이, 강강술래.
추분(秋分)	9월 23일 또는 24일	밤이 길어짐	
한로(寒露)	10월 8일 또는 9일	찬이슬 내리기 시작	중양절, 중양제사.

상강 (霜降)	10월 23일 또는 24일	서리 내리기 시작	중양절, 중양제사.
입동 (立冬)	11월 7일 또는 8일	겨울 시작	시제, 성주고사.
소설 (小雪)	11월 22일 또는 23일	얼음이 얼기 시작	
대설 (大雪)	12월 7일 또는 8일	겨울 큰 눈이 옴	동지고사, 동지차례.
동지 (冬至)	12월 21일 또는 22일	밤이 가장 긴 시기	
소한 (小寒)	1월 5일 또는 6일	가장 추운 때	납일, 제석, 묵은세배, 나례, 수세.
대한 (大寒)	1월 20일 또는 21일	겨울 큰 추위	

표에서 보는 것처럼 춘하추동의 각 계절은 입춘·입하·입추·입동의 4개의 절기(四立의 날)로 시작되고 있으며, 춘분과 추분의 2분(分)과 하지와 동지의 2지(至)를 기본으로 절(節)과 중(中)으로 분류되어 입춘을 비롯한 홀수번째 절기들은 절이 되고, 우수를 비롯한 짝수번째 절기들은 중이 된다.

24절기는 계절을 세분한 것으로, 대략 15일 간격으로 나타낸 달력이라 할 수 있다. 계절은 태양의 하늘의 위치, 즉 황도 위의 위치를 나타내는 황경에 따라 변동하기 때문에 24절기의 날짜는 해마다 양력으로는 거의 같게 되지만 음력으로는 조금씩 달라진다.

다시 말하면, 음력 날짜는 계절과 조금씩 어긋나기 때문에 가끔 윤달(閏月)을 넣어서 계절과 맞게 조정할 필요가 있다. 음력의 달에서 24절기의 중기가 빠진 달이 생기면 여기에는 앞에서 말한 달의 이름(맹춘월·중추월 등)을 붙일 수 없으므로 이 달을 윤달로 치는 것이다.

24절기가 계절의 길잡이가 되는 셈이다. 24절기가 실제 계절과 어떻게 대응되는가는 『칠정산내편(七政算內篇)』의 역일(曆日)의 기후(氣候) 편에서 볼 수 있는데, 다음과 같다.

1월 입춘은 1월의 절기이고 우수는 1월의 중기이다. 동풍이 불어서 언

땅이 녹고 땅속에서 잠자던 벌레들이 움직이기 시작하면 물고기가 얼음 밑을 돌아다닌다. 수달이 물고기를 잡아다 늘어놓고, 기러기가 북으로 날아가며, 초목에서 싹이 튼다.

2월 경칩은 2월의 절기이고, 춘분은 2월의 중기이다. 복숭아가 꽃이 피기 시작하고 꾀꼬리가 울며 매가 화(化)하여 비둘기가 되고 제비가 날아온다. 우뢰가 울고 번개가 친다.

3월 청명은 3월의 절기이고, 곡우는 3월의 중기이다. 오동(梧桐)이 꽃피기 시작하고, 들쥐가 화하여 종달새가 울고, 무지개가 나타나고, 마름(萍: 개구리밥과에 속하는 다년생물풀)이 생기기 시작한다. 산비둘기가 깃을 털고, 뻐꾸기가 뽕나무에 내려앉는다.

4월 입하는 4월의 절기이고, 소만은 4월의 중기이다. 청개구리가 울고 지렁이가 나오며, 왕과(王瓜: 쥐참외)가 나고 씀바귀가 뻗어 오르며, 냉이(靡草)가 죽고 보리가 익는다.

5월 망종은 5월의 절기이고, 하지는 5월의 중기이다. 버마재비(螗螂)가 생기고, 왜가리가 울기 시작하며, 지빠귀(反舌)가 울음을 멈추고, 사슴의 뿔이 떨어진다. 매미가 울기 시작하고 반하(半夏: 천남성과의 여러해살이풀, 까무릇)의 알이 앉는다.

6월 소서는 6월의 절기이고, 대서는 6월의 중기이다. 더운 바람이 불고 귀뚜라미가 벽에 다니며, 매가 사나워지고, 썩은 풀이 화하여 반딧불이 된다. 흙이 습하고 더워지며, 큰 비가 때로 내린다.

7월 입추는 7월의 절기이고, 처서는 7월의 중기이다. 서늘한 바람이 불고 이슬이 내리며, 쓰르라미가 울고 매가 새를 많이 잡는다. 천지가 쓸쓸해지기 시작하고 벼가 익는다.

8월 백로는 8월의 절기이고, 추분은 8월의 중기이다. 기러기가 날아오고, 제비가 돌아가며, 뭇새들이 먹이를 저장하고, 우뢰가 소리를 거둔다. 겨울철 땅 속에서 잠을 자는 벌레들이 흙으로 창을 막고, 물이 마르기 시작한다.

9월 한로는 9월의 절기이고, 상강은 9월의 중기이다. 기러기가 날아오고, 참새가 큰물(大水)에 들어서 조개(蛤)가 되며, 국화가 노랗게 꽃피고, 승냥이가 짐승을 잡는다. 초목이 누렇게 낙엽지고, 땅 속에서 잠을 자는 벌레들이 모두 땅 속으로 들어간다.

10월 입동은 10월의 절기이고, 소설은 10월의 중기이다. 물이 얼기 시작하고 땅이 얼기 시작하며, 꿩이 큰물로 들어가서 조개(蛤)가 되고, 무지개가 걷혀서 나타나지 않는다. 천기(天氣)는 상승하고, 지기(地氣)는 하강하여 폐색(閉塞)되어 겨울이 된다.

11월 대설은 11월의 절기이고, 동지는 11월의 중기이다. 할단새(鶡鴠)가 울지 않고, 범이 교미를 시작하며, 여지(荔枝: 무환자 나무과의 상록교목)가 돋아나고, 지렁이가 교결(交結)한다. 고라니의 뿔(麋角)이 떨어지고 샘물이 언다.

12월 소한은 12월의 절기이고, 대한은 12월의 중기이다. 기러기가 북으로 돌아가고, 까치가 깃을 치기 시작하며, 닭이 알을 품는다. 나는 새가 높고 빠르며, 물과 못이 두껍고 단단하게 언다.

부록

참고문헌

민두기, 『중국사시대구분론』, 창작과 비평사, 1984.

小野和子, 『현대 중국여성사』, 이동윤 옮김, 정우사, 1985.

우프마저리, 『현대중국의 여성』, 한울, 1991.

동양사학회 편,『동아시아의 왕권』, 한울아카데미, 1993.

조용관, 『중국혁명과 가정윤리』, 고려원 1994.

허핑티, 『중국의 인구』, 정철웅 옮김, 책세상, 1994.

강길중, 『중국문화와 과거제도』, 중문출판, 1994.

한국철학사상연구회, 『현대 신유학 연구』, 동녘, 1994.

이재정, 『중국사람들은 어떻게 살았을까?』, 지영사, 1995.

조계상 편저, 『중국문화사』, 금고문화공사, 1996.

손융기, 『중국문화의 심층구조』, 박병석 옮김, 교문사, 1997.

구자억, 『중국교육사』, 원미사, 1997.

이수웅, 『중국문화의 이해』, 대한교과서, 1997.

정진일, 『유교의 이해』, 형설출판사, 1997.

이승환, 『유가사상의 사회철학적 재조명』, 고려대학교출판부, 1998.

송영배, 『중국 사회 사상사』, 사회평론, 1998.

김원중, 『중국문화의 이해』, 을유문화사, 1998.

왕순홍, 『중국의 어제와 오늘』, 김덕완, 정차근 옮김, 평민사, 1998.

김대환, 백영서 편, 『중국사회성격논쟁』, 창작과 비평사, 1998.

육학예 편, 『21세기 중국사회의 전망』, 김서희 옮김, 주류성, 1999.
류제헌, 『중국 역사지리』, 문학과지성사, 1999.
구자억, 『중국 전통교육사상의 이해』, 문음사, 1999.
채방록, 『유학-전통과 현대화』, 서광사, 1999.
조남욱 외, 『현대인의 유교 읽기』, 아세아문화사, 1999.
장범성, 『현대중국의 생활문화』, 한림대출판부, 1999.
위앤커, 『중국신화전설』, 김선자 옮김, 민음사, 1999.
중국철학회, 『역사속의 중국철학』, 예문서원, 1999.
로이드 E. 이스트만, 『중국사회 지속과 변화(1550-1949)』, 이승휘, 돌베게, 1999.
이강수, 『중국 고대 철학의 이해』, 지식산업사, 2000.
함재봉, 『유교 자본주의 민주주의』, 전통과현대, 2000.
손창무, 『중국불교문화』, 우재호 옮김, 중문, 2001.
강길중 외 2인, 『중국역사의 이해』, 경상대학교출판부, 2004.
존K. 페어뱅크, 『신중국사』, 김형종 옮김, 까치. 2004
고홍명, 『중국인의 정신』, 김창경 옮김, 예담, 2004.
홍석표, 『현대중국, 단절과 연속』, 선학사, 2005.
존K. 페어뱅크 외, 『캠브릿지 중국사』, 김한식 옮김, 새물결, 2007.
이희진, 『중화사상과 동아시아』, 책세상, 2007.
강길중 외 2인, 『우아함의 탄생(중국 강남문화사)』, 민음사, 2009.
강길중, 『송대 관학교육과 과거』, 경상대학교출판부, 2010.
쩡핑, 『중국의 지리』, 이창형 옮김, 교우사, 2013.
차오따웨이, 쑨옌징, 『중국의역사』, 정애란 옮김, 교우사, 2013.

부록

찾아보기

ㄱ

ㄹ

ㅁ

ㅇ

ㅈ

ㅊ

ㅋ

ㅌ

ㅍ

그 외

중국의 역사와 문화 | 개정판 |

초　판 1쇄 발행 • 2013년 2월 23일
개정판 1쇄 발행 • 2019년 2월 28일

지은이 • 강길중
펴낸이 • 이상경
부　장 • 박현곤
편　집 • 이가람
디자인 • 이희은

펴낸곳 • 경상대학교출판부
주소 • 경남 진주시 진주대로 501
전화 • 055) 772-0803(편집), 0802(디자인), 0803(도서 주문)
팩스 • 055) 772-0809
전자우편 • gspress@gnu.ac.kr
홈페이지 • http://gspress.gnu.ac.kr
페이스북 • https://www.facebook.com/gnupub
블 로 그 • https://gnubooks.tistory.com
등록 • 1989년 1월 7일 제16호

• 책값은 뒤표지에 있습니다.

이 도서의 국립중앙도서관 출판시도서목록(CIP)은 서지정보유통지원시스템 홈페이지(http://seoji.nl.go.kr)와 국가자료공동목록시스템(http://www.nl.go.kr/kolisnet)에서 이용하실 수 있습니다.
(CIP제어번호: CIP2019005772)